Die Antike
und
ihre Vermittlung

Die Antike und ihre Vermittlung

FESTSCHRIFT
FÜR
FRIEDRICH MAIER
ZUM 60. GEBURTSTAG

Oldenbourg

Die Antike und ihre Vermittlung – Festschrift für Friedrich Maier
herausgegeben von Karl Bayer, Peter Petersen und Klaus Westphalen

© 1995 R. Oldenbourg Verlag GmbH, München
Das Werk und seine Teile sind urheberrechtlich geschützt. Jede Verwertung in anderen als den gesetzlich zugelassenen Fällen bedarf deshalb der vorherigen schriftlichen Einwilligung des Verlages.

1. Auflage 1995
Unveränderter Nachdruck   99 98 97 96 95
Die letzte Zahl bezeichnet das Jahr des Drucks.

Lektorat: Dr. Sibylle Tochtermann
Herstellung: Johannes Schmidt-Thomé
Umschlagkonzeption: Mendell & Oberer, München
Satz: Satz + Litho Sporer KG, Augsburg
Druck und Bindung: Peradruck Matthias GmbH, Gräfelfing

ISBN   3-486-**83723**-0

Inhaltsverzeichnis

Klaus Westphalen	Die Antike und ihre Vermittlung	7
Manfred Fuhrmann	Literarische Rezeptionsprozesse in der antikeuropäischen Tradition	10
Werner Suerbaum	Der Leidensweg eines antiken Vermittlers Zur Biographie des Philologen Orbilius (Suet. gramm. 9), des Prügelknaben des Horaz	21
Joachim Gruber	Antike als Erfahrung oder Grammatizismus? Vermittlungsprobleme an der Universität	35
Andreas Fritsch	Über den Wert fachdidaktischer Studien	40
Peter Petersen	„Gegenwartsbezüge" in den Alten Sprachen Anregungen zu einer schülerorientierten Vermittlungs- kategorie des altsprachlichen Unterrichts	58
Karl Bayer	Grammatik – ein Kulturgut	75
Joachim Klowski	Die athenische Polis als Vorbild Überlegungen zur Schule als Polis	81
Wendelin Eugen Seitz	Die Würde des Menschen Eine Unterrichtseinheit zum Chorlied des Sophokles „πολλὰ τὰ δεινά"	88
Hermann Steinthal	Eine Nahtstelle in Platons Phaidros (273 d bis 274 c)	98
Hans-Joachim Glücklich	Catull und einige „produktive Rezeptionen" Gedanken zur Catull-Lektüre und zur Bildungs- und Erziehungswirkung des lateinischen Literaturunterrichts	103
Rainer Nickel	Vom Nutzen der Zwei-Stimmen-Theorie für die Vergillektüre in der Schule	119
Gerhard Fink	Pfeile aus dem Exil Ein spannendes Projekt bei der Ovidlektüre	124
Günther Philipp	Gedanken zum Prooemium und zur Charakterisierung Catilinas in Sallusts „Coniuratio Catilinae"	137
Kurt Selle	Amüsieren wir uns zu Tode? Eine Unterrichtseinheit über Seneca, Epistulae morales 7	143
Günter Wojaczek	Philosophen, Menschen, Tiere Überlegungen zu einem Laktanz-Text (De ira Dei 7, 1–15)	151

Reinhold Koller	Latein – Kommunikationsmittel im 17. Jahrhundert Eine Italienreise im Jahre 1652	161
Wilfried Stroh	O Latinitas! Erfahrungen mit lebendigem Latein und ein Rückblick auf zehn Jahre Sodalitas	168
Peter Lohe	Nunc demum redit animus Skizze der Entwicklung des DAV und des Latein- und Griechischunterrichts in den neuen Bundesländern und Berlin	182
Schriftenverzeichnis von Friedrich Maier		188
Textquellen		199

EINLEITUNG

Die Antike und ihre Vermittlung

1

Die Distanz der heutigen Menschen zur griechisch-römischen Antike wird von Jahr zu Jahr größer. Der Beschleunigungsschub, der unser Zeitgefühl charakterisiert, läßt, wie es scheint, die Verweildauer historischer Epochen auf Erden immer kürzer werden: Wir stolpern von der Moderne in die Postmoderne, Geschichte wird sprunghaft. Die Globalisierung der Einen Welt läßt darüber hinaus die geographischen, kulturellen, wirtschaftlichen Räume zusammenrücken. Die Informationsgesellschaft vernetzt unseren gesamten Erdball. Griechenland und Rom sind unter diesen Umständen unbedeutende, farblose Flecken auf dem buntgefärbten Gewand des Globus, ihre Geschichte scheint zu verblassen, Lokalhistorie einer schon vergangenen oder doch vergehenden Kultur.

Dennoch ist die Antike in uns lebendig. Eine von ihr ausgehende „ununterbrochene Gedankenreihe" (W. v. Humboldt) beeinflußt das Denken unserer Einen Welt. Zumal in Deutschland ist altsprachlicher Unterricht ein verbreiteter Bildungsinhalt: Etwa jeder siebte Deutsche (in den alten Bundesländern) lernt mehrere Jahre lang Latein, auch Griechisch ist ordentliches Lehrfach, wenn auch zur Zeit weniger nachgefragt. In der Literatur, auf der Bühne wird die Präsenz der Antike immer wieder sichtbar.

Wie ist das möglich? Je größer die Distanz, desto schwieriger muß doch die Vermittlung einer vornehmlich literarisch verfaßten Tradition sein – angesichts einer aufkommenden Bild- und Symbolkultur, angesichts neuer, fremdartiger Fundamentalismen, angesichts der menschheitsbedrohenden ökologischen, wirtschaftlichen und auch politischen Krisen.

Noch ist die Antike in uns lebendig. Das verlangt nach Erklärung, denn nicht jede kulturelle Phase kann das für sich reklamieren; das europäische Mittelalter z. B. scheint uns wesentlich ferner zu stehen. Folgende Gründe mögen vor allem für das Weiterleben der griechisch-römischen Kultur maßgeblich sein:
– Die Antike galt über viele Jahrhunderte als originär, außerordentlich, als „klassisch". Von diesem Renommee zehrt sie noch heute, mag es auch durch vielfache Korrekturen und kritische Forschung angeschlagen sein. Die von Arnold Toynbee festgestellte „Ausstrahlung" scheint weiter zu wirken.
– Begriffswelt und Denkmuster der Europäer sind von den Alten Sprachen zutiefst geprägt, die mit ihnen begonnene „Gedankenreihe" wurde nie unterbrochen.
– Auf der Suche nach der kulturellen Identität Europas stoßen wir immer wieder auf die prägenden Institutionen, Kunstwerke und Sprachen der Antike (neben dem Christentum, versteht sich).
– Die überschaubare Literatur in griechischer und lateinischer Sprache enthält so viele „Grundtexte Europas", so viele „Denkmodelle" und „Menschheitsmuster" (Friedrich Maier), daß ihr

Bildungsgehalt in den Schulen, in der Wisssenschaft und als Sujet zeitgenössischer Schriftsteller unerschöpflich scheint.

2

Die Vermittlung einer Kultur an eine andere, die Weiterführung einer Epoche in fernere Zeiten – wie vollzieht sich das eigentlich? In „ununterbrochenen Gedankenreihen", in „Renaissancen", in „Sprungrezeptionen"?

Wir pflegten früher das „Nachleben", optimistischer: das „Fortleben" der Antike zu betrachten. Da wurde so etwas wie die Unsterblichkeit einer bestimmten Kultur unterstellt, ein Weiterleben, das man nur bewußt zu machen hatte. Fuhrmann bezeichnet in diesem Band den „Brückenschlag zwischen Vergangenheit und Gegenwart" im Anschluß an die literargeschichtliche Forschung als „Rezeption" und unterscheidet dabei „Anschlußrezeption" (der Zeitgenossen) und „Sprungrezeption" irgendwelcher späterer Rezipienten. Bei dieser geisteswissenschaftlichen Verwendung des Begriffes „Rezeption" komme es darauf an, daß sich der Aufnehmende bei der Aufnahme eines beliebigen Kulturprodukts „aktiv beteiligt, indem er das Aufzunehmende seinen eigenen Vorstellungen anpaßt".

Es ist ein Jammer, daß die von Fuhrmann unterstellte kreative Bedeutung des Wortes „Rezeption" nicht gerade evident ist, zumindest nicht dem Laien. Andererseits ist auch „Vermittlung" nicht gerade zutreffend: Die „Vermittler" der Antike sind keine technischen Medien, die das Gemeinte über gewisse Kanäle unverändert, d. h. neutral weiterleiten. Vermittlung der Antike bedeutet immer, so denke ich, „Reflexion" der Antike, das ist ein Sich-Zurückbiegen in achtungsvoller Wißbegier, aber ebenso auch ein Reflektieren, Diskutieren, Reagieren und Innovieren.

Der hier vorgelegte Band zeigt an vielen Beispielen, daß die „Vermittlung der Antike" in der Tat Rezeption *und* Reflexion ist, darüber hinaus vor allem Interpretation. Mit diesen inneren geistigen Vorgängen geht dann das einher, was Friedrich Maier die „Präsentation der Antike" nennt, d. h. die Veräußerlichung der Rezeption an weitere Rezipienten.

3

Wer sind die Vermittler? Ihre gewaltige Heerschar seit dem Ausklang der Antike läßt sich in zwei Gruppen einteilen. Ich nenne sie die kulturellen Partizipanten und die professionellen Repräsentanten. Die erste Gruppe nimmt sich ihren Teil aus der antiken Kultur und tradiert ihn in anverwandelter Form in die eigene kulturelle Umwelt. Zu ihr gehören, um nur eine Spielart zu nennen, die Dichter und Schriftsteller – von der Spätantike über Shakespeare und die deutsche Klassik bis hin etwa zu Christa Wolf.

Die zweite Gruppe untergliedert sich in Hochschullehrer, die das Wissenschaftsgebiet Klassische Philologie erforschen und an Studenten weitergeben, sowie in Lehrer, die den Traditionsbestand der Antike vor ihren und mit ihren Schülern interpretieren. Professoren der Klassischen Philologie und „Altphilologen" am Gymnasium leben beruflich von der Vermittlung der Antike; die Autoren dieses Bandes rekrutieren sich ausschließlich aus der Gruppe der Professionellen.

Beide Gruppen, die kulturellen Partizipanten und die professionellen Repräsentanten, sind um Reflexion der Antike im o. a. Sinne bemüht, die erstgenannten mehr um Produktivität unter

Benutzung des antiken Fundus, die letztgenannten mehr um Sprachvermittlung und Interpretation. Beide Gruppen sind aufeinander angewiesen: ohne Bereitstellung der Grundlagen keine Wahrnehmung, ohne Wahrnehmung keine produktive Anverwandlung, ohne Produktivität keine lebendige „Ausstrahlung" der Antike mehr.

An die professionellen Repräsentanten richtet Friedrich Maier den Aufruf: „Die Verwalter des antiken Erbes müssen, sofern sie ihre Stoffe dem Bildungsprozeß zugänglich machen wollen, ihre Gegenwart kennen, sich auf den Dialog mit der Zeit einlassen." Ähnliches gilt für die kulturellen Partizipanten: Sie erkennen und beweisen, daß antike Denkmodelle und Menschheitsmuster Gesprächsstoff der Gegenwart sein können.

4

Die Antike ist in uns noch lebendig. In Deutschland gibt es Tausende von professionellen Repräsentanten, die sogar als Lobbyisten im Deutschen Altphilologenverband unter der Leitung von Friedrich Maier für die Position der Alten Sprachen am modernen Gymnasium kämpfen. Es gibt Hunderttausende von Schülern, die bis zu neun Jahre lang Latein lernen, und leider deutlich weniger Graezisten. Es gibt Millionen von Touristen, die in Italien, Griechenland und anderswo die Bauwerke und Schätze der Antike bewundern, und es gibt sehr viele Wissenschaftler, Philosophen, Künstler und Schriftsteller, die an der Antike-Rezeption aktiv partizipieren.

Ihnen gemeinsam ist die Bejahung, die positive Bewertung der Antike. Doch gerade das ist der kritische Punkt. Bekanntlich gab es Zeitalter, in denen die Akzeptanz der Antike viel stärker ausgebildet war, in denen die Antike als klassisches Vorbild das geistige Leben dominierte, so vor allem die italienische Renaissance und der deutsche Neuhumanismus. Jene Epochen hingen der Utopie an, man könne nach dem Ideal der Antike eine bessere, edlere Menschheit bilden.

Es gibt auch Gegenbeispiele, etwa das Machtsystem des Kommunismus, in dem die Utopie des sozialistischen Menschen propagiert wurde. Hierzu sollte die griechisch-römische Antike nur einen recht begrenzten Beitrag liefern – ein Zeitalter nicht gerade der Negation der Antike also, aber doch eine Epoche der Gleichgültigkeit.

Zwischen den Polen der Affirmation und Negation der Antike kann sich also der Zeitgeist bewegen. Doch der Zeitgeist ist heutzutage kein metaphysisches Prinzip mehr. In einer Demokratie wird er durch Kommunikation der Vielen gestaltet. Friedrich Maier hat in seinem bisherigen Lebenswerk vorgemacht, wie die Repräsentanten der Antike sich in das Zeitgespräch einschalten sollen. „Nicht in den Höhlen bleiben", so lautet seine Aufforderung. Maiers Verdiensten um die Vermittlung der Antike ist dieser Band gewidmet.

Klaus Westphalen

Manfred Fuhrmann

Literarische Rezeptionsprozesse in der antik-europäischen Tradition*

1

In der „Ilias" Homers, dem ältesten Literaturwerk Europas, beteiligen sich zu wiederholten Malen die Götter an den Kämpfen der Trojaner und Griechen. Das 5. Buch schildert einen Waffengang zwischen dem griechischen Helden Diomedes, dem die Göttin Athene zur Seite steht, und dem die Trojaner unterstützenden Kriegsgotte Ares. Der Kriegsgott griff an, doch Athene lenkte seine Lanze seitwärts. Jetzt, fährt Homer fort (5,85 ff., in der Übersetzung von Hans Rupé),

> Jetzt erhob sich als zweiter der Rufer im Streit Diomedes
> mit der Lanze von Erz, und es drängte sie Pallas Athene
> gegen die Weiche des Bauchs, die der eherne Gurt hielt umschlossen.
> Dorthin traf er den Gott und zerfleischte die blühende Haut ihm,
> zog dann die Lanze zurück. Da brüllte der eherne Ares
> laut, als schrieen zugleich neuntausend oder zehntausend
> Männer im Kriege, sobald sie das Toben des Kampfes erregten.

Die „Odyssee", das zweite Heldenepos, das in der Überlieferung mit dem Namen Homers verknüpft ist, zeigt uns einen anderen Ares – einen Ares, der auf ehebrecherischen Pfaden wandelt, der mit Aphrodite, der Gemahlin des Feuergottes Hephaistos, das Lager teilt. Der Betrogene, vom Sonnengott Helios, der alles sieht, unterrichtet, weiß sich zu rächen: ein Netz, kunstvoll von ihm gefertigt, fesselt die Liebenden ans Bett; er aber gibt sie dem allgemeinen Spotte preis (8,326, in der Übersetzung von Anton Weiher):

> Lachen, es war nicht zu löschen, entstand bei den seligen Göttern.

Wir wissen nicht, wir können allenfalls vermuten, unter welchen Voraussetzungen derartige Szenen verfaßt worden sind: was die Erfinder damit bezweckten und wie das ursprüngliche Publikum sie aufnahm. Wir wissen aber wohl, wie Griechen späterer Zeiten diese Geschichten

---

* Vortrag, dessen Veröffentlichung für den Ehrentag des Jubilars hintangehalten zu haben der Verfasser sich glücklich schätzt: wem könnte die Widmung einiger Gedanken zur ‚vertikalen' (‚diachronen') Rezeption der Antike gemäßer sein als Friedrich Maier, dem auf dem Felde von deren ‚horizontaler' (‚synchroner') Rezeption unermüdlich und erfolgreich Tätigen? Literatur zur Rezeptionsproblematik findet man bei Hans Robert Jauss, Die Theorie der Rezeption – Rückschau auf ihre unbekannte Vorgeschichte, Konstanz 1987, sowie bei demselben, Rezeption, Rezeptionsästhetik, in: Historisches Wörterbuch der Philosophie, Bd. 8, 1992, Sp. 996 – 1004. S. ferner die einschlägigen Hefte des Altsprachlichen Unterrichts: 21,1 (1978); 23,6 (1980); 28,4 (1985); 37,2 (1994).

beurteilt haben. „Viel lügen die Dichter", meinte der weise Solon (Frg. 21 Diehl), und Xenophanes, ein besonders scharfer Kritiker der homerischen Götter, sprach von „Fabeleien der Leute von einst" (Frg. 1,22 Diehl). Alles hätten die alten Dichter den Göttern angehängt, bemerkte er bitter, was bei den Menschen Schmach und Tadel einbringt: stehlen, ehebrechen und einander betrügen (Frg. 11). Diese Polemik gipfelte in Platons Entwurf eines Idealstaates: es gehe nicht an, meinte Platon, die Götter einander bekriegen zu lassen, noch sei es erlaubt, ihnen Täuschung und Trug zuzuschreiben. Er will daher Homer und die übrigen Dichter aus seinem Staate verbannt wissen: sie seien Schädiger der Sittlichkeit (Staat 2 376 c ff. u. ö.).

Die Kritik Platons und seiner Vorgänger verhallte ungehört: Homer blieb der Erzieher Griechenlands, und seine Epen blieben die wichtigste Schullektüre aller jungen Griechen. Nicht als ob man die Sonderbarkeiten der alten Mythen ignoriert hätte – im 5. und 4. Jahrhundert v. Chr. hatte sich nun einmal ein aufgeklärtes Weltbild durchgesetzt, ein Weltbild, das Götter, wenn überhaupt, nur als vollkommene Wesen gelten ließ. Aber man lernte, mit den Schwierigkeiten der Überlieferung auch anders fertig zu werden als durch schroffe Ablehnung. Man versuchte z. B., die homerischen Epen als eine Art Schlüsseldichtung zu deuten: man nahm an, daß unter der Hülle des anstößigen buchstäblichen Sinnes ein anderer, ein unanstößiger, tieferer Sinn verborgen sei: dasjenige, was der Dichter eigentlich meine. Dieses Verfahren, die allegorische Auslegung, interpretierte die Götterkämpfe der „Ilias" als Kämpfe elementarer Kräfte, des Feuers, des Wassers, der Luft usw., oder man glaubte, die Mythen seien Einkleidungen von durchaus vernünftigen ethischen Grundsätzen. Man konnte indes auch auf jegliche allegorische Auslegung verzichten und die homerischen Epen gleichwohl, ohne Anstoß zu nehmen, lesen: indem man die problematischen Partien weder in theologischer noch in moralischer Hinsicht für sonderlich wichtig hielt, indem man sie als Kunstgebilde auffaßte und genoß – diese Art der Deutung durfte sich damit begnügen, im heutigen Sinne philologisch zu verfahren, d. h. sie brauchte nur alle die sprachlichen Erscheinungen und alle die Sachverhalte zu erklären, die im Laufe der Jahrhunderte unverständlich geworden waren.

Die Menschen ändern sich von Generation zu Generation und sind ungleich von Volk zu Volk – die überlieferten Schriftwerke aber warten stets mit demselben Wortlaut auf. Derlei Diskrepanzen können, wie im Falle von Platons Verhältnis zu Homer, zum Bruch mit der Tradition führen; sie können aber auch zu dem Bemühen herausfordern, die Kluft durch besondere Anstrengungen zu überwinden und das gestörte Einvernehmen mit der Autorität von einst wiederherzustellen. Die Arten solchen Brückenschlags zwischen Vergangenheit und Gegenwart sind mannigfach; sie erschöpfen sich nicht in den beiden Grundtypen der wörtlichen und der allegorischen Auslegung, die soeben am Beispiele Homers vorgeführt wurden. Man pflegt neuerdings die kommunikativen Bemühungen zwischen den Zeiten und Völkern, ja auch die Bemühungen, die ein neues Kunstwerk schon bei seinem ursprünglichen zeitgenössischen Publikum erforderlich machen kann, als Rezeption zu bezeichnen – jedenfalls dann, wenn diese Bemühungen zu einem positiven, irgendwie anerkennenden Ergebnis führen: Platons Kritik an Homer zeigt an, daß die Rezeption schwierig geworden ist, ohne selbst schon Rezeption zu sein.

2

Der Begriff Rezeption ist erst seit den siebziger Jahren Gemeingut aller literatur- und kunstgeschichtlichen Fächer. In der siebzehnten Auflage des „Großen Brockhaus" (Brockhaus-Enzyklopädie, 1966 – 1976) findet man an Ort und Stelle noch nichts über Rezeption in dem hier gemeinten Sinne; lediglich im Supplement-Band vom Jahre 1976 wird der Benutzer einschlägig unterrichtet. Derselbe Befund ergibt sich aus Gero von Wilperts „Sachwörterbuch der Literatur": erst die sechste Auflage vom Jahre 1979 geht auf den Begriff ein. Dort aber findet man bereits ein stattliches Literaturverzeichnis vor; es bezeugt, daß eine intensive Diskussion im Gange war.

Der Terminus Rezeption wird auch in der Psychologie und Sinnesphysiologie verwendet. Er bezeichnet dort – meist in den Formen „rezeptiv", „Rezeptivität" – die Aufnahme von Reizen, Eindrücken und Einflüssen sowie die Empfänglichkeit dafür, die Fähigkeit, Reize aufzunehmen: getreu der Herkunft von dem lateinischen Wort *recipere*, „entgegennehmen", „aufnehmen". Als Gegenbegriffe dienen bei dieser Verwendungsweise die Kategorien „Produktivität" (Fähigkeit des Hervorbringens) und „Spontaneität" (Selbsttätigkeit psychischer Kräfte). Dem Ausdruck haftet somit in der Psychologie ein Moment des Passiven an.

Bei der geisteswissenschaftlichen Verwendungsweise hingegen tritt dieses passive Moment zurück; hier kommt es vielmehr gerade darauf an, daß sich der Aufnehmende, der Rezipierende bei der Aufnahme (eines Kunstwerks, eines beliebigen Kulturprodukts) aktiv beteiligt, indem er das Aufzunehmende seinen eigenen Vorstellungen anpaßt, durch Hinzufügen oder Weglassen, durch allegorisches oder sonstiges Umdeuten. Diese Verwendungsweise kann sich auf Thomas von Aquin berufen (Liber de causis, Prop. 10): *Quidquid recipitur, ad modum recipientis recipitur* – „Was aufgenommen wird, kann nur nach dem Fassungsvermögen des Aufnehmenden aufgenommen werden", oder auf Terentianus Maurus (Carmen heroicum 258): *Pro captu lectoris habent sua fata libelli* – „Wie der Leser sie aufnimmt, haben die Büchlein ihr Schicksal". *Recipere* enthält schon in diesen Aussagen ein subjektives, auf den eingeschränkten Horizont des Aufnehmenden verweisendes Moment; dieser spätantik-mittelalterliche Rezeptionsbegriff, der bei Luther wiederkehrt, hat auch in der protestantischen Auslegungstheorie der Gegenwart eine Heimstatt gefunden.

Der heutige literatur- und kunstwissenschaftliche Rezeptionsbegriff scheint indes nicht so sehr aus der Theologie hervorgegangen zu sein wie aus der juristischen Romanistik, der Kunde vom römischen Recht. Dort ist der Ausdruck seit Jahrzehnten gängige Münze. Er bezeichnet Aufnahme als aktiven, das Aufgenommene verändernden Vorgang. Der rechtsgeschichtliche Grundfall solcher Auf- und Übernahme ist die Rezeption des römischen Rechts durch die kontinentaleuropäischen Völker. Das römische Recht, das den Untergang des weströmischen Reiches zunächst noch eine Zeitlang in vereinfachter Form überlebt hatte, war schließlich nur noch als Dokument einer vergangenen Epoche vorhanden, als Buch, als das von Kaiser Justinian im 6. Jahrhundert geschaffene Corpus Iuris; praktische Geltung hingegen kam im Reich der Karolinger und in den Staaten, die daraus hervorgingen, nur noch den überlieferten Rechten der germanischen Stämme zu – einem vorwissenschaftlichen, der Begrifflichkeit ermangelnden Brauchtum. Da zog man im hohen Mittelalter das Corpus Iuris ans Licht. Gelehrte, zunächst in Bologna, dann auch an anderen Universitäten, machten sich daran, die im Corpus Iuris bewahrte Rechtsmasse mit den Methoden der Scholastik zu erläutern. So wurde ein wissenschaftlich geschulter Juristenstand herangebildet, der überall in den Staaten und Städten großen Einfluß gewann. Auf diese Weise hat der europäische Kontinent (England blieb von dem Vorgang unberührt) zweierlei rezipiert: die römische Methode der Rechtsauslegung und -anwendung sowie das materielle Recht der Römer. Eine ältere, der Romantik verpflichtete Forschungsrichtung hat diese Entwicklung dahingehend mißdeutet, daß mit ihr Eigenes verloren gegangen und Fremdes an dessen Stelle getreten sei – man beschrieb die Rezeption des römischen Rechts als „Überfremdung", als einen Prozeß, bei dem sich die übernehmenden Völker, zumal die Deutschen, gänzlich passiv verhalten hätten. Gegen diese Auffassung wandte sich noch im Jahre

1952 der Rechtshistoriker Franz Wieacker mit den Worten (Privatrechtsgeschichte der Neuzeit, S. 64): „... als ob überhaupt von einem lebenden Volk fremdes Recht übernommen werden könnte, ohne völlig angeeignet und dadurch verwandelt zu werden."

In der Literaturwissenschaft kann der Terminus Rezeption in einem sehr weiten Sinne sämtliche Vermittlungsbedingungen literarischer Werke, also all das bezeichnen, was die Literatursoziologie zu untersuchen pflegt: welche Literatur wird unter welchen Voraussetzungen von welchen Gruppen und Schichten gelesen usw. Wichtiger sind indes zwei genauer definierte Aufgabenfelder rezeptionsorientierter Literaturbetrachtung: die Rezeptionsästhetik und die Rezeptionsgeschichte. Literarische Werke üben ja nicht von ungefähr Wirkungen aus; sie sind vielmehr von vornherein auf bestimmte Wirkungen hin angelegt. Hieraus ergeben sich die genannten beiden Grundrichtungen rezeptionstheoretischen Betrachtens. Man kann einerseits analysieren, welche Wirkung das Werk nach der Absicht des Autors hat erzielen sollen. Hierher gehört die Lehre vom impliziten Leser, von der ins Werk hineinkomponierten Leserrolle, überhaupt von allen die Rezeption steuernden Maßnahmen, die der Autor durch bestimmte Signale getroffen hat. Man kann andererseits zu ermitteln suchen, welche Wirkungen ein gegebenes Literaturwerk tatsächlich erzielt hat, und zwar sowohl bei denen, für die es ursprünglich bestimmt war, als auch bei Späteren. Dieser faktischen Wirkung gilt die rezeptionsgeschichtliche Betrachtungsweise; wer sich auf sie einläßt, benötigt außer dem Werk selbst Materialien, welche die Reaktionen der Aufnehmenden dokumentieren, wie Kritiken, Berichte oder Briefe. Die Rezeptionsästhetik, die Ermittlung des Verhaltens, das der Autor dem Leser zugedacht hat, untersucht das Werk im Blick auf das Publikum; die Rezeptionsgeschichte hingegen untersucht das Publikum im Blick auf das Werk.

Bei der rezeptionsgeschichtlichen Betrachtungsweise muß man, wie schon bemerkt, die Rezeption der Zeitgenossen von der irgendwelcher späterer Rezipienten unterscheiden – man könnte die erstgenannte Erscheinung als Anschlußrezeption, die andere hingegen als Sprungrezeption bezeichnen; es gibt indes Übergänge und Mischformen. Wer die Anschlußrezeption eines Literaturwerks erforschen will, benötigt, wie ebenfalls schon festgestellt, Quellenmaterial in hinlänglicher Breite; diese Art der Betrachtung eignet sich daher im allgemeinen nur für Werke der Zeit vom 18. Jahrhundert an. Nur hier pflegen reichlich Dokumente zu Gebote zu stehen, mit deren Hilfe sich dartun läßt, wie sich ein Werk in seinem ursprünglichen Horizont ausgenommen und welche Reaktionen es bei seinen ersten Lesern hervorgerufen hat, welcher Wandel des Geschmacks oder welche Veränderungen ethischer Einstellungen (etwa auf erotischem Gebiet oder in der Frage des Selbstmords – man denke an Goethes „Werther") von ihm ausgegangen sind.

Aus älteren Epochen hingegen ist über die Reaktionen der ursprünglichen Rezipienten nur gelegentlich diese oder jene Einzelheit bekannt. Wenn z. B. Sueton meldet, der Schulmeister Caecilius Epirota habe schon zu Vergils Lebzeiten dessen Werke erklärt (De grammaticis 16), dann dürfen wir daraus schließen, daß Vergil von Anfang an ein erfolgreicher Autor gewesen ist. Im allgemeinen aber reichen die meist spärlichen und isolierten Hinweise für eine überzeugende Rekonstruktion des primären Horizonts nicht aus. Andererseits sind die Literaturwerke aus älteren Zeiten, insbesondere die großen Werke der Griechen und Römer, durch viele Hände gegangen, ehe sie uns erreichten. Sie haben also eine lange Rezeptionsgeschichte hinter sich, bisweilen, wie z. B. die homerischen Epen, eine komplizierte Folge von kontinuierlicher Tradition und von Sprungrezeptionen. So kann man denn feststellen, wie diese Werke in späteren Zeiten gewirkt haben, sei es auf die verschiedensten Gruppen von Lesern und Benutzern, sei es auf andere Autoren, die das betreffende Werk nachzuahmen, abzuwandeln oder zu überbieten suchten.

Schon die Rechtsgeschichte pflegt, wenn sie von Rezeption spricht, anzunehmen, daß das Rezipierte vom jeweiligen Rezipienten je verschieden assimiliert und verändert wird, und hierbei pflegt sie die Ausdrücke „Rezeption" und „Wirkung" in gleicher Bedeutung zu verwenden. Auch im Bereich der Literatur besteht wohl im allgemeinen kein Bedürfnis, zwischen „Rezeption" und „Wirkung" zu unterscheiden.

Die Rezeptions- oder Wirkungsgeschichte von Literaturwerken ist für den Philologen nichts grundsätzlich Neues, schon gar nicht für den Altphilologen, zu dessen Ressort die Werke mit der längsten Wirkungsgeschichte gehören und der daher schon immer auf diese Perspektive geachtet hat; hierbei pflegte er sich der Termini „Nachleben" oder „Fortleben" zu bedienen. Die gegenwärtige Rezeptionsgeschichte setzt indes andere Akzente als die herkömmliche Erforschung des Nachlebens. Denn für die Nachlebenforschung kam es meist nur darauf an, alles „Nachleben" (schon die Bezeichnung ist verräterisch) als Abglanz des ‚Lebens' selbst, d.h. des antiken Werkes und seines Autors, zu deuten. Wer jeweils rezipierte und was er aus dem Rezipierten machte, wurde wenig beachtet oder einfach als „richtig" oder „falsch" abgestempelt; humanistische Voreingenommenheit oder auch die Regeln der klassizistischen Ästhetik verleiteten zu apodiktischen Urteilen oder zu der Überzeugung, man könne eindeutig unterscheiden, wo ein Werk verstanden und wo es mißverstanden worden sei.

Die rezeptionsgeschichtliche Betrachtungsweise hingegen versucht, ohne dogmatische Vorgaben, ohne absolute Maßstäbe und überzeitliche Normen sei es klassizistischer, sei es sonstiger (z.B. christlicher, romantischer oder nationaler) Provenienz zu Werke zu gehen. Sie vermag daher auch nicht sogleich von richtiger oder falscher Rezeption zu reden; sie nimmt sogar die Rezipienten ernst, die sich, wie gewisse antike Homer-Interpreten, durch das Gewaltmittel der allegorischen Auslegung aus der Affäre zu ziehen suchten; sie verurteilt nicht, sondern fragt nach den Gründen derartiger Prozeduren.

Weit davon entfernt, Rezeption für eine Art Abglanz oder Widerschein der rezipierten Werke zu halten, wagen einige Vertreter der Rezeptionstheorie sogar zu behaupten, daß sich das Werk erst durch die Geschichte seiner Rezeption konkretisiere und realisiere. Dieser Ansicht liegt die richtige Erkenntnis zugrunde, daß nicht einmal ein philosophischer oder wissenschaftlicher Text stets eindeutig ist, geschweige denn die Dichtung, die nicht mit Begriffen, sondern mit bildhaften Ausdrücken arbeitet. Jedes Literaturwerk enthält somit Spielräume für die Phantasie des Lesers, leere Stellen gleichsam, die er ausfüllen muß. Dies ist einer der Gründe, weshalb die rezeptionsgeschichtliche Betrachtungsweise bei ihren Untersuchungen wenig zu dem Verdikt „Mißverständnis" neigt: sie rechnet mit der Mehrdeutigkeit der Literaturwerke einerseits und den je verschiedenen Rezeptionsbedingungen und Rezeptionsbedürfnissen andererseits.

In all dem ist, wie angedeutet, eine polemische Spitze gegen jene überkommene klassizistisch-humanistische Optik enthalten, die von normativer Warte aus die europäische Geschichte nach dem Schema „Größe – Verfall – Wiederherstellung der einstigen Größe" (also als Antike, Mittelalter und Neuzeit) interpretierte und schließlich dazu gelangte, allenthalben Sequenzen von klassischen Epochen (oder Renaissancen) und trüben Intervallen zu entdecken. Die rezeptionsgeschichtliche Betrachtungsweise wendet sich jedoch auch gegen romantische und nationale Vorstellungen: gegen den Glauben an einen seit Urbeginn gegebenen, unveränderlichen „Volksgeist", einen unverwechselbaren Volkscharakter, der sich in der jeweiligen „Nationalliteratur" entfalte – gegen einen Glauben also, der, wie das Beispiel der Rezeption des römischen Rechts gezeigt hat, Rezeptionsprozesse für Verfälschungen des je eigenen Wesens halten konnte.

Beide Sichtweisen, die klassizistische und die romantische, taten sich wechselseitig nicht weh, ja sie kamen recht gut miteinander aus. Die klassische Philologie beschränkte sich auf die

Antike und deren „Nachleben", wobei sie der mittelalterlichen und neuzeitlichen Literatur in griechischer oder lateinischer Sprache wenig Eigenrecht einräumte. Die neueren Philologien wiederum beschränkten sich auf die jeweiligen nationalsprachlichen Werke von den mittelalterlichen Anfängen bis auf die Gegenwart, wobei sie geneigt waren, ihren Gegenstand gewissermaßen aus dem Nichts hervorgehen zu lassen. Bei dieser Aufgabenteilung aber bleiben just die Bindeglieder, die vermittelnden Instanzen zwischen den antiken und den nationalsprachlichen europäischen Literaturen außer Betracht. So erklärt sich der Erfolg, den Ernst Robert Curtius mit seinem Buche „Europäische Literatur und lateinisches Mittelalter" erzielt hat: dieses Buch, das exakt die Mittlerfunktion der lateinischen Literatur der Spätantike und des Mittelalters zum Gegenstand hat, stieß zumal in Deutschland geradezu in ein Vakuum vor und brachte daher sowohl humanistische als auch nationale Ausschließlichkeitsansprüche zu Fall.

Der Begriff Rezeption bedarf noch der Abgrenzung von zwei miteinander verwandten, seit jeher gebräuchlichen kulturmorphologischen Kategorien: von den Kategorien Tradition und Kontinuität. Hierbei ist von der Kultur als einer die Generationen überdauernden Erscheinung auszugehen. Kultur hat seit jeher impliziert, daß die Nachfolger das von den Vorgängern Errungene übernehmen, größtenteils jedenfalls, und selbst etwas hinzufügten. Die Tatsache der Kulturnachfolge oder Tradition bewirkt Kontinuität; sie verbürgt einen Grundbestand von Gleichbleibendem, Dauerndem über eine Vielzahl von Generationen hinweg. Sie setzt eine Art Infrastruktur voraus, einen Inbegriff minimaler Erfordernisse, wie das Schrift- und Buchwesen oder die Schule; die Fachrichtungen, die sich dieser Infrastruktur annehmen, heißen Überlieferungs- und Bildungsgeschichte.

Rezeption wiederum findet meist oberhalb der hier gemeinten minimalen Vorbedingungen statt; sie gedeiht auf einem sich gleichbleibenden Goldgrund der Tradition, der kulturellen Kontinuität, und zwar, wie schon erwähnt, bald als Anschluß-, bald als Sprungrezeption. Die Anschlußrezeption erklärt sich einfach genug daraus, daß innerhalb jeder kulturellen Kontinuität objektiv Neues entsteht: das sich Gleichbleibende bringt mit je verschiedener Intensität auch Wandel hervor.

Neben dieser Anschlußrezeption, die sich, wie bemerkt, stets objektiv neuer Gegenstände bemächtigt, lassen sich zwei Grundformen der Sprungrezeption unterscheiden, die jeweils nur subjektiv, d.h. für die Rezipierenden, neuen Gegebenheiten gelten. Die Humanisten verschafften zahlreichen Werken der antiken Literaturen, die in Klöstern verborgen waren, wieder Leser; die Romantik holte den seit Jahrhunderten kaum noch bekannten Minnesang ans Licht usw. Diese Form der Sprungrezeption setzt jene kulturelle Kontinuität innerhalb derselben Gruppe, jene Infrastruktur voraus, von der soeben die Rede war: wenn es keine Handschriften gegeben hätte, wenn die jeweiligen Sprachen nicht bekannt oder erschließbar gewesen wären, dann hätte man weder den antiken noch den mittelalterlichen Literaturwerken zu neuer Wirkung verhelfen können.

Die zweite Grundform der Sprungrezeption erklärt sich daraus, daß Kulturen von Gruppe zu Gruppe, von Volk zu Volk wandern können. In einem derartigen Falle bemächtigen sich neue Träger eines Inbegriffs kultureller Errungenschaften: germanische, slawische oder arabische Völker rezipieren Teile der antiken Kultur. Diese Form der Sprungrezeption ist radikaler als die zuerst genannte: der neuen Gruppe fehlt es noch in erheblichem Maße an kultureller Übereinstimmung mit der alten; sie muß daher sowohl jene Infrastruktur der Schriftlichkeit, der Schule usw. rezipieren als auch die Literatur, die Philosophie, die Wissenschaften.

Zusammenfassend könnte man sagen, daß sich die rezeptionsgeschichtliche Betrachtungsweise weniger mit der Kontinuität innerhalb eines Kulturkreises befaßt, weniger mit den Konstanten, die sich dort feststellen lassen, als mit dem jeweiligen Wandel, den jeweiligen Variationen. Sie untersucht das je Neue innerhalb eines bestimmten Überlieferungsrahmens: das objektiv Neue bei Anschlußrezeptionen, das für ein Zeitalter, für eine Schicht oder für ein Volk subjektiv Neue bei Sprungrezeptionen.

3

Rezeptionsgeschichte kann sich in großen Zeiträumen bewegen und über große Intervalle hinweg argumentieren, ja sie kann das Ganze der antik-europäischen Kulturtradition zu umfassen suchen. Die folgende Skizze soll nun noch diesen äußersten Rahmen vorführen, innerhalb dessen sich unzählige größere und kleinere Einzelrezeptionen vollzogen haben – einen Rahmen, der durch die Tatsache der antik-europäischen Kontinuität bedingt ist. Denn ohne die Techniken des Schreibens und Lesens, ohne die Kenntnis des Griechischen und Lateinischen, ohne die mechanische Herstellung von Abschriften vieler Literaturwerke, kurz ohne die Infrastruktur der Tradition hätte keinerlei Rezeption über den Einschnitt hinweg stattfinden können, der Europa von der Antike trennt. Nun hat die große Rezeption der antiken Kultur durch das christliche Europa, durch die romanischen, germanischen und slawischen Völker ein Analogon in der Antike selbst: die Rezeption der griechischen Kultur durch die Römer, einen Vorgang, den man als Modell für die große Kulturrezeption ansehen kann. Es ist zweckmäßig, die beiden Prozesse nebeneinanderzustellen und miteinander zu vergleichen: sie lassen frappante Ähnlichkeiten erkennen. Bei aller Spontaneität scheinen Rezeptionsprozesse nicht einer gewissen Regelmäßigkeit zu ermangeln.

Doch zunächst einige Bemerkungen zu den beiden Rezeptionsprozessen selbst. Bei dem griechisch-römischen Rezeptionsprozeß kann in diesem Zusammenhang davon abgesehen werden, daß auch die Griechen nicht mit Nichts angefangen haben, daß sie vielmehr ihrerseits in vielfacher Hinsicht dem Orient verpflichtet waren. Sie haben indes ein derart hohes Maß an Originalität bewiesen und demgemäß so viel mehr an andere weitergegeben, als sie selbst empfangen hatten, daß die orientalischen Einflüsse, die sich bei ihnen feststellen lassen, als quantité négligeable gelten können. Die griechische Kultur wurde ihrerseits nicht nur von den Römern, sondern auch vom vorderen Orient, z. B. von den Syrern (die wiederum wichtige Mittler für die Araber waren) rezipiert. Doch nur bei den Römern durchlief diese Übernahme alle Phasen, die möglich waren; nur bei ihnen gab es keine Barrieren, welche die Übernahme zum Teil verhindert hätten. Da nun die Römer in politischer Hinsicht über die von ihnen rezipierte Kultur hinauswuchsen, da sie mit ihrem Imperium ein sowohl sie selbst als auch den griechisch-hellenistischen Bereich umfassendes Gefäß schufen, entstand schließlich eine griechisch-römische Gesamtkultur, die ihrerseits durch die Christianisierung einen fundamentalen Wandel erlebte.

Diese christlich gewordene griechisch-römische Gesamtkultur hat die Antike, die Epoche also, die man jetzt mit dem 6. oder 7. Jahrhundert enden zu lassen pflegt, auf dreierlei Weise überdauert. Sie hat erstens bis zur Schwelle der Neuzeit, bis zur Türkeninvasion im byzantinischen Reich fortbestanden. Sie wurde ferner über vorderasiatische Mittler an die Völker des Islam, zumal an die Araber, weitergegeben. Sie ist schließlich im lateinischen Westen an die zunächst wandernden, dann seßhaften und staatengründenden Germanen gelangt, insbesondere an die Franken.

Der an erster Stelle genannte Fall, der Fortbestand des byzantinischen Reiches, läßt sich, als Ganzes genommen, nicht als Rezeption auffassen, obwohl es innerhalb der byzantinischen

Kultur nicht an Rezeptionsprozessen gefehlt hat. Offensichtlich aber ist die byzantinische Kultur im ganzen vornehmlich von Konstanten geprägt worden, ohne daß gravierende Einschnitte stattgefunden hätten: Byzanz war geradezu ein Musterfall für Kontinuität, für die bewahrende Kraft der Tradition. Es hat dann allerdings seinerseits mächtig auf die Bulgaren und Ostslawen gewirkt: bei diesem Prozeß hat es sich zweifellos um Rezeption gehandelt.

Der zweite Prozeß, die Kulturübernahme durch den Islam, zeigt deutliche Züge jenes Typs von Sprungrezeption, bei dem ein neues Subjekt neben die alten Kulturträger oder an deren Stelle tritt. Nun hat jedoch lediglich eine partielle Rezeption stattgefunden. Denn die christliche Religion einschließlich aller davon geprägten Literatur war gänzlich von der Übernahme ausgeschlossen, desgleichen die Dichtung (abgesehen von moralischen Sentenzen) und die Geschichtsschreibung. Hier lag somit eine strenge Rezeptionsbarriere vor, die durch bestimmte soziokulturelle Gegebenheiten auf seiten der Rezipierenden bedingt war. So wurden lediglich die griechische Philosophie und die griechischen Wissenschaften, insbesondere die Medizin, die Astronomie und die Mechanik rezipiert, dies allerdings mit einer Gründlichkeit, die ihresgleichen sucht.

Eine wichtige Konsequenz dieses Vorgangs ist allbekannt. Der lateinische Westen war seit der Spätantike von allem Griechischen fast völlig abgeschnitten. Dann aber, im hohen Mittelalter, lernte man die Philosophie des Aristoteles kennen, von der man bis dahin nur durch ein paar Übersetzungen des Boethius einiges wenige wußte, und zwar großenteils durch die Vermittlung der Araber. Die Araber haben somit bei der Scholastik Pate gestanden; ohne sie hätte die Hochblüte der mittelalterlichen Theologie und Philosophie einen anderen Verlauf genommen.

Der dritte Fall endlich, die Übernahme der griechisch-römischen Kultur durch die Germanen, war offensichtlich ein Rezeptionsprozeß, ein vollständiger, phasenreicher, komplizierter Vorgang, der Elemente sowohl von Anschluß- als auch von Sprungrezeptionen enthalten hat.

Nunmehr sei noch auf den erwähnten Parallelismus eingegangen, welchen die griechisch-römische und die antik-europäische Rezeption erkennen lassen. Die Römer waren bis zum Beginn der Punischen Kriege intensiv damit beschäftigt, die materielle griechische Kultur sowie Elemente der griechischen Religion zu übernehmen, teils von den in Unteritalien und auf Sizilien wohnenden Griechen selbst, teils durch die Vermittlung der Etrusker; hierzu gehörten die sakrale Kunst und Luxusgüter, die Schrift, das Münzwesen und ein Maßsystem sowie die unterste Stufe der Schule, um nur das Wichtigste zu nennen.

Nach dem Ende des Ersten Punischen Krieges begann die Rezeption des durch die Schrift Fixierten, die Rezeption der literarischen Kultur: der Dichtung, der Philosophie, der Wissenschaften. Hierbei fand zunächst eine Phase von Übersetzungen und Bearbeitungen griechischer Werke statt, also eine Phase der unselbständigen Übernahme – man kann diese Phase als „Vorklassik" bezeichnen.

Hierauf folgte eine Phase der selbständigen Aneignung der griechischen Muster, wobei man die griechischen Formen mit römischen Inhalten zu füllen suchte. Sie gipfelte in der literarischen Hochblüte unter Augustus, in der römischen Klassik. Hernach aber entwickelte sich die römische Literatur auf ihren eigenen Grundlagen weiter, und es war daher nur folgerichtig, daß die Autoren dieser Zeit, der Nachklassik, wenn sie auch nicht aufhörten, griechische Werke zu benutzen, gleichwohl ihrem Verhältnis hierzu keine programmatische Bedeutung mehr beimaßen, wie das die Autoren der Klassik immer wieder getan hatten. Es ist wohl kaum erforderlich, noch anzumerken, daß die in diesen drei Hauptphasen sich entfaltende römische Kultur nicht nur aus anverwandeltem Fremden bestand, sondern daß auch genuin Römisches in sie einging, zuallererst die Rechtswissenschaft, eine ureigene Schöpfung der Römer und Roms wichtigster Beitrag zur Kultur Europas.

Die Rezeption der griechischen Literatur durch die Römer verlief gleichsam spiegelbildlich. Die Vorklassik suchte ihrem Publikum zu vermitteln, was damals in der hellenistischen Welt gängig und verbreitet war; sie hielt sich an das jüngste Stratum der von ihr rezipierten Literatur. Diese Feststellung wird weder durch die „Odyssee"-Übersetzung des Livius Andronicus noch durch die damals von römischen Autoren bearbeiteten griechischen Bühnenstücke (etwa des Euripides) widerlegt. Denn in diesen Fällen übernahm man einfach das seit langem übliche griechische Schulbuch und das zeitgenössische griechische Theaterrepertoire, ja, primär übernahm man die Institutionen, die Schule und das Theater jener Zeit, und erst sekundär die dazugehörigen Literaturwerke.

Mit der Klassik, im Zeitalter Ciceros und unter Augustus, setzte eine Art Krebsgang der römischen Literatur ein: die Autoren griffen stufenweise auf immer ältere Schichten der griechischen Überlieferung zurück. Der Lyriker Catull hielt sich an Kallimachos, einen Dichter des Frühhellenismus; der Epiker Lukrez erkor sich in formaler Hinsicht den Vorsokratiker Empedokles zum Muster. Ciceros Beredsamkeit suchte an die klassischen athenischen Redner des 4. Jahrhunderts v. Chr. anzuknüpfen, und seine philosophische Schriftstellerei wetteiferte u. a. mit Platon. Vergil schließlich fand vom hellenistischen Dichter Theokrit, dem Vorbild für seine Hirtenpoesie, über Hesiod zu Homer, also zu den Anfängen der griechischen Überlieferung, und Horaz wollte ein Gegenstück zur frühgriechischen Lyrik, zu den Gedichten der Sappho und des Alkaios (um 600 v. Chr.) schaffen.

Bei dem antik-europäischen Rezeptionsprozeß sind die Verhältnisse, wie schon angedeutet, von komplizierterer Art; die Tochterkultur ist nicht nur auf einem Wege aus der Mutterkultur hervorgegangen. Zumal während der frühesten Phase, in der Völkerwanderungszeit, haben sich Kontinuität und verschiedene Formen von Rezeption wechselseitig durchdrungen oder abgelöst: während des Übergangs zum Mittelalter fand bei den ehemaligen Reichsangehörigen und deren Nachkommen eher Kontinuität, bei den germanischen Eindringlingen hingegen eher Rezeption statt. Wenn man von den Überresten der Reichsbevölkerung und zudem von der Kirche als festgefügter Institution, einem Stück wenig gestörter Kontinuität, absieht, dann kann man cum grano salis auch bei der antik-europäischen Rezeption zwei Hauptphasen, die Übernahme der Zivilisation, die sich im wesentlichen während der Spätantike abgespielt hat, und die Aneignung der geistigen Kultur unterscheiden.

Diese Aneignung hat in frühkarolingischer Zeit mit Macht eingesetzt; die Theologie, die *artes liberales* und die Dichtung waren die vornehmsten Gegenstände des größtenteils in lateinischer Sprache sich vollziehenden Rezeptionsprozesses. Hierbei begann man analog zur römischen Rezeption mit Formen einer recht unselbständigen Übernahme, mit sogenannten Kompilationen (mit Werken also, die aus allerlei Quellen zusammengestoppelt waren), mit Exzerptensammlungen, Wörterbüchern und einigen Übersetzungen.

Vom Hochmittelalter an folgten mehrere Phasen selbständiger Aneignung: vom 12. bis zum 14. Jahrhundert vor allem durch die Philosophie und die Theologie, vom 14. bis zum 16. Jahrhundert, während der Renaissance, durch die bildenden Künste und die Architektur, durch die Wissenschaften sowie durch sämtliche Gattungen der Literatur und schließlich vom 17. bis zum 19. Jahrhundert, im Zeitalter der französischen und deutschen Klassik, nur noch durch die Kunst und die Literatur. Die Rezeption des römischen Rechts läßt sich in dieses Schema nicht einordnen; sie hat im 12. Jahrhundert eingesetzt und ist erst im 19. Jahrhundert zum Abschluß gelangt.

Unverkennbar hat die europäische Rezeption der antiken Literaturen die Spiegelbildlichkeit, den Krebsgang wiederholt, der sich schon bei den Römern gezeigt hatte. Das Mittelalter rezipierte im wesentlichen nur das jüngste Stratum der griechisch-römischen Hinterlassenschaft, die

Spätantike, die Kirchenväterzeit. Renaissance und Barock rekurrierten als überwiegend romanische Phänomene vornehmlich auf die römische Antike, insbesondere auf die Kaiserzeit, das Vorbild des Absolutismus, dann, im Zusammenhang mit der französischen Revolution, auch auf die römische Republik. Die deutsche Klassik endlich bringt, unter gleichzeitiger Abkehr von allem Romanischen, vom französischen Drama und von der italienischen Oper, die Rückwendung zum klassischen Griechenland. Allerdings fehlte es auch hier nicht an Querliegendem. So kamen schon im Frühmittelalter volkssprachliche Gattungen auf, mit denen selbständige Entwicklungen einsetzten, insbesondere die höfische Lyrik und Epik – die europäischen Literaturen beruhen eben sowohl auf griechisch-römischen als auch auf genuin volkhaften Voraussetzungen. Ferner hat sich die Scholastik des Hochmittelalters hauptsächlich auf Aristoteles gestützt, allerdings auf einen Aristoteles, der noch ganz in ein der Zeit angemessenes lateinisches Gewand gehüllt war.

Soviel über die beiden bedeutsamsten Rezeptionsprozesse innerhalb der antik-europäischen Tradition sowie über gewisse Ähnlichkeiten, die sich an ihnen ablesen lassen. Inzwischen ist ein noch größerer Rezeptionsprozeß, der durch den europäischen Kolonialismus ausgelöst wurde, in vollem Gange: die Menschheit rezipiert die europäische Kultur. Vielleicht steckt dieser Prozeß noch vielerorts in seiner ersten Phase: man übernimmt vor allem die materielle Kultur, die Technik, die Industrie; vielleicht wird die Aneignung der geistigen Kultur Europas irgendwann auch in den Teilen der Welt folgen, in denen man ihr gegenüber jetzt noch indifferent zu sein scheint.

Literarische Rezeptionsprozesse in der antik-europäischen Tradition

Römische Literatur, Rezeptionsphasen:

Bis ca. 250 v. Chr.	I.	Rezeption der Zivilisation (Religion und sakrale Kunst, Luxusgüter, Schrift, Maße, Münze, Elementarschule)
Ab ca. 250 v. Chr.	II.	Rezeption der literarischen Kultur (Philosophie, Wissenschaften, Dichtung)
250 – 80 v. Chr.		a) Phase der unselbständigen Übernahme (Übersetzungen) = Vorklassik
80 v.Chr. – 0		b) Phase der selbständigen Aneignung = Klassik
0 – 250 n. Chr.		c) emanzipierte, ‚moderne' Phase = Nachklassik

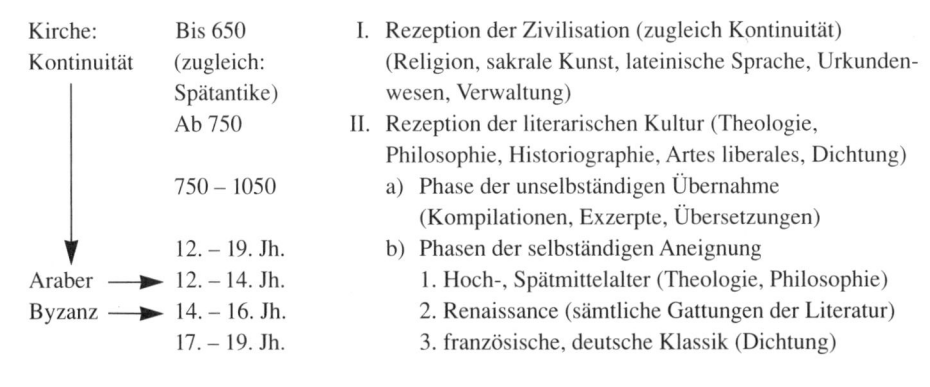

Spiegelbildlichkeit des Rezeptionsprozesses:

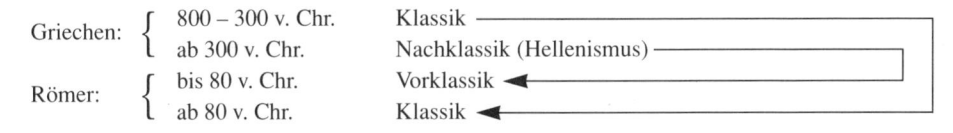

Griechen: { 800 – 300 v. Chr.   Klassik
            ab 300 v. Chr.   Nachklassik (Hellenismus)

Römer: { bis 80 v. Chr.   Vorklassik ←
         ab 80 v. Chr.   Klassik ←

Europäische Kultur, Rezeptionsphasen:

Kirche: Bis 650   I. Rezeption der Zivilisation (zugleich Kontinuität)
Kontinuität (zugleich: (Religion, sakrale Kunst, lateinische Sprache, Urkunden-
             Spätantike)   wesen, Verwaltung)
             Ab 750   II. Rezeption der literarischen Kultur (Theologie,
                               Philosophie, Historiographie, Artes liberales, Dichtung)
             750 – 1050   a) Phase der unselbständigen Übernahme
                               (Kompilationen, Exzerpte, Übersetzungen)
             12. – 19. Jh.   b) Phasen der selbständigen Aneignung
Araber →   12. – 14. Jh.   1. Hoch-, Spätmittelalter (Theologie, Philosophie)
Byzanz →   14. – 16. Jh.   2. Renaissance (sämtliche Gattungen der Literatur)
             17. – 19. Jh.   3. französische, deutsche Klassik (Dichtung)

Spiegelbildlichkeit des Rezeptionsprozesses:

Antike: { Griechische Epoche
         Hellenistisch-römische Epoche
         Spätantike

Europa: { Mittelalter ←
          Renaissance – Barock ←
          deutsche Klassik ←

WERNER SUERBAUM

Der Leidensweg eines antiken Vermittlers

Zur Biographie des Philologen Orbilius (Suet. gramm. 9), des Prügelknaben des Horaz

1. Vorspruch

Äußerliche Behandlung

    Der Dichter
    wurde ihm eingeprägt.

    Es ging ihm
    nur
    an die Haut.

                    Nach-Frage:
                    Wem? – dem Rezipienten? dem Dichter?

2. Vorbemerkung

Wenn Friedrich Maier nicht gerade damit beschäftigt ist, eine Festschrift herauszugeben, wie anno 1993 zusammen mit Niklas Holzberg zu meiner Ehre, ermuntert er dazu, bekannte oder auch unbekanntere lateinische Texte zu erschließen, die zur Erhellung der menschlichen Existenz beitragen. Es gibt nun eine literarische Gattung, deren Gegenstand eben dies ist, und zwar sogar in der gewünschten ‚exemplarischen' Form: die Biographie. Noch existenzieller wäre selbstverständlich die Auto-Biographie; aber zum Schutz der Privatsphäre weichen die Autoren meist in die Er-Form und zudem in die Roman-Form aus, sozusagen in die Niemands- oder Jemands-Bucht.

Selbst dem Spürsinn meines Kollegen Niklas Holzberg, des besten Kenners des antiken Romans, ist bisher offenbar die Serie kurzer romanhafter Texte entgangen, die voll sind von Motiven wie Verwaisung, Versklavung, Verführung Minderjähriger, Veruntreuung, Verarmung u. ä. (ich nenne nur die V-Motive) – wahrscheinlich deshalb, weil sie den Nachteil (Vorteil?) haben, daß sie trotz aller erstaunlichen Wechselfälle des Schicksals wahre Geschichten enthalten (jedenfalls behauptet das Sueton für *de grammaticis*).

Ich will hier wenigstens ein Beispiel für eine solche romanhafte antike Philologen- oder gar Professoren-Biographie vorstellen. Im Original ist der Text lateinisch und deshalb kurz: Kap. 3. Die beigegebene Übersetzung ist nicht wesentlich länger: Kap. 4. Was denn aus einem solchen Text an bleibenden Informationen für einen heutigen Philologen zu gewinnen ist, kann man in dem seriösen Kap. 5 lesen. Dann aber kommt der Teil für die Schule, die auf Latein *ludus* heißt.

Zunächst tritt in Kap. 6 der Schulmeister auf: er erklärt die Regeln. Dann folgt in Kap. 7 die eigentliche Vermittlung an die Schule. Da diese, wie eben vermerkt, existenziell zu sein hat, habe ich sie in die autobiographische Ich-Form umgesetzt (was dadurch erleichtert wurde, daß der Held und ich beide Professoren für Klassische Philologie sind, sog. *grammatici*), und zwar mit der Methode der sog. Transformations-Grammatik. „Ich" bleibe aber historisch getreu im Jahre 13 v. Chr., erlaube mir allerdings *in persona* eines Hundertjährigen eine gewisse Weit-Schweifigkeit und schiebe gelegentlich (*eingeklammerte diskursive*) Hinweise für Menschen ein, die 2.000 Jahre später leben. Natürlich verabsäume ich es nicht, im anschließenden Kap. 8 diese Ebene der historischen Information durch ein aktuelles Bildungsprogramm zu transzendieren (Fachdidaktik). Da das wirklich Bleibende aber nur von Dichtern gestiftet wird, verwandle ich mich zum Schluß (Kap. 9) wieder zurück (wie in Kap. 1) in einen Dichter.

3. Die Philologen-Biographie in lateinischer Fassung

Suet. gramm. 9:

(1) <L.> *Orbilius Pupillus Beneventanus morte parentum una atque eadem die inimicorum dolo interemptorum destitutus primo apparituram magistratibus fecit, deinde in Macedonia corniculo, mox equo meruit functusque militia studia repetiit, quae iam inde a puero non leviter attigerat ac professus diu in patria quinquagesimo demum anno Romam consule Cicerone transiit docuitque maiore fama quam emolumento. Namque iam persenex pauperem se et habitare sub tegulis quodam scripto fatetur.* (2) *Librum etiam cui est titulus ‚Peri algeos'* (TOUP, ROBINSON, BRUGNOLI; *perialogos* – aut similia ut *peri alogias* – codd. prob. TURNEBUS, FERRARO, A. PATZER, KASTER; *peri hautou logos* BAUMGARTEN-CRUSIUS; alii alia) *edidit continentem querelas de iniuriis, quas professores neglegentia aut ambitione parentum acciperent.* (3) *Fuit autem naturae acerbae non modo in antisophistas, quos omni in* (del. cum aliquot codd. KASTER) *occasione laceravit, sed etiam in discipulos, ut et Horatius significat plagosum eum adpellans et Domitius Marsus scribens ‚Si quos Orbilius ferula scuticaque cecidit'.* (4) *Ac ne principum quidem virorum insectatione abstinuit, siquidem ignotus adhuc cum iudicio frequenti testimonium diceret, interrogatus a Varrone <Murena>* (add. KASTER) *diversae partis advocato, quidnam ageret et quo artificio uteretur, gibberosos se de sole in umbram transferre respondit, quod Murena gibba erat.* (5) *Vixit prope ad centesimum aetatis annum amissa iam pridem memoria, ut versus Bibaculi docet: ‚Orbilius ubinam est litterarum oblivio?'* (6) *Statua eius Beneventi ostenditur in Capitolio ad sinistrum latus marmorea habitu sedentis ac palliati adpositis duobus scriniis.* (7) *Reliquit filium Orbilium, et ipsum grammaticum professorem.*

4. Die Philologen-Biographie in deutscher Fassung

(1) Lucius Orbilius Pupillus stammte aus Benevent. Verwaist zurückgeblieben durch den Tod seiner Eltern, die an ein und demselben Tage durch die Hinterlist von persönlichen Feinden umgebracht worden waren, diente er zuerst Beamten als Gehilfe, dann in Makedonien (als Soldat) mit dem Hörnchen (ausgezeichnet), schließlich zu Pferde. Nach Beendigung des Militärdienstes nahm er jene Studien wieder auf, mit denen er sich schon zuvor von Kindheit an intensiv beschäftigt hatte. Nachdem er lange in seiner Heimatstadt (klassische Philologie) gelehrt hatte, verlegte er erst im 50. Lebensjahr im Konsulatsjahr Ciceros (63 v. Chr.) seinen Wohnsitz nach Rom und lehrte dort mit größerem Ansehen als Einkommen. Denn er gesteht in einer seiner Schriften, als er schon hochbetagt war, er sei arm und wohne (direkt) unter den Dachziegeln. (2)

Er publizierte auch ein Buch mit dem Titel „Über das Leid" (da nach dem Kontext das Buch eine Autobiographie ist, ist zu verstehen: „mein Leidensweg" oder „Der Leidensmann"; andere Text-Verbesserungen ergeben: „Der Obertrottel", im Sinne von „Ich Ob."; „Über die, d.h. meine, Dummheit", „Autobiographie"). Es enthielt Klagen über das Unrecht, das die Professoren infolge der Nachlässigkeit oder des Ehrgeizes der Eltern (der Schüler) erlitten. (3) Er war von bitterscharfem Naturell, (was sich zeigte) nicht nur gegenüber den Gegenspielern, die er bei jeder Gelegenheit zerfetzte, sondern auch gegenüber seinen Schülern. Das gibt nicht nur Horaz zu erkennen, indem er ihn ‚schlagfertig' nennt, sondern auch Domitius Marus, wenn er schreibt: ‚wenn Orbilius welche mit Rute und Peitsche geschlagen hat'. (4) Und nicht einmal gegenüber führenden Männern hielt er sich von Schmähung zurück. So antwortete er, als er noch unbekannt war und in einer gutbesuchten Gerichtsverhandlung eine Zeugenaussage ablegen sollte, auf die Frage des Varro <Murena>, des Rechtsbeistandes der Gegenpartei, was er denn tue und welcher Betätigung er nachgehe: er transferiere Bucklige aus der Sonne in den Schatten; denn Murena war ein Buckliger. (5) Er erreichte fast das 100. Lebensjahr, verlor aber schon lange zuvor das Gedächtnis. Das zeigt der Vers des (Furius) Bibaculus: ‚Wo ist denn Orbilius, der Literatur Vergessen'. (6) Eine Marmor-Statue von ihm wird in Benevent gezeigt, auf der linken Seite des Kapitols. Er ist sitzend dargestellt, im Mantel, mit zwei Kapseln (für Buchrollen) zur Seite. (7) Er hinterließ einen Sohn, Orbilius, der auch seinerseits Philologie-Professor war.

5. Orbilius in einem seriösen Handbuch der lateinischen Literatur (HLL)

Was macht ein heutiger Berufs-Philologe aus dieser kleinen Biographie Suetons über Orbilius, für den es sonst nur noch ganz wenige ergänzende Nachrichten gibt?

Er schreibt z. B. den Orbilius-Artikel für das neue „Handbuch der lateinischen Literatur der Antike" (HLL). Das ist eigentlich nicht meine Aufgabe, da ich nur für dessen Band 1 (und damit nur für die bei Suet. gramm. c. 1–6 behandelten ‚Grammatiker', nicht mehr für den dort c. 9 vorgestellten Orbilius) zuständig bin. Aber *exempli causa* formuliere ich den Orbilius-Artikel in HLL Bd. 2 (§ 287.2) vorweg. Er soll zugleich die verläßliche Basis für den in Kap. 7 folgenden Aus-Flug in den Bereich der Schule (*ludus*) bilden:

HLL § 287.2 L. Orbilius Pupillus

Literatur: *Edition:* Grammaticae Romanae fragmenta 135f. FUNAIOLI (2 Testimonien und 1 wörtliches Frg. seiner Werke). – *Forschungsliteratur:* Genannt und verarbeitet, etwa V. FERRARO, La scuola di Orbilio, RCCM 9, 1967, 234–238, in der komm. lat.-franz. Ausgabe von Suetons *de grammaticis et rhetoribus* von M.-C. VACHER, Paris 1993, S. 10–14. 93–103; vgl. ferner die Ausgabe von F. DELLA CORTE, Turin ³1968, und jetzt die von R. A. KASTER, Oxford 1995, 128–137.
Testimonien: T. 1 Suet. gramm. 9, s. o. Kap. 3 (zur Textkritik vgl. zuletzt R. A. KASTER, Studies in the text of Suetonius De grammaticis et rhetoribus, Atlanta, Georgia 1992, 65–70; ferner die Ausgaben). – T.2 ibidem 8,3: *Ibique* (sc. Cumae M. Pompilius Andronicus) *multa conposuit, verum adeo inops atque egens, ut coactus sit praecipuum illud opusculum suum annalium Ennii elenchorum XVI milibus nummum cuiquam vendere, quos libros Orbilius suppressos redemisse se dicit vulgandosque curasse nominis auctoris.*

L. Orbilius Pupillus (Hauptquelle: T. 1; der Vorname ist nur durch den dem Text von Suet. gramm. vorangestellten Index bezeugt, das Cognomen nur durch T. 1) wurde 113/112 v. Chr. in Benevent geboren. Nach guter Ausbildung in seiner Heimatstadt war er, früh verwaist, im römischen Verwaltungs- und Militärdienst tätig (zunächst als *apparitor*, dann als *cornicularius*, schließlich als *eques*, wobei umstritten ist, ob das letztere auch Zugehörigkeit zum *ordo equester* bedeutet und damit Ps. Hor. sat. 1, 10, linea 8 auf Orbilius geht). Nach Beendigung des Militärdienstes und weiteren Studien lehrte er als *grammaticus* (was etwa einem Philologen als Mittelstufenlehrer einer Privatschule entspricht) in Benevent. Im Jahre 63 verlegte er im 50. Lebensjahr seine Unterrichtstätigkeit nach Rom. Seine Schule in der Hauptstadt besuchte auch der 65 in Venusia geborene und zunächst dort erzogene Horaz, der ihn in epist. 2,1,69 – 71 f. mit der prägnanten Bezeichnung *plagosum Orbilium* kritisiert. Daß Orbilius die Prügelstrafe als Zuchtmittel gegenüber seinen Schülern einsetzte, bezeugt auch der Epigrammatiker Domitius Marsus in T.1,3. Orbilius wird von Sueton überhaupt als aggressiv charakterisiert (schwer verständliches Beispiel eines gegen einen angesehenen, aber nicht sicher zu identifizierenden buckligen Anwalt, vielleicht A. Terentius Varro Murena, cur. aed. 44, gerichteten Witzwortes in T.1,4; davon abweichende Version bei Macr. Sat. 2,6,4). Er griff auch gern seine Kollegen an, ermöglichte aber umgekehrt den ‚Freikauf' des philologischen Werkes seines Kollegen M. Pompilius Andronicus (der dafür 16.000 Sesterzen erhalten hatte) zu Ennius' Annalen und veröffentlichte es unter dem Namen des wahren Verfassers (T.2). Diese Nachricht steht in gewissem Widerspruch zu seiner von ihm selber betonten und ausgemalten Armut. Orbilius wurde fast 100 Jahre alt (also ca. 14/13 v. Chr. gestorben, wohl in Rom). Er litt im Alter angeblich unter Gedächtnisverlust (so jedenfalls deutet Sueton *oblivio litterarum* in dem jambischen Senar des Furius Bibaculus in T.1,5, der auch andere Interpretationen zulassen würde). Auch wenn die Erwähnungen des Orbilius bei den drei zeitgenössischen Dichtern Horaz, Domitius Marsus und Furius Bibaculus (alle in T.1) nicht schmeichelhaft sind, zeigen sie doch, daß er ein berühmter *professor grammaticae* war. Ihm wurde, wohl als erstem Philologen, in seiner Heimatstadt ein noch Anfang des 2. Jh.s n. Chr. sichtbares Denkmal errichtet.

Aus T.1 ist für die Werke des Orbilius nur zu entnehmen, daß sie starke autobiographische Elemente (vor allem zu den Leiden eines öffentlich, aber auf privates Risiko in Rom Lehrenden) enthalten haben müssen.

Ein überlieferter griechischer Titel ist entstellt. Die weiteren Nachrichten sind keinem bestimmten Werk zuzuordnen: die Differenzierung zwischen *criminator* und *criminans* (Isid. diff. verb. 1,86) und zwischen *litterator* und *litteratus* (Suet. gramm. 4,5), dazu ein wörtliches Zitat bei Prisc. gramm. 2,381,1 K. über den passivischen Gebrauch des Deponens *consequi*.

Ob in dem *grammaticorum equitum doctissimus,* der sich nach Ps. Hor. sat. 1,10 1. 8 als Kritiker des Lucilius betätigt hat, Orbilius zu sehen ist, ist in der Forschung stark umstritten, auch weil dort 1. 5 in den besseren Handschriften von Prügeln im Passiv (*exoratus*) und nicht im Aktiv bzw. Deponens (*exhortatus*) die Rede ist (andere Identifizierungen bei VACHER, 94 f.: Lucilius selbst, Vettius Philocomus oder, am ehesten, P. Valerius Cato).

6. Regeln des Ludi Magister

Um in der Schule, als *ludus,* dienen zu können, muß der obige seriöse Text (Kap. 3 – 5) natürlich transformiert werden. In jedem *ludus* sind Regeln notwendig, sonst endet es im Chaos, witz- und sinnlos. Die Regeln muß der *ludi magister* geben, nach antikem Verständnis der Elementarlehrer (*elementa* ist übrigens ein Synonym zu *litterae; oblivio litterarum* könnte man also auch mit *oblivio elementorum* wiedergeben). Die Spiel-Regeln sind, dem Anlaß entsprechend, etwas strenger, als ich sie bei meinen „Aktualisierten Plinius-Briefen" (in: Lateinische Literatur, heute wirkend, Bd. 1, hrsg. von H.-J. GLÜCKLICH, Göttingen 1987, 81 – 109) zugrundegelegt habe.

Die folgende deutsche Umsetzung (Kap. 7) ist in existenzieller Ich-Form aus der Sicht des fast 100jährigen Orbilius als *persona* im Jahre 13 v. Chr. gestaltet. Diese historische Perspektive ist möglichst strikt durchgehalten. Es ist möglich, wenn auch nicht sicher, daß schon 13 v. Chr. der Brief des Horaz an Augustus mit den Versen epist. 2,1,69–71 *Non equidem insector delendave carmina Livi* (sc. Andronici)/*esse reor, memini quae plagosum mihi parvo/Orbilium dictare* vorlag und daß die Beneventaner das Denkmal für den großen Sohn ihrer Stadt schon zu dessen Lebzeiten errichtet haben.

Bei einer Transformation kommt man aber nicht ohne zusätzliche Informationen aus. Meine beiden Hauptquellen sind Suetons *de grammaticis et rhetoribus,* auch über das cap. 9 zu Orbilius (s. o. Kap. 2/3) hinaus, und S. F. BONNER, Education in ancient Rome. From the elder Cato to the younger Pliny, London 1977, passim, bes. S. 47 – 64. Damit die Anspielungen im Text von Kap. 7 auch verständlich oder glaublich sind, habe ich in vielen Fällen (*in Klammern und in kursiver Schrift*) die Quellen meines Wissens i. J. 1995 angedeutet – auch wenn dadurch für manche Leser der Witz des *ludus* geschmälert wird. Ein eingefügtes *vee* weist darauf hin, daß ‚Orbilius' ein *vaticinium ex eventu* bringt.

Im Text des *ludus* spielen, der römischen Philologie des 2./1. Jh.s v. Chr. gemäß, Etymologien (*veriloquia*) eine große Rolle. Sie sind nicht immer leicht zu durchschauen, auch wegen des befremdlichen, aber historisch verbürgten Prinzips der Erklärung *e contrario,* also z. B. *ludus a non ludendo,* Spielen von Nicht-mit-spielen. Die lateinische Benennung der Schule als ‚Spiel' habe man gewählt, um die Schüler nicht abzuschrecken; das vom griechischen ‚schole' abgeleitete Fremdwort aber weise nicht auf zweckfreie ‚Muse' hin, *sed quod ceteris rebus omissis vacare liberalibus studiis pueri debent:* so die aus der Zeit des Augustus stammende Erklärung im Lexikon des Festus p. 470, 14ff. L. – Auf ein deutsches Beispiel ist im Text angespielt, auf meinen eigenen Namen (saurer d. h. wilder, unveredelter Apfelbaum, also *Malum*). Einer der Editoren der Festschrift wäre leicht unter S. f. zu erkennen: S. f. bedeutet selbstredend *Saxi filius,* leicht gräzisiert also *Petri filius.*

Die stumme Person, der Orbilius seine Belehrungen gibt, habe ich absichtlich anonym gelassen.

Die knappe Biographie des Orbilius bei Sueton (Kap. 3), ist leider voller Unklarheiten. Bei meiner deutschen Transformation in Kap. 7 sind sie durch ‚oder'-Sätze und ähnliche stilistische Mittel angedeutet. Auch die von Sueton behauptete senile Erinnerungsschwäche des Orbilius ist ausgenutzt, um das unzureichende Wissen eines modernen klassischen Philologen zu kaschieren. Warum z. B. Orbilius ‚Bucklige in den Schatten tragen' will (und das zugleich eine Antwort auf die Frage nach seinem Beruf als Lehrer und ein Witz auf Kosten seines buckligen Kontrahenten sein soll), haben auch die gesammelten Anstrengungen von J. F. KILLEEN, 1969, G. V. SUMNER, 1978, R. A. KASTER, 1992 (samt 1995) und M.-C. VACHER, 1993, nicht befriedigend geklärt: gut, die Schule (und überhaupt die Studierstube) wird gern mit Schatten assoziiert – aber wo sind die Buckligen oder Buckelnden? Soll man etwa *gibberosos* kausativ verstehen: ein Lehrer vom Typ des Orbilius prügelt seinen Schülern einen Buckel an oder läßt sie über den Schreibtäfelchen buckeln? Wie anders doch heute: die Schule erzieht im hellen Lichte des öffentlichen Interesses zur aufrechten Haltung, und das durch bloße Worte (und nicht durch dreimalige Applizierung eines Turnschuhs an ein siebenjähriges Gesäß, was vom Europäischen Gerichtshof für Menschenrechte <sic> durch Entscheidung vom 25. März 1993 wenigstens für englische Privatschulen ausdrücklich gebilligt wurde – falls man wirklich einer Kölner juristischen Dissertation von J. GEBHARDT, Prügelstrafe und Züchtigungsrecht im antiken Rom und in der Gegenwart, Köln 1994, S. 10 glauben darf!).

7. Ludus Orbilii

Sie wollen von mir alles über „die Vermittlung der Antike" wissen? Da sind Sie bei mir an der richtigen Adresse: genau die Hälfte meines Lebens, also 50 Jahre lang bearbeite ich schon als Alt-Philologe erfolgreich meine Schüler in der Hauptstadt. Ich habe die *litterae* meinen Schülern eingeprägt, wörtlich. Die Vermittlung von Latein und Griechisch ist ganz einfach, wenn man sich nur an meinen Grundsatz hält: Einbleuen! Prügeln! *Per verbera ad verba! (fehlt bei K.BAYER, Nota bene. Das lateinische Zitatenlexikon, Zürich 1993, wo es nur umgekehrt und ohne Beleg als Nr. 196 ‚a verbis ad verbera' gibt; ebenfalls nicht geführt bei R. TOSI, Dizionario delle sentenze latine e greche. 10.000 citazioni, Milano ²1992, dort immerhin als Nr. 363 die griechische Maxime Ho mä usw. mit beachtlichen Parallelen, ferner als Nr. 353 die einzige lateinische Sentenz, die mit ‚Et nos' beginnt: ‚Et nos ergo manum ferulae subduximus' bei Juvenal 1,15. „Auch wir", wir alle haben also nach gesammelter lateinischer Spruchweisheit nur eines <1> gemeinsam und hinter uns: die leidige Schulbildung. Übrigens bedeutet der Juvenal-Vers natürlich „wir haben die Hand der Rute entzogen", entgegen der unrealistischen und die Leidenswilligkeit der Schüler überschätzenden Interpretation mancher Philologen und eins (1) Juristen „... hingehalten".)* Oder wenn Sie es lieber auf Griechisch hören wollen: Ho mae (sprich: mä) dareis ánthroopos u paideuetai?!

Stammt von einem Komiker *(Menander)*, ist aber mein Kernspruch in der Fach-Didaktik. An diesen Grundsatz habe ich mich 100 Jahre gehalten.

Ich bin in Benevent geboren. Ich betone: als Sohn freier Eltern. Ich war nicht, wie die meisten meiner heutigen Kollegen, Sklave oder Sohn eines ehemaligen Sklaven *(keine Anspielung auf Horaz: der war Schüler, nicht Kollege)*. Damals waren, glaube ich, M.Livius Drusus und L.Calpurnius Piso Caesoninus Consuln. Das müßten Sie in den Fasti consulares nachlesen. *(Leichter bei M.DEISSMANN, Daten zur antiken Chronologie und Geschichte, Stuttgart: Reclam 1990)*. Jedenfalls war ich 7 Jahre älter als Kikero *(geb. 106, ermordet 43)*.

Fatalerweise hieß ich von Geburt an „der Waisenknabe" *(Orbilius)*. ‚Nomen erat omen' *(bei BAYER Nr. 1410: nomen atque omen; bei TOSI Nr. 98: nomen omen)*: in jungen Jahren wurde ich wirklich Waise *(orbus)*. Das hat mir dann noch zusätzlich den Beinamen „der ganz kleine Waisenknabe" *(O.Pupillus)* eingebracht. Es war tragisch: Mafiosi – Benevent liegt ja im Hinterland der angeblich unbefleckten Neustadt (Parthenope/Neapolis) – haben Vater und Mutter hinterlistig an ein und demselben Tage umgebracht. Meine Eltern hatten mich aber eine gute Schule besuchen lassen, so daß ich lesen und schreiben konnte – natürlich nicht bloß Latein, sondern auch Griechisch. Ich war also zum Hilfsangestellten des öffentlichen Dienstes qualifiziert *(heute ist dafür kein Großes Latinum mehr erforderlich, geschweige denn das Graecum)*; es waren unbefriedigende Anfänge mit ewigen Schreibarbeiten *(als scriba)*. Ich stieg dann in der römischen Militärverwaltung in Griechenland zum Stabsfeldwebel auf. Mein amtlicher Titel, nicht etwa mein Spitzname, war aus unerfindlichen Gründen „Hörnchen" *(cornicularius)*. Zuletzt hatte ich es beim Militär auch mit Pferden zu tun *(equo meruit)*. Ob als Reiter oder Ritter – was für eine Frage! Es muß Ihnen doch klar sein *(keineswegs aber allen Sueton-Interpreten)*: als Offizier bei der Kavallerie. Als Ritter hätte ich ja nicht nur ein ‚Staats-Pferd' gehabt, sondern auch eine halbe Million *(ungenau: korrekt wären 400.000 Sesterzen)*. Dabei sehen Sie doch mal hier in meiner Mietwohnung nach oben: die nackten Dachziegel! *(habitare sub tegulis)* „Wenn ich hinauf zum Himmel schau,/seh ich direkt gleich weiß und blau" – *facit indignatio versus*. Tag für Tag bekomme ich es zu spüren, daß ich arm wie eine Kirchenmaus bin und wie diese direkt unterm Dach wohnen muß – eiskalt im Winter, glutheiß im Sommer. *(In einer Dachmansarde,* wie der ‚arme Poet' von Spitzweg, wohnt bei dem laut 1,79 indignierten Satiriker Juvenal 3,197f., auch der Dichter Cordus, ‚quem tegula sola tuetur / a pluvia', im 3. Stock, bedroht von Brand, seine Buchrollen zudem von Mäusen. Man kann argwöhnen, daß Orbilius bei seinem autobiographischen Statement übertreibt, wie ein Satiriker. Für einen der frühen Philologen in Rom, für Sevius Nicanor, ist sogar ausdrücklich bezeugt, daß er eine Satire verfaßt hat: Suet. gramm. 5. Einmal im Leben jedenfalls hat Orbilius genug Geld besessen, um ein für 16.000 Sesterzen verkauftes, unpubliziertes Werk eines Kollegen wieder zurückzuerwerben.)

Meine lange Dienstzeit im Osten hatte wenigstens ein Gutes: ich habe den ersten Bürgerkrieg (den wievielten hat eigentlich der Erhabene damals bei Aktium beendet?) in der Heimat nicht persönlich miterlebt. Von den Enteignungen Sullas im Gebiet von Benevent, die ein gewisser C. Verres durchgeführt hat, über dessen Machenschaften in Sizilien sich später Cicero so aufregte, weiß ich nur vom Hörensagen *(typische fiktive Oralisierung von Lektüre: Orbilius kennt Verres als Nutznießer der Proskriptionen Sullas bei Benevent 82 v.Chr. aus Cic. Verr. 2,38)*. Nach meiner Entlassung aus dem Militärdienst studierte ich noch eine Weile zu Hause, machte mich dann aber selbständig. Ich gründete in Benevent eine Schule, mit mir als einzigem Lehrer. Und der Prophet der Literatur und Bildung galt etwas in seiner Vaterstadt: Ich bin der erste klassische Philologe, dem man ein Denkmal errichtet hat, dort und überhaupt. *(Warum „ich" die Plin. nat. 34,19 bezeugte, ältere Statue des Accius ‚in Camenarum aede' auf dem Aventin in Rom nicht als echtes Philologen-Denkmal anerkennen kann, wird noch zur Sprache kommen.)* Es ist die Statue links vom Capitol. Ich bin da sitzend abgebildet und in Alltagskleidung – nicht so wie diese langweiligen Toga- oder Panzerträger auf dem Forum in Rom (der Erhabene *von Primaporta* sei immer ausgenommen!) –, mit zwei Kästchen für Buchrollen. Warum zwei, weiß ich auch nicht; vielleicht weil ich Professor 1. für griechische und 2. für lateinische Philologie bin, nicht einer dieser Schmalspur-Latinisten. Es wird sicher noch lange dauern, bis ein Größerer oder gar der Erste Beste *(der ‚optimus princeps' Trajan erhielt 113/114 n. Chr. in Benevent einen „Triumph"-Bogen)* ein eindrucksvolleres Denkmal bekommt, jedenfalls in Benevent *(impliziter Hinweis darauf, daß bald nach Orbilius auch der Philologe M. Verrius Flaccus in Praeneste eine Statue erhielt: Suet. gramm. 17,4)*.

Schließlich kam das Jahr *(63 v.Chr.)*, in dem ich mir zutraute, dem inneren Ruf in die Hauptstadt zu folgen – Rufe auf staatliche Dozenturen gab und gibt es ja nicht *(der erste staatliche Professor in Rom, und zwar für Rhetorik, war seit ca. 68 n. Chr. Quintilian)*; dabei wären sie so nötig *(vae)*. Das war ein sich im Dreischritt steigerndes *(Tripel-Klimax)* Epochen-Jahr: der Erhabene war zunächst Null, wurde aber geboren; Cicero war 43 und Consul; ich war 50 und Professor. Jeder von uns dreien war sozusagen *homo novus, suo anno*; Cicero hat das ja wirklich dauernd gesagt.

Als dank Cicero damals der Catilina beseitigt war, hatten die jungen Leute wieder Zeit, sich statt um Wein, Weib und Würfelspiel um die Bildung zu kümmern, also um meine Vorlesungen. Manche Ignoranten glauben, die Vorlesungen von uns Professoren beständen in schlichtem ‚Vorlesen' *(‚praelegere' bei Suet. gramm. 1,2)*. Obwohl schon das Vorlesen schwierig genug ist: früher gab es ja nur diese Manuskripte in dem unbequemen Layout ohne jede Lesehilfen. Sie waren in sog. „kontinentaler" Schrift, in *continenti scriptura*, ohne Trennung von Wörtern durch Zwischen-Punkte *(wie im PC)* abgefaßt. Wenn man einen Hexameter unseres großen Ennius lesen wollte, hatte man sozusagen ein einziges Wort mit 37 Buchstaben vor sich *(ausgezählter Durchschnittswert)*. Kollege Lichtlein, wie wir auf gut Latein Herrn Lampadio, einen Mann von Distinktion, nennen, hat mit dieser altfränkischen *(altrömischen)* Schreibweise Schluß gemacht. *(Zur Tätigkeit des Grammatikers Lampadio über das ‚praelegere' hinaus und seine Einführung* der ‚distinctio' vgl. W.SUERBAUM, Zum Umfang der Bücher in der archaischen lateinischen Dichtung, ZPE 92, 1992, 153–173, hier 154ff.) Jetzt können wir uns besser darauf konzentrieren, den Sinn des Textes zu interpretieren. Manchmal müssen wir allerdings vorher überhaupt einen vernünftigen Text herstellen. *(Suet. gramm. 2,3; diligentius retractarent ac legendo commentandoque etiam ceteris nota facerent.)* Da kommt es auf jeden Buchstaben an. Deshalb nennen sich einige von uns ja auch ‚Buchstäbler', *litteratores*; ich bevorzuge aber das griechische Fremdwort *grammatici*. Obwohl das dasselbe bedeutet, klingt es doch besser. Aus dem gleichen Grunde nennen manche Kollegen ihre ‚Vorlesungen' auch ‚Kollegs'; ich glaube aber eher deshalb, weil sie da Kollekten abhalten *(bei heutigen Professoren seit Einschmelzung des ehemaligen ‚Hörgeldes' in das Gehalt nicht mehr verbreitet).*

Ich habe die Philologie in Rom nicht gerade erfunden und schon gar nicht die Literatur. *(Das behauptete aber später sein Kollege Remmius Palaemon laut Suet. gramm. 23,4 ‚adrogantia tanta, ut secum et natas et morituras litteras iactaret'. Dieser Verfasser einer bahnbrechenden lateinischen Grammatik leugnete mithin den ersten Teil von ‚Tradition und Fortschritt' und setzte sich somit in Gegensatz 1. zu F. MAIER, Lateinunterricht zwischen selbigen polaren Bereichen, 3 Bände, Bamberg 1979 – 1985, und 2. zu W. SUERBAUM, Tradition. Gedanken zur antiken Metaphorik kulturellen Wandels, in: Humanismus und Bildung 2, hrsg. J.GRUBER/F.MAIER, Bamberg 1991, 61–77).* In der Philologie habe ich *(Orbilius, mit dieser Selbst-Einschätzung auf der Reihenfolge der ‚clari professores' bei Suet. gramm. 5ff. fußend)* nach optimistischer Einschätzung Rang Fünf, nach realistischer Note Sechs; denn Stilo ist doch außer Konkurrenz Nummer 1 *(Stilo wird schon vor den eigentlichen römischen Berufsphilologen bei Suet. gramm. 3,1 genannt; Näheres und alle Belege zu Stilo bei W. SUERBAUM, in: HLL 1, 1997, § 192 – ein echtes vaticinium)*, das macht schon die Propaganda seiner Schüler Varro und Cicero für ihn. Außerdem rühmen ihn natürlich unter der Hand jene vornehmen Herren, denen er als Ghostwriter – daher sein Beiname „Griffel": er hat natürlich so etwas nur auf Wachstafeln, nicht auf Papier geschrieben – die Reden aufgesetzt hat, als sie vor Gericht standen. Stilo konnte auch leicht den GröFaZG *(den größten Fachmann aller Zeiten der Grammatik)* in Rom darstellen. Zum einen war er wirklich Ritter und saß entsprechend gut betucht im Sattel. Zum andern war es nicht nur ehrenwert, daß er freiwillig seinen unschuldig verurteilten Freund *(Metellus Numidicus)* ins Exil auf das schöne Rhodos begleitet hat, sondern dieser 1-jährige Auslandsaufenthalt *(100/99 v.Chr.)* war auch seiner Bildung sehr förderlich. Er hat einen Thraker gehört. Der hatte zwar einen Allerweltsnamen *(Dionysios Thrax)*, aber etwas Ungewöhnliches geschaffen: er hatte als erster etwas verfaßt, was die Krone der fachdidaktischen Publikationen darstellt: eine Elementargrammatik. Ich würde mir wünschen, daß diese griechische Grammatik ins Lateinische übersetzt und (mit dem Übersetzen ist es ja nicht getan) umgesetzt wird: das wird ein wahres Geschenk *(donatum)* an die künftigen Jahrhunderte sein *(vee: die letztlich auf der Techne des Dionysios Thrax fußende lateinische Grammatik des Donatus – die seines arroganten Vorgängers Remmius Palaemon ist nicht erhalten – hat die europäischen Kultursprachen für eineinhalb Jahrtausende ‚beherrscht').* Ich hatte bisher keine Zeit dazu; 100 Jahre sind zu wenig.

Immerhin gehöre ich zu denen, die mit dem Dilettantismus der vorfachdidaktischen Zeit *(den Suet. gramm. 1–3 schildert)* Schluß gemacht haben. In den ersten Jahrzehnten *a grammatica condita* – man datiert auch einfach a.C.n., nämlich *a Cratetis naufragio* *(über diesen Fall in eine Flüssigkeit, die nicht in Meerwasser bestand, später mehr)* – gab es kein System und keinen Lektürekanon. Jeder Lehrer interpretierte munter drauf los, wenn er einen Dichter-Text vor Augen bekam. Meist nahmen sie sich protektionistisch nur der Dichtungen ihrer Freunde an *(Suet. gramm. 2,3)*. In den allerersten Anfängen haben sie sogar ihre eigenen Dichtungen interpretiert *(Suet. gramm. 1,2)* – man stelle sich vor, *ich* würde das tun! Zu behaupten, daß mit mir die Literatur anfängt und auch aufhört, überlasse ich einem künftigen Kollegen *(Remmius Palaemon, s.o.)*. Ich weiß, daß die Literatur in Rom *(240 v.Chr.)* mit Herrn Siegmann unter den Consuln C. Hinker, dem Sohn des Blinden, und M. Hammer begonnen hat *(Cic. Brut. 72: ‚hic Livius, sc. Andronicus, primus fabulam C.Claudio Caeci filio et M. Tuditano consulibus docuit')*; das hat ganz klar Cicero oder eigentlich sein Freund Atticus erwiesen *(Cic. Brut. 72f., dort auch zur Fehldatierung durch Accius)*. Was dieser Accius, ich wiederhole: Akkius, darüber schreibt, ist ganz abwegig. Als Philologe war er ein Versager, darum zähle ich ihn nicht einmal außer Konkurrenz *(das tut auch Sueton nicht, wohl aber etwa die klassische Sammlung GRF, ‚Grammaticae Romanae fragmenta' von H. FUNAIOLI, Leipzig 1907)*. Nun ja, seine Tragödien finden einige gut, vor allem er selber. Er war als Vorsitzender unseres Pen- oder Pinschreiber-Clubs *(laut Gründungsurkunde von 207 v.Chr.: ‚collegium scribarum histrionumque')* so eingebildet, daß er sich nicht einmal erhob, wenn Angehörige unseres Hochadels eintraten *(Val. Max. 3,7,11)*. Obwohl ich ja auch so eine Art *scriba* bin, konnte ich dem seinerzeit zu Ehren des großen Siegmanns *(Livius Andronicus)* gegründeten *collegium scribarum* nicht beitreten: der elitäre Accius, dieser Ober-Schlüsselbewahrer der Musen *(der Satiriker Lucilius 1028 M./1068 K. hat vielleicht eben Accius als einen bezeichnet, ‚cui sua conmittunt mortali claustra Camenae' – der Relativsatz wäre für einen Philologen eine Ehrung)*, hatte es in ein *collegium poetarum* umgewandelt. Das ist beschränkt. Dieser Accius hatte sogar die Frechheit, sich selber im Musentempel eine Statue zu errichten, und zwar in Überlebensgröße – dabei war er auch nach seinen Körpermaßen ein Zwerg *(alles bei Plin. nat. 34, 19)*. Ich kann das nicht als Philologen-Denkmal anerkennen. Gerade als Philologe muß man auf die feinen Unterschiede achten, auf die *differentiae verborum et rerum*. Er war Dichter; ich bin mehr. Jedenfalls habe ich sie alle ausgesessen *(dazu W. SUERBAUM, Römisches Aussitzen, DASIU 32/1, 1986, 16f.)*.

Als ich nach Rom kam, gab es zahlreiche Konkurrenz; ich hatte an die 20 Kollegen *(Suet. gramm. 3,4)*. Das waren allerdings praktisch alles Freigelassene oder Söhne von solchen. Man braucht sich nur ihre Namen anzuhören. Sie stammten zwar nicht aus aller Herren Länder (natürlich sind wir Römer überall die Herren), aber doch nicht aus Italien. Gerade noch erlebt habe ich in Rom den Mark Anton ‚Knicker' *(Gnipho)*, ein Findelkind aus Gallien. Weil der Knicker als Hauslehrer beim Vater unseres Erhabenen *(bei Caesar)* eine so marktbeherrschende Stellung hatte, ist Kollege Pompil Andronikos in den vorgezogenen Ruhestand getreten. Er hat sich von Rom nach Cumae zurückgezogen. Schöne Gegend, guter Strand *(damals)*, zuverlässige Informationsquellen *(Sibylle von Cumae)*. Für ihn als Epikureer war diese Gegend um Neustadt *(s.o.)* sowieso der Nabel der Welt. Wer weiß, vielleicht hat er damals sogar unseren neuen ‚schwarzen' *(maro)* Klassiker kennengelernt. Diesen Vergil hat übrigens nicht der Erhabene, mit Verlaub seiner künftigen Göttlichkeit sei es gesagt, für die Unsterblichkeit aus dem Feuer gerissen (19 v.Chr.), sondern der Kollege aus Epirus, den man natürlich nicht Zäzil, sondern Kaikil aussprechen muß. Der nämlich hat Vergils frühe Werke in den Lektürekanon seines Schulunterrichts aufgenommen *(Suet. gramm. 16,3 zu Caecilius Epirota)*. Nur Schulautoren leben ewig; wir, die Philologen, „machen" eigentlich erst die Dichter. Das hat man zwar eigentlich Cato bescheinigt, aber was man über einen Kollegen – denn ich meine natürlich den *grammaticus*, den P. Valerius Cato, nicht den ‚*Uticensis*' – sagt *(Suet. gramm. 11,3: ‚Cato grammaticus ..., qui solus legit ac facit poetas')*, darf ich ja wohl auch in aller Bescheidenheit für mich in Anspruch nehmen.

Ich war in Rom als Professor ganz erfolgreich. Nicht nur, weil – Merkur sei Dank – besagter Knicker, kaum war ich in Rom, schon mit 50 Jahren den Griffel hat abgeben müssen. Aber leider hatte ich, ganz wie mein Freund Pompil, keinen hochmögenden Protektor oder, wie man heute sagt, Maikén. Deshalb entsprach mein finanzieller Status nicht meinen Verdiensten in Lehre und Forschung – das wird sich vermutlich auch in 2000 Jahren nicht ändern *(vee)*. Als sich öffentlich andienender Privatlehrer war ich ja freier Unternehmer mit Einkommen aus selbständiger wissenschaftlicher Tätigkeit. Dieses floß jedoch leider nur unregelmäßig. Ich mußte ja von dem spärlichen Schulgeld leben, das die Eltern meiner Schüler zahlten oder eben auch nicht. Die Zahlungsmoral der Schüler-Eltern ist notorisch katastrophal. Werden Sie nie Privatdozent! Manche Eltern sind das klassische Beispiel für praktizierende Schulgeldfreiheitliche. Einerlei ob nun aus Vergeßlichkeit oder weil sie über materielle Dinge erhaben sind: sie zahlen nicht. Die einen kümmern sich zu wenig *(neglegentia)*, die anderen zuviel *(ambitio)* um das Fortkommen ihrer Söhne; das war, ist und bleibt so, das muß einmal *de causis corruptae eloquentiae* gesagt werden. *(Darüber gibt es seit der 2. Hälfte des 1.Jh.s n.Chr. eine verbreitete Diskussion, s. besonders Quint. inst. 1, 2, 4 – 8, aber auch Tac. dial. 25 ff.)* Der meinige hat immerhin denselben Sozialstatus wie ich erreicht: auch er ist Professor für Klassische Philologie. Sogar mein Sklave Aphrodisius hat dank meiner Schulung das Interesse der ersten Frau des Erhabenen gefunden und es als Scribonius A. ebenfalls zum Professor gebracht *(Suet. gramm. 19)*.

Meine Anfänge in Rom waren nicht leicht. Ich habe viel mitgemacht. Was hat man mir damals alles an Unrecht angetan! Damit es nicht in Vergessenheit gerät, habe ich es neulich in meinem autobiographischen Buch „Der Leidensweg" *(peri algeos)* dargestellt. Der griechische Titel ist allerdings so schludrig geschrieben, daß manche meinen, das Werke hieße „Der Gipfel der Dummheit" (peri alogias); meine Schüler sprechen sogar von „Der Super-Blödmann" *(perialogos)*. Ganz recht, der leidende Obertrottel bin ich: Das Buch handelt ja über mich selber. Aber es ist, wie es sich bei einem Klassischen Philologen gehört, lehrreich. Im ersten Teil meiner Handreichungen habe ich, falls ich mich richtig erinnere, dargelegt, daß es der Gipfel der Torheit ist, Klassischer Philologe und gar alter Philologe werden zu wollen: es ist ein einziger Leidensweg. Im zweiten Teil ist alles richtiggestellt, was meine Verleumder – auf gut Latein und unter Berücksichtigung der *differentiae verborum* sind sie, wie ich bewiesen habe *(bei Isid. diff. verb. 1,86 bezeugt)*, als *criminantes*, nicht bloß als *criminatores* zu bezeichnen – über mich verbreitet haben. Nun ja, ich mache aus meinen Kollegen, diesen Anti-Gelehrten *(antisophistas)*, gern Hackfleisch *(laceravit)*, und ich bin auch im Hörsaal etwas cholerisch, aber deshalb hätte man mir ja nicht gleich den Spitznamen „Prügelmeister" *(plagosus)* geben müssen. Das ist eine gewaltige Übertreibung dieses Schlappschwanzes *(Flaccus)*, den man heute als großen Dichter Horaz feiert und der noch nach mehr als 30 Jahren nichts Besseres zu tun hatte, als gegenüber dem Erhabenen seine Schulerinnerungen wieder aufzuwärmen *(im Brief an Augustus epist. 2, 1, 69–71)*. Er empfiehlt dem Erhabenen die modernen Dichter und macht unseren guten alten Livius Andronicus schlecht, natürlich aus rein persönlichen Gründen: weil ich ihm den richtigen Takt der Saturnier mit meinem bewährten Taktstock eingehämmert habe. Wenn die Benutzung dieses Taktstockes dereinst verboten werden sollte, wird niemand mehr die Saturnier eines Livius Andronicus metrisch analysieren können *(vee: metrische Theorien über den Saturnier gibt es in Überfülle)*. Immerhin hat der Schlappy in seinem Reisegedicht „Von Rom nach Brindisi" sich doch dazu herabgelassen, mein liebes Benevent zu erwähnen *(Hor. sat. 1, 5, 71)*. Dieser Epigrammatiker Domiz, von dem man bald bestenfalls noch Fragmente lesen wird *(vee: in der Sammlung Fragmenta poetarum Latinorum von W. MOREL, Leipzig 1927, Ndr. Stuttgart 1963 u.ö., S.111 frg. 4; in der kommentierten Ausgabe von E. COURTNEY, The fragmentary Latin poets, Oxford 1993, S. 302 frg. 4 – in diesen beiden Ausgaben finden sich auch die im Sueton-*

Text und vom Orbilius-Ich zitierten Verse des Furius Bibaculus), hat ins gleiche Horn gestoßen und mir meine konventionellen Arbeitsmittel vorgehalten. *Er* hat wirklich Rute und Peitsche verdient, dieser Giftverspritzer; typisch, daß er seine gesammelten Gedichte ‚Schierling' genannt hat. Dabei hat er sich für meine disziplinarische Tätigkeit so geschickt wie ein vorsichtig verleumdender Politiker mit „falls er jemanden …" ausgedrückt (diese Art von *si*-Sätzen sind ja kein Realis, sondern ein Indefinitus) – ich kann ihn nicht wegen Unterstellung belangen. Ich fürchte, Horaz und Domiz werden mein Bild bei der Nachwelt prägen. Soll ich lachen oder weinen, wenn man vielleicht noch nach 2000 Jahren über mich liest: „(er) schwang den Stock erst im Heere, dann in der Schule seiner Vaterstadt" *(vee: ‚schlagender' Auftakt bei M. S*CHANZ *– C.*H*OSIUS*, Geschichte der römischen Literatur, Bd. 1, München ^{4}1927, 580, demnächst ersetzt durch HLL 1/2). Ob dann überhaupt noch jemand weiß, wer denn im Heere den Stock schwingt? Da es heute so viel Ungediente gibt, muß ich es sicher eigens erklären: der Hundert-Schar-Führer *(Centurio)*.

Das mit den Prügeln ist nun, zugegeben, nicht unwahr, aber schief dargestellt: selbstverständlich war das keine Strafe, sondern eine sogenannte Zucht- oder Erziehungsmaßnahme. Sie wird gewiß noch fast 2.000 Jahre Bestand haben, vielleicht 100 Jahre weniger *(vee: aufschlußreiche Negativ-Erwähnungen z.B. noch in der Bayerischen Landesvolksschulordnung VSO Nr. 526, München* ^{17}*1972; nach der Ende Kap. 6 erwähnten jurist. Diss. von* G*EBHARDT*, 1994, S. 226 hat der Bundesgerichtshof noch 1954 und 1957 das Gewohnheitsrecht des Lehrers auf körperliche Züchtigung zögernd bejaht).* Sie ist ja, wie man sieht, erfolgreich: ich sage nur – man muß über Undankbarkeit seiner Schüler hinwegsehen – Horaz! Der erste Dichter, der vor ein paar Jahren ein Kultlied *(carm. saec., 17 v. Chr.)* geschrieben hat, das *(damals)* sogar der Mann auf der Straße verstehen kann, ohne daß er einen Philologen wie Stilo um eine *explanatio carminis saecularis* bitten muß *(was dem Verfasser eines bezeugten Kommentars zu den uralten Liedern der Salier ein Leichtes gewesen wäre)*! Und das man sogar singen kann, wie einige behaupten oder gar *(1995 n. Chr.?)* verüben!

Also das mit den Prügeln kann ich noch akzeptieren – sofern in dieser disziplinarrechtlichen Frage im Aktiv und nicht im Passiv von mir gesprochen wird: auch in diesem Punkte bin ich für Tradition, nicht Rezeption *(Ablehnung der von modernen Philologen vertretenen These, in den der Horaz-Satire 1,10 vorangestellten unechten Versen beziehe sich das ‚qui multum puer est loris et funibus udis / exoratus' auf Orbilius; manche lesen aber das Deponens ‚puerum … exhortatus').* Aber man will mir nicht nur an die Haut – manches, was die Dichter an mir, ihrem Interpreten auszusetzen haben, geht unter die Haut *(vgl. Kap. 1. Vor-Spiel).*

So hat neuerdings Trinklein, diese unausstehliche Furie *(Furius Bibaculus)*, von mir gedichtet (und das nicht mal in Hexametern), ich sei kein Literatur-Lehrer, sondern ein Literatur-Verlerner. Oder was auch immer er bei seiner Sudelei mit *oblivio litterarum* gemeint hat. Diese Nichtigkeiten *(nugae)* soll man getrost vergessen, das meint ja auch Cicero – der hätte, selbst wenn er doppelt so alt geworden wäre, keine Zeit für die Lektüre der Neuerer *(Neoteriker)* gehabt. Bei diesem Furius weiß man nie so recht, wie man dran ist: einem verdienten Kollegen hat er zum Beispiel eine „kratetische Leber" angedichtet *(zitiert Suet. gramm. 11,4: ‚en cor Zenodoti, en iecur Cratetis').* Ich mußte selber erst einmal in Georges Handbuch der medizinischen Terminologie – an sich leicht zu verstehen, da alles lateinisch oder griechisch – nachschauen, was es denn mit der Leber auf sich hat. Als Philologe oder *dicti studiosus*, wie unser großer Ennius dafür *(ann. 209)* sagt, beschäftigte ich mich nicht nur mit den Wörtern, sondern notgedrungen auch mit den Sachen, und im Alter natürlich zunehmend mit medizinischen Fragen. Zu „Leber" finde ich *(in* G*EORGES* lat.-dt. Handwörterbuch) also: „Sitz der Affekte" – ach so, wegen der

Laus –, aber auch „Sitz des Verstandes" – beides würde ja gut auch auf mich passen. „Kratetisch" verstehe ich natürlich auf Anhieb. Man wird doch seinen geistigen Opa kennen. Selbst Sie werden wissen *(aus Suet. gramm. 2)*, daß am Anfang der Philologie in Rom ein Beinbruch stand, ein Beinbruch dieses Krates von Mallos, der aber aus Pergamon kam. Das war kurz nach dem Tode unseres großen Ennius *(gest. 169)*. Das Königreich Pergamon war noch nicht an Rom vererbt worden, und dieser Krates weilte als königlicher Gesandter in Rom. Damals gab es noch diese tückischen offenen Kanalöffnungen auf dem Palatin; heute hat sie der Erhabene mit seinem bescheidenen Palast überbaut. Ich hoffe übrigens, daß Sie mein fortgesetztes subtiles Etymologisieren bemerken und würdigen, hier die Ableitung ‚Palast' von ‚Palatium'. Die wahre Bedeutung der Wörter darzulegen *(veriloquium ist der lateinische Ausdruck für Etymologie)*, das ist das tägliche Brot eines Philologen, spätestens seit Stilo uns dafür die Augen geöffnet hat. Obwohl nun Krates als Anomalist der Sprache auf Anomalien der Straße hätte vorbereitet sein müssen, ist der Herr Gesandte in eine dieser Kloaken hineingestürzt und hat sich das Bein gebrochen. So wie Thales anno dazumal in den Brunnen gefallen ist und das der Anfang der Philosophie im griechischen Osten war, führte dieser Absturz des Krates zum Höhenflug der Philologie in Rom. Der Krates nämlich hat während der Zeit, als er am Stock ging – beim Vortrag mußte er sich aber setzen –, hier in Rom Vorlesungen über ‚Grammatik' – so nannte er das bescheiden – gehalten. Er war ja drüben Rektor der anomalistischen Pergamenischen Schule. Wenn Sie übrigens die Gegenposition kennenlernen wollen – man soll in der Philologie nie einseitig, aber auch nicht zweideutig sein –, lesen Sie mal das Werk des seligen Vaters unseres Erhabenen: in *(Caesars) De analogia* finden Sie dann so goldene Worte wie: Meide jedes ungewöhnliche Wort wie ein Schiff das Riff *(Gell. 1,10,4 = GRF 143)*. Mein Schüler Horaz hat in der Entscheidung zwischen gängigen und erlesenen Worten natürlich seinen typischen ‚sowohl – als auch' Standpunkt eingenommen *(ars 46 – 73 über die Wortwahl)*; als ‚Ars poetica' kann ich diese eklektische Epistel *(der erst von Quintilian ‚Ars poetica' genannte Brief an die Pisonen spiegelt hellenistische Poetik wider)* nicht anerkennen.

Der Reinfall des Krates war das Epochenjahr der Klassischen Philologie in Rom, der Beginn disziplinierter Sprache. In jeder Weise, chronologisch und an geistiger Bedeutung, nachgeordnet ist ihm selbstverständlich das Jahr der Athenischen Dreier-Petition, der sogenannten Philosophengesandtschaft *(155)*, als dieser Karneades seine staatszersetzenden Thesen vorzutragen wagte *(s.Cic. rep. III)*. Man muß sich das Krates-Jahr auch deshalb merken, weil damals *(168/167)* unser großer Feldherr Aemilius Paullus die großartige Bibliothek des besiegten makedonischen Königs Perseus nach Rom überführt hat. Sie bestand zwar nur aus griechischen Werken und war schwer zugänglich, da Privatbesitz – beides ist heute, dank der Bemühungen unseres Erhabenen, anders –, aber ohne Bücher ist ein Philologe nun einmal kein Philologe, sondern nur ein Narr auf eigene Faust. Und ein Philologe kommt auch immer wieder auf Bücher, auch wenn er eigentlich über die „Leber des Krates" sprechen will. Aber inzwischen ist ja klar, was das bedeutet: der Kollege ist der reinste Krates, leber- oder besser verstandesmäßig. Herzmäßig hat ihn der besagte Furius mit Zenodot *(cor Zenodoti, s.o.)* verglichen; aber das müssen Sie im Georges *(vielmehr: in FPL oder bei CORTNEY oder bei Suet. gramm. 11,4)* selber nachschlagen. Ein (1) Herz ist für einen Philologen aber nicht genug: Ennius, unser bester Philologe, hatte drei. *(‚tria corda' des Ennius: Gellius 17,17,1 – deshalb, weil er drei Sprachen beherrschte!)*

Was meinen *Sie* denn, warum mich der Furius mit *litterarum oblivio* betitelt? Was, Sie glauben, er meine das *kausativ*? *(diese kausative Auffassung stammt von J.J. HARTMANN, Mnemosyne N.S. 29, 1901, 145 – 147)*: Ich soll die Ursache dafür sein, daß meine Schüler die Literatur vergessen? Ich soll einen solch sterilen Lektüre-Unterricht geben, daß niemand einen der lateinischen Autoren, die er bei mir gelesen hat, jemals wieder in die Hand nehmen möchte? Daß man extra einen „Club der toten Dichter" *(wie in dem so betitelten amerikanischen Film von Peter Weir von 1988)* gründen müsse, um diese wieder zu beleben? Und dabei dann doch wieder zu meiner eigenen Methode des *praelegere* oder gar auswendig-Rezitierens zurückkehren müsse? Da möge mich doch eher die Kloake des Krates verschlingen! Dann wäre es mir sogar noch lieber, wenn der Furius – schade, daß Appius Claudius, dieser Blinde, bei der ersten Orthographiereform *(GRF 1)* den Ahnen des Furius das ursprüngliche intervokalische ‚s' genommen hat: Fu-s-ius ist doch für diese Schlange viel passender als Fu-r-ius – gemeint hat, ich hätte selbst die Buchstaben vergessen. Oder gar, daß mich die Literatur als Genetivus subiectivus *(litterarum oblivio)* vergessen hätte.

Das mit dem Literatur-Vergessen ist Verleumdung. Man muß objektiv bleiben, zumal beim Genetivus. In Wirklichkeit habe ich mich immer für Literatur eingesetzt, sogar für Sekundärliteratur; das ist doch für einen Philologen geradezu Pflicht. Ich war es doch, der den Namen des völlig verarmten Kollegen Siegmann (des Pompilius natürlich, nicht des Livius) der Nachwelt wiedergegeben hat. Sein Hauptwerk über unseren großen Dichter Ennius, das der arme Kerl für 16 Mille hat verscherbeln müssen – dabei zahlt heutzutage der Erhabene dem Schlappschwanz Verrius jährlich ein Honorar von 100.000 Sesterzen für die Erziehung seiner Enkel *(Suet. gramm. 17,2 zu Verrius Flaccus)* –, um wenigstens in einem Städtchen wie Cumae sein Leben fristen zu können, wäre doch fast unter fremdem Namen erschienen, wenn ich es nicht wie einen Sklaven freigekauft hätte. *Plagae* sind abgängig, aber doch kein Plagiat.

Meine Werke könnte niemand als die seinen ausgeben. Ich bin so einmalig, wie jeder Philologe es sein sollte. Außerdem habe ich in meinen Werken häufig genug von mir selber gesprochen. Mein Name wird also erhalten bleiben. Und mit mir Latein. Mein Ex-Schüler, der besagte Schlappy, meinte vor zehn Jahren, seine Gedichte würden gelesen werden, so lange unser OB, der Oberste Brückenbauer, mit begleitender, aber schweigender Vestalin die Treppe zu unserem Haupttempel, D.O.M., hinaufschreiten werde *(Hor. carm. 3,30,8f)*. Ich aber sage Ihnen: Latein ist unsterblich. Es wird selbst die ritualisierte Sprache der Kirche überleben, dank uns, den Schulmeistern. Natürlich bemühen wir uns trotzdem, auch diese kaum mehr verständlichen kirchlichen Texte zu interpretieren; ich verweise auf die Bemühungen des Herrn Kollegen Stilo zur *explanatio carminum Saliorum (GRF 57f.)*.

Gern blättere ich in meinen Gesammelten Schriften, auch wenn es keine neun Bände sind, wie bei dem Kollegen Opillus, der sie darum nach den neun Musen benannt hat *(Suet. gramm. 6,3; für die einbändigen Kleinen Schriften von W. SUERBAUM werden sogar zwei Musen in Dienst genommen: Bamberg 1993)*. Da lese ich immer wieder bei mir selbst mit Vergnügen, wie fein man auf Latein unterscheiden kann zwischen einem, der dauernd Anschuldigungen erhebt, und einem Verleumder. Das ist wichtig für einen Klassischen Philologen, der von einer Welt von Dunkelmännern umgeben ist. Noch mehr geht mich an, wer und was denn ein Littera-T und wer oder was ein Littera-Tor ist *(Suet. gramm. 4)*. Ich bin natürlich nach meiner eigenen Definition *(Orbilius bei Suet. gramm. 4,5)* kein *litterator*, sondern ein *litteratus*, das heißt *perfectus in litteris*. Oder war es jedenfalls. Heute habe ich leider das meiste vergessen, jetzt mit fast Hundert.

Jedenfalls meinen das manche. Macht auch nichts; ich kann ja nachschlagen. Aber meinen Grund-Satz vergesse ich nie: immer die Rute schwingen, *re et verbis*. Das Korrektive und das Negative bringt uns vorwärts: „mit der Rute kommt das Gute". Mehr kann ich nicht raten. Denn ich bin eben: L. Orbilius Pupillus.

8. Fachdidaktische Lehren aus der Geschichte für die Antike und ihre Vermittlung

Ich (ohne Anführungszeichen) empfehle ein Kontrastprogramm. Nicht allein zu den Grundsätzen des Orbilius. Nicht nur buckeln: Transfer aus dem Schatten in die Sonne, Transformation, Aneignung (Aneignung hat auch ein autobiographisches Element). Sonst droht: *oblivio litterarum*.

9. Nachwort des Dichters (Horaz über Orbilius)

Der Vermittler

    Ich lebe nicht
    von seinen Worten

    allein

    von dem
    was aus seinem Munde kommt.

JOACHIM GRUBER

Antike als Erfahrung oder Grammatizismus?

Vermittlungsprobleme an der Universität

Als mich die Herausgeber der Festschrift zum 60. Geburtstag von Friedrich Maier aufforderten, Überlegungen niederzuschreiben über das Thema „Die Antike und ihre Vermittlung an der Universität", habe ich spontan zugestimmt, auch in dem Bewußtsein, daß die Reflexion über unsere tägliche Arbeit vielleicht manchmal zu kurz kommt; ist dazu doch eine gewisse Distanz vonnöten. Österliche Tage auf Kreta boten Gelegenheit, diese Gedanken, ohne gelehrtes Beiwerk, zu formulieren. Selbstverständlich sind sie ganz subjektiv, erwachsen aus dem Umgang und der Begegnung mit der Antike, wie sie ein traditionelles Humanistisches Gymnasium, die solide Philologie meiner Universitätslehrer, die eigenen Vermittlungsversuche an Schule und Universität und nicht zuletzt das Gespräch mit Schülern, Studierenden und Kollegen formten. Da es hierbei vorrangig um „Vermittlung" geht, bleiben Gegenstände und Methoden der Fachwissenschaft wie etwa die Erstellung einer wissenschaftlichen Ausgabe oder eines Kommentars oder literaturtheoretische Diskussionen außer Betracht bzw. sind als selbständiger Bereich der Forschung vorausgesetzt.

Was ist „Antike"?

Was sollen und wollen wir vermitteln, wenn wir von „der Antike" sprechen? Ist es die Hinterlassenschaft von Texten, Bildwerken und Gedanken der Griechen und Römer, Jahrtausende zurückliegend und um ihrer selbst willen erfahrenswert als Gegenwelt zu unserer eigenen? Ist es diese Hinterlassenschaft in ihrer besonderen Rolle als Ferment der europäischen Kultur und daher bis heute wirksam und Teil von uns selbst? Ist es eher eine Wertewelt, hellenischer Geist und römische Zucht, und deshalb bei einer Diskussion um Wertordnungen nicht zu übergehen? Oder ist es nur ein blasser, traditioneller Bildungsbegriff, ein humanistisch-pädagogisches Konstrukt?

Ich gehe von einem sehr weit gefaßten Antikeverständnis aus, das die sogenannte Alte Welt in all ihren Erscheinungsformen, Wirksamkeiten und Brechungen umfaßt. So wird mir Antike außer in ihren unmittelbaren Hinterlassenschaften greifbar im Denken und Bauen des Mittelalters, in den Schöpfungen und Werken der Renaissance, des Humanismus, der Klassik und des Klassizismus, in vielfachen Äußerungen moderner Kunst und Literatur. Eine so verstandene Antike vermitteln heißt dann nicht nur, die alten Texte wieder und wieder interpretieren, sondern heißt für den Vermittler auch unablässige Spurensuche, um sich stets aufs neue der Wirksamkeit dieses einmaligen Phänomens „Antike" zu versichern. Da wir es aber als Lehrende an der Universität vor allem mit Studierenden für ein Lehramt an Gymnasien zu tun haben, ist mit der Frage nach dem eigenen Antikebegriff, der dieser Ausbildung zugrunde liegen kann, auch die

Frage verknüpft, inwieweit er sich mit dem Antikeverständnis deckt, das in Gestalt der Schulfächer Latein und Griechisch die künftige Arbeit unserer Studierenden bestimmt. Hierin begegnen sich Fachwissenschaft und Fachdidaktik, und wenige haben wie Friedrich Maier durch ihre Arbeiten darauf abgezielt, daß unsere altsprachlichen Fächer in den Gymnasien umfassendere Inhalte erhielten als die traditionell sparsam ausgewählte Lektüre weniger klassischer Autoren. So gesehen würden wir als Universitätslehrer der Klassischen Sprachen bei einer ängstlichen Beschränkung unseres Lehrangebots deutlich hinter dem zurückbleiben, was unsere Studierenden als Voraussetzung für eine erfolgreiche Berufstätigkeit mit Recht von uns fordern müssen.

Spezialistentum und Grenzüberschreitung

Wie läßt sich aber dieser Anspruch der Vermittlung eines so umfassend verstandenen Antikebegriffs, wie er oben skizziert wurde, im täglichen Lehrbetrieb realisieren? Wird doch hier ein Begriff von Antike vorausgesetzt, den der einzelne Universitätslehrer als sein Fachgebiet weder lehrend zu überblicken noch durch seine Forschungen im ganzen zu fördern imstande wäre. Bekanntlich stellt sich dieses Problem des Spezialistentums in allen Bereichen der Forschung, wobei in den Naturwissenschaften und der Technik, wenn ich recht sehe, das Zusammenwirken im Team entschieden deutlicher ausgeprägt ist als bei den Geisteswissenschaften. Wenn aber dieses Zusammenwirken bei uns eher die Ausnahme darstellt, dann sollten zumindest die Rahmenbedingungen des Studiums der Alten Sprachen so gestaltet werden, daß der einzelne Studierende ein umfassendes Antikeverständnis erwerben kann. Das gilt für den sogenannten „Voll-Altphilologen", der beide Alten Sprachen studiert, das gilt aber in noch höherem Maße für den „Nur-Lateiner", da bekanntlich eine Interpretation der meisten lateinischen Texte ohne Kenntnis des griechischen Hintergrunds zwangsläufig Stückwerk und stümperhaft bleiben muß. Die bislang geforderten griechischen Lehrveranstaltungen für Latinisten können dieses Ziel nur unvollkommen erreichen.

Gestalten der Rahmenbedingungen kann aber nach dem derzeitigen Stand einer begrenzten oder zu begrenzenden Studienzeit nur bedeuten, Raum schaffen für Grenzüberschreitungen. Selbstverständlich müssen die Studierenden teilhaben an den Forschungen des Spezialisten, sie sollen seine Methoden und seine Fragestellungen kennenlernen, sie sollen in Seminaren und mit den verschiedenen Formen ihrer schriftlichen Arbeiten an seinen Forschungen mitwirken. Nur in Parenthese sei vermerkt, daß umgekehrt etwa in computerunterstützten Arbeitsformen die Studierenden durchaus die Anregenden sein können, wie z.B. die von Andreas Müller und Markus Schauer erarbeitete „Bibliographie für den Lateinunterricht" zeigt, und daß wir gut beraten sind, solche Arbeitsformen aufzunehmen, um nicht in kurzer Zeit in den Augen der Jüngeren als digitale Analphabeten dazustehen. Aber so wie der Spezialist nur dann erfolgreich seine Forschungen vorantreiben kann, wenn er sich möglichst umfassend über die Ergebnisse der Nachbargebiete unterrichtet und somit zumindest rezeptiv die Grenzen seines Spezialistentums überschreitet (wobei allerdings das Problem der Nachprüfbarkeit von Forschungsergebnissen aus anderen Spezialgebieten stets virulent bleibt), ebenso muß der künftige Latein- und Griechischlehrer dazu angehalten werden, die Grenzen einer allzu engen Beschäftigung mit den mannigfachen Gegenständen und Aspekten von „Antike" zu überschreiten. Dabei geraten aber Voraussetzungen der Studienanfänger, begrenzte Studienzeit und Gewichtung der einzelnen Studienteile in einen fast unlösbaren Konflikt.

Vom scheinbaren Fortschritt

Fragt man, mit welchen Voraussetzungen die Studierenden des Lateinischen und Griechischen an die Universitäten kommen, dann hat sich bekanntlich die Situation in den letzten 40 Jahren grundlegend gewandelt. Als wir Mitte der 50er Jahre die Universität bezogen, hatten wir in fünf Fächern ein schriftliches Abitur abgelegt, natürlich in beiden Alten Sprachen, wir hatten ausgedehnte Originallektüre betrieben und konnten auf diesem soliden Fundament unser Studium aufbauen. Seitdem hat die Einführung der „Reformierten Oberstufe" nicht nur unseren Fächern, sondern auch dem Gymnasium kaum wiedergutzumachenden Schaden zugefügt. Die Klagen, die heute z. B. in der Zeitschrift des Deutschen Hochschulverbandes über die Studierfähigkeit der Abiturienten geäußert werden, haben Einsichtige schon vor 20 Jahren vorausgesehen. So beginnen denn unsere Studienanfänger, auch wenn sie das Studienziel „Klassische Philologie" wählen, ihr Studium oft nur mit dem Nachweis eines Leistungskurses in einer Alten Sprache, mit bescheidenen Geschichtskenntnissen, die bestenfalls mit der Französischen Revolution einsetzen, mit dem Horror vor fremdsprachiger Literatur in Französisch, Italienisch und Spanisch (was der These von möglichen Transferleistungen und von Latein als der Mutter dieser Tochtersprachen Hohn zu sprechen scheint) und vor allem mit dem Hauptproblem, welche Scheine man im Studium erwerben müsse. Ist es doch ein unausrottbarer Irrtum von sogenannten Kulturpolitikern, zu glauben, man müsse nur eine detaillierte Studienordnung erstellen, und das Studium vollziehe sich gleichsam von selbst. Nun war es aber doch ein Hauptanliegen der Oberstufenreform, die Schüler in den Stand zu setzen, selbständig studieren zu können. In logischer Konsequenz dieses pädagogischen Ansatzes sind die politisch geforderten und ministeriell erzwungenen Studienordnungen, die den Abiturienten am Gängelband kleinlicher Vorschriften über den Besuch von Pflicht- und Wahlveranstaltungen und über den Erwerb von Scheinen durchs Studium führen, der offensichtliche Bankrott der Oberstufenreform. Das mußte nun auch endlich der Deutsche Philologenverband eingestehen, wenn er in seinen Informationen vom August 1994 (S.14) lapidar feststellt: „Die Zielsetzung dieser Oberstufenreform ist im Ganzen nicht erreicht worden." Gründlicher konnte Humboldts Gedanke von der Selbsttätigkeit des Lernenden nicht pervertiert werden. Wo bleibt in den Studienordnungen gewöhnlich Raum für entdeckendes Lernen, Vertiefen in ein Gebiet, das vielleicht am Rande liegt, aber Interesse weckt, motiviert und über den motivierten künftigen Lehrer wieder motivierend auf spätere Schüler wirken kann? Und so kommt es denn, daß man in der Regel seine lateinischen und griechischen Scheine „macht" und kaum Zeit findet für Grenzüberschreitungen im erwähnten Sinne. Alte Geschichte, Sprachwissenschaft, Archäologie, studiert in der Absicht, eine umfassende Orientierung über die Antike zu erwerben, werden von den meisten kaum zur Kenntnis genommen oder dort, wo gefordert, nicht selten als „Pflichtveranstaltungen" angesehen. Daher werden denn die Empfehlungen, sich auch in diesen anderen Gebieten umzusehen, nicht selten mit der Bemerkung abgewiesen, man müsse noch diesen oder jenen Schein erwerben oder die aufs Examen vorbereitenden Sprachübungen (zum wievielten Male eigentlich?) besuchen.

Grammatizismus und kein Ende

Es ist unbestritten, daß solide Sprachkenntnisse das Fundament des Studiums der antiken Literatur darstellen. Nachdem aber die Gewichtsverschiebung im gymnasialen Lehrplan der Alten Sprachen den Weg weg vom häufig praktizierten reinen Übersetzen (bei Ludwig Früchtel lasen wir je Stunde etwa 50 Verse Homer) zu einer stärkeren Betonung des Interpretierens gewiesen hat, gleichzeitig auch die Stundenzahlen in der Unter- und Mittelstufe gekürzt wurden, mußten zwangsläufig die Sprachkenntnisse der Studienanfänger immer geringer werden. Im Grunde müßten wir, um auf dem in den 50er Jahren vorliegenden Standard ein Studium aufbauen zu können, Vorsemesterkurse in Latein und Griechisch einführen, damit die Anforderungen erfüllt werden könnten, die das Staatsexamen an die Sprachkenntnisse besonders hinsichtlich des Übersetzens in die Fremdsprachen stellt. Ein Vergleich mit Examenstexten der 50er Jahre kann rasch zeigen, daß die Anforderungen heute kaum geringer sind, sieht man einmal von der eher zweifelhaften Praxis der Retroversion ab. Die Aufgabe des Lehrers, seine Schüler in der Tradition des Althumanismus in vielgescholtener „Latinitätsdressur" zur aktiven Beherrschung des Lateinischen im Idiom Ciceros und Caesars anzuleiten, ist spätestens seit der Abschaffung des deutsch-lateinischen Abiturs hinfällig, und im Griechischen war eine vergleichbare Aufgabe in diesem Umfange sowieso nie gegeben. Auch auf die Gefahr hin, ein Tabu zu verletzen, sollte die Diskussion über die Sprachausbildung der künftigen Latein- und Griechischlehrer aufgenommen werden, und zwar aus folgenden Gründen:

Seit Jahren läßt sich unschwer die Beobachtung machen, daß die Mehrzahl unserer Studierenden die wertvolle Zeit der letzten Studiensemester, in der die Ernte eines Studiums der Antike eingebracht, die Kenntnisse vertieft, der Blick geweitet werden könnte, für den allsemestrigen Besuch der sogenannten Stilübungen, nicht selten in Parallelkursen, aufwenden. Unter der Anleitung großer Stilkönner werden die letzten Feinheiten Ciceronischer Eloquenz durchleuchtet, Menge und Schönberger repetiert, um dann nicht selten überraschenderweise in den Examensklausuren nur ein „Befriedigend" oder gar „Ausreichend" zu erzielen, natürlich wegen simpler Elementarfehler. Merkwürdigerweise wird in keiner mir bekannten Studien- und Prüfungsordnung für die Magisterstudiengänge Latein und Griechisch eine vergleichbare aktive Sprachbeherrschung verlangt, offenbar doch wohl, weil man für die weitere wissenschaftliche Tätigkeit des Magisters, die ja später auch die des Hochschullehrers sein könnte, dergleichen für entbehrlich hält.

Sieht man die Anforderungen im sprachlichen Bereich, die der künftige Latein- oder Griechischlehrer erfüllen soll, genauer an, dann hat er im wesentlichen folgendes zu leisten:
– Einwandfreie Übersetzung aus der Fremdsprache
– Erstellen von sprachlich korrekten und logisch stimmigen Übungs- und Prüfungstexten in der Fremdsprache

Daraus müßten sich für den Universitätsunterricht folgende Konsequenzen ergeben: Spätestens bis zur Zwischenprüfung, die trotz aller oben gemachten Vorbehalte gegen Studienordnungen als Gliederungs- und Revisionselement des Studiums sinnvoll ist und sich bewährt hat, sollte die aktive Beherrschung der Schulgrammatik vermittelt sein, die zwar auch von den Lateinschülern des Gymnasiums gefordert, aber nur in seltenen Fällen noch erreicht wird; im Griechischen kann sie wohl kaum noch vorausgesetzt werden. Außerdem sollten Übungen im selbständigen Erstellen fremdsprachlicher Texte angeboten werden, die gezielt auf die Abfassung von Texten zu Übungs- und Prüfungszwecken hinführen. Langjährige Erfahrungen mit Teilnehmern des studienbegleitenden fachdidaktischen Praktikums haben gezeigt, daß es selbst guten Stilisten nicht selten schwer fällt, einen einfachen lateinischen oder griechischen Text sprachlich korrekt und zudem noch logisch in sich schlüssig in der Weise zu erstellen, daß ihn Schüler als nachvollziehbar, d.h. übersetzbar rezipieren können. Dieser ganze Studienbereich sollte mit der Zwischenprüfung abgeschlossen sein, damit das Hauptstudium Raum hat zur Vertiefung. Vertiefung kann dann im sprachlichen Teil auch, aber keinesfalls obligatorisch, in stilistischen Übungen bestehen, im *Latine loqui*, oder in Lehrveranstaltungen zur Sprachwissenschaft.

Antike „erfahren"

Grenzüberschreitungen im oben erwähnten Sinn sind v. a. dann angezeigt, wenn die mit Recht obligatorische Exkursion vorbereitet und durchgeführt wird. Im Sinne eines umfassenden Antikeverständnisses kommt dieser Veranstaltung besondere Bedeutung zu. Wird doch dabei auf dem Boden des alten Imperium Romanum, und das heißt in der Regel im mediterranen Raum, Antike in einer Intensität „erfahren", die all das weit übertrifft, was eine leider nicht seltene papierene Gelehrsamkeit im Hörsaal vermitteln kann. Der ängstlich auf ein enges Fachgebiet Beschränkte wird das mit der Exkursion verbundene Wagnis des Hinausgreifens über seine Fachkompetenz vielleicht scheuen, aber was zählt das gegenüber der Bereicherung, die es bedeutet, sich in Geographie, Topographie, Geschichte, Archäologie einer Region einzuarbeiten, und wie lebendig können Texte werden, wenn wir sie mit den Orten ihrer Handlung verbinden können. Die Berichte und Nachfeiern der Studierenden, die im Nachhinein noch einmal diese Höhepunkte eines Studiums lebendig werden lassen, sind die beste „Lernzielkontrolle", die wir uns wünschen können. Und noch etwas kommt hinzu: Im Rahmen der Exkursion kann jeder Teilnehmer auch nach seinen eigenen Interessen und Fähigkeiten zum Erfolg beitragen, und nicht selten entdecken wir Qualitäten, die im alltäglichen Universitätsbetrieb gar nicht so recht zur Geltung kommen können. Da finden sich die Organisatoren, die hervorragenden Fotografen, die Kenner der Landessprache, die Spezialisten für Flora und Fauna, oder auch einfach diejenigen, die durch Hilfsbereitschaft und Vorbildlichkeit das Klima in der Gruppe bestimmen – unschätzbare Erfahrungen für eine Gemeinschaft von Lehrenden und Lernenden.

Spurensuche

Vermittlung von Antike heißt für den Klassischen Philologen auch immer wieder Entdecken von Autoren und Texten, für die die Antike lebendig war. Gerade im Umkreis der Humanisten- und Barockliteratur tut sich dabei ein bisher oft sträflich vernachlässigtes Aufgabenfeld auf. Wer sich in diesen Bereich hineinbegibt, hat als Klassischer Philologe die besten Voraussetzungen, wie etwa die Arbeit von Niklas Holzberg über Willibald Pirckheimer zeigt oder die Studien von Wilfried Stroh zu Jakob Balde. Gerade weil auch v. a. der Lateinunterricht sich mehr und mehr solcher Themen bemächtigt, muß auch das Lehrangebot der Universität darauf abgestellt sein. Und da weder Mittellatein noch Germanistik diese Anforderung zu erfüllen vermag, ist der Klassische Philologe, vorrangig der Latinist, gefordert.

Antikevermittlung an der Universität hat es demnach vor allem auf die künftigen Vermittler abgesehen. Diese sollten in Hinblick auf ihre spätere Berufstätigkeit, gerade auch als Lateinlehrer, einen möglichst umfassenden Antikebegriff kennenlernen und bei ihren Universitätslehrern eine echte Begeisterung für die Sache erfahren. In diesem Sinne ist für den Lehrenden wie für die Lernenden die Antike eine stete Herausforderung, aber auch eine Bereicherung und Beglückung, und so hat sie auch Friedrich Maier stets verstanden. Kollegen und Schüler wissen ihm dafür Dank.

ANDREAS FRITSCH

Über den Wert fachdidaktischer Studien

Der hier vorgelegte Beitrag wirft ein Streiflicht auf die Schwierigkeiten, die bei der *Institutionalisierung* der altsprachlichen Fachdidaktik an den deutschen Universitäten zu überwinden waren, und beleuchtet anschließend den Wert fachdidaktischer Studien *aus der Sicht von Studierenden*. Dieser zweite Teil beruht ausschließlich auf authentischen Äußerungen von Studierenden des Fachs Latein an der Freien Universität Berlin. Diese Äußerungen wurden nicht mit Hilfe einer ausdrücklichen Befragung oder mit dem Ziel einer Veröffentlichung provoziert oder gar bestellt, sondern finden sich verstreut in den Praktikumsberichten der Studierenden der letzten fünfzehn Jahre. Absicht des Beitrags ist es, einen wichtigen Teil des Arbeitsfeldes eines Universitätsdidaktikers durch Originalformulierungen von „Betroffenen" zu skizzieren. Aufgabe des Verfassers war es, aus weit über hundert Praktikumsberichten eine knappe Auswahl zu treffen, die ausgewählten Texte in eine lesbare Reihenfolge zu bringen, allzu häufige Wiederholungen zu vermeiden und die Texte dem zur Verfügung stehenden Platz entsprechend zu kürzen, ohne sie jedoch inhaltlich zu verfälschen. Pauschal möchte ich sagen, daß man den Wert fachdidaktischer (einschließlich unterrichtspraktischer) Studien wohl kaum anschaulicher beschreiben kann, als es die Studierenden nach Absolvierung ihres Unterrichtspraktikums getan haben. Bei der unter Sparzwängen immer heftiger werdenden Diskussion über die Straffung der Studienzeiten dürfen solche Stimmen auf keinen Fall übersehen werden.

1. Klassische Philologie und Didaktik

Schule und Lehrerbildung sind seit eh und je in der Diskussion. Jede Generation sucht ihre eigenen Wege. Das gilt erst recht für den altsprachlichen Unterricht. Vor rund dreißig Jahren schrieb *Hartmut von Hentig*: „Der altsprachliche Unterricht wird vor unseren Augen zugrunde gehen, wenn er sich nicht in gleichsam meßbarer Form bewährt".[1] – Hat sich dieser Unterricht bewährt? Jedenfalls ist er nicht zugrunde gegangen, und er steht heute, wenn nicht alles täuscht,

---

[1] H. von Hentig, Platonisches Lehren. Probleme der Didaktik dargestellt am Modell des altsprachlichen Unterrichts, Stuttgart 1966, S. 2.

in Deutschland vielleicht sogar besser da als in den meisten anderen Ländern Europas.[2] Dies ist ohne Zweifel zum großen Teil dem fachdidaktischen Engagement bayerischer Altphilologen zu verdanken, an deren Verdienst der jetzige Vorsitzende des Deutschen Altphilologenverbandes einen kaum zu überschätzenden Anteil hat. Frühzeitig erkannten Männer wie *Karl Bayer, Erich Happ, Friedrich Maier, Otto Schönberger* und *Klaus Westphalen,* was die Stunde geschlagen hatte, und beteiligten sich seit Ende der sechziger Jahre aktiv, offensiv und produktiv an der wissenschaftlichen und schulpolitischen Curriculumdiskussion. Sie nahmen das Gespräch mit *Saul B. Robinsohn,* dem damaligen Protagonisten der Curriculumrevision, auf[3] und legten „Entwürfe zu einer Fachdidaktik des altsprachlichen Unterrichts" vor, die noch heute diskutabel sind.[4]

Der altsprachliche Unterricht, von seinen Inhalten her stets rückwärts gewandt, mußte nachweisen, ob er überhaupt irgendwelche „Fachleistungen"[5] für den Erwerb von Zukunfts-Qualifikationen erbringen könnte, die den Schüler für ein Leben „emanzipierter Beteiligung" im 21. Jahrhundert befähigen. Die dem altsprachlichen Schulunterricht korrespondierende Fachwissenschaft an der Universität, die Klassische Philologie, stand damals mit leeren Händen da. Aber nicht nur das. Während sich vor allem an den Pädagogischen Hochschulen, dann aber auch an den Universitäten immer mehr Lehrstühle für die Didaktik relativ unbestrittener Schulfächer etablierten, um deren Ziele, Inhalte, Methoden und Medien wissenschaftlich zu prüfen und zu fundieren, verzichtete die Klassische Philologie lange auf die Didaktik als eine universitätswürdige Forschungsdisziplin und übertrug die durch allgemeine Studien- und Prüfungsordnungen gewissermaßen von außen geforderten fachdidaktischen Lehrveranstaltungen weitgehend nebenamtlich tätigen Gymnasiallehrern, denen von Fall zu Fall ein Lehrauftrag erteilt wurde. Damit geriet jedoch die Didaktik der alten Sprachen allen anderen Schulfächern gegenüber in ein kaum noch wiedergutzumachendes Hintertreffen. Um so höher sind die Verdienste jener bayerischen „Schulmänner" einzuschätzen, die sich damals unverdrossen an die Arbeit machten. Sie leisteten damit im Dienste einer ganzen Studenten- und Lehrergeneration Schwerstarbeit für die Legitimation und eine dem Stand der anderen Fachdidaktiken qualitativ gleichwertige Gestaltung des altsprachlichen, insbesondere des Latein-Unterrichts.

Die universitäre Altphilologie tut sich bis heute schwer, sich für die Eigenständigkeit und Dignität des „Lehrerstudiums" zu erwärmen. Schon *Friedrich August Wolf,* der „Vater der Altertumswissenschaft", „besaß in vollem Maß die Verachtung gegen Philosophie und Pädagogik,

---

[2] Vgl. K. Westphalen, Basissprache Latein, Bamberg 1992 (Auxilia 29), S. 5: „Latein ist bis heute am Gymnasium ein Kernfach geblieben [...]. Mit den Schülerzahlen des Gymnasiums ist auch die Zahl der Lateinschüler gestiegen." Nach Angaben des Statistischen Bundesamtes lernten 1989 rund 46,9% aller Gymnasiasten Latein als erste oder zweite Fremdsprache. „Rechnet man noch Latein als spätbeginnende Fremdsprache dazu, dann erfährt fast jeder zweite Gymnasiast und damit jeder sechste Deutsche mindestens eine lateinische Grundbildung. Wann hätte es je eine bessere Situation für Latein gegeben, wann haben je so viele Deutsche in absoluten und relativen Zahlen dieses Bildungsfach par excellence erlernt?" – In diese Berechnungen war der statistisch durchaus relevante Aufschwung der alten Sprachen in den neuen Bundesländern noch nicht einbezogen. – P. Wülfing faßte 1986 die Lage mit folgendem Bonmot zusammen (zit. bei K. Westphalen, S. 79): „Man kann überspitzt formulieren, daß in der Geschichte des deutschen Schulwesens noch nie so viele Schüler so wenig Latein gelernt haben wie in den letzten Jahren."

[3] Vgl. O. Schönberger, Anmerkungen zu einem Buch von Saul B. Robinsohn, MDAV 11 (1968), 3, S. 2–7; ferner MDAV 12 (1969), 1, S. 6, und MDAV 14 (1971), 4, S. 1–8. – K. Bayer, Gespräch mit Prof. Dr. Saul B. Robinsohn, MDAV 15 (1972), 1, S. 25–26.

[4] E. Happ, K. Westphalen, K. Bayer, F. Maier, Entwürfe zu einer Fachdidaktik des altsprachlichen Unterrichts, Anregung 18 (1972), S. 386–388.

[5] Vgl. K. Bayer (Hg.), Lernziele und Fachleistungen. Ein empirischer Ansatz zum Latein-Curriculum. Im Auftrag des Deutschen Altphilologenverbandes, Stuttgart 1973 (Beiheft I zu AU XVI).

welche dem echten Philologen immer eigen gewesen ist."⁶ Zwar wurde Wolf 1783 an der Universität Halle zunächst Nachfolger von *Ernst Christian Trapp,* der bekanntlich in Deutschland überhaupt der erste Universitätsprofessor für Pädagogik war. Wolf wurde zum „Professor philosophiae ordinarius und in Specie der Paedagogic" ernannt. Aber es gelang ihm 1787, sein pädagogisches Seminar in ein philologisches umzuwandeln; das pädagogische übernahm dann A. H. Niemeyer.⁷ – Und vor gut hundert Jahren war es *Ulrich von Wilamowitz-Moellendorff,* der „König der Altertumswissenschaft",⁸ der in seiner Rede über „Philologie und Schulreform"⁹ ganz unmißverständlich erklärte: „Und wir Philologen? Hängt unser Leben und unsere Existenzberechtigung etwa an der Ausbildung der Lehrer? Uns kann es nur recht sein, wenn es mit dieser Mißdeutung endlich ein Ende hat." Und noch schärfer: „Wer überhaupt weiß, was Wissenschaft ist, kann sich mit niemandem auf eine Debatte einlassen, der Wissenschaft mit der Abrichtung für irgend einen Beruf verwechselt. Uns hat der Staat angestellt Philologie zu lehren: wie wir das tun, darüber legen wir keinem irdischen Tribunale Rechenschaft ab." Weiter heißt es hier: „Und wenn wir nun keine Schulamtscandidaten mehr unter unseren Zuhörern haben sollten – ja, Schulamtscandidaten kennen wir auch jetzt nicht darunter: wir kennen nur Studierende der Philologie; wenn es deren künftig weniger sein werden, zunächst wenigstens, wäre das ein Unglück für uns? [...] Ob die Schule an der Philologie hängt, ist die Frage, die ich *nicht* erörterte; daß die Philologie nicht an der Schule hängt, steht doch wohl außer Frage." Auch damals fühlten sich die Gymnasiallehrer durch die Geringschätzung ihrer unterrichtlichen Leistungen verletzt und im Stich gelassen durch den Verzicht des Universitätslehrers auf seine Zuständigkeit für Lehrerbildung und Schulunterricht. Man kann diese Rede geradezu als Dokument der Pädagogikgeschichte werten, worin der Fachgelehrte gewissermaßen ex cathedra und expressis verbis die Verantwortung für die Lehrerbildung ablehnt. Und was hier ein „Fürst der Wissenschaft"¹⁰ vielleicht im Überschwang formuliert hat, ist bis heute für manchen Geringeren zur Rechtfertigung seiner ‚splendid isolation' geworden. „Die Trennung von Universität und Gymnasium ist", wie *Manfred Fuhrmann* in anderem Zusammenhang einmal sagte, „mittlerweile zur Ideologie geworden".¹¹

Mit dieser Hypothek, so möchte man sagen, traten die Fachdidaktiker der Alten Sprachen am Ausgang der sechziger Jahre an. Es bleibt bis heute erstaunlich, was sie unter widrigsten institutionellen Bedingungen trotzdem geleistet haben.¹² Der *Deutsche Bildungsrat* stellte 1970 im „Strukturplan für das Bildungswesen"¹³ in bezug auf die fachliche Ausbildung aller Lehrer die Forderung auf: „Zur Fachausbildung gehört auch die jeweilige fachdidaktische Komponente." Als Aufgaben jeder Fachdidaktik wurden genannt:

---

⁶⁾ F. Paulsen, Geschichte des gelehrten Unterrichts, 3., erw. Aufl. hg. u. in einem Anhang fortges. v. R. Lehmann, Berlin/Leipzig 1921 (Nachdruck Berlin 1965), Bd. II, S. 227.
⁷⁾ Vgl. F. Paulsen, a. a. O., S. 210 ff.
⁸⁾ Vgl. G. von Lücken, Von der Berliner Altertumswissenschaft um die Jahrhundertwende, Das Altertum 16 (1970), S. 177.
⁹⁾ U. von Wilamowitz-Moellendorff, Philologie und Schulreform, Göttingen 1892. – Ausführlicher hierzu A. Fritsch, Bemerkungen zum Verhältnis von Philologie und Schule bei Ulrich von Wilamowitz-Moellendorff, Latein und Griechisch in Berlin 26 (1982), S. 6 – 9.
¹⁰⁾ E. Bethe, Das humanistische Gymnasium 43 (1932), S. 84.
¹¹⁾ M. Fuhrmann, Alte Sprachen in der Krise?, Stuttgart 1976, S. 47.
¹²⁾ Zur Leistung des „Didaktischen Ausschusses" des Deutschen Altphilologenverbandes in den 70er Jahren vgl. A. Fritsch, 40 Jahre Berliner Altphilologenverband, MDAV 33 (1990), S. 37–42, insb. S. 41.
¹³⁾ Deutscher Bildungsrat, Empfehlungen der Bildungskommission: Strukturplan für das Bildungswesen, Stuttgart 1970.

1. festzustellen, welche Erkenntnisse, Denkweisen und Methoden der Fachwissenschaft Lernziele des Unterrichts werden sollen;
2. Modelle zum Inhalt, zur Methodik und Organisation des Unterrichts zu ermitteln, mit deren Hilfe möglichst viele Lernziele erreicht werden;
3. den Inhalt der Lehrpläne immer wieder daraufhin kritisch zu überprüfen, ob er den neuesten Erkenntnissen fachwissenschaftlicher Forschung entspricht, und gegebenenfalls überholte Inhalte, Methoden und Techniken des Unterrichts zu eliminieren oder durch neue zu ersetzen;
4. erkenntnistheoretische Vertiefung anzuregen und fächerübergreifende Gehalte des Faches beziehungsweise interdisziplinäre Gesichtspunkte zu kennzeichnen.

Schon ein flüchtiger Blick auf diesen Aufgabenkatalog läßt erkennen, daß diese *Forschungsaufgaben* nicht nebenher, in den Freizeitstunden oder im Nebenamt einzelner Gymnasiallehrer, zu lösen sind. Es bedurfte auch bei den Alten Sprachen hauptamtlicher Kräfte in Forschung und Lehre.

In der *Lehre,* d.h. in der Ausbildung der künftigen Lehrer für die alten Sprachen, machte sich das didaktische Defizit der Altphilologie besonders spürbar. Es wurde, wie gesagt, an manchen Universitäten mit Lehraufträgen für Gymnasiallehrer, hier und da auch mit kostenneutralen Honorarprofessuren gestopft.[14] Wer jedoch die Forderungen an eine gediegene didaktische Professionalisierung der Lehrerausbildung, wie sie damals ebenfalls im „Strukturplan" formuliert wurden, zur Kenntnis nahm, konnte hier auf Anhieb erkennen, daß sich auch die Lehre nicht allein mit nebenamtlichen Kräften bewältigen ließ. Denn nun sollten für alle künftigen Lehrer „die Beobachtung und Analyse der Schulwirklichkeit während der Ausbildung und eigene Unterrichtsversuche auf der Basis der jeweils gewonnenen Einsichten" Bestandteil ihrer Ausbildung an der Universität sein (S.226). Ausdrücklich hieß es: „Die Ausbildung des Lehrers wird sich fachlich nicht immer so spezialisieren wie die Ausbildung des Fachmannes für nicht-pädagogische Berufe. Sie ist so anzulegen, daß Schwerpunkte des Lehrerberufes betont werden. [...] Aus der Zielsetzung der fachlichen Ausbildung für den Lehrer ergibt sich, daß fachdidaktische Lehrveranstaltungen zur Fachausbildung gehören. Fachdidaktik ist im Fach verwurzelt. Sie verbindet das Fach mit der Schulpraxis." (S.225)

Aufgrund dieser und ähnlicher Forderungen sind in fast allen Bundesländern fachdidaktische Teilstudiengänge entwickelt worden. Es war unumgänglich, daß sich der Deutsche Altphilologenverband auch mit der institutionellen Frage bundesweit auseinandersetzte und hierzu Stellung bezog. Er setzte hierfür 1981 eine Kommission ein, die „die unbefriedigende Lage der altsprachlichen Didaktik an den Universitäten" untersuchen und Empfehlungen erarbeiten sollte.[15] Hierbei zeigte sich einmal mehr, daß die Lage in den einzelnen Bundesländern und an den einzelnen Universitäten doch recht unterschiedlich war und daß die konkrete Situation der altsprachlichen Didaktik stark von den jeweils geltenden übergeordneten allgemeinen Regelungen der Lehrerbildung abhängig war. Wo die Fachdidaktik und fachlich ausgerichtete Unterrichts-

---

[14] Vgl. A. Fritsch und J. Steinhilber, Überblick über die Vertretung der Fachdidaktik des altsprachlichen Unterrichts an den deutschen Universitäten, AU XXIV/6 (1981), S. 94 ff.
[15] Der Kommission gehörten an Hans-Joachim Glücklich (Vors.), Udo Frings, Andreas Fritsch, Friedrich Maier und Peter Petersen. Sie legte 1983 ihre Ergebnisse dem Vorstand des DAV vor. Veröffentlicht wurden sie erst später in einer knappen und einer ausführlichen Fassung: a) Empfehlungen der „Kommission Fachdidaktik" des Deutschen Altphilologenverbandes: Fachdidaktik Latein und Griechisch an der Universität, Gymnasium 92 (1985), S. 534 f; – b) ausführliche Fassung in MDAV 29 (1986), S.61–72.

praktika durch entsprechende Studienordnungen und Lehrerprüfungsordnungen bereits obligatorischer Teil der jeweiligen Lehramtsstudiengänge geworden waren, mußte auch die altsprachliche Didaktik mit hauptamtlichem Personal institutionalisiert werden. Freilich gab es im Bereich der Klassischen Philologie auch weiterhin Tendenzen, den Status der Didaktik *unterhalb* der Professorenebene zu halten, also in diesem Bereich entweder von Semester zu Semester verdiente „Schulpraktiker" mit einem Lehrauftrag zu betrauen oder einzelne Gymnasiallehrer als „Studienrat im Universitätsdienst" auf Dauer zu beschäftigen.

Das Land *Berlin* (West) war in der Frage der Institutionalisierung der Didaktik und der Fachdidaktik weit vorangeschritten.[16] Es hat 1980 die bis dahin isolierte Ausbildung bestimmter Lehrertypen an der Pädagogischen Hochschule in die Universitäten integriert und 1982 eine Lehrerprüfungsordnung erlassen, in der für alle Lehramtsstudenten aller Fächer fachdidaktische Studien mindestens 10% des jeweiligen Fachstudiums ausmachen und fachlich orientierte Unterrichtspraktika mit eigenen Unterrichtsversuchen der Studierenden verbindlich vorgeschrieben sind. Daher war es folgerichtig, daß nach der Wiedervereinigung Deutschlands und seiner Hauptstadt Berlin und der Entscheidung für den Wiederaufbau der Klassischen Philologie an der *Humboldt-Universität* im Ostteil (jetzt wieder Mitte) der Stadt auch eine Professur für Didaktik der Alten Sprachen eingerichtet wurde. Diese wurde 1993 mit einem der verdienstvollsten Didaktiker dieser Fächer besetzt, der erst kurz zuvor zum Bundesvorsitzenden des Deutschen Altphilologenverbandes gewählt worden war.

2. Der Wert fachdidaktischer Studien aus der Sicht von „Betroffenen"

Nach diesem knappen Rückblick auf die Entwicklung der altsprachlichen Fachdidaktik, die ihren institutionellen Status freilich weitgehend im Schlepptau der anderen Fachdidaktiken gewonnen hat, soll im zweiten Teil dieses Beitrags die Perspektive gewechselt werden. Wir gehen der Frage nach: Wie beurteilen die Studierenden der Alten Sprachen als „Betroffene" den Wert des fachdidaktischen Teilstudiengangs und insbesondere des Unterrichtspraktikums? Dabei kann ich mich zwar nicht auf eine breite oder gar repräsentative statistische Erhebung stützen, wohl aber auf authentische Äußerungen von Studierenden des Fachs Latein an der Freien Universität Berlin.

Wie oben gesagt, ist der fachdidaktische Studienanteil in Berlin seit 1982 für alle Lehramtsstudenten verbindlich. Das bedeutet für Studierende, die Latein als erstes Fach (mit 80 Semesterwochenstunden) gewählt haben, ein Stundenvolumen von 8 SWS oder 4 zweistündigen Lehrveranstaltungen sowie ein vierwöchiges Unterrichtspraktikum in der vorlesungsfreien Zeit. Für Studierende mit Latein als zweitem Fach (60 SWS) sind 6 SWS Fachdidaktik und ein Unterrichtspraktikum gleichen Umfangs verbindlich. Dem Unterrichtspraktikum gehen zwei fachdidaktische Seminare voraus (Proseminar: Einführung in die Fachdidaktik; Seminar: Theorie und Praxis der Unterrichtsplanung im Fach Latein). Nach dem Unterrichtspraktikum folgt ein fachdidaktisches Hauptseminar. Das *Unterrichtspraktikum* wird vom Hochschullehrer vorberei-

---

[16] Erinnert sei in diesem Zusammenhang an die folgenreiche „Berliner Schule der Didaktik", begründet von Paul Heimann an der Pädagogischen Hochschule Berlin, fortgeführt von Wolfgang Schulz, Gunter Otto, Detlef C. Kochan u.a. – Eine gute Bestandsaufnahme (mit Folgerungen) bot der Berliner PH-Professor W. Richter, Didaktik als Aufgabe der Universität, Stuttgart 1969 (Deutscher Bildungsrat, Gutachten und Studien der Bildungskommission 8).

tet und begleitet und in enger Zusammenarbeit mit den Mentoren an den Schulen durchgeführt[17] Die Studierenden führen unter Anleitung ihres Mentors mindestens 8 Unterrichtsversuche durch. Der Hochschullehrer besucht in der Regel zwei dieser Stunden und bespricht die Versuche anschließend gemeinsam mit dem Mentor und ggf. anderen Studenten. In einer wöchentlichen Begleitveranstaltung an der Universität berichten die Studierenden von ihren Schulerfahrungen und Unterrichtsversuchen, stellen Fragen und verschaffen sich geeignetes Unterrichtsmaterial. Während des Praktikums entsteht der *Praktikumsbericht,* der spätestens zwei Monate nach dem Praktikum abzugeben ist. Er enthält ausgewählte Unterrichtsplanungen und -auswertungen.[18] Die Praktikumsberichte werden in der Lehrmittelsammlung des Arbeitsbereichs Didaktik der Alten Sprachen im Zentralinstitut für Fachdidaktiken archiviert und sind den Studierenden der nachfolgenden Semester wie andere didaktische Literatur und Medien zugänglich. Seit Jahren empfehle ich den Studenten, den Praktikumsbericht mit einem „kritischen Rückblick" abzuschließen. Dieser soll die eigenen Erfahrungen zusammenfassen und – aufgrund der gemachten Erfahrungen – ggf. auch Vorschläge zur Verbesserung des fachdidaktischen Studiums enthalten. Auf diesen persönlichen Stellungnahmen beruhen die folgenden Angaben über den Wert fachdidaktischer Studien aus der Sicht der Studierenden. Im Rahmen des vorliegenden Bandes liefern sie indirekt zugleich einen kleinen Beitrag zur Schilderung der Aufgaben eines altsprachlichen Fachdidaktikers an der Universität, der die Studierenden u. a. auch auf das Unterrichtspraktikum vorbereitet und sie zusammen mit dem Mentor in der Schule berät.

Zugleich versteht sich die hier vorgelegte Textauswahl auch als eine kleine *Dokumentation der fachdidaktischen Ausbildungssituation.* Darum sind die Formulierungen der Studierenden wortgetreu wiedergegeben.[19] Kürzungen aus Platzgründen sind durch [...] gekennzeichnet. Die Namen der Studierenden sind durch die fortlaufenden Buchstaben des Alphabets, die Namen von Schulen und Mentoren durch N.N. ersetzt. Hervorhebungen (kursiv) stammen von mir und dienen der Kennzeichnung der für die fachdidaktische Ausbildung besonders wichtigen Stichpunkte. Die Äußerungen beziehen sich hauptsächlich auf die eigene berufliche Identität und Rollenfindung, auf den Stellenwert des Fachs Latein an der Schule und für die Schüler, auf den Nutzen des bisherigen Studiums sowie auf Impulse für die Fortsetzung des fachwissenschaftlichen und didaktischen Studiums. Fragen der Unterrichtsplanung, der Methodik, des Medieneinsatzes, der Lehrbuchbenutzung werden ausführlich in den Unterrichtsentwürfen behandelt und im „Rückblick" meist nur noch kurz gestreift. – Nicht in jedem Punkt stimmen die von den Studierenden mitgeteilten Einschätzungen mit den Erfahrungen und Auffassungen des Verfassers überein. Trotzdem bedürfen sie hier keines zusätzlichen Kommentars, sondern sprechen m. E. für sich selbst. Trotz der hier notwendigen Kürzungen geben die ausgewählten Texte, wie mir

---

[17] In diesem Zusammenhang verdienen die von F. Maier formulierten Anforderungen an die „Praktikumslehrer" Beachtung; vgl. F. Maier, Der Praktikumslehrer – Anspruch und Chance. Zum Profil einer verantwortungsvollen Aufgabe, Die Alten Sprachen im Unterricht 38 (1991), Heft 1, S. 21–24. Von den Lehrern, die die Studenten während ihres Schulpraktikums betreuen, werden hier folgende Qualitäten erwartet: 1. gymnasialpolitisches Engagement, 2. pädagogische Standfestigkeit, 3. fachdidaktische Kompetenz, 4. methodische Sicherheit, 5. Bereitschaft zu fachlichem Gespräch und Weiterbildung.

[18] Vgl. hierzu A. Fritsch (Hg.), Die Ausbildung des Lateinlehrers in Berlin (Bestandsaufnahme und Anregung). Dokumentation des Studientages am 29. Oktober 1987, Latein und Griechisch in Berlin 32 (1988), S. 18–63, insbes. S. 28 ff. Siehe auch A. Fritsch, Fachdidaktische Studien und Unterrichtspraktikum in der ersten Phase der Lehrerbildung, Latein und Griechisch in Berlin und Brandenburg 39 (1995), S. 111–115.

[19] An dieser Stelle danke ich den Studierenden, die sich zu dieser Frage so offen geäußert haben.

scheint, ein erfreulich realistisches Bild der *Schulwirklichkeit,* jedenfalls wie es sich für die Studierenden darstellt. Und *wirklich* ist (nach einem Wort von C. G. Jung) das, was *wirkt.*[20]

A

Über meine Aufnahme im Kollegium kann ich nur positiv berichten. Besonders zu den Lateinlehrern entwickelte sich in den vier Wochen ein gutes Verhältnis. Ich konnte jederzeit bei jedem hospitieren, und wir führten gemeinsam, *auch mit Lehrern aus anderen Fächern* viele interessante *Gespräche über Schüler, Schule und Fachfragen.* [...] Insgesamt kann ich nur feststellen, daß mir die Arbeit in und mit der Klasse 7.3 sehr *viel Spaß* gemacht hat. Durch die gute Mitarbeit war es auch immer möglich, Rückschlüsse auf meine Tätigkeit als Unterrichtender zu ziehen; denn der Unterricht mußte nur richtig gelenkt werden, um gute Resultate zu erbringen. Ich möchte an dieser Stelle auch vor allem Herrn N. N. für seine hervorragende Betreuung danken. Er verstand es stets, Lob und Kritik auf einen kurzen Nenner zu bringen, nur die wesentlichen Dinge anzusprechen, wenn etwas zu bemerken war, oder wichtige Kleinigkeiten, die der Unterrichtsarbeit hilfreich waren. Seine immer an der *Effektivität von Unterricht* orientierte Haltung kam mir sehr entgegen, und ich versuchte, von seinen Vorstellungen zu profitieren, was mir am Ende auch immer besser gelang. Die Erörterung von Fragen und Problemen aus anderen Klassen und Kursen empfand ich ebenfalls als sehr nützliche Erfahrung auch im Hinblick auf die Zukunft.

B

Ich bin der Ansicht, daß *Praktika* im Studium mit dem Abschlußziel eines Lehramtes einen *höheren Stellenwert* einnehmen sollten. Dies gilt auch für diejenigen, die Studienrat werden wollen und damit oftmals meinen, Didaktik sei nur etwas für den Unterstufenunterricht.

Der praktische Kontakt mit dem *zukünftigen Arbeitsplatz* sollte schon früher seinen Platz im Studienablauf finden und dann kontinuierlich weitergeführt werden. Wer erst im ersten Fachpraktikum merkt, daß er Schwierigkeiten hat, mit Schülern als Lehrender umzugehen, wird kaum noch auf ein anderes Studienziel umsteigen, da er sonst drei bis vier Jahre „falsch" studiert hätte. – Sinnvoll wäre es, eine bestimmte Zahl an *Pflichthospitationen* einzuführen, wie es in anderen Fachbereichen schon praktiziert wird [...]. Wenn diese Hospitationen gut nachbereitet werden, ist das in bezug auf das didaktische Lernen sicher effektiver, als wenn man sich in lernsoziologischen Büchern vergräbt. – Das Schreiben des *Praktikumsberichtes* erscheint mir nach anfänglichem Widerwillen als sehr sinnvoll. Er kann nicht vollständig das wiedergeben, was ich in der Zeit des Praktikums erlebt habe, aber er ist eine gute Rückbesinnung und bietet für spätere Stundenentwürfe eine Orientierung mit der Gewißheit, daß der Unterricht in diesen Stunden funktioniert hat. Der *Zeitaufwand* dafür ist allerdings sehr hoch gewesen.

In den das Praktikum begleitenden Sitzungen waren für mich besonders die *Erfahrungen von anderen Praktikanten* wichtig. [...] Ich hoffe, daß, wenn ich denn einstmals im Berufsleben stehen werde, der fachliche Austausch zwischen den Lehrern ähnlich gut laufen wird. [...] Fazit: Ich bin mit dem Verlauf meines Praktikums sehr zufrieden gewesen und glaube mich dadurch *in meiner Studienfachwahl bestätigt.*

---

[20] C. G. Jung, Die Beziehungen zwischen dem Ich und dem Unbewußten, 7., revid. Aufl. der Einzelausgabe, Zürich und Stuttgart 1966, S. 113.

C

[In dieser Zeit] erlebte ich „Schule" aus einer eher untypischen Perspektive: als Praktikantin, als Nicht-mehr-Schülerin und Noch-nicht-Lehrerin. Eine derartige, in zeitlicher und qualitativer Hinsicht *wahrhaft einmalige Rolle* hat ihre Vor- und Nachteile: Die zunächst überwiegend passive Teilnahme am Unterrichtsgeschehen ermöglicht Beobachtungen und Einschätzungen, die mangels eigener Betroffenheit relativ „wertfrei" angestellt und gesammelt werden können. Aktionen und Reaktionen von Lehrern und Schülern erreichen den unbeteiligten Beobachter – zumindest seinem eigenen Empfinden nach – gleicherweise „unverfälscht", ihre Ausdeutung geschieht nicht unter dem Zwang einer geforderten Parteinahme, sondern darf den Charakter einer unverbindlichen Feststellung behalten. – Schon bei dem ersten Versuch einer angemessenen Interpretation der Beobachtungen zeigen sich jedoch die Nachteile, die mit dem Praktikanten-Status verbunden sind: Jede beobachtete Einzelsituation erwächst aus einem weitverzweigten Geflecht von sie bedingenden Faktoren, die in ihrer Fülle und Ursächlichkeit dem „4-Wochen-Praktikanten" größtenteils verborgen bleiben. Auch die ersten eigenen Unterrichtsversuche, die den Praktikanten aus seiner relativ neutralen Beobachterposition herausheben und buchstäblich in die Mitte dieses Geflechtes hineinstellen, verhelfen ihm kaum zu einem umfassenderen Verständnis der vielschichtigen Unterrichtswirklichkeit. – Diese stellt sich jetzt vielmehr als eine ganz andere dar – ich jedenfalls empfand den *Schritt aus der Passivität in die Handlungssituation* als einen totalen Perspektivenwechsel, der in mir Überraschung und Verwirrung auslöste: Keine der bis dahin von der letzten Bank aus gesammelten Beobachtungen schien sich mit den Eindrücken der erlebten Situation zu decken, geschweige denn den Einstieg in die eigene Unterrichtstätigkeit zu erleichtern.

Der einzige Vorteil, den ich aus den viele Stunden umfassenden Hospitationen in einer 8. Klasse bewußt zu ziehen vermochte, war die Tatsache, daß mir inzwischen die Namen sämtlicher Schüler vertraut waren. In dem Moment, da ich selbst ein aktiver Teil des Unterrichtsgeschehens wurde, verlor ich – das spürte ich deutlich – aufgrund der nun verstärkt subjektiven und damit eingeengten Sicht- und Erlebensweise den Blick für wesentliche Aspekte, die die Unterrichtswirklichkeit bestimmten und für eine „erfolgreiche" Durchführung der Stunde unbedingt hätten beachtet werden müssen. Besonders während der ersten Unterrichtsversuche begleitete mich permanent das „ungute" Gefühl, den Schülern nicht gerecht zu werden und an ihnen „vorbeizuunterrichten". Dieses Gefühl entsprach auch tatsächlich – zumindest anfänglich – der Wirklichkeit und war mitbedingt durch die Tatsache, daß ich mich bei der Gestaltung der Unterrichtsversuche im stärkeren Maße an meinen eigenen Erwartungen als an dem Leistungsvermögen und dem Interesse der Schüler orientierte. Diese *an den Schülern vorbeigehenden Erwartungen* betrafen sowohl die inhaltlichen Lernziele als auch das Stundenpensum und führten oft zu einer Überforderung der Schüler und dazu, daß ich den vom Stundenentwurf her vorgesehenen Zeitplan nicht einzuhalten vermochte.

Diese Probleme, deren Ursachen mir sehr bald im Gespräch mit den Unterrichtsbeobachtern und durch eigene Reflexion bewußt wurden, hätten sich leicht beseitigen lassen können, wenn ich meine Ansprüche bereits in der Planung reduziert oder im Unterrichtsprozeß selbst spontan modifiziert hätte. Daß mir dies nur selten oder unzureichend gelang, führte ich unter anderem auf *meine jahrelange Prägung durch die rein fachwissenschaftliche Ausbildung* zurück: In ihr hatten für mich fast alle Studieninhalte, besonders aber die sprachwissenschaftlichen, einen nahezu absoluten Wert gewonnen. Sie entsprechend den didaktischen Erfordernissen zu relativieren bzw. eine geeignete Auswahl und Gewichtung zu finden, erwies sich daher nicht nur als ein methodisches Problem.

Aber auch die didaktischen Erfordernisse selbst wußte ich nicht immer treffend einzuschätzen, geschweige denn zu erfüllen – ein Unvermögen, das ich bis zum letzten Unterrichtsversuch nicht zu beseitigen vermochte und von dem ich nicht weiß, ob ich es überhaupt jemals wirklich überwinden werde: Als äußeres Hindernis dafür empfand ich das in fast allen Klassen bestehende starke *Leistungsgefälle* bei gleichzeitig hoher Schülerzahl, als innere Hürde das aus dieser Tatsache erwachsende Bewußtsein, niemals wirklich alle Schüler erreichen, motivieren und ihren unterschiedlichen individuellen Bedürfnissen gerecht werden zu können. Als besonders problematisch empfand ich diese Tatsache, wenn die Ursache für die Leistungsschwäche eines Schülers ganz offensichtlich nicht im kognitiven, sondern im emotional-seelischen Bereich lag: Einem Lehrer, dem besonders an der *Persönlichkeitsentfaltung eines Kindes oder Jugendlichen* gelegen ist, steht in einem solchen Fall während des konkreten Unterrichtsgeschehens, in dem es nun einmal in erster Linie um die Vermittlung von Wissensinhalten geht, nur wenig Handlungsspielraum zur Verfügung. Den Hinweis auf die Möglichkeit von individuellen Hilfestellungen und unterstützenden Maßnahmen außerhalb des Unterrichts empfinde ich nicht immer als eine problemlösende Alternative: Wirkungsvoll begegnen kann man Frustrationen meines Erachtens nur unmittelbar dort, wo sie entstehen. – Abgesehen von dem zuletzt genannten Konflikt, gelang es mir im Laufe der eigenen Unterrichtserfahrungen, die meisten Fehleinschätzungen und -handlungen, wenn auch längst nicht vollständig zu überwinden, so doch zumindest klar zu erkennen. Zu diesen Erkenntnissen haben mir nicht nur die eigenen Reflexionen verholfen, sondern auch und vor allem – wie bereits angedeutet – die zahlreichen Gespräche mit Menschen, die mich in der Zeit des Unterrichtspraktikums mittelbar und unmittelbar begleiteten.

D

Im Verlauf meines Praktikums hatte ich naturgemäß fast ausschließlich mit den Kollegen des Fachbereichs Alte Sprachen Kontakt, viele luden mich besonders dazu ein, doch einmal eine Stunde bei ihnen zu hospitieren. [...] Während meiner Zeit als Praktikant nahm ich auf Einladung der Klasse 7a an einer Faschingsparty teil, die [...] im Klassenraum veranstaltet wurde. Ebenso fand eine Fachkonferenz ‚Alte Sprachen' [...] statt, an der mir Gelegenheit zur Teilnahme gegeben wurde. – Die 7. Klasse, in der ich meinen ersten eigenen Unterrichtsversuch halten wollte, war, nach meinem jetzigen Eindruck im nachhinein, ein Glücksfall. Einerseits nämlich schien mir die Klasse in ihrer Struktur in vorbildlicher Weise in Ordnung zu sein. So gab es beispielsweise kein Kind, das besonders verhaltensauffällig gewesen wäre, oder gar extreme Außenseiter. Vielmehr zeichnete sich das *Klassenklima,* von kleineren Problemfällen während meiner Zeit als Praktikant abgesehen, durch ein recht harmonisches Miteinander aus – soweit dies von einem Außenstehenden beurteilt werden kann. Zum anderen, und dies ist natürlich ein sehr subjektiver Aspekt, fand ich die Aufnahme als Praktikant in dieser Klasse sehr angenehm. Hinzu kam, was ich in den ersten Hospitationsstunden schon feststellen konnte, daß die Klasse auch gerade im Fach Latein sehr leistungsstark und interessiert war. Für mich als Praktikanten bedeutete dies, daß ich mich in meinen Unterrichtsentwürfen nicht allzu stark auf den Aspekt der *Motivierung der Schüler* konzentrieren mußte, sondern den Hauptakzent auf die fachliche oder didaktische Gestaltung des Unterrichts legen konnte. Dies bedeutete einen beträchtlichen Freiraum. Es sollte eine neue Lektion aus dem Lehrbuch Roma B 1 angefangen werden. Für eine ganze Woche konnte ich somit recht frei agieren. [...] Das *Lehrbuch* zeichnet sich durch Übersichtlichkeit in der Gestaltung der Lektionen aus, jeder Lektion wird eine Doppelseite zugestanden. Die Texte empfand ich als gut verwendbar, auch im Bezug auf die darin behandelten Realien. – Ebenfalls in der ersten Woche stellte sich heraus, daß ich die Möglichkeit haben würde, in der letzten Woche meines Praktikums eine Unterrichtseinheit in dem von Herrn N.N. geleiteten *Leistungskurs* Latein (4. Semester) zu geben, die das Thema ‚Tacitus, Agricola' hatte. [...] Der Kurs bestand aus 9 Schülerinnen und Schülern und galt ebenfalls als leistungsstark. In allen von mir durchgeführten Unterrichtsversuchen hatte ich daher nicht allzu sehr Probleme der Motivation zu bewältigen. Außerdem hatte ich die Möglichkeit, in einer 11. Klasse eine *Vertretungsstunde* zu halten. [...]

E

Rückblickend betrachtet bin ich mit dem Verlauf meines Praktikums sehr zufrieden; die Unterrichtsbeobachtungen sowie die Erfahrungen bei meinen Unterrichtsversuchen haben mich dahingehend bestärkt, auch *mein Studium in dieser Richtung weiterzuführen*. Meines Erachtens waren die Bedingungen des Praktikums sehr gut, da sich alle Lehrer sehr hilfsbereit und entgegenkommend gezeigt haben und sich so keine Schwierigkeiten bei den Hospitationen und der Planung von Unterrichtsstunden ergaben.

F

Vorab möchte ich darauf hinweisen, daß alle meine Unterrichtsversuche „alltägliche" Unterrichtsstunden darstellen und ich bei keinem meiner Unterrichtsversuche den Anspruch erhebe, etwas Einzigartiges veranstaltet zu haben, da ich der Meinung bin, daß es nicht unbedingt sinnvoll ist, beim Praktikum *sogenannte* „Sonntags"-*Stunden* abzuhalten, die ein Lehrer vielleicht ein einziges Mal in drei Jahren fabriziert, und der Praktikant sich auf diese Weise womöglich völlig falsche Vorstellungen vom *Schulalltag* macht. [...] Nach meinen mündlichen Hausaufgaben- bzw. Erfolgskontrollen zu urteilen, hatte ich den Eindruck, daß die Schüler recht gut mit dem neuen sprachlichen Phänomen und den neuen Formen zurechtkamen und schon ein gewisses Maß an Sicherheit im Umgang damit gewonnen hatten. – Verbesserungswürdig ist noch die Koordinierung von Stoff und Aufmerksamkeit, d.h., daß ich den Unterricht nicht nur mit den „guten" Schülern, die sich aktiv beteiligen, durchführe, sondern auch darauf achte, daß die übrigen Schüler wenigstens passiv am Unterrichtsgeschehen teilhaben. Dies könnte vielleicht schon durch häufigeren Standortwechsel (meinerseits) in der Klasse geschehen, da in der Erfahrung die Schüler in den hinteren Reihen der Klasse nicht so aktiv mitarbeiten wie die vorderen Reihen. [...] Ferner habe ich den Schülern z.B. beim Übersetzen teilweise zu viel Zeit zum Luftholen gelassen. Um die Spannung zu erhalten, sollte ich vielleicht die Schüler auffordern, wenn sich niemand meldet, oder zumindest fragen, wo noch Schwierigkeiten liegen. – Diese vermeintlichen Schwächen würden sich aber, wie mir der Lehrer versicherte, mit zunehmender Routine [...] von selbst lösen. Schließlich bestätigte auch der das Unterrichtspraktikum leitende Dozent, daß ich „bono animo" sein solle. – Zusammenfassend kann ich sagen, daß das Unterrichtspraktikum für mich sehr lehrreich und interessant war und ich mir einen guten Eindruck von dem, was mich beim späteren Unterrichten bzw. Schulalltag erwartet, verschaffen konnte. [...]

G

Dieses Unterrichtspraktikum ist ein wichtiger und interessanter Teil des Studiums als Vorbereitung auf die spätere Arbeit an der Schule. Nach den ersten beiden Praktika, die bei mir schon einige Zeit zurückliegen, hatte ich hier die Chance, für kurze Zeit Schulalltag mitzuerleben. Denn es besteht doch ein *großer Unterschied zwischen Universitäts- und Schulalltag.* Wenn man das Ziel hat, später als Lehrer oder Lehrerin tätig zu sein, ist es wichtig, immer vor Augen zu haben, was den Studenten nach Beendigung des Studiums erwartet. Ich glaube, die Erfahrungen aus der eigenen Schulzeit reichen nicht aus, sich ein Bild vom Leben in der Schule zu machen. Denn wie ich bei mir selbst feststellte, hatte ich als Schülerin doch in vielen Bereichen eine andere Sicht auf die Dinge. Als Praktikant hat man die Chance, *selbst in die Rolle des Lehrenden einzutreten* und zu sehen, wie man sich in dieser Rolle fühlt. Diese Erfahrung halte ich für sehr wichtig, denn nach acht eigenen Unterrichtsversuchen und vielen Hospitationen bei erfahrenen Lehrern habe ich gesehen, daß ich nach zehn Semestern noch längst nicht alles kann, was ich später im Schuldienst brauchen werde. Während mir die Vorbereitung der Stunden selbst keine großen Probleme bereitete, sah ich an der *Nachbereitung,* wie viele Faktoren eine Rolle spielen, die ich alle aus Unerfahrenheit außer acht ließ. Zwar hatten die von mir begangenen Fehler keine schwerwiegenden Folgen für die Schüler, jedoch hätten zumindest einige durch eine ausführliche Besprechung meiner Unterrichtsplanungen mit einem erfahrenen *Mentor* vermieden werden können. [...] Denn obgleich sich mein Mentor [...] vorbildlich gekümmert hat, unterrichtete er aber auch und konnte so leider nicht alle meine Unterrichtsversuche auswerten. [...] – Das Schulpraktikum kann allerdings nur einen ersten *Einblick in die Arbeit als Lehrer* bieten. Vier Wochen sind so schnell vergangen. [...] Insgesamt gesehen fand ich *die Zeit zu kurz,* um sich ausreichend auf die Planung und Durchführung der Stunden vorbereiten zu können. Denn ich als Praktikantin hatte doch einen *sehr großen Arbeitsaufwand bei der Stundenvorbereitung.* Leider boten sich die Stunden, die ich für meine eigenen Unterrichtsversuche ausgewählt hatte, nicht für zusätzliche *Medien* an, wie z.B. Dias. [...] – Ich habe in diesem Praktikum wichtige Erfahrungen gesammelt für *mein weiteres Studium.* So habe ich eine Orientierung, was mir für *meine spätere Tätigkeit* von Nutzen sein wird, was ich während des Studiums unbedingt noch absolvieren sollte. [...] Während des Praktikums hatte ich auch Gelegenheit, mich mit der Referendarin im Fach Latein an der N. N.-Schule zu unterhalten und auch eine Lehrprobe eines Referendars im Rahmen des Seminars zu sehen. Während dieses Praktikums habe ich eine Vorstellung bekommen von dem, was mich im *Referendariat* und später als Lehrerin erwartet. Das finde ich sehr wichtig für die weitere Planung meines Studiums. *Insgesamt bin ich durch dieses Praktikum motiviert worden, mein Studium möglichst bald erfolgreich zu beenden.*

H

In allen Klassenstufen und Kursen habe ich hospitieren können. Im Basiskurs, Grundkurs und Leistungskurs ist *das fachliche Anspruchsniveau* sehr hoch. Hier steht der didaktische Aspekt im Vordergrund, da grammatische Neuheiten kaum noch anstehen. Für den Fachlehrer ist es hier wohl am bedeutsamsten, die Schüler an der richtigen Stelle zu *motivieren,* um zu inhaltlichen Aussagen bei der Lektüre zu gelangen. Ich habe es vorgezogen, in den unteren Klassenstufen zu unterrichten, da es für mich erst einmal neu war, diese *Lehrerrolle* für den Lateinunterricht anzunehmen. Außerdem setzte ich für mich den Schwerpunkt auf das Erklären von *Grammatik.* [...]
– Doch auch aus der Kontrolle der Hausaufgabe oder dem Unterrichtsgespräch ist zu ersehen,

inwieweit die Schüler das Dargebotene verstanden haben und anwenden können. Unstimmigkeiten gab es zuweilen mit bestimmten *grammatischen Begriffen*. Die Verwendung dieser ist bei *unterschiedlichen Lehrwerken* verschieden. Das Lehrbuch OSTIA gefällt mir gut. […] Der Lehrer wird bei diesem Buch angeregt, die in der Lektion behandelten Themen *inhaltlich* auszuleuchten und den Schülern das „alte Rom" in der Weise nahezubringen, wie es die Schüler anspricht. […]

Insgesamt hat mir das Praktikum gefallen. Es führt ein wenig von *den z. T. sehr theoretischen Veranstaltungen beim Studium* weg, was für mich sehr erfrischend war. Klar geworden ist, daß *fachliche Kompetenz* ein Muß ist und daß der Lehrer sich bei jeder Stunde gründlich vorbereiten muß, um die Schüler zu motivieren und ihnen Wissen zu vermitteln. *Das Praktikum hat mich in meiner Berufswahl bestärkt.* Die Betreuung durch den Mentor, Herrn N. N., war sehr hilfreich. So blieben keine Fragen offen, was Schule, Klassen oder den Lateinunterricht anging.

I

Wenn ich auf die vier Wochen Unterrichtspraktikum zurückblicke, muß ich sagen, daß es mir sehr *viel Spaß* bereitet hat, aber auch *viel Arbeit*. Die Planung meiner Stundenverläufe ging mir nicht immer leicht von der Hand und dauerte bisweilen mehrere Stunden, vor allem wenn besondere Medien eingesetzt werden sollten. Es reicht eben nicht aus (zumindest für Lehrende ohne eine gewisse Routine), sich einen lockeren Überblick über die bevorstehende Stunde zu machen, sondern man muß *sich gezielt vorbereiten:* Lernziele festlegen, Folien/Tafelbilder entwerfen, Fragen/Impulse vorformulieren, Schülerreaktionen vorhersagen, Alternativen bedenken, überhaupt immer wieder versuchen, *sich in die Köpfe der Schüler zu versetzen* und sich fragen, wo sie Probleme haben werden, was sie interessiert oder eben auch nicht. – Worüber ich selbst sehr zufrieden bin, das ist die Umsetzung der Planungen […]. Ich glaube, daß es mir meist gelang, die Unterrichtsstunden für die Schüler attraktiv zu gestalten, so daß es doch mehrere Stellen/Ereignisse im Unterrichtsgeschehen gab, durch welche das ihrer Meinung nach an sich *spröde und langweilige Fach interessant und lebendig* wurde! Dazu gehört auch, daß ich bewußt versuchte, möglichst viele verschiedene *Medien* heranzuziehen, einerseits um den Umgang mit ihnen zu lernen, andererseits glaube ich, daß die Schüler dadurch, daß sie auf verschiedenen Wahrnehmungsebenen angesprochen wurden, dem Lehrstoff aufgeschlossener gegenüber traten. Das wichtigste Medium („der rote Faden" des Unterrichts quasi) war das *Lehrbuch,* mit dem ich – abgesehen von kleineren Ungereimtheiten […] sehr zufrieden bin, weil es sprachlich und thematisch in erster Linie ein Buch für die Schüler ist und nicht so sehr ein „Lehrerhandbuch". […]

Welche *Lehrmethode* auch gewählt wird, im Unterricht müßte viel mehr Zeit und Raum für regelmäßiges *Üben und Wiederholen* sein (nachdem gerade im Anfangsunterricht vielen die nötige Einstellung oder auch elterliche Unterstützung fehlt, solches in eigener Initiative zu tun). Dafür war auch in meiner Unterrichtseinheit […] viel zu wenig Platz. – […] Hierin liegt aber, glaube ich, sowohl ein Auftrag als auch eine Chance für den Lehrer, der nicht resignieren darf, sich selbst, seinen *Unterrichts- und Erziehungsstil stets zu überprüfen,* um ihn gegebenenfalls zu modifizieren. Daß das allerdings ein hoher (zu hoher?) Anspruch ist, dessen bin ich mir sehr wohl bewußt. – In diesen vier Wochen habe ich vieles besser kennengelernt, nicht nur didaktische Theorie und Praxis, sondern auch junge Menschen und ihr Denken und Handeln, und nicht zuletzt meine eigenen Schwächen und Stärken. *In diesem Sinne fühle ich mich in meiner Studien- und Berufswahl bestätigt,* so daß ich schon jetzt sehr auf das Unterrichtspraktikum in meinem anderen Fach Chemie gespannt bin.

J

Meine in der Klasse 7.2 der N.N.-Oberschule durchgeführte Unterrichtseinheit umfaßte insgesamt sieben Unterrichtsversuche, von denen vier in Teilungsstunden lagen. [...] Aus meiner Erfahrung kann ich jetzt sagen, daß der Unterricht mit einer kleinen Gruppe ungleich effektiver ist. Als sehr angenehm habe ich empfunden, daß sich die *Klassengröße* proportional zur Ablenkungsgefahr der SchülerInnen verhält. In den Teilungsstunden hatte ich auch bei allzu sehr mit Grammatik überfrachtetem Unterricht keine Schwierigkeiten, die *Unruhe* auf ein natürliches Maß zu begrenzen; es war überdies möglich, sich Fragen einzelner intensiver zuzuwenden, ohne dabei in Gefahr zu geraten, daß der Rest der Klasse dies als vorgezogene Pause deutet. [...] In diesem Zusammenhang fiel mir auf, daß in der Klasse *starke Leistungsunterschiede* auftreten; ich hätte das nach einem Monat Lateinunterricht der SchülerInnen nicht gedacht, aber ich hatte mich mit den didaktischen Auswirkungen davon zu beschäftigen [...]. Diese Leistungsstreuung machte sich auch in dem *Test* bemerkbar, den ich nach Ankündigung im fünften Unterrichtsversuch schreiben ließ (siehe Anlage); er fiel folgendermaßen aus: [...]

Während mir, wie mir zu meinem großen Schrecken sogar ein Schüler attestierte, meine etwas zu „freundliche" Art in der siebten Klasse ziemlich zu schaffen machte – *Autorität?* –, die mir, verbunden mit strukturellen Fehlern, eine *Sachkundestunde* aus den Händen gleiten ließ, habe ich bei einem Unterrichtsversuch in der Klasse 10.7 ganz andere Erfahrungen gemacht. Auch in dieser Stunde stand der inhaltliche Aspekt im Vordergrund: Drei von *Erasmus von Rotterdam* in seinen Apophthegmata überlieferte Sprüche von bzw. über Diogenes, den Kyniker, wurden übersetzt und auch grammatikalisch geklärt; aber mehr Zeit verwandte ich darauf, mit den SchülerInnen über den Themenkreis „Diogenes – sein Lebenswandel – nomos – logos – Kynismus – zynisch" zu sprechen und auf dieser Grundlage die Texte zu interpretieren. Dabei habe ich die geplante Mischung aus Darbietung und selbständiger Erarbeitung durch Diskussion als recht fruchtbar empfunden. Auch an diesem Gespräch beteiligte sich natürlicherweise nicht die gesamte Klasse, aber im Gegensatz zu der Unterrichtsreihe in der 7.2 hatte ich hier nicht für *„Lärmschutzmaßnahmen"* zu sorgen.

K

Das größte Problem, das sich mir stellte, als ich mich entschloß, einige Unterrichtsstunden in den Klassen 10 und 13 zu übernehmen, war gewiß die Notwendigkeit der *methodischen Umstellung* von der für Schüler der 6. Klasse geeigneten Vorgehensweise zu einer den ganz anderen Anforderungen, die ältere Schüler an den Unterrichtenden stellen, angepaßten Methodik. Im Laufe der 3 Stunden, die ich in der 10 c und der Doppelstunde, die ich im Leistungskurs erteilte, gelang es mir jedoch rasch, die Fehler, die ich anfangs machte (zu einfache Fragen, Schwierigkeiten, mit der Tatsache umzugehen, daß ältere Schüler häufig „mauern", d.h. Fragen eher aus Trägheit oder anderen Gründen denn aus Unwissenheit nicht beantworten), abzustellen und einen *„altersgemäßen"* Unterricht zu erteilen. Mir persönlich machte der Unterricht bei den älteren Schülern denn auch insofern mehr Spaß als bei den jüngeren, als daß die Themen (*„Cicero gegen Verres"* in der 10. Klasse; der Anfang des 2. Buches von *Livius „ab urbe condita"*) mich wesentlich mehr interessierten als die Einführung der Demonstrativpronomina. Auch die *Qualität meiner Tafelbilder* wurde im Laufe der Zeit akzeptabler und brachte mir sogar ein ausdrückliches Lob des den Leistungskurs unterrichtenden Fachlehrers ein.

L

Ich denke, daß mir das Unterrichtspraktikum an der N.N.-Schule viel gebracht hat. Einerseits habe ich erkannt, daß die *Berufswahl Lehrerin* richtig von mir getroffen wurde und mir mein späteres Leben damit sicherlich viel Freude an der Arbeit bescheren wird. Andererseits wurde *das doch sehr theoretische Studium durch die Praxis angenehm belebt,* der Einblick ins Berufsleben erfolgte intensiv und die eigenen Fähigkeiten konnten erprobt werden. – Es ist eine schöne Aufgabe, mit Kindern zu arbeiten, und dank der vielen Anregungen, die ich erfahren habe, denke ich mit guten Vorsätzen und großer Motivation an meine Zukunft.

M

Ich hatte die Möglichkeit, mir den Lateinunterricht in nahezu allen Klassenstufen anzusehen. Da ich allgemein *nichts aufregend Neues* erfahren und beobachten konnte und mich der Ablauf des Unterrichts zu sehr an meine eigene Schulzeit erinnerte, möchte ich hier nicht auf Einzelheiten und Kleinigkeiten eingehen, sondern berichten, was mir wichtig erschien. Dazu gehören in erster Linie meine eigenen Unterrichtsversuche bzw. die Erfahrungen, die ich dabei gemacht habe. Ich halte *das eigene Ausprobieren* sowieso für das Sinnvollste der Lehrerausbildung. Als ich allein vor der Klasse stand, wurde mir wieder einmal bewußt, wie weit das ganze vorhergehende *Theoretisieren* doch von dem realen Schulalltag entfernt ist.

Die detaillierten Unterrichtsentwürfe und Verlaufsplanungen, z.B., nahmen mir viel von meiner sonstigen *Spontaneität*. Ich habe es selten geschafft, mich von meiner Verlaufsplanung zu lösen und konnte an mir beobachten, daß ich mehrfach während des Unterrichts auf die Uhr schaute, um sicherzugehen, daß ich meine Phaseneinteilung einhalten kann. Damit will ich nicht sagen, daß ich eine *gründliche Vorbereitung* für überflüssig halte. Ich werde aber später, wenn ich es selbst entscheiden kann, meine Stunden nur grob gliedern, um flexibler und für andere Verläufe offener zu sein. Dies bezieht sich z.B. auf Diskussionen, die in einer Klasse entstehen können. Besonders in einer 10. Klasse und in dem Grundkurs fiel mir *das Interesse der Schüler an Geschichte* auf. Sie wollten mehr über die historischen Hintergründe bestimmter Ereignisse wissen, und obwohl mich das sehr positiv überrascht hat – ich studiere Geschichte als erstes Fach –, habe ich doch die Beiträge der Schüler relativ schnell abgewürgt, um ja meine Zeitplanung zu schaffen. Dabei halte ich es für außerordentlich wichtig, auch historische Zusammenhänge zu besprechen und Cicero oder Sallust in diese Zusammenhänge einordnen zu können. Ich kann mir schließlich erst ein Bild von der Antike machen und ein Urteil erlauben, wenn ich genügend Kenntnisse von den damaligen historischen Geschehnissen, der Sozialstruktur, der Kulturgeschichte etc. besitze. Ich hatte den Eindruck, daß die meisten Lehrer keinen großen Wert auf die Geschichte legten, und indem ich *zu sehr an meiner Planung klebte,* tat ich es auch nicht. [...]

Hat mich das historische Interesse einer 10. Klasse erstaunt, so war ich über das allgemeine Desinteresse einer anderen 10. Klasse betrübt. Diese Klasse kannte ich nur aus Hospitationen. Die Schüler hatten Latein als erste Fremdsprache und übersetzten nun Ausschnitte aus der Rede Ciceros pro Sulla. Diese *Cicero-Lektüre* war extrem schwierig für sie, so daß in der Regel nur zwei Sätze pro Stunde geschafft wurden. Diese beiden Sätze wurden dann grammatisch völlig auseinandergenommen und bis in die kleinste Einzelheit besprochen. *Die Schüler waren aufgrund der enormen Probleme frustriert* und hatten längst keine Lust mehr, Cicero zu lesen. Am Beginn einer Stunde wurde der Unterricht und die Methode des Lehrers auch von einer Schülerin kritisiert. Der Lehrer mahnte daraufhin zur Geduld und erklärte zum wiederholten Male, daß sich die Fähigkeit zu übersetzen nur langsam entwickeln könne. Ich persönlich kann ihm nur zustimmen, kann aber auch aus eigener Erfahrung die Schüler gut verstehen. So erreichte sie sein Appell im Grunde gar nicht mehr, denn sie hatten bereits den Ehrgeiz, den man als Schüler braucht, um sich durch einen komplizierten Text zu quälen, verloren. Mir wurde durch diese Situation vor Augen geführt, wie schwierig es sein kann, den Schülern, die vielleicht nur auf Wunsch ihrer Eltern Latein gewählt haben, einen Zugang zu einem fremden Text, zu einer vergangenen Welt zu eröffnen und sie auch noch zu überzeugen, daß es einen Sinn haben könnte, sich damit zu beschäftigen. In diesem Fall denke ich, könnte man auch bei erster Fremdsprache Latein *einen vereinfachten Schultext benutzen.*

Für mich als Praktikantin war es ein großer Vorteil, daß die Lateinkurse aufgrund der unterschiedlichen *Fremdsprachenfolge* und Fächerkombinationen relativ klein waren. Sämtliche *disziplinarischen Probleme* fielen damit von vornherein weg. Schade fand ich nur, daß es an der Schule keinen Leistungskurs Latein gab, denn mit einem Leistungskurs kann man nun einmal das meiste machen, vor allem tiefer in die Bereiche Religion und Philosophie eindringen. Daher war für mich der Grundkurs am interessantesten, der sich u. a. mit den wichtigen Themen Provinzialverwaltung und Gerichtswesen beschäftigt hatte. [...]

Abschließend möchte ich sagen, daß ich mit meinem Praktikum recht zufrieden war, trotz der Schwierigkeiten, die ich hatte, und der Fehler, die ich gemacht habe. Um die nötige *Gelassenheit, die zum Lehrerberuf wohl notwendig ist,* zu bekommen, werde ich jedoch noch weitere praktische Erfahrungen brauchen.

N

So war es uns möglich, verschiedene Lateinklassen und -kurse kennenzulernen. Bei den Hospitationen fiel mir auf, daß die Lehrer ihren *Unterricht interessant und lebendig gestalteten:* Es wurde *lateinisch gesprochen* (und gesungen), und es wurden *Landkarten* zu den gelesenen Stücken verwandt. Comics, Tonbänder und Rätsel dienten auch als Unterrichtsmaterialien. Auch wurde immer wieder der *Bezug zur Gegenwart* hergestellt und damit die Nützlichkeit der Kenntnis vom Altertum und der lateinischen Sprache (z.B. Bezug des Lateinischen zu modernen Fremdsprachen) betont. [...] Interessant war für mich außerdem der Besuch der Latein-AG, in der Lehrer und Schüler sich in lateinischer Sprache unterhielten.

O

Während des vierwöchigen Praktikums am N.N.-Gymnasium fand ich hinreichend Möglichkeit, *meine fachwissenschaftlichen Kenntnisse praktisch nutzbar zu machen.* Bei Auswahl, Organisation und Durchführung des Unterrichts wurde mir ein hoher Grad an Selbständigkeit, Flexibilität und Eigenverantwortung zugebilligt. Meine Mentorin [...] stand mir mit großer Unterstützung und hilfreichen Ratschlägen zur Seite, engte mich jedoch bezüglich des Themas und seiner Aufbereitung keineswegs ein. Nicht zuletzt verdanke ich es ihrer Offenheit und Begeisterungsfähigkeit, daß dieses Praktikum für mich zu *einer so bereichernden und guten Erfahrung* geworden ist. In den Stunden, die ich bei ihr hospitierte, erlebte ich selbst neu, *wie lebendig Lateinunterricht sein kann;* außerdem bemühte sie sich unaufhörlich, mir so *viele Seiten des Schulalltags und des Lehrerberufs* wie möglich zu zeigen (von der Teilnahme an der Gesamtkonferenz über Durchführung von Klassenarbeiten, Abitur bis zur Planung von Wandertagen, Organisation des

Fachbereichs et cetera). – Auch insgesamt gesehen fühlte ich mich in der Schule sehr gut aufgenommen. Ich habe mich hier kein einziges Mal als Außenseiterin oder Fremde gefühlt, sondern hatte vielmehr den Eindruck, als die Person, die ich war, Praktikantin im Fach Latein, akzeptiert und mit normaler Freundlichkeit behandelt zu werden. Das ist wichtig.

Natürlich zeichnen sich diese Erfahrungen vor dem Hintergrund der Erlebnisse meines ersten Unterrichtspraktikums, das ich im Fach Deutsch an der N.N.-Oberschule gemacht habe, ab. Ich hatte also zum zweiten Mal die Gelegenheit, *mein Studienziel dahingehend zu überprüfen, ob es tatsächlich als späterer Beruf in Frage kommt.* Es erwies sich als sehr gut, die *Praktika an unterschiedlichen Schultypen* gemacht zu haben (die N.N.-Oberschule ist ja eine Realschule); auch hatte ich mich entschieden, erneut in einer 9. Klasse zu unterrichten, um einen Vergleich anstellen zu können. Die Schwerpunkte liegen natürlich an vollkommen verschiedenen Stellen: In der N.N.-Oberschule ging es vor allem auch darum, ein *Arbeitsklima herzustellen,* in dem man freundlich und ohne Aggressionen miteinander umgehen konnte, die Behandlung des Stoffes schien demgegenüber an Bedeutung zu verlieren; es kam mehr darauf an, Selbstvertrauen, Kommunikation überhaupt und Kreativität zu erzeugen; eine Produktion von Schülern war keine Selbstverständlichkeit und daher beachtlich; gute Leistungen so etwas wie Anlaß zur Freude. Trotz positiver Eindrücke in einer mir zunächst fremden Schulumgebung gewann ich damals den Eindruck, *daß Schule in ihrer heutigen Form den gesellschaftlichen Anforderungen nicht mehr gewachsen ist;* daß sie in erster Linie Wissen vermitteln soll und doch kaum in der Lage ist, unter all den persönlichen Problemen, die die Schüler (und die Lehrer natürlich auch) in sie hineintragen, eine Atmosphäre zu schaffen, in der gearbeitet werden kann. – *Am Gymnasium war das auf einmal ganz anders.* Das Arbeitsklima mußte nicht jedesmal wieder neu geschaffen werden, es war schon da. Energie brauchte weniger für den affektiven Bereich verwendet zu werden, sondern konnte intellektuell umgesetzt werden. Die Durchsetzung als Lehrer war einfacher, weil der Lehrer als *Autorität* in höherem Maße hingenommen wurde. Die Situation war insgesamt homogener, stabiler, nicht so sehr von Höhen und Tiefen und den unerwartetsten Überraschungen bestimmt. Beide Erfahrungen waren sehr interessant, über eine definitive Wertung bin ich mir noch unschlüssig. – Entschiedener kann ich dagegen eine Bewertung vornehmen, die sich auf meine *Zukunft als eventuelle Lateinlehrerin* bezieht. Was ich mir vor dem Praktikum kaum noch vorstellen konnte, tatsächlich diese Tätigkeit ausüben zu wollen, ist jetzt möglich geworden. Das *Rechtfertigungsproblem hinsichtlich des Faches* ist geschrumpft, z.T. gelöst. Es war gut, in der Praxis zu sehen, welche Vorzüge dieser Unterricht bietet, welchen Wert vor allem das Übersetzen und die detaillierte, genaue Beschäftigung mit Sprache besitzt. Weiterhin werde ich auf der Suche nach vielseitigen und lebendigen Methoden bleiben, aber da gibt es ja genug Anregungen. […]

Eine mündliche *Überprüfung* fand in der Stunde in Form von Besprechung der *Hausaufgaben* statt. In der letzten Stunde habe ich mir die Aufzeichnungen der Schüler zu der Frage „Welche Gründe nennt Caesar für die Auswanderung der Helvetier?" zeigen lassen. Sie reichten von einer ausführlichen Darstellung im zusammenhängenden Text bis zur Randbemerkung in Form von drei bis vier Stichworten. Das hat mir gezeigt, daß in einer neunten Klasse bestimmte *Arbeitsaufträge* nicht nur inhaltlich, sondern auch im Hinblick auf die formale Ausführung *präziser* gestellt werden müssen, als ich es getan habe. […] *Viel gibt es natürlich noch zu lernen; nicht nur in didaktischer, auch in fachwissenschaftlicher Hinsicht. Das Praktikum hat dabei die Rolle einer neuen motivierenden Kraft übernommen.* Das sollte dem Unternehmen, trotz seines unvergleichlichen Aufwandes, ein gutes Zeugnis ausstellen. Non scholae, sed … braucht nicht zitiert zu werden – und hat sich wieder einmal als wahr erwiesen.

P

Insgesamt schätze ich den *Gewinn dieses Praktikums* an Fähigkeiten und Erfahrungen sehr hoch ein. Mein Auftreten vor der Klasse hat sich gefestigt, und die Unterrichtssituation ist mir noch vertrauter geworden. Zu den Schülern hatte ich ein gutes Verhältnis. Der Erfolg des Praktikums beruht zu einem großen Teil darauf, daß alle Lateinlehrer der Schule ihre Stunden jederzeit für uns offenhielten und uns bereitwillig Einblicke und Erklärungen gewährten. *Am ergiebigsten waren jedoch die Erfahrungen aus den eigenen Stunden.* Beim Übersetzen fiel mir vor allem auf, daß für das Reagieren auf Übersetzungsschwierigkeiten der Schüler und für das Geben von Hilfen ein hohes Maß an *Flexibilität* erforderlich ist. Das Vermitteln grammatischer Sachverhalte gelang dann am besten, wenn ich das Problem zuvor selbst weitestmöglich durchdrungen und mir den *Vermittlungsweg* klargemacht hatte. Schwierigkeiten hatte ich noch dabei, den Schülern komplizierte Aufgabenstellungen verständlich zu machen.

Q

Das Unterrichtspraktikum war für mich *eine interessante Erfahrung*, da ich jetzt im Gegensatz zum Orientierungspraktikum mehr Einblicke in das „Innenleben" der Schule bekommen hatte, während ich im Orientierungspraktikum vor allem die SchülerInnen im Unterricht gesehen hatte. Das häufigere Unterrichten beim Unterrichtspraktikum stellte aber gleichzeitig die Möglichkeit dar, auch den *Haltungen und Handlungsweisen der SchülerInnen* näher zu kommen. Die SchülerInnen sind mir bei diesem Praktikum weitaus sympathischer gewesen, als ich das erwartet hatte, so daß auch das eigene Unterrichten Spaß gemacht hat. Dabei hat sicherlich auch die Tatsache, daß ich es bei diesem Praktikum mit ziemlich gutwilligen und disziplinierten SchülerInnen zu tun hatte, eine Rolle gespielt. Als problematisch empfand ich die Tatsache, daß die *Unterrichtsentwürfe* mir bei allen Stunden einen strengen *Zeitplan* vorschrieben, was einerseits notwendig war, um die Themen in der zur Verfügung stehenden Zeit abzuhandeln, aber andererseits kaum Möglichkeiten zu Auflockerungen und Abschweifungen bot. In keiner von mir bei den Hospitationen beobachteten Stunde hatten sich die LehrerInnen, ohne planlos an die Stunden heranzugehen, derartig detailliert vorbereitet, [...]

R

Das Unterrichtspraktikum bot einen erfrischenden *Einblick in die reale Situation des Lateinunterrichts*. Die Notwendigkeit, für jede Woche in unterschiedlichen Klassen Unterrichtskonzepte parat zu haben, die die SchülerInnen auch motivieren können und die die *Relevanz des Faches Latein* sicht- und erfahrbar machen, legt sowohl *Defizite im Lehramtsstudium* bloß als sie auch neue *Anregungen für ein gezielteres Studieren* über die Universität hinaus bietet. Daß es in der Schule nicht so sehr um *Spezialistentum* geht, macht sofort jede Stunde in einer siebten Klasse bewußt, wo Motivation, Freude und Phantasie gefragt sind, [...]; daß es sich bei der Lektüre der lateinischen Autoren nicht um archivalische Quellenkunde handeln darf, lassen einen die „höheren" Kurse spüren, die ein Recht darauf haben, zu fragen, was uns eine Beschäftigung mit einem Vergil oder Ovid *heute an Kompetenzen* verleiht. – Daß ich für mich darauf eine positive Antwort gefunden habe, ist eine meiner Meinung nach wichtige Voraussetzung, um überhaupt anderen Latein nahezubringen, aber sie reicht als bloßes Faktum allein nicht aus. – Hier, denke ich, hat das Praktikum *wichtige Impulse* geliefert: Latein muß auch ohne utilitaristische Begrün-

dungen auf andere Bereiche hin aus sich selbst *als inhaltliche und ästhetische Bereicherung* erfahrbar gemacht werden. Der Aspekt der Fremdheit zu unserer heutigen Lebenswelt birgt auch Chancen der Selbstreflexion, die uns als fragende Menschen, mit den Generationen aller Zeiten verbinden: das, was fern liegt, hat uns etwas zu sagen, was oft über die Aktualität von Moden und Zeitgeschmäckern hinausweist. Wie wahrscheinlich so viele Praktikanten empfand ich *die minutiöse Unterrichtsplanung* oft als ein drückendes Korsett, dessen ich mich gerne entledigt hätte, oft auch unter der Vorstellung, daß die Unverkrampftheit darunter litte. Andererseits würde ich mir selbst widersprechen, wenn ich nicht die Legitimität einer den Stunden vorangehenden Auseinandersetzung mit den eigenen Unterrichtszielen erst einmal positiv sehen würde. [...]
– Was ich jedoch vermisse, ist das praktische *Kennenlernen neuer Unterrichtskonzepte;* in den Praktika sieht man bis auf Ausnahmen doch – es sei verziehen – das Bewährte und Bekannte: wo bleiben aber da die Anknüpfungspunkte für neue Wege, sei es auch, daß sie nur vorläufig bleiben?

Peter Petersen

„Gegenwartsbezüge" in den Alten Sprachen

Anregungen zu einer schülerorientierten Vermittlungskategorie des altsprachlichen Unterrichts

Aktualität, Aktualisierung und Gegenwartsbezug

Zu den wohl fruchtbarsten fachdidaktischen Kategorien einer „lebendigen Vermittlung" der Antike gehören zweifellos die korrespondierenden Ansätze von ‚Aktualität' und ‚Aktualisierung'. F. Maier hat in zahlreichen Veröffentlichungen hieraus ein modernes konstitutives fachdidaktisches Konzept für den Lateinunterricht abgeleitet. ‚Aktualität' ist dabei für ihn die „Eigenschaft, die einem Phänomen anhaftet", unter ‚Aktualisierung' wird der „Vorgang, durch den diese Eigenschaft zur Geltung gebracht wird" verstanden, ein „Bemühen ..., einem Gegenstand im Unterricht Lebensnähe, „Gegenwartskräftigkeit" zu geben. Dafür steht in der Fachdidaktik seit langem die Formel ‚lebendige Vermittlung'"[1]. Mit besonderer Intensität hat F. Maier aber auch auf die grundsätzlichen und bedenkenswerten Gefahren „ahistorischer Verflachung", „gegenwartsferner Unverbindlichkeit" und „vordergründiger Identitätserlebnisse" hingewiesen[2]. Fachdidaktische Beiträge, die sich dem Ansatz der ‚Aktualisierung' verpflichtet fühlen, vermitteln trotz eines expliziten Hinweises auf diese Gefahren immer wieder den Eindruck, sie wollten den Lateinunterricht bildungspolitisch und pädagogisch aus seiner ‚Aktualität' heraus als modernen, unverzichtbaren Unterrichtsgegenstand apologetisch legitimieren[3]. ‚Aktualität' wird somit zu einer leitenden fachdidaktischen Kategorie für einen Begründungszusammenhang der Konstituierung und Beschäftigung mit antiken Texten in der heutigen Schule. Auch der immer wiederkehrende didaktische Anspruch, es handele sich dabei um ein ‚schülerorientiertes Unterrichtskonzept'[4], gewinnt auf dem Hintergrund der veröffentlichten Unterrichtsmodelle aus der Fachliteratur, die meist lernzielbezogene und sachstrukturell überzeugende Ergebnisse von „Aktualität" entwickelnd darstellen, mehr den Eindruck von Absichtserklärungen als um praxisgeleitete Umsetzungen. Doch gerade ‚Aktualität' sollte nicht nur für eine begründete Inhaltsauswahl, sondern besonders für eine Verfahrens- und Methodenkonzeption eine unverzichtbare Kategorie des AU sein.

---

[1] F. Maier, Lebendige Vermittlung lateinischer Texte, (Auxilia 18) Bamberg 1988, S. 5. Zu den weiteren Schriften F. Maiers zur „Aktualität" vgl. das Literaturverzeichnis S. 188 ff. und die Reihe „Antike und Gegenwart" (C. C. Buchner-Verlag).
[2] F. Maier, a. a. O. S. 14.
[3] Vgl. dazu O. Schönberger, Caesar kämpft gegen Frankreich. Zu „Aktualisierung" und „Apologetik" des altsprachlichen Unterrichts, Anregung 33 (1987) S. 153 ff.
[4] „Schülerorientierung" als Ausrichtung unterrichtlicher Entscheidungen am Lernenden bedeutet hier in erster Linie Anknüpfung an die Erfahrungswelt des Jugendlichen, Problemorientierung, entdecken-lassende Unterrichtsformen und Verwirklichung von innerer Differenzierung und Individualisierung im Unterricht.

Die Begrifflichkeit von ‚Aktualität' bzw. ‚Aktualisierung' birgt offensichtlich, ohne daß damit die grundsätzlichen Zielsetzungen F. Maiers in Zweifel gezogen werden, drei große Gefahren einer erkenntnisdeterminierenden Einseitigkeit, einer fachpolitischen Indienststellung und eines präsentistischen Rezeptionsanliegens in sich:
- auf der Ebene des Gegenstandes, daß man eine der beiden Zeitebenen, meist allerdings mit dem Primat der Antike, in ihrer Bedeutung und Geltung auf- bzw. abwertet, indem man der ‚Aktualität' eine mehr illustrierend-belegende oder eine ideologiekritische Funktion für Sinnstiftungen, Werthaltungen oder Erklärungsmodelle zumißt,
- auf der Ebene der Methode, daß der Vergleich beider Epochen zum einen additiv und demonstrierend erfolgt, zum anderen von vornherein einem legitimatorischen Relevanzaspekt des antiken Gegenstandes unterliegt, und
- auf der Ebene des Lernenden, daß man seinen ‚aktuellen' Bedürfnissen und individuellen Wünschen hinterherläuft, pragmatische Nutzanwendungen in den Vordergrund stellt, ein bestimmtes soziales und kulturelles Verhalten fördert.

Diese meist kultur- und gesellschaftskritischen ‚geheimen' Miterziehungsziele einer ‚Aktualisierung' öffnen einer mißbräuchlichen Verwendung des „Angebotes der Antike" nach dem vereinfachenden Muster „Ohne Kenntnis der Alten Sprachen keine Gegenwartsgestaltung oder Zukunftsbewältigung" Tür und Tor; sie führen auf seiten der Schülerinnen und Schüler in der Regel eher zu Abwehr- und Ablehnungshaltungen als zum Ertrag, zur Akzeptanz oder Anerkennung des historischen Erkenntnis-, Erfahrungs- und Sinnpotentials der Antike.

Von daher bietet es sich an, statt des intentional-mißverständlichen Begriffspaares ‚Aktualität/Aktualisierung' den eher neutralen Begriff des „Gegenwartsbezuges" zu benutzen, der den Vorzug hat,
- daß er verfahrens- und methodenorientiert und zunächst ergebnisoffen angelegt ist,
- daß er sowohl den genetisch-prospektiven wie auch den regressiven Weg einer Auseinandersetzung mit einer der beiden Bezugsepochen erlaubt und
- daß er im Resultat der Bemühungen letztlich auch zu einer „Aktualität" des Bildungsgehaltes und einer „Aktualisierung" des überzeitlichen Sinnpotentials und des überzeugenden Traditionsreservoirs der Antike zu führen vermag.

Im übrigen kommt man auch den grundsätzlichen Alltags-Bedürfnissen junger Menschen adressatenorientiert erheblich näher: dem Bedürfnis nach Orientierung im Sinne einer wissensgetragenen „Einschätzung des eigenen Standortes im Fluß der Zeit", nach „Zugehörigkeit" (Identität) und Zukunftsperspektiven, dem Bedürfnis nach Selbsterkenntnis und Sozialkompetenz im Sinne eines Verlangen nach Selbstfindung, „nach sozialer und individueller Stabilisierung", nach Antworten auf Sinnfragen und Rechtfertigungen für eigenes Urteilen und Verhalten und dem Bedürfnis nach Erweiterung der eigenen Lebens- und Zielvorstellung im Sinne von ethisch-moralisch-psychischer Bereicherung, nach Kennenlernen von alternativen Lebens- und Geistesformen, nach Entlastung und Zerstreuung im Alltag und in der Freizeit. Nur wenn diese Bedürfnisse auch erfüllt werden, leistet die Beschäftigung mit der Antike einen zugänglichen, qualifizierenden und ‚akzeptierten' Beitrag zur kritisch identitätsbalancierenden Gegenwartsorientierung, zur partizipierend-gestaltenden Zukunftsbewältigung und individuell-selbstkritischen Rollenzuweisung[5].

Voraussetzung allerdings für einen konsequenten existenz- und gegenwartsbezogenen Ansatz ist das Unterrichtsprinzip einer ‚schülerorientierten' Inhaltsgestaltung und Vermittlung:

---

[5] Vgl. zur Problematik M. Wenzel, Transfer in die Wirklichkeit (I), Anregung 40 (1994), S. 168 ff.

SUCHMODELL für GEGENWARTS- und EXISTENZ

ANTIKE

ANTIKE als Ausgangspunkt und Angebots-Reservoir für:
- historisches WISSEN / ERFAHRUNG / BEWUBTSEIN / KOMPETENZ
- historische ORIENTIERUNG / IDENTITÄT / PARTIZIPATION / PROBLEMORIENTIERUNG
- historische HERKUNFT / BINDUNG / TRADITION / VERSTÄNDIGUNG
- historisches ORIENTIERUNGS-, SINN- und WERTEPOTENTIAL

BEZÜGI
> Ursach
Überli
Identi

Das ANGEBOT der ANTIKE

R E G R E S S I V E und P R O S P E K T I V E B E Z Ü G E

A. SINNZUSAMMENHÄNGE
Sachverhalte, die durch die in ihnen auffindbaren Themen, Probleme, „Werte" und Sinnvorstellungen den gegenwärtig existenten Problemen, Sinn- und Wertfragen identisch, ähnlich, entsprechend oder entgegengesetzt sind.
Verfahren: Sach- und Strukturanalyse von Antike und Gegenwart als thematisch-struktureller VERGLEICH (z.B. als „Längsschnitt").
Methode: a) Von der Antike zur Gegenwart: prospektives Vorgehen
b) Von der Gegenwart zur Antike: regressives Vorgehen
c) Verfolgen einer 'Entwicklung': genetisches Vorgehen

B. REZEPTIONSZUSAMMENHÄNGE
Sachverhalte, die ihren Ursprung in der Antike haben und im Verlaufe der Geschichte bis heute wiederaufgegriffen, umgearbeitet, produktiv fortgeführt worden sind.
Verfahren: Materialsammlung und Erarbeitung von Formen und Arten der 'Imitation', Wiederaufnahme, Aneignung, Weiterführung und Wirkung
Methode: Inhalts- und Sprachvergleich, Möglichkeiten fächerübergreifenden und projektorientierten Arbeitens

C. WIRKUNGSZUSAMMENHÄNGE
Sachverhalte, die als unmittelbare und/oder mittelbare Ursache gegenwärtig wirkender und zukünftig anstehender Fragestellungen und Probleme gelten können.
Verfahren: Ausgehend von Gegenwarts-/Existenzfragestellungen Erarbeitung einer sach- und problembezogenen Entstehungs- und Wirkungsgeschichte
Methode: Aktuelle oder grundsätzliche „Gegenwarts-/Zukunftsanalyse" und regressive Erschließung von Entstehung, Entwicklung und Folgen des Sachverhaltes; Erarbeitung von Informations-, Orientierungs- und Erklärungswissen zur Gegenwartsorientierung

D. HANDLUNGS- und VERWENDUNGSZUSAMMENHÄNGE
Sachverhalte, die als nach-denkenswerte, vor-bildliche und/oder kritikwürdige Handlungs-, Denk- und Wertmaximen für gegenwärtiges und zukünftiges Handeln im Sinne von Erkenntnis- und Argumentationshilfen, von Kritikansatz und Veränderungswunsch, von Denk-, Handlungs- und Verständigungsreservoir herangezogen werden können.
Verfahren: Thematisch-problemorientierte Auseinandersetzung, historische Kommunikation mit persönlicher Stellungnahme, Kritik und Wertung
Methode: Ideologiekritische und vergleichende Interpretation und Diskussion

A. ANF
● Prob
● Frag
● Aus

B. LEB
● hist
 - G
 - A

C. STR
● „F
 - Z
 - L
 - E
 - S
 - V
 - F
● „F
 - S
 - S
●

●

●

AUFGABEN und HERAUSFORDERUNGEN von GEGENWART und ZUKUNFT

GEGENWART als „Herausforderung" an:	ZUKUNFT als „Perspektive" für:
- ORIENTIERUNG und IDENTITÄT	- ENTSCHEIDUNGEN und HANDELN
- SELBSTBESTIMMUNG und EINBINDUNG	- MITBESTIMMUNG und MITWIRKUNG
- KONTINUITÄT und KONTRAST	- BEWAHREN und VERÄNDERN
- EXISTENZSICHERUNG und GEFÄHRDUNG	- SYSTEMZWANG und SELBSTBESTIMMUNG
- PARTIZIPATION und 'HUMANISMUS'	- AUFGABEN, ZIELE und ihre BEWÄLTIGUNG
- PROBLEME und LÖSUNGSANSÄTZE	- PROBLEMBEWUBTSEIN und -KOMPETENZ

QU
- Er
- A
- E
- E
- U
FA

„ANTIKE und GEGENWART/ ZUKUNFT"

GEGENWART/ZUKUNFT

nwart und Vergangenheit
Hintergründe, Abhängigkeiten, Wirkungen, Potentiale
Rezeptionen, Wiederaufnahmen, Fortwirken; Rückgriffe
ientierung, Tradition; Akzeptanz, Kritik, Auseinandersetzung

GEN und Kernprobleme von Gegenwart und Zukunft
Situationsanalyse; Anforderungen und Herausforderungen
und Antworten, Aufgaben und Lösungen, Aufarbeitungskompetenz
ngsvermögen, Kritikfähigkeit, Anerkennungs-/Abwehrhaltungen

CHFELDER zur Orientierung und Bewältigung:
und Bildungsbereiche zur „Lebensbewältigung" wie:
aat, Wirtschaft; Kultur, Literatur, Kunst, Religion, Philosophie
dung, Wissenschaft, Beruf; Freizeit u.a.m.

GEN an Geschichte und Gegenwart/Zukunft wie:
twicklungsprozeß
Anfang, Entwicklung, Ende; Wirkungs- und Geltungsdauer,
olgen; Zeitlosigkeit und Weiterwirken u.a.m.)
chehnisfolge; Singularität-Exemplarität-Generalisierung; Tradition)
torisches Bedingungsgefüge, Abhängigkeiten, Systemzwang;
aum, Erfahrungen, Möglichkeiten usw.)
nichten, Erfahrungen, Handlungsmuster, Erziehung - Bildung usw.)
ukturzusammenhang
schaft-, Gesellschafts-, Wirtschaftsverhältnisse; Sach-, Systemzwänge;
onsmuster; Modelle, Alternativen, Chancen, Möglichkeiten usw.)
tionen, Herrschaftsverhältnisse, Ideologien, Wertsysteme usw.)
Problemursachen von Gegenwart und Zukunft
ngfristige Ursachen, mittelfristige Gründe, kurzfristige Anlässe;
aditionen, Bedingungen und Abhängigkeiten usw.)
möglichkeiten und Handlungsspielräume (Ziele, Absichten; Mittel,
n, Schaden; gewollte, ungewollte Folgen; subjektive Beweggründe
en; Theorie - Praxis; Alternativen, unerfüllte Möglichkeiten usw.).
vität (Wirkungsbereiche, Handlungsebenen, Perspektive -Stand-
lität - Irrationalität usw.).
individuelle und soziale Lebensbewältigung
sellschaft; Pluralität - Teilhabe - Solidarität; Leitlinien, Orientie-
Normen, Konventionen, Vorbilder; Traditionen, Konventionen,
ektion usw.).
habe und Mitwirkung an Gesellschaft, Bildung und Kultur
wirkung, Beurteilungsvermögen; Bildungswissen und kulturelle
ntemplative Begegnung, Freude, Ausgefülltsein usw.)

ERKENNEN
FRAGEN

VERGLEICHEN
AUSWERTEN

BEURTEILEN
WERTEN

ORIENTIEREN
ANEIGNEN

● ▫ ▫ ● ▫
Lebensqualifikation und -qualität durch Bildungsgut und Kulturbegegnung
Beurteilungs- und Entscheidungspotential für Gegenwartsbewältigung - Zukunftsgestaltung
Verfügbarkeit und Option für Traditionsbindung und Selbstbestimmung
Schlüsselqualifikationen und Kompetenzen für die Bewältigung von Kernproblemen
„Bildung" als Wissensvoraussetzung und Teilhabe am Gesellschafts-, Geistes- und Kulturleben
Existentieller Transfer und „Selbstverwirklichung in sozialer Verantwortung".

ERRICHTSPRINZIPIEN und UNTERRICHTSAUFGABEN
HERSTELLEN von „GEGENWARTSBEZÜGEN" durch
kenlassendes, vergleichendes und tranferorientiertes LERNEN
nsequenter **SCHÜLER- und HANDLUNGSORIENTIERUNG**

UFGABE	PERSONALISATIONSAUFGABE	SOZIALISATIONSAUFGABE
Fachkompetenz	- Selbstfindung, Selbstverwirklichung	- persönliche Mündigkeit
npotentials	- Persönlichkeitsbildung	- Grund- und Allgemeinbildung,
	- Partizipations-, Mitwirkungsvermögen	- Schlüsselqualifikationen
nz-Motivation	- Urteils- und Interaktionsfähigkeit	- gesellschaftliche Teilhabe
denbewußtsein	- Autonomie und Selbstbestimmung	- Orientierung, Identifikation
NKOMPETENZ	PERSONALE KOMPETENZ	SOZIALE KOMPETENZ

- im allgemein kultur-anthropologischen Sinne als interessegeleitete erfolgreiche Aneignung und Weiterentwicklung von tradierten Lebensformen, Kultur- und Geistesgütern,
- im erziehungsbezogenen und handlungsorientierten Sinne als erkenntnisgeleitete Befähigung zum erfolgreichen, selbständig-verantworteten Umgang mit der umgebenden Welt und ihren Erfordernissen mit Hilfe der Verfügbarkeit eines überzeitlich gültigen Kanons von Erfahrungen und Verhaltensweisen,
- im individuell persönlichkeitsbezogenen und sozialen Sinne als Ermöglichung und Entfaltung eines selbstbestimmt-erfüllten Lebens und eines mitbestimmend-sichernden Überlebens in Gegenwart und Zukunft[6].

Gerade die letztgenannten Fragestellungen beherrschen in besonderer Weise die aktuelle pädagogische Diskussion und finden ihren Niederschlag in veröffentlichten Bildungszielen und Lehrplänen. Begriffe wie Befähigung zur Auseinandersetzung mit „Kernprobleme der Gegenwart und Zukunft", „Hilfen zur Entwicklung einer mündigen Persönlichkeit" oder auch Erwerb von „Schlüsselqualifikationen" bzw. Einüben von „Kompetenzen" verlangen eine Form der didaktischen Reduktion und der fachlichen Konkretion, die in starkem Maße zum einen die Selbstverantwortung und die Handlungsbezogenheit pädagogischen Bemühens herausstreichen, zum anderen eine allgemeine, vom Fach weitgehend unabhängige fächerübergreifende Grundbildung für eine Auseinandersetzung mit gegenwärtigen und zukünftigen Herausforderungen verlangen. In diesem Konzept haben es Fächer mit einer historischen Perspektive sehr schwer, sich legitimierend zu behaupten.

Im folgenden sollen drei methodische Aspekte von ‚Aktualität' und ‚Aktualisierung' im Sinne eines „Gegenwartsbezuges" auf dem Hintergrund eines „Ablaufmodells für Gegenwartsbezüge im Unterricht" verfahrensorientiert vorgestellt werden, die helfen sollen, den Vermittlungsauftrag im oben genannten Sinne stärker vom Lehrenden unabhängig zu machen.
Es sind dies
- zum einen ein „Beurteilungsraster", aus dem der Rezipient (Lehrer, Schüler) Ansatz- und Bezugspunkte einer ‚Problemorientierung' gewinnen kann, nach denen er die 'fortwirkende Aktualität' der Antike selbständig einordnen und beurteilen kann,
- zum zweiten ein „Kriterien- und Fragenkatalog", der zur argumentativen Auseinandersetzung mit existentiellen und situationsübergreifenden Perspektiven nötigt und die Erschließung der Kategorie „Gegenwartsbezug" systematisch einzuleiten und anzustoßen vermag und
- zum dritten eine „Systematik" der vergleichenden Verfahren, die aufzeigen können, zu welchem Ziel und Ende die Auseinandersetzung mit der Antike führen kann.

Das vorliegende Schaubild kann auch als heuristisches Übersichts- und Problemaufrißbild zusammen mit Schülern an einer Pin-Wand jeweils text- und problembezogen neu ‚ausgefüllt' werden. In der konkreten Unterrichtssituation wird es in vereinfachter Form als Entwicklungsschautafel während einer Unterrichtseinheit konkret ausgefüllt: z. B. als Collage mit auszufüllenden ‚Leerkarteien' zu den Möglichkeiten von „Gegenwartsbezügen".
Beispiel: Ovid, *met.* X 183 ff. „Daedalus und Ikarus"[7]

---

[6] So z. B. in den Lehrplänen des Landes Schleswig-Holstein und Nordrhein-Westfalen.
[7] Vgl. F. Maier, Lateinunterricht zwischen Tradition und Fortschritt Bd. 3, (Buchner) Bamberg 1985, S. 194 ff.

Pinwand:

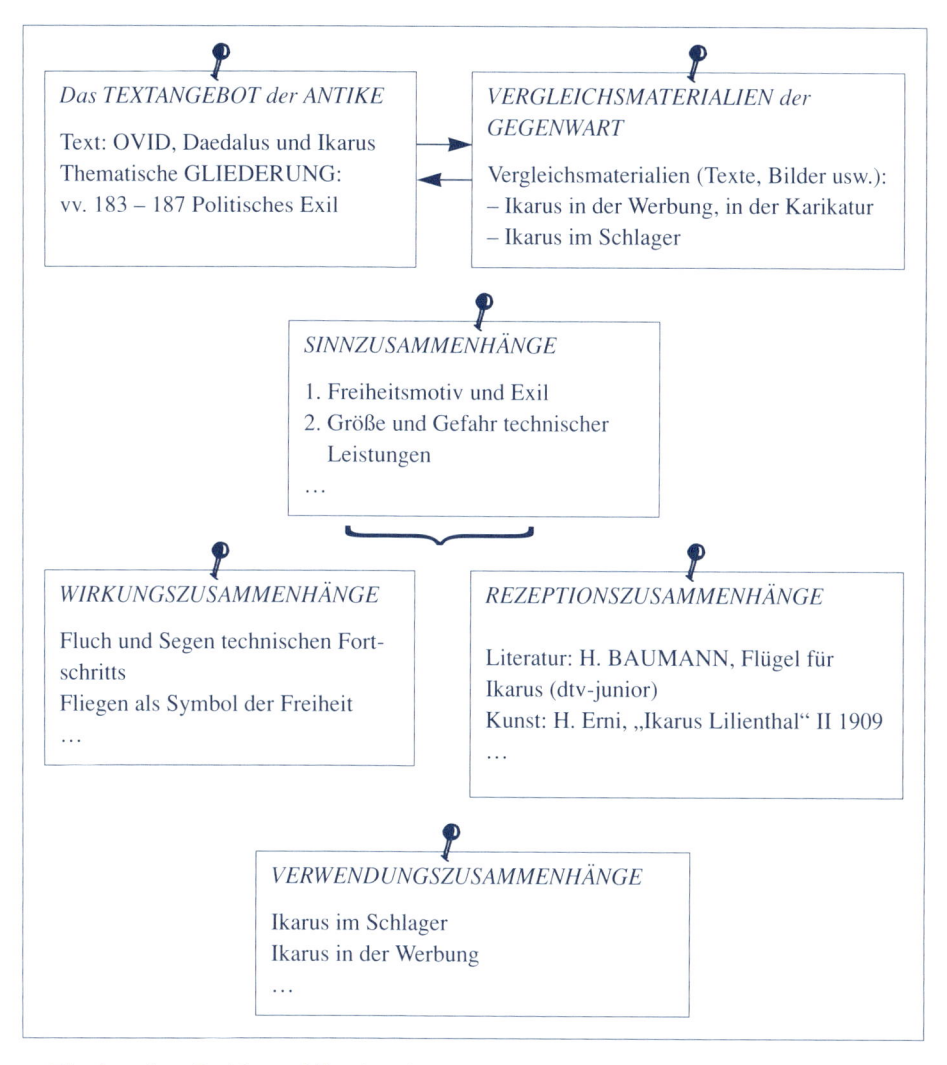

```
┌─────────────────────────────────────┐        ┌─────────────────────────────────────┐
│ Das TEXTANGEBOT der ANTIKE          │        │ VERGLEICHSMATERIALIEN der           │
│                                     │  ───▶  │ GEGENWART                           │
│ Text: OVID, Daedalus und Ikarus     │        │                                     │
│ Thematische GLIEDERUNG:             │  ◀───  │ Vergleichsmaterialien (Texte, Bilder usw.): │
│ vv. 183 – 187 Politisches Exil      │        │ – Ikarus in der Werbung, in der Karikatur │
│                                     │        │ – Ikarus im Schlager                │
└─────────────────────────────────────┘        └─────────────────────────────────────┘
```

SINNZUSAMMENHÄNGE

1. Freiheitsmotiv und Exil
2. Größe und Gefahr technischer Leistungen
…

WIRKUNGSZUSAMMENHÄNGE

Fluch und Segen technischen Fortschritts
Fliegen als Symbol der Freiheit
…

REZEPTIONSZUSAMMENHÄNGE

Literatur: H. BAUMANN, Flügel für Ikarus (dtv-junior)
Kunst: H. Erni, „Ikarus Lilienthal" II 1909
…

VERWENDUNGSZUSAMMENHÄNGE

Ikarus im Schlager
Ikarus in der Werbung
…

Ein derartiger Problemaufriß oder ein „rezeptionsgeschichtlicher Exkurs" reichen in der Regel jedoch nicht aus, um einen „Gegenwartsbezug" oder eine „Aktualisierung" für den Schüler überzeugend wirksam werden zu lassen, zumal wenn er ihn nur als vordergründigen Feststellungsakt („Der Mythos stammt aus der Antike.") oder erkennbare Analogie erfährt („Es gibt vergleichbare existentielle Konstanten."). Es hat sich in der Unterrichtspraxis gezeigt, daß Einsichten und Akzeptanz eher zu erreichen sind, wenn der Schüler interessegeleitet, handlungsbezogen und selbständig die „Gegenwartsbezüge und Aktualisierungen" erarbeitet und auswertet.

Ziel der folgenden Anregungen ist es, die Selbsttätigkeit und damit Mündigkeit der Schülerinnen und Schüler ‚nötigend' herauszufordern. Mündigkeit meint dabei das Verhältnis des Menschen zur Tradition, das ihn befähigt, sich in Traditionszusammenhängen bejahend oder kritisch zurechtzufinden, meint eine dialektische ‚Kompetenz', einerseits an für die Gegenwart maßgeblichen Beurteilungshorizonten verstehend teilzuhaben, andererseits in kritischer Auseinandersetzung neue Traditionszusammenhänge zu stiften. Was nützen gelenkte Erarbeitungen und Präsentationen von „Aktualität" für eine Daseinsorientierung und Selbstbestimmung, wenn die notwendigen Erkenntnisse und Einsichten nicht eigenständig und methodisch versiert erschlossen werden? Akzeptanz verlangt aktive Auseinandersetzung nach tätigem Begreifen. Die vorgeschlagene unterrichtliche Arbeit geht dabei von einem erweiterten Bildungsbegriff aus, der nicht nur inhaltlich-fachliches und methodisch-strategisches Lernen umfaßt, sondern in besonderem Maße auch sozial-kommunikatives und affektives Lernen. So umfassen die ersten Arbeitsvorschläge unter anderem auch den Methodenbereich der selbständigen Informationsgewinnung, der zweite Fragenkatalog umfaßt die produktive Informationsverarbeitung und der dritte Beurteilungsraster ermöglicht eine kritische Argumentation und historische Kommunikation.[8]

Der Lehrer spielt in diesem methoden- und kompetenzorientierten Unterricht mehr die Rolle des Stoff- und Materialdarbieters, des fachlichen Stichwortgebers und des Beraters und Organisators des Lernprozesses. Ziel dieser Unterrichtsphase[9] ist nicht so sehr die Fachkompetenz, als vielmehr die Methoden-, Selbst- und Sozialkompetenz.

Gegenwartsbezüge im altsprachlichen Unterricht

Das folgende Ablaufmodell der Unterrichtsphase, in der Gegenwartsbezüge hergestellt werden sollen und können, ist zunächst nur als didaktischer Orientierungsrahmen für den Lehrer gedacht; es läßt sich allerdings auch in der Form einer Folienpräsentation gut mit Schülern ab der 9. Jahrgangsstufe demonstrierend und kritisch besprechen. Die im Ablaufmodell auftretenden Themenkomplexe „Auswahlkriterien und Fragenkatalog zu Gegenwartsbezügen" und die Vorstellung eines vergleichend-kontrastiven Verfahrens für die Ermittlung und Beurteilung von Gegenwartsbezügen werden im folgenden[10] noch näher ausgeführt.

Kriterien- und Fragenkatalog: ‚Gegenwartsbezug' und ‚Aktualisierung'

Folgende Formen von „Gegenwartsbezügen" oder „Aktualisierungen" könnten unter den Gesichtspunkten der Relevanz und Bedeutsamkeit für die Gegenwart und Zukunft des jungen Menschen erschlossen und ausgewertet werden:

I. Ermitteln von unmittelbar begegnenden Verwendungen und Bezügen zur Antike und Erschließen ihrer Bedeutung und Wirkung auf heute

1. Verwendung antiker ‚Sachverhalte' im aktuellen Anlaß, in unmittelbarer Begegnung und durch äußerlichen Aufhänger (z. B. in Politik, Literatur, Medien, Werbung, Kultur usw.):
In welcher Form und warum greift man im vorliegenden Fall auf die Antike zurück?

[8)] Vgl. dazu die Definition im Lehrplan des Landes Nordrhein-Westfalen LATEIN, Düsseldorf 1993, S. 34 f.
[9)] Es sind hier bewußt die Phasen des ‚didaktischen Dreischritts' Texterschließung, Übersetzung und Interpretation ausgespart worden, die natürlich der Erarbeitung von „Gegenwartsbezügen" vorgeschaltet sein müssen.
[10)] Siehe u. S. 64 ff. und 67 ff.

Ein schüler- und methodenbezogenes Ablauf-MODELL von GEGENWARTSBEZÜGEN und 'Aktualisierungen' im altsprachlichen Unterricht

Das fortwirkende ANGEBOT der ANTIKE
- Themen, Stoffe, Motive, Fragen, Begriffe u.a.m.
- Bildungsgehalt, Problemstellungen, Kontroversen usw.
- Modelle, Begriffe, Normen und Werte usw.

Genetisch-rezeptiver-prospektiver
GEGENWARTSBEZUG
„Quid ad nos ? Tua res agitur !"

Stoff-/Text-Material/Themen-Auswahl und „Legitimierung"
nach den **KRITERIEN** von:

| SINN-/BEDEUTUNGS-POTENTIAL | REZEPTIONS-BEZÜGE | (Nach-)WIRKUNGS-ZUSAMMENHÄNGE | HANDLUNGS-/VERWEN-DUNGSSITUATIONEN |

FRAGENKATALOG an den TEXT/Thema usw.
1. Inhalts- und problembezogene Fragestellungen
2. Erfahrunsstiftende und persönlichkeitsfördernde Angebote
3. Komparatistisch-kontrastierende Verfahren
4. Teilhabe und Entscheidungshilfe
5. Qualifikations- und Kompetenzhilfe

VERGLEICHEND-KONTRASTIERENDES VERFAHREN

▶ **VERGLEICHBARKEIT** von Tatbeständen, Phänomenen, Seinsgesetzlichkeiten, Problemen, Fragestellungen, Situationen, Strukturen, Normen, Werten, Verhalten, Erfahrungen, Gefühlen usw. in:

| Gleichheit | Ähnlichkeit | Kontrast | Entwicklung |

BEZUGSPUNKTE der GEGENWARTs-/ ZUKUNFTs-ERSCHLIEßUNG - AUSEINANDERSETZUNG - BEWÄLTIGUNG

SCHLÜSSEL-/KERNPROBLEME	„BILDUNG"	SCHLÜSSELQUALIFIKATIONEN
- Natur und Umwelt - Friedliches Zusammenleben - Kultur und Tradition - Wissenschaft und Beruf - Wort und Bild - Werthewußtsein und Sinnfindung	- Gesellschaft, Politik - Literatur, Geist - Kultur, Kunst - Wirtschaft, Technik - Wissenschaft - Religion, Philosophie	- Sach- und Bildungskompetenz - Methodenkompetenz - Selbst- und Sozialkompetenz - Sprachbewußtsein und Hermeneutik - Methodenbewußtsein - Wissenschaftsorientierung

Regressiv- problemlösender -orientierungstiftender
VERGANGENHEITSBEZUG

Die ANFORDERUNGEN, FRAGESTELLUNGEN und PROBLEME der GEGENWART und ZUKUNFT

ANTIKE ← reggressiv-fragendiv → GEGENWART

2. Anknüpfung an die ‚aktuelle' persönliche und gesellschaftliche Situation des jungen Menschen, an die gegenwärtige Lebenswelt und eigene kindlich-jugendliche Erfahrung als Anstoß für eine vergleichende Auseinandersetzung mit der Antike (Vertrautheit- und Fremdheitsempfindungen durch die Begegnung mit der Antike):
Was geht mich das heute noch an, was ‚lerne' und was empfinde ich dabei?

3. Rückgriff auf die ‚Stichwörter' und Motive der Antike zur Veranschaulichung und Beantwortung aktueller Fragestellungen (exemplarische Verwendung in Umgangssprache, Metaphorik, Politiksprache, Werbung, Kunst und Karikatur):
Woher kommt das Motiv/Stichwort usw., was erfaßt es und welche Bedeutung hat es heute?

4. Aufarbeitung der Nachwirkung und Rezeption der Antike in der Vergangenheit und heute (historische Gegenwartskunde in Geschichte, Politik, Literatur, Kunst):
Wo liegen die Ursprünge der ‚Wiederverwendung', und wodurch ist sie heute noch bedeutsam?

5. Verwendung oder Indienststellung antiker Themen, Fragestellungen und *exempla* als aktuelles politisch-soziales oder geistig-kulturelles Argument, Beleg, Illustration (‚Antikenzitierung' in Politik-, Kultur- und Bildungskontexten):
Was steht hinter der antiken Thematik, und wie und warum wird es heute verwendet?

6. Die historisch-politische und kulturell-ethische Analogie als Veranschaulichungs- und Erklärungsmuster gegenwärtiger und zukünftiger Verhältnisse und Probleme (exemplarische Analogien und Modelle):
Worin besteht die Ähnlichkeit von Sachverhalten, Situationen und Verhaltensweisen, und was trägt sie zur Veranschaulichung und Bewältigung der Fragestellung bei?

II. Historische Kommunikation und „existentieller Transfer"

7. Die Erklärungs-, Beurteilungs- und (Auf-)Lösungsbedürftigkeit von Themen, Motiven und Fragestellungen mit historisch-kultureller Perspektive (historisch-kulturelle Bildung):
Was muß ich wissen, um verstehend, erfolgreich und kritisch an der Bildungstradition der Antike und ihrer Rezeption teilhaben zu können?

8. Die historische oder anthropologische Strukturähnlichkeit und Modellhaftigkeit der Antike (Systemvergleich und modellhafte Interpretation):
Worin besteht die grundsätzliche Vergleichbarkeit von Antike und Gegenwart, und welche Erkenntnisse und Einsichten lassen sich daraus für uns ableiten?

9. Die Erfahrung historisch-anthropologischer (Quasi-)Konstanten zwischen Antike und heute (Grundfragen menschlicher Existenz in Fremd- und Selbsterfahrung):
Wo finden sich im Angebot der Antike zeitlose Erfahrungen und ‚Leitbilder', die in kritischer Auseinandersetzung zur Erhellung der eigenen Existenz beitragen können?

10. Die Kontrast-, Fremd- und Distanzerfahrung (‚Das uns nächste Fremde') als Grundlage für Beurteilungs-, Verhaltens- und Kritikfähigkeit (existentieller Transfer):
Was trägt die Fremderfahrung der Antike an Erkenntnissen und Einsichten für meine eigene und gesellschaftliche Orientierung und Selbsterfahrung bei?

11. Die Erweiterung meines Wissens- und Erfahrungsschatzes aus den Ursprüngen und Entwicklungen der Menschheit und die ‚Nutzung' von Erfahrungen und Lebensmöglichkeiten der Vergangenheit, um eine selbstbestimmte Teilhabe am geistig-politisch-kulturellem Leben in Mündigkeit zu ermöglichen (Stichwörter historisch-politisch-kultureller Verständigung):
Was vermittelt mir der Gegenstand an Einsichten über Grundfragen menschlichen Denkens, Verhaltens und Fühlens, und welches persönliche Verhältnis kann ich dazu gewinnen?

12. Die emotionale Betroffenheit, die affektive Vertrautheitsempfindung und das daraus abgeleitete individuelle Bedürfnis nach kontemplativer Begegnung mit Kulturgegenständen und Vergangenheitserfahrungen:
Was spricht mich in besonderer Weise an und fordert mich zur persönlichen Stellungnahme auf?

13. Die Aufklärungsfunktion gegenüber Fehlentwicklungen, Legenden, Mythen, Traditionen u. a. m., und die daraus abzuleitende Mündigkeit für selbstentscheidendes und legitimiertes Handeln (ideologiekritisches Potential):
Was fordert mich aus Sicht der Gegenwart zu einer kritischen Auseinandersetzung auf?

Darüber hinaus sollte man die Begriffsdefinitionen von Fremdwörtern, von Fachsprachen oder von „Stichwörtern der europäischen Kultur" in die genannten Fragestellungen von „Gegenwartsbezügen" einbeziehen. Grundsätzlich sollte im Rahmen der Erarbeitung von „Gegenwartsbezügen" ein reflektierendes Bewußtsein geschaffen werden, aus welchem Interesse an der gegenwärtigen Situation heraus eine erkenntnisfördernde und problemorientierte Analyse und Beurteilung erfolgt. Dies bedeutet eine legitimierte und bewußt gemachte Fragestellung an die Vergangenheit und die explizite Rückbeziehung dieses Interesses auf gegenwärtige und zukünftige Fragestellungen und Probleme. Nur auf diese interesse- und anlaß- bzw. fallgeleitete Weise wird jeder Schüler seinen eigenen Zugang zur Antike gewinnen können. Aber solche Begründungszusammenhänge bleiben für den Schüler in der Regel immer noch kaum akzeptanz-, konsens- und verallgemeinerungsfähig; insofern hat der Minimalkonsens von ‚aktuellen' Problemfeldern und Schlüsselqualifikationen des LU, wie ihn die Arbeitsgruppe LATEIN 2000[11] unter maßgeblicher Mitarbeit von F. Maier 1994 erarbeitet hat, in seiner übertragbaren Kernproblematik einen besonderen Orientierungswert: man kann geradezu von existentiellen Interessen sprechen, die sich in den vorrangigen „Schlüsselproblemen" unserer Gegenwart und Zukunft zeigen. „Natur und Umwelt", „Friedliches Zusammenleben der Menschen", „Kultur und Tradition", „Wissenschaft und Beruf", „Wort und Bild" und nicht zuletzt „Wertbewußtsein und Sinnfindung" sind Arbeitsfelder, die sich in besonderer Weise für Aktualisierung und Gegenwartsbezug eignen[12].

Gegenwartsbezug und die Methode des Vergleichens

Der fachdidaktische Begriff „Gegenwartsbezug" bietet sich als fachmethodische Erkenntnisweise schon deshalb an, weil der Teilbegriff „Bezug" den Verfahren des Vergleichens[13] in besonderer Weise Rechnung trägt. „Vergleichen" bedeutet grundsätzlich ein *„In-Beziehung-Setzen"* von Gesamtheiten oder Einzelheiten; es setzt in der Regel Vergleichbares und Vergleichbarkeit im Ganzen oder bei einzelnen Merkmalen voraus; gleichzeitig müssen im Ansatz und in wichtigen Aspekten deutliche Unterschiede und Kontraste erkennbar werden, damit sich ein Vergleich lohnt. Dabei gibt es grundsätzlich drei *verschiedene* „Vergleichsstufen", die man im Zusammenhang mit „Gegenwartsbezug" und „Aktualisierung" berücksichtigen und dem Schüler bewußt machen sollte:

---

[11] Vgl. dazu LATEIN 2000. Schlüsselqualifikationen durch die Alten Sprachen. Kongreßbegleiter des Kongresses des DAV in Bamberg vom 5. bis 9. April 1994.

[12] Vgl. dazu auch den Katalog von „Grundwerten" bei F. Maier, Grundtexte Europas. Epochale Ereignisse und Existenzprobleme der Menschheit. Antike und Gegenwart, (Buchner) Bamberg 1995, S. 3 und im Artikel „Zukunft nicht ohne die Antike", in: Profil, Magazin für Gymnasium und Gesellschaft 3 (1995), S. 16–22.

[13] Vgl. hierzu besonders die Ausführungen von F. Maier, Lateinunterricht zwischen Tradition und Fortschritt Bd. 3, (Buchner) Bamberg 1985, S. 132–165.

- die der „Entsprechung" (Formen wie: Gleichheit/Analogie/Identität/Übereinstimmung/ Gemeinsamkeit/Isomorphie/Isotopie/Synkrisis/(distinktive) Synonymie/Koreferenz/Parallele/ semantische Kompatibilität/übereinstimmende Wort- und Sachfelder/Beziehung(en)/Kontinuitäten/Abhängigkeiten u. a. m.), und
- die der „Verschiedenheit" (Formen wie: Ungleichheit/Divergenz/Allomorphie/Ähnlichkeit/Kontrast/Antithese/Opposition/Antonyme/Variation/(gegensätzliche) Wort- und Sachfelder/Korrektur/Kritik/Absetzung von ... u. a. m.), und
- die der „Beziehung" bzw. Abhängigkeit und Proportion (verglichene Elemente, die selbst schon in einer Vergleichsstufe zueinander stehen, bezeichnen bei den beschriebenen Elementen, was im Grad, in der Abhängigkeit und in der Beziehung („Bezug") proportional zueinander zu- oder abnimmt).

Vergleiche zwischen Antike und Gegenwart können als Binnen- und Außenvergleiche in unterschiedlicher Form auftreten oder vollzogen werden:
- als bewußt angelegte und als solche ausgewiesene Vergleiche (explizite Vergleiche),
- in der Form oder im Inhalt angelegte und erst zu „erschließende" Vergleiche (latente, potentielle oder explikative Vergleiche), und *als*
- durch Heranführung (Applikation) von vergleichbaren Ganzheiten oder Einzelelementen bewußt eingeleitete Vergleiche (applizierte und/oder potentielle Vergleiche).

Alle Formen haben das *Ziel,* Gleichheiten, Verschiedenheit oder Proportionen zu entdecken, festzustellen oder herzustellen, um daraus Erkenntnisse und Einsichten für die eigene Zeit und Existenz zu erlangen und kritisch zu „bearbeiten".

Der Gegenwartsvergleich („Gegenwarts- und Existenzbezug")
- vermittelt Grundlagen, Erkenntnisse und Einsichten, die unser Orientierungswissen und unser Selbsteinordnungsvermögen in historischer Weltkunde, Geistes- und Kulturgeschichte bereichern,
- stellt ein sekundäres Erlebnis-, Erfahrungs- und Entscheidungspotential für selbstbestimmtes und verantwortbares Erkennen und Handeln zur Verfügung.
- vermittelt Fähigkeiten, durch ein selbsttätiges Erkenntnisverfahren Sach-, Selbst- und Sozialkompetenz für die Auseinandersetzung mit den Anforderungen von Gegenwart und Zukunft zu gewinnen,
- hilft, sich in gegenwärtigen und zukünftigen Anforderungen und Herausforderungen Selbstbestimmungs-, Handlungs- und Verantwortungsräume zu eröffnen,
- schafft Voraussetzungen und Wertorientierungen für alle Formen der bewußten und kritischen Teilhabe am Leben, Kultur und Bildung und fördert das Verständnis dafür, das Fremde und Ferne anzuerkennen und das Eigene einzuordnen und zu schätzen,
- schafft Einsichten in den Problemgehalt und die fortwirkende Bedeutung der Fragestellungen für die Gegenwartsorientierung und die Zukunftsbewältigung und
- fördert somit nicht nur eine Problemlösungskompetenz, sondern auch ein Problembewußtsein insgesamt.

Der eingeleitete Lernprozeß geht meist in der Art vor,
- daß ein bekannter Gegenstand (z. B. ein sprachlich erschlossener, übersetzter und interpretierter lateinischer Text) dazu benutzt wird, das charakteristische Merkmal eines unbekannten Gegenstandes (z. B. Gegenwartsproblem) zu veranschaulichen,
- daß zwei bekannte Gegenstände miteinander konfrontiert werden, um neue Erkenntnisse zu vermitteln und

– daß zwei bisher unbekannte Gegenstände gegenübergestellt werden, um aus der vergleichenden Auseinandersetzung erst Einsichten über beide Gegenstände zu gewinnen.

Dieser produktiv-dialektische Lernprozeß vollzieht sich „niemals nur additiv, sondern ... im vertikal und horizontal aufgebauten System. Der Satz vom ‚Vorgehen vom Bekannten zum Unbekannten' muß daher seinerseits dialektisch verstanden werden: Ausgangspunkt (Bekanntes) und Zielpunkt (Unbekanntes) sind austauschbar, der Prozeß ist reversibel, d.h. das neu Erkannte wird sogleich seinerseits Ausgangspunkt für die Rückprojektion auf die andere Seite, von der ursprünglich auszugehen war"[14].

Unterrichtlich sollte der Vergleich zwischen Sachverhalten und Erscheinungen der Antike mit solchen der Gegenwart nicht in erster Linie dem Resultat einer „Aktualität" und Relevanz der Antike dienen, sondern in erster Linie der Vermittlung von Schlüsselqualifikationen und Kompetenzen, die es dem Schüler ermöglichen, aus dem Verfahren der *comparatio* (Gegenüberstellung), der Synkrisis bzw. Synopse oder der bewußt kritischen Zusammenschau zweier oder mehrerer Vergleichspunkte zu einem angemessenen Umgang und einem selbstbestimmten Urteil zu kommen. Dieses wird sich dann zwangsläufig zurückbeziehen auf das Resultat des Vergleichsgegenstandes im Sinne von Orientierung und Akzeptanz oder auch Kritik und Ablehnung des „Angebotes der Antike".

VERGLEICHSOBJEKTE
(Texte, Realien, Gegebenheiten, Fragen)
Antike und Gegenwart

→ Sinnzusammenhänge
→ Wirkungszusammenhänge
→ Rezeptionen und Renaissancen
→ Handlungs-/Verwendungszusammenhänge, AKTUALITÄT – VERTRAUTHEIT – AKZEPTANZ

Historische BEDEUTUNG nach:	*Aktuelle BEDEUTUNG nach:*
→ Welt-, Lebens- und Existenzverständnis → historischer und situativer Kontext → Autorenintention und Aussageabsicht → Inhaltsproblematik, Sinn-/Wirkungspotential → Fortleben und Weiterwirken → Erfahrungsschatz, Bildungsgehalt → Traditionen, Konventionen, historische Isotopien	→ eigene Lebens- und Existenzerfahrungen → Gegenwartssituation und Situationskontext → Erkenntnisinteresse und Fragehaltung → aktuelle Fragen/Problembewußtsein → Gegenwartsbezug/Traditionsbindung → Orientierungsbedürfnis/Bildungsteilhabe → Identität, Partizipation, Auseinandersetzung

---

[14] R. Nickel, Lexikon zum Lateinunterricht, Freiburg 1981, S. 286.

Vorgehensweise beim vergleichenden Kontrastieren von ANTIKE und Gegenwart

Um den „Gegenwartsbezug" im obengenannten Sinne nicht einer Beliebigkeit auszusetzen, sollte man so oft wie möglich, besonders bei Text- und Bildvergleichen, unterrichtlich folgendes systematische Verfahren anwenden:

1. Der Vergleich beginnt mit einer (synoptisch-tabellarischen) Bestandsaufnahme des *primum, secundum* und *tertium comparationis* („Feststellungsakte"):
– es wird das Vergleichbare auf der Ebene des Inhalts, der Vergleichsmaterialien, der Sprache oder anderer Vergleichsgegenstände herausgearbeitet und zusammengestellt,
– dies kann in der Form einer Stoffsammlung in synoptischen Leertabellen, mit Hilfe von Unterstreichungen, unterschiedlich farbigen Textmarkierungen oder anderen Formen der Kenntlichmachung im Text-/Material-(blatt) erfolgen;

2. Danach werden der Wirklichkeitsbezug („Referenz")/das Thema/das Problem (Fragestellung) usw., die miteinander verglichen werden sollen, genau festgelegt (Vergleichbarkeitskriterium):
– es werden inhaltliche oder formale Vergleichskriterien bestimmt und begründet („Ordnungs-/Kriterienbestimmung"):
– auf der oberen horizontalen Ebene der („Sammel"-)TABELLE werden das *primum* und das *secundum comparationis* (die „Vergleichsobjekte") eingetragen,
– die Ordnungs-, Such- oder Bestimmungskriterien *(das tertium comparationis)* werden vertikal mit Abständen in die linke Spalte der TABELLE eingetragen,
– die ermittelten „Vergleichsgegenstände" werden mit Herkunfts- bzw. Zeilenangaben in der Originalsprache in „Kurzzitaten" eingetragen.

3. Hieran anschließend werden Bestimmungen des Gleichen (Identität), des Ähnlichen (Äquivalenz) und des Unterschiedlichen (Kontrast) vorgenommen; auch Beziehungen, Entwicklungen und Beispiele (Bilder) werden auf ihre „Vergleichbarkeit" hin untersucht; dies kann durch Eintragungen in vorstrukturierte Arbeitsblätter erfolgen.

4. Abschließend folgt eine zusammenfassende Erläuterung des Vergleichsergebnisses; dabei wird auch die Absicht und die Erklärung für Unterschiede, Ähnlichkeiten, Graduierungen und Fortentwicklungen innerhalb des Vergleichsthemas interpretiert und beurteilt[15].

5. Die beurteilende, deutende und häufig wertende Interpretation sollte sich an die Einteilung in Sinn-, Rezeptions-, Wirkungs- und Handlungs- bzw. Verwertungszusammenhänge halten und dabei argumentativ und belegorientiert Stellungnahmen, Urteile und Kritik zur Gegenwarts- und Existenzbezüglichkeit diskutieren.

6. Eine besondere Schwierigkeit liegt in der Deutung heute noch verwendeter innersprachlicher Vergleiche wie Metaphern, Allegorien, Symbolen, Imago, Beispielen („Stichwörter europäischer Kultur"[16] u.a.m.; ihr „Vergleichsziel" zu bestimmen erfordert nicht nur die „Auswertung" des Bildgehaltes, sondern häufig auch eine Heranziehung des überlieferten „Bildungskanons" europäischer Bild- und Vergleichsformen (Metaphorik, Motivik) und nicht zuletzt die Heranziehung des antiken und des modernen Kontextes für die auswertende Deutung der Vergleichsgesichtspunkte.

7. Besonders ertragreich sind gegenwartsbezügliche Vergleiche und Vergleichsformen, die vom Autor bewußt in einer Vergleichsgattung (Gleichnis, Parabel, Fabel, Metamorphose aber auch Lyrik allgemein, paränetisch-protreptische Texte u. a. m.) oder einer „vergleichenden" Text-

---

[15] Vgl. zu den ersten 3 Schritten unten das Beispiel zum Reisen S. 72 ff.
[16] Vgl. dazu F. Maier, Stichwörter der europäischen Literatur. Lehrerband, (Buchner) Bamberg 1992, S. 3–9.

sorte (*exemplum, imago,* Motiv, Exkurs usw.) angeboten werden; ihre Intention und Wirkung gilt es in Vergangenheit und Gegenwart auf Gleichheit, Reduktion und Unterschiedlichkeit hin auszuwerten.

8. Ein Vergleich unterschiedlicher Kunstgattungen im Rahmen eines Gegenwartsbezuges ist meist sehr schwierig, außer wenn die Literatur tatsächlich „Vorbild" für die Umsetzung in eine andere künstlerische Form war (z. B. C. Orff, Carmina Catulli).

9. Besonders ertragreich für die Kategorie „Gegenwartsbezug" sind multiperspektivische Vergleiche und Längsschnitte (Textarrangements, Rezeptionsgeschichte, Projekte usw.); sie sind auch das besondere Kennzeichen von thematischen und fächerübergreifendem Unterricht. Fast jeder Stoff und viele Fragestellungen, aber auch sprachliche Überlieferungen der Antike bieten den Ansatz der Rezeptionsgeschichte (diachroner „Entwicklungs- und Wirkungsvergleich") und damit besonders des expliziten bedeutungs- und wirkungsbezogenen Gegenwartsbezuges (als „Vergleich" der Sinnbezüge, Wirkungsbezüge und Handlungs-/Verwendungsbezüge in Iso- und Allomorphie).

10. Eine ganz besondere Möglichkeit, Gegenwartsbezüge in ihrer „Bildungs- und Erziehungswirkung" einzuleiten, besteht in einer kreativen Umsetzung und produktiven Rezeption des antiken Vorbildes[17].

Didaktisch können sich „Gegenwarts- und Existenzbezüge" im wesentlichen in folgenden Phasen und Vergleichsformen vollziehen:

A. *‚Feststellungsakte' auf der Inhalts- und Begriffsebene: Bezugsrelevanz und Vergleichbarkeit*

TEXT- und MATERIALVERGLEICH	STOFF-, THEMEN-, MOTIVVERGLEICH	BEGRIFFS- und BILDVERGLEICH
Suche nach Vergleichbarkeit und Vergleichbarem im Text- und Materialangebot von Antike und/oder Gegenwart	Ermittlung von Übereinstimmungen, Weiterentwicklung oder Kontrasten im Ganzen, in Bereichen oder Merkmalen des Verglichenen zwischen Antike und Gegenwart	Analyse von vergleichbaren Verwendungssituationen, Merkmalsfeldern und Kontextbezügen von Begriffen und Bildern in Antike und Gegenwart

---

[17] Vgl. dazu den Beitrag von H.-J. Glücklich auf S. 103 ff.

B. ‚Interpretationen' auf der Problem- und Wirkungsebene: Sinn- und Verständigungspotential

Gegenwarts- und Existenzbezug	Erkenntnis- und Problemorientierung	Intentions- und Wirkungsvergleich
Komparatistisch-kontrastives Erschließen von: – Sinnzusammenhängen – Rezeptions- und Wirkungsbezügen – Handlungs- und Verwendungszusammenhängen	Historische Kommunikation und existentieller Transfer zu: – Herausforderungen und Kernproblemen der Gegenwart/Zukunft – Grundfragen menschlicher Existenz – Orientierungs- und Verständigungsproblemen in Kultur und Gesellschaft	Identitätssuchende und ideologiekritische Auseinandersetzung mit: – Bildungswissen und Kulturbindung – dem antiken Traditionsangebot – dem Sinnfindungspotential und Wertesystem der Antike, – Verwendungs- und Rezeptionsformen

Beispiel[18]: Thematischer Vergleich mit „Gegenwartsbezug"

Reisen gestern und heute
Schülerbezogenes ‚Brainstorming': Das Problem des Reisens

1. Sammeln von persönlichen Erfahrungen, Erwartungen und Folgen des Reisens (textbezogen oder textunabhängig): thematisches Brainstorming
2. Erarbeiten einer Collage mit Reiseprospekten, eines Fragen-/Problemaufrisses oder einer ‚Mind-Map' an einer Pinwand.

A. Textangebote (hier nur Ausschnitte):

Die Vorgehensweise ist offen: man kann bei der Gegenwartsproblematik des ‚Reisens' (oder mit dem Reiseprospekt) ansetzen, aber auch die Lektüre (Spracharbeit: Erschließen, Übersetzen, Interpretieren) der ersten zwei Kapitel des Seneca-Textes bietet sich an.

---

[18] Das Beispiel soll nur grob die ‚Verfahrensorientierung' andeuten und ist dementsprechend nicht vollständig ausgeführt worden.

Seneca, *epist. mor.* 28, 1 – 2	Reiseprospekt (Griechische Zentrale für Fremdenverkehr)
1) *Hoc tibi soli putas accidisse et admiraris quasi rem novam, quod peregrinatione tam longa et tot locorum varietatibus non discussisti tristitiam gravitatemque mentis? Animum debes mutare, non caelum! Licet vastum traieceris mare, licet, ut ait Vergilius noster, „terraeque urbesque recedant": sequentur te, quocumque perveneris, vitia.* 2) *Hoc et idem querenti cuidam Socrates ait: „Quid miraris nihil tibi peregrinationes prodesse, cum te circumferas? Premit te eadem causa, quae expulit". Quid terrarum iuvare novitas potest? Quid cognitio urbium aut locorum? In inritum cedit ista iactatio. Quaeris, quare te fuga ista non adiuvet? Tecum fugis.*	Flucht aus dem Alltag Sie müssen nicht bis ans Ende der Welt reisen: In Griechenland gibt es noch viel Schönes zu entdecken. Bei Griechenland denken viele nur an endlose Strände, bezaubernde Inseln und strahlendblauen Himmel. Aber Griechenland hat viel mehr zu bieten: gewaltige Berge, reißende Flüsse, verträumte Dörfchen und uralte Klöster. Exotische Orte, an denen die Zeit scheinbar stehengeblieben ist. Das unentdeckte Griechenland hat tausend verschiedene Gesichter – und alle freuen sich auf Sie. Griechenland – Als Fremder kommen, als Freund gehen. (aus der Griechenland-Werbung der Griechischen Zentrale für Fremdenverkehr aus dem Jahr 1994)

B. Der Textvergleich:

Es handelt sich bei diesem Arbeitsschritt zunächst nur um ‚Informationsgewinnung' und eine Bestandaufnahme der ‚Vergleichbarkeit':

Vergleichs-gesichtspunkt	Z.	SENECA-Text	Z.	Reiseprospekt
Reiseziele	6	*mare traicere*	5 f.	endlose Strände, bezaubernde Inseln
	12 f.	*terrarum novitas*	7 f.	gewaltige Berge, reißende Flüsse
	13 f.	*cognitio urbium aut locorum*		verträumte Dörfchen, uralte Klöster,
			10	exotische Orte
Reiz der Ziele	2	*res nova*	1	Flucht aus dem Alltag
	3 f.	*discutere tristitiam gravitatemque mentis*	3 f.	viel Schönes zu entdecken
			10 f.	exotische Orte, an denen die Zeit stehengeblieben ist
	10 ff.	*prodesse – iuvare posse*	11 f.	unentdecktes Griechenland
		fuga	12	1000 verschiedene Gesichter
Ergebnis der Reise	4 f.	*animum debes mutare, non caelum*	1	Flucht aus dem Alltag
	15 f.	*tecum fugis*	15	Als Fremder kommen, als Freund gehen.

C. Auswertung des ‚aktuellen' Problemgehaltes:

Die Auswertung soll vorab feststellen, worin überhaupt Gemeinsamkeiten, Ähnlichkeiten und Unterschiede bestehen, bevor eine aktualisierende ‚Problemanalyse' vorgenommen wird:

Weitgehende Übereinstimmungen	Erkennbare Ähnlichkeiten	Deutliche Unterschiede
1. Reiseziele: Seereisen, Länderreisen, Städtereisen	1. Reiseziele: ...	1. Reiseziele: Werbungsattribute, Differenziertheit der Ziele
2. Reisemotivation: Reiz des Neuen, Kennenlernen der Reiseziele	2. Reisemotivation: Fluchtmotiv, Unentdecktheit der Ziele	2. Reisemotivation: Flucht vor sich selbst Flucht vor dem Alltag
3. Reisefolgen: ...	3. Reisefolgen: Notwendigkeit einer Veränderung (*animus* – Freund)	3. Reisefolgen: Reisemotivation nicht erfüllbar – erreichbar

D. Ergänzende Gegenwartsbezüge (historische Kommunikation/existentieller Transfer):

Über weitere Textangebote der Antike und der Gegenwart (z. B. die fortgeführte Lektüre des Seneca-Textes *ep.* 28, 3 ff. und Ergänzung durch *ep.* 51 und *ad Helviam matrem de consolatione* 8, 1–9, 3 oder auch durch weitere Reiseprospekte, durch Reiseliteratur oder durch Texte aus einer ‚Geschichte des Reisens') kann man einen problemorientierten Längsschnitt über folgende Themenbereiche erarbeiten lassen:

1. Probleme, Gefahren und Folgen des Reisens gestern und heute
2. Die Geschichte des Reisens und ihr Nachwirken bis heute

Für die Schüler wird dabei deutlich werden, daß heutige Formen und Probleme des Reisens, besonders Abenteuer-, ‚Pilger'-, Bildungs- und Studienreisen, maßgeblich durch individuelle Erwartungshaltungen, wie sie die Antike bereits kannte, und durch die Tradition der Grand-Tour der Neuzeit, die die ‚Antike' als verpflichtende Norm aller Lebens- und Bildungsbereiche proklamierte, mitgeprägt worden sind. Über Bedeutungs-, Rezeptions- und Verwendungszusammenhänge läßt sich so möglicherweise ein kritisch-reflektierendes Bewußtsein gegenüber Sinn und Unsinn des Reisens heute vermitteln.

KARL BAYER

Wir haben gedienet der Mutter Erd
Und haben jüngst dem Sonnenlichte gedient,
Unwissend, der Vater aber liebt,
Der über allen waltet,
Am meisten, daß gepfleget werde
Der feste Buchstab, und Bestehendes gut
Gedeutet.
                  Friedrich Hölderlin

Grammatik – ein Kulturgut

Wenn man sich ansieht, was heutzutage als ‚Kulturbetrieb' firmiert, möchten einem die Tränen kommen. Eine lauschige Fabrikhalle, ein anheimelnder Schlachthof oder anderes von solcher Art muß es schon sein, wenn darin ‚Kultur gemacht' werden soll. Dazu nehme man noch einige Apparate, die geeignet sind, Trommelfelle zu schädigen, Sehnerven zu zerstören und Gehirnzellen lahmzulegen, und, um das Personal nicht zu vergessen, einige registrierkassenäugige TextillallergikerInnen sowie ein paar haupthaarschüttelnde, in eine Art Elektrorasierer hineinbrüllende Silenoide – und schon kann die Post abgehen: Die Massen werden hysterisch gestikulieren und kreischen, vor der Überdosis Kulturgenuß in Ohnmacht fallen und nach Verwüstung des Terrains erschöpft in die Betten sinken, bis ein neuer Abend sie zu neuem, stressigem Kulturkonsum weckt. Die Kritiken können dann nur hymnisch ausfallen, es sei denn, die Veranstalter hätten fahrlässigerweise zu wenig an branchenüblicher Performance geboten.

    Merke also: So sieht Kultur aus! Hat sie so auszusehen? *Difficile est saturam non scribere!* Auch das Wort ‚Kultur' gehört sichtlich in die lange Reihe der sinnentleerten Begriffe, und so darf es mit all den anderen Unterwanderungsopfern in dem Mumienkeller schlummern, in dem man z. B. auch der Vokabel ‚Bildung' einen Besuch abstatten kann.

    „Liebe, arme Grammatik! Willst Du wirklich ein Kulturgut sein? Laß Dir sagen: Du wirst da nicht mithalten können, und magst Du Dich auch noch so andienen. Weder unsägliche Begriffe noch modischer Schnickschnack werden Dir helfen. Bekenne Dich also zu dem, was Du bist! Du hast keinen Grund, Dich zu schämen. Du hast wirklich mit ‚Kultur' zu tun: *Cultura non a colando, sed a colendo.* Pflege des Ackers zunächst, *agri cultura,* dann metaphorisch *cultura animi,* Geistesbildung. Auch wenn heute kaum mehr einer wagt, ein solches Großväterwort in den Mund zu nehmen – er müßte denn Kabarettist sein oder sonst nach Lacherfolgen gieren –: Halte aus, Du wirst das alles überleben und erst mit dem letzten Menschen von dieser Erde Abschied nehmen."

    Kultur braucht Pflege, also auch die Grammatik. Selbst viele unter denen, die sich mit Kultur in jenem alten Sinne identifizieren, sehen den Grammatiker ungläubig an, der da behauptet, es gebe an der Grammatik noch etwas zu pflegen, also weiterzuentwickeln, schon gleich an der lateinischen Grammatik. Und doch ist es so, wie nicht nur unser zu Ende gehendes Jahrhundert lehrt. Es bewegt sich ständig etwas, die Dinge sind dauernd im Fluß, immer mit dem Ziel einer möglichst vollkommenen Erforschung und Darstellung des Systems.

I.

Zu denen, die sich solche Pflege der Grammatik zur Lebensaufgabe gemacht haben, gehört der Jubilar, den es hier zu feiern gilt. Er hat nun wohl über mehr als ein Vierteljahrhundert hin in vorderster Linie die Entwicklung mitbestimmt. Dabei kamen ihm zwei Eigenschaften besonders zustatten: die Empfänglichkeit für Kritik und der Blick für das Wesentliche. So wußte er, kritische Anmerkungen aufzugreifen, über die sich manch anderer nur geärgert hätte, und aus der wuchernden Vielzahl der Anregungen die herauszufiltern, die geeignet waren, seine Vorstellungen von Grammatik voranzubringen. Hierzu einiges aus seiner Werkstatt!

1. Entwurf des Satzmodells

Von der ersten Stunde an war das graphische Satzmodell das Grundgerüst der Cursusgrammatik. Es hat sich letztlich auch in der Auseinandersetzung um die sog. sechste Position durchgesetzt und dann, Helmut Vester[1] folgend, das Praedicativum unter die Adverbialien eingereiht.

Die Begründung dafür ist an sich einleuchtend: Ein Phänomen kann nicht zwei Positionen des Satzmodells füllen, wie es seinerzeit der Terminus ‚prädikatives Zustandsattribut' suggerierte. Schwieriger ist es, sich mit diesem Ergebnis der Logik auch wirklich anzufreunden und es argumentativ zu vertreten. Der Grund dürfte darin liegen, daß man mit dem Praedicativum die Vorstellung verbindet, es müsse sich mit den aus der Gliedsatzsyntax bekannten Begriffen Ort, Zeit, Art und Weise, Grund beherrschen lassen. Vielleicht hilft hier weiter, auf Aristoteles zurückzugreifen. Unter seinen zehn Kategorien findet sich der Terminus *héxis (habitus)* (Kat. 1b 25ff. und 11b 8ff. Bk.)[2]. In seiner leider äußerst knappen Erläuterung des Gemeinten verwendet Aristoteles die Beispiele ‚Beschuht-sein' *(hypodedésthai)* und ‚Gewappnet-sein' *(hōplísthai)*. Dem entspricht beispielsweise: *Cicero consul* ... – Cicero im Zustand des Konsul-seins ... Ich hoffe, daß es dem Leser nicht ergeht wie Augustinus bei seiner Begegnung mit der Logik des Aristoteles (Conf. 4, 16). Es sollte nur eine Möglichkeit gezeigt werden, das traditionelle Arsenal der Adverbialsemantik zu erweitern[3].

2. Unterscheidung zwischen syntaktischer und semantischer Funktion

Aus der Einführung des Satzmodells ergibt sich mit Notwendigkeit, daß jedes Wort eines Satzes einer der fünf Positionen des Modells zugeordnet werden kann: Es gilt gewissermaßen der Satz *nulla salus extra*. Somit muß sich alles nach seiner syntaktischen Funktion definieren lassen.

---

[1] Zuerst in Anregung 30 (1984), S. 237 – 244: „Zum Prädikativum".
[2] Aristoteles nennt als *kategoríai* (Prädikamente) die *substantia* und die neun *symbebekóta* (Akzidentien) *qualitas, quantitas, relatio, ubi, quando, positio, habitus, actio, passio.* – Als Postprädikamente fügt er später hinzu: entgegengesetzt, früher, zugleich, Bewegung, Haben.
[3] Es basiert auf der Chrie: *quis, quid, ubi, quibus auxiliis, cur, quomodo, quando?* – Unter den aristotelischen Kategorien findet sich die Kausalität nicht. Die *usía* wird als etwas Gegebenes genommen und nur bez. der Akzidentien betrachtet.

So verlangte es eine funktional aufgebaute Grammatik, und sie begnügte sich auch damit, doch blieb dabei vor allem der Bereich der sog. Kasuslehre sozusagen ein System im System. Man konnte ihm erst beikommen, als die Unterscheidung zwischen funktionaler und semantischer Funktion entdeckt wurde. Sie ist zwar keine Erfindung der Cursusgrammatik, doch kann diese sich rühmen, sie in ihrer neuesten Fassung konsequent angewandt zu haben. Dieses Unterfangen ist insofern äußerst schwierig, als man zunächst knappe, aber gut verständliche Definitionen für die Satzglieder braucht, die einerseits genügend Trennschärfe aufweisen (z. B. zwischen Objekt und Adverbiale), andererseits aber auch in jeder Verästelung des Systems wiedererkennbar sein müssen. Ob das auf Anhieb voll gelungen ist, wird die Kritik erweisen; ein Schritt nach vorne ist damit auf jeden Fall getan.

3. Einordnung der satzwertigen Konstruktionen

Eine andere Insel im System war von den sog. Nominalformen des Verbums besiedelt. Aber was sollte eigentlich der Terminus ‚Form' in der Syntax? Die formale Seite abzuhandeln war Aufgabe der Formenlehre, und so geschah es wohl auch in der Regel, oft nur tabellarisch.

Die Bezeichnung ‚Nominalform des Verbums' besagt, daß in den betreffenden ‚Formen' Anteile aus der Natur des Verbums und – vor allem – der Natur des Nomens vereint sind, daß es sich also gewissermaßen um ‚Bastarde' handelt.

Allen Nominalformen ist gemeinsam, daß ihnen neben der Konjugierbarkeit mindestens zwei von den fünf Bestimmungsstücken des Verbums fehlen, nämlich Person und Modus:

Nominal-form	verbale Merkmale					nominale Merkmale			gemeinsames Merkmal
	konjugabel	Person	Modus	Tempus	Diathese	deklinabel	Kasus	Genus	Numerus
Infinitiv[4]	–	–	–	{+}	+	(+)	(+)	(+)	+
Partizip	–	–	–	{+}	+	+	+	+	+
Gerundium	–	–	–	{+}	+	+	+	+	+
Gerundivum	–	–	–	{+}	(+)	+	+	+	+
Supinum	–	–	–	{+}	+	–	(+)	(+)	+

( ) = eingeschränkt erkennbar, { } ohne Zeit*stufen*funktion.

Aus der Feststellung dieser Mängel (insbesondere aus dem Fehlen eines Personzeichens) folgt, daß die Nominalformen des Verbums unfähig sind, einen regelrechten, zumindest aus Subjekt und Prädikat bestehenden Satz zu bilden, jedoch befähigt und bestrebt sind, etwas einem Satz Gleichstellbares, also etwas ‚Satzwertiges' zustandezubringen, was allerdings nur parasitär gelingen kann. (Man könnte sie mit den Orchideen des Pflanzenreichs vergleichen; sie leben von fremden Säften.)

So entstand der Gedanke, den satzwertigen Kern der Nominalformen in den Vordergrund zu rücken und damit eine Analogie zur Darstellung der Gliedsätze aufzuzeigen. Sie waren damit unmittelbar vor die Gliedsätze zu rücken und konnten zugleich zur Entlastung der Gliedsätze – und zugleich der Grammatik – von vielen Doppelerläuterungen beitragen. Leider konnte sich das Team bei Diskussion der Frage nicht dazu entschließen, dieses Grammatikkapitel mit „*glied*satzwertige Konstruktionen" zu überschreiben, wie die Sache es an sich erforderte.

---

[4] als AcI und NcI; als Subjekts- und Objektsinfinitiv Satzglied.

4. Erweiterung ‚Wort – Satz – Text'

Die Cursusgrammatik folgt nun der schon in anderen Grammatiken vorgegebenen Erweiterung ihres Systems durch die Einbeziehung von Ergebnissen der Textgrammatik. In diesen Bereich wäre wohl auch die *oratio obliqua* zu stellen. Josef Lindauer hat diese Einordnung vorbereitet, indem er den betreffenden Paragraphen[5] mit der Überschrift „Darstellungsformen" versah; das war ein früher Schritt in die transphrastische Sprachbetrachtung, der die Cursusgrammatik nunmehr den gebührenden Platz eingeräumt hat.

5. Benutzerfreundlichkeit

Ein großes Anliegen der neuen Cursusgrammatik ist es, dem Schüler einen Ariadnefaden an die Hand zu geben, anhand dessen er seinen Weg zum Ziel finden kann. Der traditionelle Weg dahin ist der über die Indices. Nun aber ist versucht, anhand von entsprechend gestalteten Mustersätzen zugleich mit der Übersetzung und der Bestimmung der Funktionen die Paragraphen anzugeben, unter denen das zu jedem Phänomen Wissenswerte aufzufinden ist. Die Vermittlung des Gefühls, man könne sich in der Grammatik selbst zurechtfinden, zielt darauf, den Schüler in diesem Hilfsmittel heimisch werden zu lassen, so daß er die Grammatik auch bei der Lektürearbeit nicht verschmäht.

6. Desiderate

Die Grammatik bleibt weiterhin in Bewegung. Immer noch fehlen einige unkompliziert erhellende Termini, wie z. B. ein Elativ-Pendant für den Komparativ, die Durchsetzung des Terminus ‚Diathese', die Einführung des Begriffs ‚Medium', die man für die Darstellung der Deponentia dringend brauchte. In diesem Zusammenhang ist auch zu beklagen, daß man mancherorts die nützliche Unterscheidung zwischen ‚Konjunktion' und ‚Subjunktion' wieder aufgegeben hat.

Man darf sich von der Terminologie gewiß keine Wunder erhoffen, zumal viele der seit alters gebräuchlichen reichlich unverständlich, dafür aber auch wegen ihrer internationalen Verwendung unverwüstlich sind. Dennoch halte ich dafür, daß man dort, wo man mit dem alten Instrumentarium nur unter Verrenkungen zurechtkommt, einen treffenden Terminus nicht zurückweisen sollte.[6]

---

[5] K. Bayer – J. Lindauer, Lateinische Grammatik, München, Bamberg ²1994, § 212.
[6] So finde ich z. B. in einer deutsch-tschechischen Kurzgrammatik den t. t. ‚Transgressiv', der sichtlich dasselbe bedeutet wie unser t. t. ‚Participium coniunctum': „Den deutschen Mittelwörtern (Partizipien) entsprechen teilweise die Transgressive, welche ebenfalls als ‚Verkürzung' von Sätzen erscheinen, aber ebenfalls fast nur auf die Schriftsprache beschränkt bleiben. ... Der Transgressiv der Gegenwart von Zeitwörtern mit nicht vollendeter Handlung (durativen, iterativen und frequentativen) bezeichnet eine mit der Haupthandlung gleichzeitige Handlung, welche von demselben Subjekt ausgeht, z. B. *dívka nesouc vodu zpívá*: Das Mädchen singt, da es Wasser trägt bzw. ... *zpívala*: ... da es Wasser trug bzw. *bude zpívati*: da es Wasser tragen wird usw." (NB. *nesouc* ist Partizip zu *nésti* tragen). Ist es völlig abwegig, den t. t. ‚Transgressiv' griffig zu finden (vielleicht griffiger als unser ‚Participium coniunctum')? Gibt es *sub specie transphrastica* im Satz überhaupt ein non *coniunctum*?

II.

Wenn man die Metamorphosen des Grammatikverständnisses über viele Jahre hinweg verfolgt hat, wird es erlaubt sein, hier auch einige Gedanken zu Grenzen und Sinn solchen Tuns anzufügen.

1. Da gilt es wohl zuerst zu bedenken, daß eine Schulgrammatik für Schüler und nicht für die Spezialisten und die Gutachter unter den Fachkollegen geschrieben wird. Sie darf gewiß deren Ansprüche nicht aus dem Auge verlieren, muß aber zuerst darauf bedacht sein, schulverwendungsfähig sein. Dieses Ziel zwingt nicht selten dazu, von der lupenreinen Wissenschaftlichkeit abzuweichen.

So sind z. B. oftmals nicht aus Originaltexten genommene, zumindest aber bearbeitete Beispielsätze (samt Übersetzung) unverzichtbar. Auch kommt man nicht umhin, in gewissen Bereichen (z. B. bei den Pronomina) auf eine säuberliche Trennung von Formenlehre, Syntax und Stilistik zu verzichten, da andernfalls für den Schüler Zusammengehöriges zu weit auseinandergerissen und überdies durch die notwendigen Rückgriffe der Buchumfang aufgeschwemmt würde.

Aus dem gleichen Grund läßt sich kaum vermeiden, daß grammatisch eigentlich nicht Zusammengehöriges aneinandergerückt wird, so daß z. B. *cave venias* beim Prohibitiv erscheint, was ein Kritiker als Fortbestehen des Denkens vom Deutschen zum Lateinischen ankreiden könnte. Man muß mit solchen Kompromissen leben; das kompromißlose Durchsetzen einer ‚reinen Lehre' wäre bedenklich.

2. Fragt man nun nach dem Sinn der Vermittlung grammatischen Wissens, so kann man ins Grübeln kommen. Was soll mit dem Lateinunterricht nun eigentlich erreicht werden: Eine Einführung in das Geistesleben der Antike anhand von Texten, so daß man die Krücken der Grammatik alsbald in die Ecke stellen kann, oder ein Einblick in die Geheimnisse von Sprache schlechthin, exemplifiziert an der lateinischen Sprache? Wenn man die um die Existenz des Lateinunterrichts normalerweise wenig besorgten Kritiker hört, so beklagen sie neben dem enormen Zeitaufwand für den Anlauf zu den Texten vor allem deren Schwierigkeit (samt Risiko des Scheiterns), Zeitversetztheit und Aktualitätsdefizit. Zu all dem und gegen all dies ist schon viel gesagt und geschrieben worden und so mancher Einwand hat nur noch schwachen Wind in den Segeln. Doch darf man nicht nur die publizistische Auseinandersetzung verfolgen, sondern muß auch auf die Lehrer hören, die täglich mit den Realitäten des Unterrichtens konfrontiert sind. Sie mahnen zur Mäßigung in den gesetzten Zielen, auch im Blick auf die Zeitkontingente.

Also nur noch Grammatik? Das ergäbe den reinen Trockenschwimmkurs und wäre völlig absurd. Es kann nicht um eine Alternative gehen, sondern um die richtige Bewertung der beiden Lernbereiche und um ihre Vernetzung beim Übersetzen. Jedenfalls aber muß man davor warnen, die Grammatik als notwendiges Übel abzutun und die Illusion zu verbreiten, die Lektürearbeit werde das Notwendige schon nachtragen. Zweifellos gibt es Schüler, für die das zutrifft. Aber den Beruf möchte ich erst einmal sehen, in dem man meint, jeder Adept werde ohne jede Theorie zurechtkommen. Einem Chirurgen, den jemand in solchem Optimismus in den OP schickt, möchte wohl niemand sein Leben anvertrauen. Der Vergleich hinkt natürlich, und stimmt auch wieder, wie eben jeder Vergleich. Wenn es aber zutrifft, daß die lateinische Grammatik auch die Denkmuster für die Beschäftigung mit anderen Schulsprachen mitliefert (und dort Zeit einsparen hilft), so muß man diesem apologetisch strapazierten Anspruch auch gerecht werden. Und das fordert Zeit und eine ansehnliche Portion jenes ungeliebten Fleißes, ohne den es nur wenige zu etwas Ordentlichem gebracht haben.

3. Gibt es da eine Lösung? Sie läge vielleicht in einem arbeitstechnischen Dreischritt: Zu Beginn eine Begleitgrammatik, im Übergang zur Lektüre eine systematische Grammatik (mit den oben genannten Suchhilfen) und schließlich – man erschrecke nicht – ein Grammatiklexikon.

Die traditionelle Grammatik tut nämlich so, als ob der Schüler, der einen Text übersetzen soll, sie im Kopfe hätte und daher zuerst nach der funktionalen Definition der vorzufindenden Wörter (die er vielfach ohnehin nicht oder nur unscharf kennt) forscht, sich also sagt: „Aha, da haben wir ein Subjekt, wo steckt denn nun ein brauchbares Objekt, und dann könnte der Rest ein Adverbiale sein" usw. Ginge er, statt sich sogleich ans Raten zu machen, so systematisch vor, so fände er in seiner Grammatik, sofern er in ihr einigermaßen zuhause ist, gewiß die einschlägigen Paragraphengruppen, die vom Prädikat, Subjekt, Objekt, Adverbiale usw. handeln – nur den Satz brächte er damit wahrscheinlich nie heraus. Und so geht auch kein Schüler vor; er greift vielmehr zuerst zum Wörterbuch und hantelt sich dann recht oder schlecht voran, um einen Zipfel vom Sinn des Satzes zu erhaschen, der ihm ein weiteres Kombinieren ermöglicht. Die Grammatik könnte ihm dabei gewiß in vielen Punkten weiterhelfen, aber der Suchweg ist ihm zu umständlich. Gäbe es aber ein Lexikon der grammatischen Phänomene, das nicht das komplette Grammatiksystem ausbreitet, sondern nur die mutmaßlichen Desiderata in alphabetischer Reihenfolge anbietet, so könnte m. E. die Chance wachsen, daß grammatische Kenntnisse sich als für den Übersetzungsvorgang interessant erweisen und in die angewandte Übersetzungstechnik integriert werden. Den Versuch könnte es wert sein.

„Du liebe, arme Grammatik, nun haben wir wieder einmal etwas zu Deiner Pflege unternommen, und wenn Du, was Du glücklicherweise nicht kannst, zu uns sprechen könntest, würden wir vielleicht nicht nur Freundliches zu hören bekommen. Doch Du warst schon immer ein geduldiger Patient, und so versprechen wir Dir, daß Du Dich nie einsam fühlen wirst. Chefarzt Prof. Dr. F. M. wird sich um Dich kümmern. Scher Dich also nicht um die, die über Dich lästern! Auch wenn sie gar nicht ahnen, daß Du ein Kulturgut bist, das der gesamten Menschheit gehört, müssen sie alle zu allen Zeiten Deinen Regeln gehorchen, ob sie es wahrhaben wollen oder nicht. Was willst du mehr?"

JOACHIM KLOWSKI

Die athenische Polis als Vorbild

Überlegungen zur Schule als Polis

Viele Bildungseinrichtungen schmücken sich mit griechischen Namen. Akademien entlehnen ihren Titel dem Ort, an dem Platon dachte und lehrte. Nach Aristoteles' Lykeion benannte man früher die Schulen für die höheren Töchter und benennt man heute in Frankreich die hochangesehenen Lehranstalten der Lycéen. Von den Gymnasion genannten Sport-, Diskutier- und Erziehungsstätten, an denen Sokrates Jünglinge zum Nachdenken zu bringen suchte, haben unsere heutigen höheren Schulen ihre Bezeichnung.

Nicht einen Namen, sondern ein Konzept, das der Polis, entlehnt H. von Hentig den Griechen, wenn er in seinem Buch „Die Schule neu denken"[1] dafür plädiert, die Schule als Polis zu gestalten. Von welcher historisch ausgestalteten Form der Polis er sich hat inspirieren lassen, sagt von Hentig nicht expressis verbis. Seine Ausführungen weisen indes eindeutig auf die demokratische Polis und damit auf das Athen des 5. und 4. Jahrhunderts v. Chr.

Von dieser Zeit Athens kann man sich wahrhaft inspirieren lassen durch die großen zeitgenössischen Werke, beginnend mit Aischylos' Orestie, Herodots Historien und Aristophanes' Komödien über Thukydides' monumentales Geschichtswerk bis hin zu den Reden von Lysias und Demosthenes. Anders sieht es aus, wenn man nicht mit der Primärliteratur vertraut ist und auch nicht die Zeit und die Kraft besitzt, sich in sie einzuarbeiten, und sich somit auf die Werke – zumal die deutschsprachigen – über das demokratische Athen verwiesen sieht. Hier gibt es nichts, was wirklich zufriedenstellt, was man mit voller Überzeugung einem interessierten Laien in die Hand drücken kann mit dem Motto „*tolle, lege!*".

Das beruht, wie mir bei der Beschäftigung mit diesem Problem bewußt wurde, nicht auf Zufällen. Es liegt an einer geistesgeschichtlichen Tradition des deutschsprachigen Raumes, die der Aufarbeitung bedarf. Dies kann hier in umfassender Weise nicht geleistet werden. Ich vermag allenfalls einige – m. E. wesentliche – Stationen dieser Tradition zu skizzieren und so das Problem ins Bewußtsein zu heben. – Vielleicht kann ja der Jubilar, dem dieser Beitrag gewidmet ist, Doktoranden für die Aufarbeitung dieses Themas gewinnen.

Die deutsche Begeisterung für die griechische Antike begann, wenn man dieses Datum einmal so holzschnittartig fixieren darf, im Jahre 1755 mit Winckelmanns Schrift „Gedanken über die Nachahmung der griechischen Werke in der Malerei und Bildhauerkunst". Bereits dem Titel läßt sich entnehmen, daß Winckelmann die Werke der Griechen für vorbildlich hielt; denn ihnen gegenüber schien nur ein einziges Verhalten angebracht, sie nachzuahmen. Es ging Winckelmann allerdings nicht darum, eine allgemeine Vorbildlichkeit der Griechen zu postulieren. Sein Interesse galt der bildenden Kunst, mit seinen Worten „der Malerei und Bildhauerkunst".

---
[1] München/Wien 1993.

Hatte Winckelmanns Schrift auch eine nachhaltige Wirkung in ihrem ureigensten Bereich, so wurde sie überdies richtungweisend für die Literatur, ja für alle Bereiche der künstlerischen Produktion. Dies geschah gemäß dem berühmtesten Satz dieser Schrift: „Der einzige Weg für uns, groß, ja, wenn es möglich ist, unnachahmlich zu werden, ist die Nachahmung der Alten" – wobei unter den Alten in Deutschland die Griechen verstanden wurden[2].

Gegen die Beschränkung der Vorbildlichkeit der Griechen auf die verschieden Gattungen der Kunst wandte sich Humboldt. Er hielt es für einen Mißgriff, nur die Werke der Griechen als Vorbilder für eigene Produktionen für nachahmenswert zu erachten und nicht vor allem den Geist, die Gesinnung, die diese Werke enthalten: „Es ist lange ein Misgriff gewesen, und ist es oft noch jetzt, ihre Werke, statt mit ihnen selbst, mit den Gattungen, zu welchen man sie in wissenschaftlicher Beziehung rechnen kann, zu vergleichen, statt aus ihnen nur rein und klar den großen und anmutigen Geist ihrer Urheber zu schöpfen, in denselben Regeln und Theorien suchen zu wollen. Solange eine Nation die altgriechischen Werke wie eine Literatur, wie in der Absicht, etwas Wissenschaftliches hervorzubringen gemacht ansieht, ... solange ist zwischen der ächten Griechheit und ihr eine eherne Mauer gezogen, und so lange schweigen ihr Homer und Pindar und alle jene Heroen des griechischen Alterthums. Nur der Geist, nur die Gesinnung, nur die Ansicht der Menschheit, des Lebens und des Schicksals ist es, was uns anzieht und fesselt in den Überbleibseln jener Zeit"[3].

Eine der Besonderheiten des griechischen Geistes ist seine ungewöhnlich freiheitliche Prägung, die, soweit dies überhaupt möglich ist, den Druck von uns Modernen nehme: Die Griechen „setzen uns in jeder Rücksicht in unsre eigenthümliche, verlorene (wenn man verlieren kann, was man nie hatte, aber wozu man von Natur berechtigt war) Freiheit wieder ein, indem sie augenblicklich den Druck der Zeit aufheben und durch Begeisterung die Kraft stärken, die in uns gemacht ist, ihn selbstthätig zu überwinden. Ihre Vorzüge über uns sind von der Art, daß gerade ihre Unerreichbarkeit es für uns zweckmäßig macht, ihre Werke nachzubilden, und wohlthätig, in unser durch unsere dumpfe und enghergize Lage gepreßtes Gemüth ihre freie und schöne zurückzurufen" (a.O. S. 65).

Gilt die Unerreichbarkeit schon für die Freiheit des Geistes, so erst recht für die den Griechen eigenen politischen Freiheiten. Diese waren eigentlich ein Unding. Es waren Freiheiten, die lediglich bei den wilden Völkern üblich und zusammen mit der Zivilisierung bei allen anderen Nationen verschwunden seien: Sie „gehören gewöhnlich nur wilden Nationen vor dem Zustande der Civilisation an, und verwischen sich mit dem Eintritt in die Gesellschaft. Der Grieche zeichnete sich aber gerade dadurch aus, daß er sie, mitten in derselben, beibehielt und ausbildete, und sein natürlicher Charakter unmittelbar zu einem idealischen wurde" (a.O. S.118). Der idealische Nationalcharakter war jedoch „zu beweglich, um sich irgend fesseln zu lassen," und trug so „sowohl in das Familien- als in das Staatsverhältniss mehr Freiheit hinüber, als sich jemals mit der Festigkeit beider vereinigen ließ; ja seine Vaterlandsliebe selbst war mehr Liebe zu dem Ruhm, als zu dem Wohlstand und der Erhaltung desselben" (a.O. S.118).

Damit ist, wenn man es genau nimmt, ungeachtet der Idealität des griechischen Nationalcharakters und seines freiheitlichen Geistes die griechische politische Freiheit für Humboldt nicht vorbildlich. Eine Gesinnung, die samt dem daraus erwachsenden Verhalten die Familien- und Staatsverhältnisse in ihrem Bestand gefährdet, kann man sich schwerlich aneignen wollen.

---

[2] Vgl. M. Fuhrmann, Brechungen. Wirkungsgeschichtliche Studien zur antik-europäischen Bildungstradition, Stuttgart 1982, S. 134 ff., spez. S. 136.
[3] W. von Humboldt, Werke in 5 Bänden, hrsg. von A. Flitner und K. Giel, Darmstadt ³1979, Bd. 2, S. 120 f.

Diese – vorsichtig formuliert – Reserve, mit der Humboldt der griechischen politischen Freiheit begegnet, schlägt bei Jacob Burckhardt in eine Aggressivität um, deren Vehemenz beachtlich ist. Dennoch oder gerade deshalb sei er hier berücksichtigt; denn ohne die Kenntnis seiner Verdikte läßt sich die Situation der Diskussion um die athenische Demokratie im deutschsprachigen Raum schwerlich verstehen.

In seinem monumentalen, posthum erschienenen (1898 – 1902) vierbändigen Werk „Griechische Kulturgeschichte" widmet sich Burckhardt ausführlich der griechischen Polis und speziell der demokratischen Athens. Dabei bestimmt ihn die Sichtweise, oder darf man sagen die Phobien, des modernen, vom Liberalismus bestimmten Individuums, so daß er der Polis nicht im mindesten gerechtzuwerden vermag: „In neuern Zeiten ist es ... das Individuum, welches den Staat postuliert, wie es ihn braucht. Es verlangt von ihm eigentlich nur die Sicherheit, um dann seine Kräfte frei entwickeln zu können; hierfür bringt es gerne wohlabgemessene Opfer, hält sich aber um soviel mehr dem Staat zu Danke verpflichtet, je weniger derselbe sich um sein sonstiges Tun kümmert. Die griechische Polis dagegen geht von vornherein vom Ganzen aus, welches früher vorhanden sei als der Teil, nämlich als das einzelne Haus, der einzelne Mensch. Wir dürfen aus einer innern Logik hinzufügen: und dies Ganze wird den Teil auch überleben; es handelt sich nicht bloß um eine Bevorzugung des Allgemeinen vor dem Einzelnen, sondern auch des Dauernden vor dem Augenblicklichen und Vorübergehenden. Von dem Individuum wird nicht bloß im Felde und auf Augenblicke, sondern jederzeit die Hingebung der ganzen Existenz verlangt, denn es verdankt dem Ganzen alles"[4].

Ungeachtet des Positiven, das die Polis ihren Bürgern gewährt – Schutz, Ehre, ja Ruhm, Erziehung und Bildung wie reiche Kultur –, sei sie ihnen gegenüber auch furchtbar, eine gewaltige Zwangseinrichtung, die sich in gnadenloser Konkurrenz den anderen Poleis gegenüber behaupten müsse: „Im Innern wird sie dem Einzelnen höchst furchtbar, sobald er nicht völlig in ihr aufgeht. Ihre Zwangsmittel, von denen sie ausgiebigen Gebrauch macht, sind Tod, Atimie und Exil. Und zwar gibt es ... keine Appellation an eine auswärtige Instanz mehr; sie ist völlig unentrinnbar, da ein Entrinnenwollen den Verzicht auf alle Sicherheit der Person in sich schließt. Mit der Staatsallmacht aber geht der Mangel an individueller Freiheit in jeder Beziehung Hand in Hand. Kultus, Festkalender, Mythen – alles dies ist einheimisch; so ist der Staat zugleich eine mit dem Rechte Asebieklagen anzustrengen ausgestattete Kirche, und dieser vereinigten Macht erliegt der Einzelne vollständig" (a.O. S. 81).

Gelte dies für alle Poleis, so sei aber am drückendsten die demokratische: „zwar besteht diese Staatsknechtschaft des Individuums unter allen Verfassungen, nur wird sie unter der Demokratie, als sich die verruchtesten Streber für die Polis und deren Interesse ausgeben ... am drückendsten gewesen sein" (a.O. S. 81f). Denn „bei der enormen Macht der Polis über das ganze Dasein mußte auch der Geringste um so viel dringender verlangen, mit dabei zu sein. So gerät denn die ganze Macht, welche früher Könige, Aristokraten oder Tyrannen besessen, jetzt in die Hände des Demos und wurde von diesem nun zu einem weit größeren Umfang, zu einem weit stärkeren Druck auf Leib und Seele des Individuums getrieben, denn der Demos ist unruhiger und eifersüchtiger im Herrschen" (a.O. S. 216f.). Demgemäß trennt Burckhardt deutlich zwischen dem athenischen Staat und der kulturellen Leistung Athens. Den ersteren verwirft er, die letztere preist er als erstrangig: „Dieser Staat (sc. der attische Demos) hat nicht nur in der Leidenschaft die für ihn selber schädlichsten Torheiten und Gewaltsamkeiten beschlossen (Burckhardt denkt offensichtlich an die Expedition der Athener nach Sizilien), sondern auch seine begabten Men-

---

[4] Griechische Kulturgeschichte, hrsg. von R. Marx, Leipzig 1929, Bd. 1, S. 77f.

schen rasch aufgebraucht oder von sich abgeschreckt. Den seitherigen Jahrtausenden aber ist nicht an Athen als Staat, sondern an Athen als Kulturpotenz ersten Ranges, als Quelle des Geistes etwas gelegen gewesen" (a. O. S. 236).

Wenden wir uns der Gegenwart zu, so möchte ich von dem heutigen Standardwerk dieses Bereiches ausgehen, von Jochen Bleickens „Die athenische Demokratie"[5].

Bleicken weist in seinem zusammenfassenden Kapitel ‚Leistungen der Demokratie' eingangs auf das hin, was wir eben bei Burckhardt gefunden haben: Athen werde fast ausschließlich wegen der Blüte von Literatur, Philosophie, Wissenschaft und Kunst bewundert. Die Demokratie hingegen spiele „in den Enkomien nur eine untergeordnete Rolle, ja sie wird eher negativ gesehen oder gar scharf kritisiert" (a. O. S. 411). Dem stehen zwar die neueren Forschungen entgegen. Sie sind indes gelehrt im negativen Sinne, sie sind blaß und von geringer Ausstrahlung: „Die neueren Arbeiten zeichnen sich dadurch aus, daß sie sich meist eines wertenden Urteils enthalten oder es hinter Gelehrsamkeit verbergen. Obwohl die Erforschung der athenischen Demokratie in den vergangenen Jahrzehnten wie nie zuvor vorangekommen ist, scheint den Gelehrten das innere Engagement zu ihrem Gegenstand zu fehlen. Die Bindung an die Einzelforschung, die Scheu vor einem Urteil sub specie aeternitatis und die Abneigung gegenüber Vergleichen, die bekanntlich immer hinken, halten wohl die meisten zurück" (a. O. S. 411).

Abweichend von dieser Zurückhaltung wagt Bleicken eine wertende Beurteilung und stellt sechs Leistungen der athenischen Demokratie heraus. Diese zeigen in überzeugender Weise die Vorbildhaftigkeit dieser Urmutter der Demokratie.

Die wichtigste Leistung besteht „in der **Verwirklichung einer Gesellschaft von politisch gleichberechtigten Bürgern** ... es gab nicht nur die Idee, nicht lediglich die schöne Deklaration der Gleichheit, sondern sie wurde institutionell durch Hunderte von Regelungen in der öffentlichen Ordnung abgesichert" (a. O. S. 411).

Die Gleichheit aller Bürger bedingt die **Verantwortlichkeit** des einzelnen für das Gemeinwohl: „Politisches Engagement und Gemeinsinn gehören zu dieser Demokratie, und dies ist in einem Ausmaß mit ihr verbunden und in ihr verwirklicht worden, daß sie noch heute und angesichts der politischen Apathie in der Massendemokratie gerade heute Vorbild sein kann" (a. O. S. 412).

Eine weitere Errungenschaft sieht Bleicken in der Schaffung der **Öffentlichkeit** für alle politischen Vorgänge: „Was manchem Kritiker der Antike und Moderne so abstoßend, unheimlich oder auch lächerlich erschien, die Betriebsamkeit der Athener, das Gedränge und Gerenne auf dem Markt und der Pnyx ... ist vielmehr ... eine ihrer herausragenden Leistungen: Die verantwortliche und offene Austragung des politischen Streits" (a. O. S. 412).

Als eine weitere Leistung der Athener gilt Bleicken, daß sie die Demokratie als eine Herrschaft der **Gerechtigkeit** gesehen und zu verwirklichen gesucht haben. Damit will er nicht geschehenes Unrecht in Abrede stellen. Es komme jedoch niemand um die Feststellung herum, „daß die Gesetze ein allerseits anerkanntes Gerüst der Demokratie waren. Die Athener haben die Demokratie als die Herrschaft des Gesetzes angesehen, und die forensische Praxis zeigt, daß sich alle an den Gesetzen orientierten" (a. O. S. 413).

Ferner überzeugt Bleicken die athenische Demokratie durch ihre **Stabilität**: „Die Demokratie halten alle Theoretiker für unbeständig, und die Ursache sehen so gut wie alle in der Launenhaftigkeit und Wankelmütigkeit einer Masse, die in ihrer Unberechenbarkeit Chaos schafft....

---

[5] Dies Werk ist seit 1984 mehrfach aufgelegt, überarbeitet und erweitert worden. Ich zitiere nach der Ausgabe Paderborn/München/Wien/Zürich ²1994 (2. völlig überarbeitete und wesentlich erweiterte Auflage).

Die hundertfünfzig Jahre der athenischen Demokratie … sind aber von Stabilität geprägt". Dies liege am Willen der Athener, „das Gesetz als Richtschnur des Handelns zu nehmen, und nicht ohne eine gewisse Großzügigkeit des Denkens, die dem Reichen und Andersdenkenden das Seine läßt und damit das innenpolitische Klima nicht radikalisiert" (a.O. S. 413 f.).

Die athenische Demokratie war folglich alles andere als der totalitär entartete Staat, den Burckhardt in ihr sah. Sein Urteil ist nicht nur ungerecht, sondern auch schlicht falsch: „Burckhardt war aufgrund seiner Abneigung gegen die politisch aktive Menge … unfähig, ein angemessenes Urteil zu treffen. Tatsächlich verhinderte schon der Aufbau der politischen Organisation in Athen jeden Ansatz in diese Richtung (sc. des totalitären Terrors); denn die staatliche Organisation war ausschließlich zur Verwirklichung der Gleichheit und zur Durchsetzung der Gesetze errichtet worden. Es fehlte die Apparatur zur Überwachung des Menschen und vor allem auch die etablierte, institutionell abgesicherte politische Lehrmeinung, an die alle glauben sollten" (a.O. S. 412). Im Gegenteil. Das Leben in Athen war geprägt von Toleranz, eine weitere Leistung dieses Staates: „Die Höhe des literarischen und künstlerischen Schaffens in Athen ist nicht ohne die tolerante Einstellung der Athener gegenüber allen Lebensphänomenen denkbar, die vielen unter ihnen fremd oder gar verhaßt sein mochten … Die Gleichheit führte in Athen eben nicht zu Bespitzelung, Mißgunst und einer allgemeinen Gleichmacherei. Die Beschränkung der Gleichheitsidee auf den politischen Raum hat das verhindert" (a.O. S. 414)

Diese Zusammenstellung der Leistungen der athenischen Demokratie und damit die Skizzierung ihrer Vorbildlichkeit stellen eine wichtige Etappe auf dem Weg zur Rehabilitierung dieser Institution im deutschsprachigen Raum dar. Dennoch ist Bleickens Werk nicht das gesuchte Buch, das man interessierten Laien einfach in die Hand drücken könnte[6]. Abgesehen davon, daß es ein wissenschaftliches Werk ist, mit dem man eher arbeitet und in dem man nachschlägt, als daß man es liest, problematisch erscheint vor allem, daß die oben aufgeführten Leistungen der athenischen Demokratie aus den Darstellungen im einzelnen schwer nachvollziehbar erwachsen. Die Ausführungen über die Leistungen erscheinen eher als ein resümierender Anhang. Dessen ist sich Bleicken auch bewußt: „Die Gedanken (sc. über die Leistungen der athenischen Demokratie) sind hier lediglich resümierend aneinandergereiht. Für die Begründung im einzelnen sei auf die Ausführungen (und diese umfassen gut 600 Seiten) in der Darstellung verwiesen" (a.O. S. 411). Außerdem richtet sich Bleicken mit seinen Gedanken eher an Mitforscher, die den von ihm angedeuteten Weg weiterverfolgen wollen: Mit der Skizze über die Leistungen der athenischen Demokratie „soll … versucht werden, demjenigen, der sich darüber Gedanken machen will, die Richtung anzugeben, in die seine Überlegungen gehen könnten" (a.O. S. 411).

Lesbar, zugleich auf hohem Niveau informativ ist Christian Meiers Werk „Athen. Ein Neubeginn der Weltgeschichte"[7]. Überdies vollführt Meier gleichsam eine Kopernikanische Wende gegenüber der Tradition: Bisher stand die kulturelle Bedeutung Athens im Vordergrund, und diese wurde als ein von den politischen Einstellungen und Verhaltensweisen unabhängiges, zumindest aber mit ihnen inkommensurables Phänomen gewichtet. Umgekehrt stellt Meier die Entwicklung der politischen Ordnung in den Mittelpunkt und rückt so das Ganze als demokratische Kultur ins Blickfeld. Er macht bewußt, daß die unterschiedlichsten Bereiche der Kultur von der demokratischen Entwicklung her sich als ein interdependentes Ganzes verstehen lassen. Dies

---

[6] Ich habe übrigens in der Praxis auf das Kapitel 'Polis' in H.D.F. Kitto, Die Griechen, Stuttgart 1959 (übersetzt von H. von Hentig) verwiesen. Jedoch schon vom Umfang her liefert das Kapitel zu wenig Informationen. Es geht auch nicht genügend intensiv und auf einem zu allgemeinen Niveau auf das Thema ein.
[7] Siedler-Verlag, ohne Orts- und Jahresangabe, jedoch nicht vor 1994 erschienen.

bedeutet nicht, daß er etwa zu zeigen sucht, die verschiedensten Bereiche seien nach ein und demselben, also dem demokratischen Strickmuster gewirkt. Es sind vielmehr Gegengewichte, die für eine Aufrechterhaltung der Balance unerläßlich scheinen: Angesichts der einzigartigen demokratischen Entwicklung „kamen all die ‚Balancierungsakte' zustande, deren Zeugnisse noch heute zum Teil vorhanden sind, die Tragödie, die Geschichtsschreibung, die bildende Kunst, die Architektur, die Philosophie" (a. O. S. 682).

Eine noch höhere Bedeutung mißt Meier der Balance der Gewichte im sozialen Raum zu. Was er nämlich durch den Untertitel „Ein Neubeginn der Weltgeschichte" als seine zentrale These herausstellt und im Werk als ‚die politische Revolution der Weltgeschichte' apostrophiert, das ist letztlich ein gelungener Ausbalancierungsakt: Im demokratischen Athen wurde das Politische vom Gesellschaftlichen getrennt. Die gesellschaftlichen Hierarchien blieben im wesentlichen unangetastet, während von diesen Abstufungen geschieden im Politischen die Gleichheit eingeführt wurde: „Erstmals wurde ... im Politischen eine Ordnung geschaffen, die nicht mehr der gesellschaftlichen entsprach. Denn die gesellschaftliche Hierarchie, die bestehenblieb, galt künftig in der politischen Sphäre nurmehr bedingt" (a. O. S. 206). „Was die ‚Semiaristokraten' (sc. die Bürger) bedeuteten, welches ihr Rang war, mußte sich im Vergleich zu den Adligen entscheiden. Sie waren ihnen in den meisten Hinsichten unterlegen. Nur in einer konnten sie gleich sein: das war die Politik. Deswegen wurde die politische, die einzig mögliche Gleichheit, für sie so wichtig" (a. O. S. 199).

Stellt Meiers Werk auch eine Art von Revolution in der Behandlung der athenischen Demokratie dar, so ist es indes – pointiert formuliert – eine deutsche Revolution: Sie bleibt auf halbem Wege stecken. Dies gilt schon von der Schilderung des zeitlichen Ablaufs. Es wird lediglich die erste Hälfte der athenischen Demokratie behandelt. Seine Darlegungen reichen bis zum Ende des Peloponnesischen Krieges – dies jedoch auch nur, wenn man die letzten Seiten vollauf mitwertet. In Wirklichkeit stellen diese Seiten nur noch so etwas wie eine Pflichtübung dar. Der große Atem der Geschichte geht schon in der Hitze der Steinbrüche von Syrakus verloren.

Endet ein Geschichtswerk mit der größten Torheit der athenischen Demokratie, mit dem Sizilianische Expedition genannten hybriden Wahnsinn und dem jämmerlichen Ende in der Glut der Steinbrüche von Syrakus, so verbleibt notgedrungen am Schluß wenig Vorteilhaftes von der athenischen Demokratie. Man gelangt fast zu der alten Einschätzung, zur Verwerfung der attischen Staatsform bei gleichzeitigem Preis der athenischen Kultur. Dementsprechend sieht Meier auch die eigentlichen Leistungen Athens nicht in der Kreation der Demokratie, sondern in kulturellen Leistungen, genauer in der Philosophie Platons, „die, bemißt man sie nur an der fortwirkenden Kraft, doch wohl die bedeutendste Hinterlassenschaft dieses Athens darstellt" (a. O. S. 691).

Hätte die athenische Demokratie mit dem Ende des Peloponnesischen Krieges ihren Höhepunkt bereits überschritten, so wäre es weniger mißlich, mit der Schilderung dieses Ereignisses zu schließen. Der Höhepunkt in der Entwicklung der Demokratie wird jedoch erst danach, ich meine, kurz danach erreicht: Nach der Kapitulation beginnt die von den Spartanern begünstigte Herrschaft der sog. Dreißig, die sich alsbald zu einer furchtbaren oligarchischen Diktatur auswächst. Diese vermochten die Demokraten binnen kurzer Zeit zu stürzen. Dann brachten sie das zustande, worin man den Höhepunkt in der demokratischen Entwicklung sehen darf: Sie schafften eine für Jahrzehnte bestehenbleibende Versöhnung der Parteien durch eine Amnestie für die Oligarchen, die strikt eingehalten wurde. Die Demokraten hatten also, und dies scheint mir das Wesentlichste, aus ihren bitteren Erfahrungen gelernt; sie straften damit alle diejenigen Lügen, die demokratische Massen für grundsätzlich lernunfähig halten.

Diese Zeit des demokratischen Wiederaufbaus ist allerdings mit einem Blutfleck – mit Sokrates' Hinrichtung – besudelt, der diese Zeit so verdunkelt, daß sie selten richtig gewürdigt wird. Dies nicht zuletzt deshalb, weil der Prozeß gegen Sokrates im allgemeinen aus der Perspektive Platons und Xenophons gesehen wird, die beide in Sokrates ihren hochverehrten Lehrer sahen und überdies alles andere als Anhänger der Demokratie waren. Erst in jüngster Zeit hat I. F. Stone[8] die Berechtigung dieser Perspektive radikal in Frage gestellt und die Möglichkeit eröffnet, in der Hinrichtung des Sokrates eine Notwehrmaßnahme der sich wieder etablierenden Demokratie zu erblicken. Geht Stone gewiß auch mit seinem Plädoyer in manchem zu weit[9], so ist es dennoch sein Verdienst, die schweigende Mehrheit, die von Sokrates so wenig geschätzten πολλοί zum Sprechen gebracht zu haben, um es so möglich zu machen, die athenische Demokratie in dem Licht zu sehen, in dem sie zu glänzen verdient.

Wie eingangs erwähnt, war es H. von Hentigs Konzept, die Schule als Polis zu gestalten, die mich zu der obigen Auseinandersetzung mit der Rezeption der athenischen Polis im deutschsprachigen Raum veranlaßte. Daher sei abschließend noch kurz auf von Hentigs Konzept von dem eben über die athenische Demokratie Dargelegten aus eingegangen.

Die ‚Schule als Lebens- und Erfahrungsraum' ausgestattet mit beträchtlicher Autonomie – so versteht von Hentig seine ‚Schule als Polis'. Für diese Schule paßt im Prinzip, d. h. wenn man bedenkt, daß auch die ‚Schule als Polis' eine Schule ist, alles das, was Bleicken zu Recht als die Leistungen der athenischen Demokratie bezeichnet hat: demokratisches Mitwirken, Einübung und Übernahme von Verantwortung, Öffentlichkeit von Diskussionen und Entscheidungen, Bemühen um Gerechtigkeit und Toleranz.

Von Hentig weiß auch um die Notwendigkeit der rechten Balance, der erforderlichen Gegengewichte, ohne die die athenische Polis nicht existenzfähig gewesen wäre. Denn soviel auch von Hentig den Schülern an Mitbestimmungsrechten einräumt, die Entscheidungen über den Unterricht treffen allein die Lehrer: „Der Unterricht aber ist Sache der Erwachsenen. Darüber werden diese ‚mit sich reden lassen', aber es wird nicht abgestimmt. Die Lehrer treffen die Entscheidungen" (S. 225 f.). – Dies undemokratische Reservat ist gewiß zur Stabilisierung des Systems nötig, bedarf aber wohl noch der Ergänzung, etwa durch eine starke, von Abstimmungen der Schüler, Lehrer und Eltern weitgehend unabhängige Schulleitung.

Beruft sich von Hentig bei der Konzipierung seiner neuen Schule auch zu Recht auf die Polis, so sind dennoch einzelne Argumentationen, die er von der Polis ausgehend vornimmt, nicht überzeugend. So ist es unverständlich, wie er mit Hilfe der Polis begründen will, daß die neue Schule eine Gesamtschule zu sein habe: „Als polis … wird sie alle Kinder des Wohnbezirks aufnehmen, also in dieser Hinsicht eine Gesamtschule sein" (a. O. S. 236). Für die athenische Polis trifft jedoch das Gegenteil zu. Die Demokraten wachten über nichts so eifersüchtig wie über das Bürgerrecht. Es war äußerst schwierig, dies zu erlangen und so in den Kreis derer aufgenommen zu werden, die Meier treffend als ‚Semiaristokraten' bezeichnet.

---

[8]) Der Prozeß gegen Sokrates, Darmstadt 1990.
[9]) Vgl. Verfasser, Ein neuer Zugang zu Sokrates, AU XXXVI/3 (1993), S. 27–36.

WENDELIN EUGEN SEITZ

Die Würde des Menschen

Eine Unterrichtseinheit zum Chorlied des Sophokles „πολλὰ τὰ δεινά"

Nebst dem neugierigen Interesse an griechischer Sprache und Kultur auch unter der modernen akademischen Jugend verdankt man es dem unermüdlichen Einsatz von Persönlichkeiten wie Dr. Friedrich Maier, daß es in der gymnasialen Oberstufe zumindest im Süden der Bundesrepublik Deutschland Leistungskurse für Griechisch gibt. Mein Kurs hat 16 Mitglieder (an einem Gymnasium mit 500 Schülern bei freier Wahl zwischen Französisch und Griechisch). Eines der Glanzstücke in diesem Kurs ist die Lektüre der „Antigone" des Sophokles. Dem 1. Stasimon dieser Tragödie wird wegen seiner besonderen Schönheit und Bedeutung eine Doppelstunde reserviert, deren erste – unter starker Führung des Kursleiters – der Übersetzung dient und deren zweite der Interpretation und Rezeption vorbehalten ist.

1. Die Übersetzung

Vieles ist unheimlich
und nichts ist unheimlicher als der Mensch.
Das geht sogar durch das graue Meer
im winterlichen Südwind,
kommt durch unter Wogen, die rings sich gähnend auftun,
und die Erde, die unvergängliche, nicht zu ermüdende,
die höchste unter den Göttern, zermürbt er,
wenn seine Pflüge sich wenden von Jahr zu Jahr,
während er sie umwendet mit dem Geschlecht der Pferde.

Den Stamm der Vögel mit ihrem leichten Sinn
treibt er ins Netz
und die Völker der wildlebenden Tiere
und die Schöpfung des Meeres, die in der Salzflut lebt,
mit netzgesponnenen Windungen,
er, der überaus kluge Mensch.
Er gewinnt die Oberhand mit seinen Tricks
über das freilebende Getier, das die Berge hinaufsteigt,
und das dichtmähnige Pferd führt er unters Joch,
das den Hals umgibt,
und den nicht zu ermüdenden Bergstier.

Und Stimme und windschnelles Denken
und den Drang, der Stadt Gesetze zu geben,
hat er sich beigebracht
und zu entkommen dem Klima unwohnlicher Fröste
und den Geschossen des schlimmen Regens,
er, der überall durchkommt.
Auf keine Zukunft geht er zu, ohne durchzukommen.
Nur vor dem Hades wird er sich kein Entkommen verschaffen.
Aber vor heillosen Krankheiten hat er sich Fluchtmöglichkeiten ausgedacht.

Als etwas Kluges besitzt er den Einfallsreichtum
der Technik über Erwartung hinaus
und schleicht damit einmal hin zum Bösen,
ein anderes Mal hin zum Edlen.
Wenn er achtet die Gesetze der Erde
und der Götter beschworenes Recht,
ist er hoch angesehen in der Gemeinde;
verantwortungslos gegenüber der Gemeinde ist der,
bei dem sich das Nichtgute befindet, weil er sich was traut.
Hoffentlich sitzt der mit mir nicht am gleichen Herd,
hoffentlich ist er nicht mein Gesinnungsgenosse,
der dies tut!

2. Die Interpretation

2.1 Der aktuelle Bezug im Kontext des Stückes

Sophokles postiert dieses Lied unmittelbar nach dem ersten Auftritt Kreons, der eben mitgeteilt hat, daß seit heute nacht er allein das Sagen in Theben habe. Er hat seine Prinzipien über Herrschaft im allgemeinen und über die Behandlung der beiden toten Brüder im besonderen genau umrissen, hat den kleinlauten Wächter eingeschüchtert, hat die Opposition im Lande bedroht, hat freilich auch manchen einleuchtenden Satz geäußert und damit den Eindruck vermieden, ein ausgesprochener Unhold zu sein. Zunächst könnte also der Chor mit dem unheimlichen (auch: gewaltigen, auch: schrecklichen) Menschen ihn gemeint haben; denn er wird das Staatsschiff Thebens durch die aufgewühlten Wogen, die stürmische Situation, die eben herrscht, steuern, wird anscheinend Unzermürbbares durch unbeirrbares Vorgehen zermürben, wird in seinen Netzen alles noch so Flüchtige und Starke fangen. Er verfügt ab jetzt über die ganze Kultur einer Stadt: über Sprache und Gesetze, über die Häuser und über Mittel, Krankheiten – auch die des Kampfes – wieder zu heilen. Ob er die hohe Stellung in der Stadt (ὑψίπολις, 370) verdient, wird sich zeigen, oder eher den Asozialen (ἄπολις, 371) im Sinne der Verantwortungslosen zuzurechnen ist. Falls letzteres zutreffen sollte, drohen die alten Herren ihm den Abbruch der Beziehungen an.

2.2 Die überzeitliche Bedeutung des Liedes

Möglicherweise verstanden die Zuschauer damals und verstehen wir heute infolge der feierlichen Sprache des Liedes und der stets diskreten Formulierweise des Chores diese Hinweise auf Kreon kaum. Unmittelbar aber leuchteten und leuchten ein die Preisungen auf die großartigen Fähigkeiten des Menschen überhaupt, die ihn zum Herrn der Schöpfung machen, freilich ihn auch in physische und moralische Gefährdungen führen.

Sophokles teilt das Lied ein in einen größeren Teil, der die Macht des Menschen über das beschreibt, was schon v o r ihm da war, steigt dann in einen kleineren Teil auf zu dem, was der Mensch selber völlig n e u schaffen kann, um ihn danach auf dem Zenit seiner Kraft in der Entscheidungssituation zwischen Gut und Böse zu zeigen. Diese abschließende Ambivalenz des Menschen hat der Dichter bereits in dem ersten Vers zum Anklingen gebracht, wo er ihn als δεινός bezeichnet, d. h. als gewaltig und schrecklich zugleich, was möglicherweise im deutschen „unheimlich" am ehesten zum Ausdruck kommt.

Repräsentiert durch den Beruf des Seemanns und Landwirts – Urberufe in Athen –, bezwingt der Mensch dank seiner Klugheit und Kraft die Elemente, aus denen er stammt und von denen er lebt: Wasser und Erde. Er macht sie sich in der 1. Strophe untertan und leistet darin Unerhörtes, allerdings auch Unheimliches, insbesondere in seinem Verhalten gegenüber der göttlichen Mutter Erde, die er sich ungefragt gefügig macht – und die geduldige Mutter läßt es mit sich geschehen.

Vertreten durch den dritten Urberuf, den Jäger, wird in der 1. Gegenstrophe die Stellung des Menschen gegenüber dem Tierreich besungen. Angefangen von den leichten Vögeln bis hin zum unermüdlichen, schweren Bergstier gibt es keinen Raum, an dem ein Tier vor dem Zugriff des Menschen sicher wäre: nicht die Luft (der Vögel), nicht das Wasser (der Fische) nicht das Gebirge (der Gemsen), nicht die Prärie (der Pferde). Ohne die Andeutung einer Problematik spricht Sophokles von all dem. Es beschlich offenbar (im Gegensatz zu uns Heutigen) die antiken Menschen keinerlei Bedenken gegen ein so herrscherliches Gebaren den Tieren gegenüber; eine Art herakleischer Dauerstolz beseelte sie bei diesem Sieg.

Mit der zweiten Strophe des Liedes beginnt der Preis des Menschen wegen des Neuen, das er schafft: sämtlich Schöpfungen, die er nicht mehr für das Überleben benötigt, sondern für die Kultur eines erfüllten Lebens. Es ist zunächst die Sprache, bei der Sophokles vielleicht auch sich und seine vielen Sprachschöpfungen mitmeint; es sind die Gesetze, die das Zusammenleben regeln, was die demokratisch gesinnten Zuhörer auf den Rängen gut verstehen. Der Beruf des Architekten und Hausbauers kommt auf, der gegen die Unbilden der Witterung behilflich ist, ferner der Beruf des Arztes, der Heilmittel gegen Krankheiten erfindet oder entdeckt. Zuvor war noch angedeutet der Hochkulturberuf des Philosophen, der das rechte Denken lehrt, oder zumindest der des Sophisten, weil das „flinke Denken" (352) eigens genannt ist.

Zweimal legt Sophokles Wert darauf zu sagen, daß der Mensch ohne Hilfe von oben sich das alles selber beigebracht hat (Medium: ἐδιδάξατο 354, ξυμπέφρασται 363). Aber dieser Stolz wird spürbar dadurch gedämpft, daß ihm all diese Kultur nur auf Zeit gelungen ist: Gegen den Tod wird er keine Abhilfe finden (Futur: ἐπάξεται 361).

Mit seinen großen Fähigkeiten steht der Mensch nun in der letzten Gegenstrophe in der Entscheidung zwischen Gut und Böse. Beim Gedanken daran, daß seine Entscheidung auch zum Bösen ausfallen könnte, verläßt Sophokles seine bisher beschreibende Redeweise und geht zur Formulierung des Appells, des Wunsches über: „Ein solcher soll nicht an meinem Herd sitzen!" (373).

In dieser letzten Gegenstrophe fühlt auch der moderne Zuhörer und Leser seine eigenen bedrängenden Probleme angesprochen: Auch er hat es bewundernswert weit in der Technik gebracht; aber darf er alles tun, was er tun **kann**? Zu welchem Ziel wird er seine Kenntnisse und Fähigkeiten verwenden? Wird seine Moral stark genug sein, ihn verantwortungsbewußt im Sinne der Gemeinschaft zu lenken? Insbesondere den Begriff „Gesetze der Erde" (νόμους χϑονός, 368) kann der moderne Hörer durchaus im Sinne der ökologischen Verantwortung für seine Erde deuten.[1]

Tafelbild

(Es sollte während der Interpretation entstehen.)

```
                        Heilmittel
           Stier            ↑
            ↑            Häuser
           Pferd            ↑              ὑψίπολις  ┆ ἄπολις
            ↑            Gesetze           achtet Gesetze ┆ traut sich was
          Gemsen            ↑              ἐπ' ἐσθλόν ┆ ἐπὶ κακόν
            ↑            Denken
          Fische            ↑              Steht zwischen Gut und Böse
            ↑            Sprache
           Wild
            ↑            Schafft Kultur
   Erde    Vögel
    ↑
  Wasser   Bezwingt die Tiere

Bezwingt die Elemente
```

3. Die Rezeption des Themas

Die Würde des Menschen hat Dichter aller Zeiten bewegt. Je nach ihrer eigenen Lebenserfahrung oder vielleicht ihrer augenblicklichen Lebenssituation haben sie Antworten gefunden, die ganz mit Sophokles übereinstimmen, seiner Auffassung widersprechen oder sich sanft davon distanzieren.

Der Einblick in die folgenden neun Textdokumente (die nicht im entferntesten Vollständigkeit beanspruchen) hinterläßt bei jugendlichen Zuhörern erfahrungsgemäß einen tiefen Eindruck.

Gelegentlich wurde ein Originaltext geringfügig gekürzt, um die Aufmerksamkeit der Schüler wachzuhalten.

---

[1] Diese Erkenntnis verdanke ich Manfred Glock, Anregung 38 (1992), S. 326 f.

3.1 Die Würde des Menschen ist einzigartig.

Der Psalm 8

Der Psalm entstand in der nachexilischen Zeit Israels, also möglicherweise im gleichen 5. Jh. wie das Lied des Sophokles. Die inhaltlichen Bezüge gegen Ende des Psalmes fallen ins Auge. Der wesentliche Unterschied zu Sophokles ist die fromme Auffassung des Hagiographen, daß der Mensch all seine Würde Gott verdankt.

> 2 *Herr, unser Herrscher,*
>   *wie gewaltig ist dein Name auf der ganzen Erde;*
>   *über den Himmel breitest du deine Hoheit aus.*
>
> 3 *Aus dem Mund der Kinder und Säuglinge schaffst*
>   *du dir Lob,*
>   *deinen Gegnern zum Trotz;*
>   *deine Feinde und Widersacher müssen verstummen.*
>
> 4 *Seh' ich den Himmel, das Werk deiner Finger,*
>   *Mond und Sterne, die du befestigst:*
>
> 5 *Was ist der Mensch, daß du an ihn denkst,*
>   *des Menschen Kind, daß du dich seiner annimmst?*
>
> 6 *Du hast ihn nur wenig geringer gemacht als Gott,*
>   *hast ihn mit Herrlichkeit und Ehre gekrönt.*
>
> 7 *Du hast ihn als Herrscher eingesetzt*
>   *über das Werk deiner Hände,*
>   *hast ihm alles zu Füßen gelegt:*
>
> 8 *All die Schafe, Ziegen und Rinder*
>   *und auch die wilden Tiere,*
>
> 9 *die Vögel des Himmels und die Fische im Meer,*
>   *alles, was auf den Pfaden der Meere dahinzieht.*
>
> 10 *Herr, unser Herrscher,*
>   *wie gewaltig ist dein Name auf der ganzen*
>   *Erde!*

Leo der Große: Sermo XII

Papst Leo der Große, der die römische Kirche zu Beginn des 5. Jh.s leitete, gehört zu den glänzenden Sprachkünstlern Roms, wie seine Predigten zeigen. Bei einer Fastenpredigt im Monat Dezember nennt er den Menschen Gottes Abbild, dessen Schönheit freilich stets gefährdet ist. Seine Würde ist ein Geschenk von Gott.

> *„Wenn wir gläubig und weise den Beginn unserer Schöpfung erwägen, werden wir finden, daß der Mensch nach dem Bilde Gottes ins Leben gerufen worden ist und zwar deswegen, damit er seinen Schöpfer nachahme, daß also die angeborene Würde unseres Geschlechtes darin zu finden ist, wenn die Schönheit göttlicher Güte wie in einer Art Spiegel in uns widerleuchtet. Dafür richtet uns täglich die Gnade des Erlösers wieder*

her, indem in der Person des zweiten Adam das sich wieder aufrichtet, was im ersten Adam zu Fall gekommen war. Es gibt einen Grund, warum Gott unsere Fehler verbessert: es ist sein Mitgefühl mit uns ... Damit er in uns die Schönheit seiner Güte vorfinde, verleiht er uns die Fähigkeit, daß auch wir selber so handeln können, wie er handelt."

"Si fideliter, dilectissimi, atque sapienter creationis nostrae intellegamus exordium, inveniemus hominem ideo ad imaginem dei esse conditum, ut imitator sui esset auctoris: et hanc esse naturalem nostri generis dignitatem, si in nobis quasi in quodam speculo divinae benignitatis forma resplendeat. Ad quam quotidie nos utique reparat gratia salvatoris, dum, quod cecidit in Adam primo, erigitur in secundo. Causa autem nostrae reparationis non est nisi misericordia dei ... Et ut in nobis formam suae bonitatis inveniat, dat, unde ipsi quoque, quod operatur, operemur."

Hans Magnus Enzensberger: candide

In dem Gedicht mit dem beziehungsreichen Titel „candide" (veröffentlicht 1957 in dem Gedichtband „verteidigung der wölfe") stellt Enzensberger die stille, kulturschaffende, alltägliche Arbeit des Menschen über alles Spektakuläre; sie wird sogar Weltkatastrophen überdauern. In der Mitte des Gedichtes nimmt der Dichter ausdrücklich auf Sophokles Bezug.

candide
während hellschreiber knattern,
ordnest du in der vase den mohn.

während pompeji untergeht,
lobst du meinen tabak.

während drei kanzler das land verkaufen,
gießt du mit sorgfalt den tee auf.

während die stadt zerschmettert wird,
holst du blaufelchen aus dem bach.

während das weltall explodiert,
schleuderst du gern deinen honig.

nichts ist gewaltiger als der mensch;
d.h.
spiralnebel, kulturkrisen, weltkriege
sind ephemere belanglosigkeiten,
stroh der zeit,
kindereien.

wichtig ist, daß du auf knirschender scheibe
sorgsam den lehm führst (sela):
wenn dann die pest einschaut,
kommt sie zu spät;
ein paar jahrhunderte gehen, und die mädchen
freun sich an den farbigen schalen. [...]

wichtig ist, daß du die richtigen reiser
auf den richtigen baum setzt (sela):

wenn dann die henker klingeln,
kommen sie zu spät;
einige eiszeiten gehen und die kinder
freun sich der lieblichen aprikosen. [...]

3.2 Der Mensch ist nichts wert.

Homer: Odyssee XVIII 130 ff.

Als der heimgekehrte Odysseus, noch inkognito, den Boxkampf gegen Iros gewonnen hat, lobt ihn der Freier Amphinomos, wünscht ihm fair alles Gute und überreicht ihm den Kampfpreis – nicht ahnend, daß ihm und den anderen der Tod unmittelbar bevorsteht. Odysseus erwidert ihm (Übers. Schadewaldt):

„Amphinomos! gar verständig scheinst du mir zu sein! Bist du doch auch von einem solchen Vater! Denn ich habe die gute Kunde gehört, daß Nisos von Dulichion so tüchtig ist wie reich: von diesem, sagen sie, seist du entstammt und siehst mir aus wie ein besonnener Mann. Darum will ich dir sagen, aber du merke auf und höre auf mich: Nichts Armseligeres nährt die Erde als den Menschen unter allem, was auf der Erde Atem hat und kriecht. Da meint er, niemals werde ihm hernach ein Übel widerfahren, solange die Götter Gedeihen geben und sich seine Knie regen! Jedoch wenn die seligen Götter auch Bitteres vollenden, trägt er auch dies nur widerwillig in seinem ausdauernden Mute. Denn immer nur so ist der Sinn der Erdenmenschen, wie den Tag heraufführt der Vater der Menschen und der Götter. Auch ich konnte einst unter den Männern glücklich sein. Allein, ich beging viel frevelhafte Dinge, meiner Gewalt und Überlegenheit nachgebend, vertrauend auf meinen Vater und meine Brüder. Darum möge sich gar nie ein Mann von dem, was Brauch und Satzung ist, entfernen, sondern in Schweigen wahre er die Gaben der Götter, was sie auch geben mögen!"

Friedrich v. Schiller: Jungfrau von Orleans III 6

Wenn der große Talbot zeitweilig auch hohe Würde gehabt hat, fühlt er sich angesichts des Todes, der ihn auf dem Schlachtfeld ereilt, dennoch wie ein Nichts. Situationsgebunden urteilt hier Schiller anders über den Menschen als in seinem Preisgedicht „Wie schön, o Mensch, mit deinem Palmenzweige stehst du an des Jahrhunderts Neige".

Talbot:
Bald ist's vorüber, und der Erde geb' ich,
Der ew'gen Sonne die Atome wieder,
Die sich zu Schmerz und Lust in mir gefügt –
Und von dem mächt'gen Talbot, der die Welt
Mit seinem Kriegsruhm füllte, bleibt nichts übrig,
Als eine Handvoll leichten Staubs. – So geht
Der Mensch zu Ende – und die einzige
Ausbeute, die wir aus dem Kampf des Lebens
Wegtragen, ist die Einsicht in das Nichts,
Und herzliche Verachtung alles dessen,
Was uns erhaben schien und wünschenswerth. –

Bertolt Brecht: Von der Freundlichkeit der Welt

Lediglich die Schlußzeilen jeder Strophe des folgenden Gedichts wagen bescheidene positive Aussagen über den Menschen in einem Gedicht, das fast nur von negativen Aussagen geprägt ist (nackt, frierend, ohne Habe, unbekannt, bedeckt mit Schorf und Grind). Das Gedicht ist unmittelbar nach dem Ersten Weltkrieg entstanden.

Von der Freundlichkeit der Welt

1
Auf die Erde voller kaltem Wind
Kamt ihr alle als ein nacktes Kind.
Frierend lagt ihr ohne alle Hab
Als ein Weib euch eine Windel gab.

2
Keiner schrie euch, ihr wart nicht begehrt
Und man holte euch nicht im Gefährt.
Hier auf Erden wart ihr unbekannt
Als ein Mann euch einst nahm an der Hand.

3
Von der Erde voller kaltem Wind
Geht ihr all bedeckt mit Schorf und Grind.
Fast ein jeder hat die Welt geliebt
Wenn man ihm zwei Hände Erde gibt.

3.3 Respekt, vermischt mit Ironie, sieht den Menschen richtig.

Matthias Claudius: Der Mensch

Mit dem knappen Umfang seines Gedichtes und den kurzen Zeilen, die nur mit Verben auskommen, wird gezeigt, daß der Mensch nicht soviel Aufhebens von sich machen sollte. Der einfache jambische Rhythmus gerät nur ein einziges Mal aus dem Takt, nämlich dort, wo der Mensch sich zum Sterben niederlegt.

Der Mensch
EMPFANGEN und genähret
Vom Weibe wunderbar,
Kömmt er und sieht und höret
Und nimmt des Trugs nicht wahr;
Gelüstet und begehret,
Und bringt sein Tränlein dar;
Verachtet und verehret,
Hat Freude und Gefahr;
Glaubt, zweifelt, wähnt und lehret,
Hält nichts und alles wahr;
Erbauet und zerstöret;
Und quält sich immerdar;
Schläft, wachet, wächst und zehret;

Trägt braun und graues Haar etc.
Und alles dieses währet,
Wenns hoch kommt, achtzig Jahr.
Dann legt er sich zu seinen Vätern nieder,
Und er kömmt nimmer wieder.

Eugen Roth: Unter Aufsicht

Mit einer Fülle von Gedichten gleichen Beginns hat der Dichter (in München geboren 1895 und dort auch gestorben 1992) wie vor ihm Wilhelm Busch das Phänomen Mensch mit feiner Ironie beobachtet und beschrieben. Hinter humorvoller Formulierung kommt Tiefsinniges zum Vorschein.

Unter Aufsicht
Ein Mensch, der recht sich überlegt,
Daß Gott ihn anschaut unentwegt,
Fühlt mit der Zeit in Herz und Magen
Ein ausgesprochnes Unbehagen
Und bittet schließlich Ihn voll Grauen,
Nur fünf Minuten wegzuschauen.
Er wolle unbewacht, allein
Inzwischen brav und artig sein.
Doch Gott, davon nicht überzeugt,
Ihn ewig unbeirrt beäugt.

Kurt Tucholsky: Der Mensch

Der Satiriker, Zeitkritiker, Pazifist (1890 – 1935), dessen Bücher unter Hitler verbrannt wurden, während er im Exil lebte, pflegt eine mit der Geistreichigkeit kokettierende Sprache, die vielleicht nicht jedermanns Sache ist, aber gerade deswegen bei den Schülern der Oberstufe begeisterten Applaus erhält. (Text entnommen dem Rowohlt-Taschenbuch: Zwischen gestern und morgen, von Kurt Tucholsky).

Der Mensch
Der Mensch hat zwei Beine und zwei Überzeugungen: eine, wenns ihm gut geht, und eine, wenns ihm schlecht geht. Die letztere heißt Religon.
Der Mensch ist ein Wirbeltier und hat eine unsterbliche Seele, sowie auch ein Vaterland, damit er nicht zu übermütig wird.
Der Mensch wird auf natürlichem Wege hergestellt, doch empfindet er dies als unnatürlich und spricht nicht gern davon. Er wird gemacht, hingegen nicht gefragt, ob er auch gemacht werden wolle.
Der Mensch ist ein nützliches Lebewesen, weil er dazu dient, durch den Soldatentod Petroleumaktien in die Höhe zu treiben, durch den Bergmannstod den Profit der Grubenherren zu erhöhen, sowie auch Kultur, Kunst und Wissenschaft.
Der Mensch hat neben dem Trieb der Fortpflanzung und dem, zu essen und zu trinken, zwei Leidenschaften: Krach zu machen und nicht zuzuhören. Man könnte den Menschen gradezu als ein Wesen definieren, das nie zuhört. Wenn er weise ist, tut er damit recht: denn Gescheites bekommt er nur selten zu hören. [...]

Der Mensch zerfällt in zwei Teile:
In einen männlichen, der nicht denken will, und in einen weiblichen, der nicht denken kann. Beide haben sogenannte Gefühle; man ruft diese am sichersten dadurch hervor, daß man gewisse Nervenpunkte des Organismus in Funktion setzt. In diesen Fällen sondern manche Menschen Lyrik ab. […]
Jeder Mensch hat eine Leber, eine Milz, eine Lunge und eine Fahne; sämtliche vier Organe sind lebenswichtig. Es soll Menschen ohne Leber, ohne Milz und mit halber Lunge geben; Menschen ohne Fahne gibt es nicht. […]
Wenn der Mensch fühlt, daß er nicht mehr hinten hoch kann, wird er fromm und weise; er verzichtet dann auf die sauern Trauben der Welt. Dieses nennt man innere Einkehr. Die verschiedenen Altersstufen des Menschen halten einander für verschiedene Rassen: Alte haben gewöhnlich vergessen, daß sie jung gewesen sind, oder sie vergessen, daß sie alt sind, und Junge begreifen nie, daß sie alt werden können.
Der Mensch möchte nicht gern sterben, weil er nicht weiß, was dann kommt. Bildet er sich ein, es zu wissen, dann möchte er es auch nicht gern, weil er das Alte noch ein wenig mitmachen will. Ein wenig heißt hier: ewig.
Im übrigen ist der Mensch ein Lebewesen, das klopft, schlechte Musik macht und seinen Hund bellen läßt. Manchmal gibt er auch Ruhe, aber dann ist er tot.
Neben den Menschen gibt es noch Sachsen und Amerikaner, aber die haben wir noch nicht gehabt und bekommen Zoologie erst in der nächsten Klasse.

HERMANN STEINTHAL

Eine Nahtstelle in Platons Phaidros (273 d bis 274 c)

Vor sechzig und mehr Jahren wurde am „Phaidros" mangelnde Einheitlichkeit kritisiert[1]. In der Tat: Bei aller Bewunderung für die dichterische Kraft der Gestaltung dieses Dialogs kann man die disparate Thematik als seltsam empfinden. Gegenwärtig ist der „Phaidros" aus anderen Gründen umstritten: Seine inhaltliche Lehre wird diametral verschieden beurteilt[2]. Die Frage, ob der Dialog kompositorisch geglückt oder mißglückt ist, wird wenig diskutiert, nicht weil sie inzwischen entschieden wäre – man hat sie eben beiseite gelegt.[3]

Ich habe den Eindruck, daß aus der oben genannten Nahtstelle erhellende Beobachtungen für beide Fragen, die inhaltliche und die kompositorische, hervorgehen können. Und über den „Phaidros" hinaus ist die Stelle beachtenswert im Hinblick auf Platons Theologie.

Daß der „Phaidros" aus zwei ungefähr gleich langen Hauptteilen zusammengefügt ist, daran gibt es keinen Zweifel. Auch eine lockere thematische Verknüpfung ist unleugbar: In beiden Teilen ist Rhetorik im Blick. Im ersten kommen drei Reden zu Gehör, eine von Phaidros vorgelesen, die beiden anderen von Sokrates improvisiert. Diesen Beispielen praktischer Redekunst tritt im zweiten Hauptteil rhetorische Theorie gegenüber: Platon rückt von der radikalen Abwertung der Rhetorik ab, die er im „Gorgias" vertreten hatte, und konzediert die Möglichkeit einer wertvollen Rhetorik. Wie die auszusehen habe, das ist das Thema des zweiten Hauptteils.

Aber damit sind die beiden Teile nur sehr unzulänglich erfaßt. Das gewaltige Gleichnis von den Wagen, Rossegespannen und Lenkern, in das der erste Hauptteil ausmündet (es umfaßt mehr als ein Drittel davon): Soll das ein Specimen praktischer Redekunst sein? Es ist zwar durch die Figur des Eros mit den vorausgehenden Reden verbunden. Aber im Gleichnis selbst ist Eros nur noch gleichnishaft da, und bald genug wird von ihm nicht mehr gesprochen. Der zweite Hauptteil läuft (unmittelbar nach unserer ‚Nahtstelle') auf die vielbesprochene Schriftkritik hinaus: Gehört die in irgendeiner wesentlichen Hinsicht zur „rhetorischen Theorie"? Auch hier gibt es eine lockere Anbindung: Lysias habe sich durch Redenschreiben Verunglimpfungen zugezogen. Aber daß die dann folgende ätzende Kritik des Schreibens nicht um des armen Lysias willen vorgetragen wird, liegt auf der Hand.

Man muß also die beiden Hauptteile mindestens noch einmal unterteilen und konstatieren, daß jeder in eine Schlußpartie übergeht, die man als unorganische Anhängsel bezeichnen muß, solange man nur beachtet, daß ihr Thema plötzlich hereindringt und die Herrschaft über das Gespräch usurpiert. Wenn man aber sieht, daß Platon gerade dort mit höchster Intensität spricht, erweist sich der Ausdruck ‚Anhängsel' als falsch. (Ich behalte ihn, in Anführungszeichen, nur

---

[1] Überblick bei J. Geffcken, Griechische Literaturgeschichte II, Heidelberg 1934, S. 100 f. Anm. 1 und 5.
[2] Vgl. L. Rossetti (ed.), Understanding the Phaedrus. Proceedings of the II. Symposium Platonicum (Perugia 1989), St. Augustin 1992. – E. Heitsch, Platon, Phaidros, Übersetzung und Kommentar, Göttingen 1993.
[3] Th. Szlezák, Das Wissen des Philosophen in Platons Phaidros, Wiener Studien 107 (1994), S. 259 ff. (hier: S. 267) verteidigt die Einheit. Aber auch er nennt sie „prekär".

bei, damit ich die beiden Abschnitte einfach und unmißverständlich zitieren kann). In Wirklichkeit ist der Dialog erst in diesen ‚Anhängseln' bei seinem Thema. Gerade dort kommen die beiden Hauptteile auf ihren Höhepunkt.

Und es ist ein gemeinsames Thema, das in den beiden ‚Anhängseln' verhandelt wird. Sein Name heißt einfach Philosophie. Mit diesem Namen ist das Unbefriedigende der Komposition, der abrupte Wechsel von Themen im „Phaidros" (übrigens auch in anderen platonischen Schriften) im wesentlichen erklärt und gerechtfertigt: Platon kennt noch nicht die Trennung der ‚Pragmatien', der philosophischen Teildisziplinen, mit der dann Aristoteles arbeitete. Platon will in jedem Moment die ganze Philosophie – mit den Vor- und Nachteilen, die ein so ganzheitliches Vorgehen mit sich bringt.

Ich paraphrasiere nun unsere ‚Nahtstelle' in drei Paragraphen:

§ 1 Angeredet wird zunächst Teisias – fiktiv, er ist ja nicht zugegen; Teisias, jener hartgesottene, ausschließlich Überredung erstrebende rhetorische Pragmatiker oder Opportunist, wie wir so jemand etwa nennen, der von einer Wahrheitspflicht des Redners nichts wissen will: ihm genügt Wahrscheinlichkeit – so stellt ihn Platon dar. Ihm wird nun als wahre Redekunst entgegengehalten, daß der Redner genaue Kenntnis über zwei Dinge benötigt, (a) über die Seelenlage seines Auditoriums, und (b) über sein Sachthema. „Genaue Kenntnis" heißt: Er muß fähig sein, ein großes Ganzes sachgemäß in seine Einzelmomente zu zergliedern (das bedeutet für (a): τῶν ἀκουσομένων τὰς φύσεις διαριθμεῖσθαι, für (b): κατ' εἴδη διαιρεῖσθαι τὰ ὄντα, 273 d 8 – e 2). Zugleich muß er, in umgekehrter Denkrichtung, die bei dieser Zergliederung anfallenden disparaten Einzelheiten unter vereinheitlichende Begriffe subsumieren können (μιᾷ ἰδέᾳ καθ' ἕν ἕκαστον περιλαβεῖν, e 2 – 3). Mit einem knappen platonischen Terminus technicus: Der Redner muß die Kunst der Dialektik beherrschen, jene oberste Hilfsdisziplin der Philosophie (Vgl. Rep. VII 273 e 4 und Phdr. 265 d ff.). Es ist also nicht mehr und nicht weniger als ein volles Studium der Philosophie, worauf Platon den Redner verpflichtet, der ein wahrer Redner heißen will. Soweit die ‚technischen' Anforderungen an die Adresse des Teisias.

§ 2 Dann wendet sich der Gedanke in eine wesentlich andere Richtung: Teisias bleibt zwar noch Adressat, aber die rhetorische ‚Techne' als Thema wird verabschiedet: Den Forderungen wahrer Rhetorik zu genügen, macht so enorme Mühe, daß niemand so verrückt sein kann, sie lediglich um rhetorisch-politischer Ziele willen auf sich zu nehmen (ἕνεκα τοῦ λέγειν καὶ πράττειν πρὸς ἀνθρώπους, 273 e 5/6). Ein verständiger Mensch wird sich ihnen in ganz anderer Absicht unterziehen: Und jetzt kommt sehr abrupt etwas Neues, ganz Unerwartetes. Erwarten würde man: Ein Verständiger, der (primär) zwecks Rhetorik genötigt wird, das ganze philosophische Studium durchzuarbeiten, wird (sekundär) baldigst das Ziel „Rhetorik" ersetzen durch das umfassende Ziel „Philosopie überhaupt". Statt dessen sagt Platon: Der Verständige wird diese Mühen auf sich nehmen, um im Reden „den Göttern Freude zu machen", „den Göttern angenehm zu sein" (θεοῖς κεχαρισμένα λέγειν 273 e 7); und dann sofort noch allgemeiner: um in jeder Hinsicht (τὸ πᾶν e 8, also nicht nur im Reden) gottgefällig zu leben. „Denn, lieber Teisias, Leute, die klüger sind als wir, die sagen uns, der Verständige bemühe sich nicht um die Gunst seiner Mitsklaven, oder das doch höchstens als Nebeneffekt, sondern um die seiner guten Gebieter", der Götter.

§ 3 Jetzt wird auch Teisias verabschiedet, und Sokrates wendet sich wieder an Phaidros: Über die rechte Redekunst sei jetzt genug gesagt. Da setzt nun Platon zwar ein deutliches Gliederungssignal, kündigt Neues an, – aber kaum ist dies Neue mit den Worten „Jetzt ist zu untersuchen, was beim Schreiben passend oder unpassend ist" (274 b 6/7) kurz angetippt worden, da rutscht Sokrates unvermittelt noch einmal zurück in das zuvor Behandelte: „Weißt du eigentlich, wie man überhaupt dem Gott Freude macht, sei's im Reden, sei's im Schreiben?" Platon kommt von dem Gedanken des χαρίζεσθαι θεῷ offenbar so rasch nicht los. – Nun, Phaidros antwortet erwartungsgemäß, er wisse das natürlich nicht, – „aber du?!" Darauf Sokrates: Eigentlich weiß ich es auch nicht, aber ich habe eine Sage gehört. Und dann erzählt er vom Ägypter Theuth usw. – erst jetzt sind wir vollends beim neuen Thema „Schriftkritik".

Soweit das Inhaltsreferat. Daß die Schriftkritik unter dem Oberthema „Philosophie überhaupt" steht, nicht unter „Rhetorik", dürfte klar geworden sein.

Des weiteren müssen wir nun beachten, daß dieses zweite ‚Anhängsel' („Schriftkritik") mit jenem ersten (dem Seelengespann-Gleichnis am Ende des ersten Hauptteils) zweifach korrespondiert: Einerseits steht es in Antithese dazu, andererseits in Analogie. – Zuerst zur Antithese: Dem enthusiastischen Höhenflug, dem überschwenglichen Erkenntnisdrang jenes Gleichnisses wird in der Schriftkritik etwas extrem Ernüchterndes entgegengesetzt, und zwar nicht nur äußerlich angeklebt: Das Ernüchternde wird aufs genaueste aus dem Enthusiasmus hergeleitet, als seine unabwendbare Folge: Gerade weil der Enthusiasmus so über alle Maßen hoch hinausstrebt, bleibt ihm versagt, was doch seine wünschbarste Folge wäre: daß er das Erschaute anderen Menschen mitteilen kann. Nun, daß diese Weitergabe des Erschauten seine Schwierigkeiten hat, lesen wir schon im Höhlengleichnis (Rep. VII 517 c ff.). Aber dort lagen die Schwierigkeiten einerseits in gewissen Indispositionen des Philosophen selbst: Seinem Widerwillen, die erreichte Höhenposition aufzugeben, und der Unfähigkeit seiner Augen, sich wieder ans Dunkel zu gewöhnen; andererseits in den Anfeindungen, denen er sich beim Wiedereintritt in die Höhle aussetzt. Hier im Phdr. ist die Schwierigkeit eine prinzipielle: Auch wenn der Philosoph willig ist zu diesem Dienst, und wenn ihn keine Schikanen erwarten: Dieser Dienst ist eo ipso unmöglich. Die eine der beiden naheliegenden Mitteilungsarten, die schriftliche, wird a limine als völlig untauglich erklärt; und auch die mündliche wird an so prekäre Bedingunen gebunden (Man darf da, über den Phaidros hinausschauend, an die allgegenwärtigen Verderbnisse denken, die dem zur Philosophie Willigen im „Staat" drohen, und an das spezielle Malheur, das Platon im VII. Brief über den [mündlichen, persönlichen!] ‚Philosophieunterricht' bei Dionysios II. berichtet), daß man schlicht verzweifeln muß.

Richtiger gesagt: Man müßte das – wenn einem nicht noch rechtzeitig einfiele, daß die beiden ‚Anhängsel' nicht nur in Antithese, sondern auch in Analogie zueinander stehen. Beide haben analoge Funktion, nämlich: ihr gemeinsames Thema (es heißt, wie gesagt, Philosophie) je in bestimmter Richtung ins Extrem zu treiben, das erste in Richtung Enthusiasmus, das zweite in Richtung Ernüchterung. Der Leser darf und soll diese Extreme als solche empfinden, das heißt: als Übertreibungen. Solange jedes Extrem für sich allein steht, sind es ganz heillose Übertreibungen. Wenn man, zurücktretend, aus besserer Perspektive beide Extreme zugleich ins Auge faßt, wird im Zusammenwirken von Antithese und Analogie das Heillose gemäßigt – Maß ist das beste. Man kann dasselbe auch in platonischer Ausdrucksweise sagen (gerade im „Phaidros" ist sie zu finden, wenige Seiten hinter unserer ‚Nahtstelle': 275 e ff.): Man versteht die beiden

‚Anhängsel' nur dann recht, wenn man sie „sich gegenseitig zu Hilfe kommen" läßt[4]. Sich-zu-Hilfe-Kommen heißt natürlich nicht: sich gegenseitig umbringen; Enthusiasmus und Ernüchterung behalten auch in der gegenseitigen Hilfe ihr Recht. Aber es ergibt sich, daß weder die Philosophie schierer und ausschließlicher Enthusiasmus ist (auch die platonische ist das nicht; im VII. Brief wird ausdrücklich Nüchternheit vom Philosophen gefordert: 340 d), noch daß die Mitteilung philosophischer Erkenntnis reinweg unmöglich ist. Auch die schriftliche nicht; sonst müßten zwei weitere Dinge unmöglich sein: Unmöglich hätte dann Platon seiner Lebtage geschrieben, viel und leidenschaftlich geschrieben. Und unmöglich dürften wir uns herausnehmen, Platons Gedanken, die uns doch nur schriftlich vorliegen, nachzudenken. Kurz: Die mündliche Lehre ist zwar der schriftlichen weit überlegen. Aber weder ist sie vor Mißerfolg absolut sicher noch ist die schriftliche hoffnungslos zum Mißerfolg verdammt.

Daß Platon das philosophische Schreiben, sein eigenes eingeschlossen, als παιδιά bewertet, darf nicht zu dem Schluß verführen, daß dieser „Spaß", dieses „Spiel" bar jeden Ernstes sei. Es ist bei Platon weit mehr Ernst als Unernst: eine sublime Form des Ernstes, die da angebracht ist, wo der biedere Normal-Ernst nichts mehr zu bestellen hat. Die beiden ‚Anhängsel', mitsamt der Schriftkritik (und dem Spiel mit den Begriffen „Ernst" und „Spiel"), sind solche sublim-ernsten Spiele – wie alles, was Platon geschrieben hat.

Greifen wir nun noch einmal den Gedanken aus dem § 2 unserer ‚Nahtstelle' auf, daß das Reden und Schreiben, und noch umfassender: das Leben im ganzen, nicht an rhetorischen Maßstäben gemessen werden soll, und überraschenderweise nicht einmal an philosophischen, sondern daran, ob es Gott (oder den Göttern; das macht bei Platon keinen wesentlichen Unterschied) gefalle. Es ist meines Wissens die früheste Stelle, an der Platon das so deutlich sagt[5]. Daß es ihm wichtig ist, geht daraus hervor, daß er dem Gedanken, wie oben gezeigt, länger nachhängt, als es vom Gesprächsgang geboten wäre.

Man könnte sagen: Hier wird die Philosophie der Theologie untergeordnet. Aber mit derlei begrifflichen Fixierungen ist bei Platon wenig gewonnen. Mindestens muß man sie richtig einordnen ins gesamte Verständnis Platons.

[4)] Genau genommen spricht Platon im „Phaidros" in vierfacher Weise von dieser Hilfe:
(a) der geschriebene Logos bedarf stets der Hilfe seines Vaters (275 e 4); er ist unfähig, sich selbst zu helfen (275 e 5 und 276 c 8 ff.).
(b) Die mit dialektischer Kunst in die Seele gesäten Logoi sind imstande, sich selbst zu helfen (276 e 7 – 277 a 1).
(c) Ebendort steht, daß ebendieselben Logoi auch fähig sind, dem Sämann zu helfen. Wie das? Und hat er das denn nötig? Nun, man kann vielleicht sagen: nötig nicht gerade; aber eine Freude und Entlastung für den ‚Sämann' ist es, wenn die Saat dann von selbst wächst; oder, wie dasselbe mit einem anderen Bild im VII. Brief (341 d) ausgedrückt wird: wenn der Feuerfunke sich fernerhin selbst ernährt.
(d) Wer aus wahrem Wissen schreibt, kann seiner Schrift helfen, indem er in eine kritische Prüfung (ἔλεγχος) des Geschriebenen eintritt. Das hat offensichtlich nur Sinn, wenn er nicht nur sich selbst, sondern auch anderen Rechenschaft gibt und ihnen so das Geschriebene verstehbar macht.
Szlezák („Platon lesen", Stuttgart 1993, S. 77 ff.) hat Platons Auffassung weitergeführt und diesen vier Modi der Hilfe eine fünfte an die Seite gestellt: „Da die Dialoge Abbilder der lebendigen Rede des Wissenden sind (Phdr. 276 a), können sie auch das abbilden, was für das mündliche Wirken des Dialektikers charakteristisch ist: die Hilfe für seinen Logos". Allerdings enthält nach Szlezák keine Schrift diejenige Hilfe, die sie selbst benötigt; aber gegenseitig können sie einander helfen. – Ich mache von dieser Denkfigur Gebrauch, erweitere sie aber ein wenig durch die Annahme, daß auch innerhalb eines (umfangreicheren) Dialogs zwei auseinanderliegende, aber auf einander zu beziehende Stellen sich gegenseitig Hilfe leisten können.
[5)] Die Götter als ‚Gebieter' der Menschen finden wir auch schon im „Phaidon" (62 b), aber erst hier im „Phaidros" ist das χαρίζεσθαι θεοῖς der Richtpunkt des ganzen Lebens: ein Richtpunkt, der nicht unbedingt sklavische Abhängigkeit des Menschen voraussetzt.

Platons Theologie geht in den Spätschriften in zwei Richtungen vor: In der einen Richtung (im Timaios, Politikos, Philebos) wird, im selben Maße, wie die Philosophie der Theologie ‚untergeordnet' wird, die Theologie der Kosmologie ‚untergeordnet'; oder besser gesagt: das sind keine einseitigen ‚Unterordnungen', sondern Platon faßt (oder streift) die Idee einer letzten Einheit von Welt, Gott und Menschenseele. In der anderen Richtung (sie wird von den Nomoi repräsentiert) werden derlei hochspekulative Entwürfe bewußt zurückgedrängt; im Hintergrund wirken sie freilich auch dort; aber im Vordergrund geht es da um den praktisch gemeinten Entwurf eines guten Staates; und in diesem Rahmen gibt es in der Tat einen Vorrang der Theologie vor der Philosophie: Gott ist das Maß aller Dinge (Nom. 716c). Auf diese zweite Entwicklungsrichtung platonischer Theologie erkennen wir in unserer ‚Nahtstelle' des „Phaidros" einen ersten Hinweis.

Hans-Joachim Glücklich

Catull und einige „produktive Rezeptionen"

Gedanken zur Catull-Lektüre und zur Bildungs- und Erziehungswirkung des lateinischen Literaturunterrichts

1. Ein literarisches Rezeptionsdokument

Noch 1978 beklagt Ursula Flügler in einem Gedicht das Fehlen Catulls und nichtkriegerischer Lektüre im Lateinbuch und im Lateinunterricht[1]:

Erstes Lateinbuch

So schön
fängt es an:

Das Mädchen
bringt dem Dichter
eine Rose.

Columba parva volat.

Aber schon bald befiehlt der Herr,
Der Sklave gehorcht.

Ehrt eure Lehrer, Knaben!

Spätestens in der zehnten Lektion
töten Soldaten die Feinde
mit Schwert, Speer
und Lanze.

Imperium Romanum
magnum est.

So viele Wörter
für „töten".

---

[1] Ursula Flügler, Erstes Lateinbuch, in: H. Bender (Hg.), Deutsche Gedichte der Gegenwart. Eine Anthologie in zehn Kapiteln, München 1978, Frankfurt 1980, S. 16. Vgl. dazu B. Seidensticker, ‚Shakehands, Catull'. Catull-Rezeptionen in der deutschsprachigen Lyrik der Gegenwart, in: AU XXXVII/2 (1994), S. 34 – 49, bes. S. 36 f.

Wenig bekannt
die Wörter für Zärtlichkeit,
als gäbe es nicht
Lesbias Sperling und
die tausend mal tausend
Küsse Catulls.

2. Formen der Rezeption bei lesenden Lehrern und Schülern

Auch Lehrer sind Leser der Werke, die sie im Unterricht durchnehmen. Auch Lehrer waren Schüler. Auch Lehrer sind Menschen. Auch Lehrer rezipieren. Sie haben Vorlieben und Abneigungen und diese betreffen auch innerhalb des von ihnen geliebten und gewählten Faches mal diesen, mal jenen Text, mal grundsätzlich, mal zeitweilig. Ich wähle daher für diesen Beitrag einmal die Ich-Form statt der objektivierenden dritten Person. Und ich spreche von „produktiver Rezeption". Dieser Begriff[2] hat Karriere gemacht und ist zum Oberbegriff für alles geworden, was Schüler mit lateinischen Texten über das Übersetzen und Interpretieren hinaus anstellen. Aber natürlich ist auch das Übersetzen und Interpretieren eine produktive Rezeption, sofern nur der lesende Schüler sich etwas dabei denkt und seine eigene Kreativität einbringt. Und selbstverständlich sind Langzeitwirkungen, die man in der Schule weder kontrollieren noch dirigieren kann, produktive Rezeptionen. Auf sie hat man sich in früheren Zeiten des Lateinunterrichts ganz verlassen, oft zu Unrecht oder mit negativer Wirkung, aber doch auch noch genügend oft zu Recht und mit angenehmen Folgen im Bewußtsein früherer Schüler.

Catulls Gedichte entsprechen in vielem einem Lebensgefühl der Zeit nach 1960, deswegen vermißt sie Ursula Flügler und deswegen tauchen Vorschläge, sie im Lateinunterricht zu lesen, erst nach dieser Zeit auf.[3] Ich selbst hatte schon 1957 die Freude und das Vergnügen, sie bei mei-

---

[2] Ich finde ihn erstmals bei W. Barner, Produktive Rezeption. Lessing und die Tragödien Senecas, München 1973. Vgl. sodann im fachdidaktischen Bereich: W. Suerbaum, Aktualisierte Plinius-Briefe, in: H.-J. Glücklich (Hg.), Lateinische Literatur, heute wirkend, Bd. II, Göttingen 1987, S. 74–116, bes. S. 75 f.; H.-J. Glücklich, Lateinunterricht. Didaktik und Methodik, Göttingen ²1993, S. 236; Handlungsorientierter Unterricht, AU XXXVII/3 + 4 (1994); F. Maier verwendet den Begriff mit gebotener Zurückhaltung (vgl. F. Maier, Lateinunterricht zwischen Tradition und Fortschritt, Bd. 3, Bamberg 1985 im Index; er verwendet dafür den schönen Begriff ‚kreative Rezeption'; vgl. ders., Furor. Kreative Rezeption im lateinischen Lektüreunterricht, in: AU XXXVII, 3 + 4 (1994), S. 92–102, bes. S. 92 f.; dieser Ausdruck wird in dem genannten Heft des ‚Altsprachlichen Unterrichts' auch von anderen Autoren verwendet).

[3] An Literatur wäre zu nennen: H. Altevogt, Catull – Didaktische Überlegungen und Interpretationen zur Schullektüre, in: Mitt.bl. DAV Nordrhein-Westfalen 1962/H. 3 und H. 4.   H. Bolte, Catullgedichte als Hinführung zu Vergil: AU XII/3 (1969), S. 5–14.   U. Born, Catull in einer Unterprima eines altsprachlichen Gymnasiums, in: AU XV/1 (1972), S. 125–129.   K.H. Eller, Catull, in: W. Höhn/N. Zink (Hg.), Handbuch für den Lateinunterricht Sekundarstufe I, Frankfurt am Main 1987, S. 291–299.   J. Erb, Catull-Lektüre in der Jahrgangsstufe 11, in: ISB München (Hg.), Handreichungen für den Lateinunterricht Jgst. 8–11, Bd. 2, Donauwörth 1984, S. 243–258.   D. Gall, Die dichterische Gestaltung von Konflikterfahrungen und Grundproblemen der menschlichen Existenz bei Catull und Ovid, in: Kultusministerium Nordrhein-Westfalen (Hg.), Gymnasiale Oberstufe – Latein 2, 1981, S. 7–66.   H. Geldner, Die Entwicklung der Liebe Catulls zu Lesbia. Eine Unterrichtsreihe, in: Anregung 25 (1979), S. 379–391.   H. Geldner, Catullus elegantissimus poeta. Eine Unterrichtsreihe in der Sekundarstufe II, Anregung 28 (1982), S. 239–248.   H.-J. Glücklich, Catulls Gedichte im Unterricht, Göttingen (Vandenhoeck & Ruprecht) 1980, ²1990 (Consilia 1).   H.-J. Glücklich, Zwischen Patriarchat und Matriarchat. Catull als Identifikations- und Kontrastperson, in: H.-J. Glücklich (Hg.), Lateinische Literatur, heute wirkend, Bd. 1, Göttingen 1987 (Kleine Vandenhoeck-Reihe Bd. 1529), S. 65–80.   R. Heine, C. Valerius Catullus, Auswahl aus den Carmina – Interpretationen, Frankfurt

nem Lehrer Eduard Bornemann im Unterricht nicht nur zu lesen oder zu übersetzen oder kurz zu interpretieren, sondern sie zu erleben. Die bühnenreife Rezitation seiner Gedichte machte es schwer, zwischen dem Lehrer und Catull zu unterscheiden. Wenn man Catulls Gedichte vielleicht noch nicht verstand, so merkte man doch, daß man eventuell den Lehrer verstehen konnte und daß hier ein Autor aus vergangener Zeit so direkt zu einem sprach, daß man aus dem „Muff" der 50er Jahre" (deren Leistungen ich mit diesem Ausdruck keinesfalls disqualifizieren möchte) leicht entfliehen konnte, daß man mit Catull eine Möglichkeit des Evagierens hatte, bei der man es nicht belassen, sondern die man erweitern, genießen und wenn irgend möglich, auch zur Tat umsetzen wollte und zwar im Sinne einer Freiheit des Denkens und einer Eleganz des Sprechens darüber. Später konnte man vielleicht Ähnliches erleben, wenn man als Student der klassischen Philologie sich mit Goethes Rom-Erleben und seinen „Römischen Elegien" auseinandersetzte. Der wegweisende Aufsatz von Walter Wimmel half dabei.[4] In lateinischen Texten und ihren Rezeptionen bei anderen Dichtern fand sich eine Freiheit des Denkens und eine Eleganz der Formulierung, die schon für sich dafür sprachen, sich mit ihnen auseinanderzusetzen und daran seinen Geist zu schulen.

Als noch junger Lehrer war es dann für mich eine Selbstverständlichkeit, an diesem Autor nicht vorbeizugehen, und ich erinnere mich noch an eine Abiturientenklasse, die mir zum Abschluß ein „Steint(h)al" schenkte. Ich hatte immer gerne das Steinthalsche Satzabbildungsmodell (nach dem Einrücksystem) verwendet[5], und meine Schüler erstellten ein Gipstal, das von einem schönen Fluß durchflossen wurde und an jeder Ecke einen Berg hatte, einen großen grauen (Cicero, „De officiis"), einen immer noch recht großen und grauen (Sallust, „Catilinae coniuratio"), einen mit einigen Almen versehenen (Vergil, „Aeneis") und einen *locus amoenus* (Catull). Das hieß nicht, daß die grauen Hochgebirge den Schülern nichts bedeutet hätten. Aber es zeigte ein gewisses Behagen und den Genuß einer Freiheit des Erlebens bei der Catull-Lektüre.

---

am Main 1970. C. Greig (Hg.), Experiments: Nine Essays on Catullus for Teachers, o. O. (Cambridge), o. J. (1970) (zu c. 3, 4, 5, 11, 13, 31, 51, 70 und 85). K. Karl, Catullinterpretationen. Zu den Gedichten 1 und 45 und 51, in: Anregung 36 (1990), S. 373–381. J. Klowski, Catull, Vaganten, Beatniks: AU XIX/4 (1976), S. 63–80. H. Meusel, Catull-Gedichte im Unterricht, in: H. Krefeld (Hrsg.): Impulse für die lateinische Lektüre. Von Terenz bis Thomas Morus, Frankfurt am Main 1979, S. 44–68. W. Nagel, Der Psychiater bei Catull, in: Anregung 38 (1992), S. 26–28. H. Offermann, Catull in der 12. und 13. Klasse, in: Die alten Sprachen im Unterricht (DASiU) 21/1–2 (1974), S. 1–5. H. Offermann, Catull in Schule und Proseminar, ein Vergleich, in: Verpflichtung der Antike, 1979, S. 194–224. H. Offermann, Zur Catull-Lektüre. Verstehen durch Vergleichen, in: U. Gösswein, u.a.: Lateinische Dichterlektüre II, Bamberg 1982 (Auxilia 5), S. 58–87. H. Offermann, Catull – Martial, Dichtung im Vergleich, in: Anregung 32 (1986), S. 226–235. W. Olbrich, Catull und die Politik (oder: Wie politisch ist das Unpolitische?), in: Die alten Sprachen im Unterricht (DASiU) 32.1 (1985), S. 11–15 und Gymnasium 93 (1986), S. 47–51. W. Pietsch, Catull: odi et amo; vivamus, mea Lesbia, in: Der österreichische Schulfunk 8 (1975), S. 13. W. Pietsch, Clodia oder Glück und Verzweiflung (Catull c. 51, 58, 70), in: Der österreichische Schulfunk 4 (1975), S. 12. G. Reinhart, Beschreibung eines Intensivkurses in Latein: AU XVIII/5 (1975), S. 93–98. R. Senfter, Catull-Lektüre: Ein Dossier, in: Latein-Forum 12 (1990), S. 37–56. H. Storch, Nähe und Ferne. Hinweise zu einer Lektüre der Liebesgedichte Catulls, in: AU XXXV/2 (1992), S. 25–39. H. P. Syndikus, Catull und die Politik, in: Gymnasium 93 (1986), S. 34–47. H. Tischleder, Lyrik und Humor am Beispiel von Gedichten des Catull und Horaz, in: Alte Sprachen in Rheinland-Pfalz und im Saarland 31 (1985), S. 10–22. K. Widdra, Wirklichkeitserfahrung und Wirklichkeitsdeutung bei Catull. Ein Lateinkurs der Qualifikationsphase, in: AU XXIX/6 (1986), S. 80–100.

[4] W. Wimmel, Rom in Goethes Römischen Elegien und im letzten Buch des Properz, in: Antike und Abendland VII (1958), S. 121–138.

[5] H. Steinthal, Graphische Zeichen zur Verdeutlichung des lateinischen Periodenbaus, in: Anregung 16 (1970), S. 376–383.

3. Die Erlebensqualität bei Catull-Gedichten und deren mannigfache Deutung

Worin besteht dieses Behagen und dieses Erleben? Der Didaktiker suchte zunächst die Ursachen im Inhalt, der Lehrplanmitarbeiter versuchte eine Thematik der Catull-Lektüre zu finden, die es erlaubt, viel von Catull zu lesen und wechselnden Bedürfnissen von Lehrern und Schülern gerecht zu werden. Dabei vergaß der Didaktiker natürlich als passionierter Lateiner nicht, den ganzen Apparat des Interpretierens und der Berücksichtigung der literarischen und musikalischen Rezeption anzubieten.[6]

Die Catullrezeption der Schüler änderte sich aber wieder, seine Gedichte wurden zum Teil problematischer, zum Teil nachdenklicher betrachtet als früher. Dies war der Anlaß für den Lehrer, erneut über Catull nachzudenken. Lehrer und Schüler rezipieren ja gemeinsam, zwar meist unterschiedlich, aber doch mit gegenseitiger Kenntnisnahme der verschiedenen Rezeptionen und Reaktionen darauf.

In einem Aufsatz „Zwischen Patriarchat und Matriarchat. Catull als Identifikations- und Kontrastperson" habe ich daher einmal versucht, darzustellen, warum Catull in wechselnder Weise rezipiert worden ist, warum gerade die Fachdidaktik in Catullgedichten „innerhalb weniger Jahre mit der Veränderung der wirtschaftlichen Aussichten und der Einstellung junger Menschen andere Bezugspunkte als in Zeiten politischen Aufbruchs oder in Zeiten einer Aufklärungseuphorie" gefunden hat. Es sollte dabei deutlich werden, daß jede Zeit und jede Befindlichkeit andere Ansatzpunkte in Catulls Gedichten findet und daß sich dies sowohl in pädagogischen Interpretationen und Lehrplanentwürfen als auch sogar in wissenschaftlichen Interpretationen niederschlägt. Ferner sollte gezeigt werden, daß Catull in seinem Werk vielen und gegensätzlichen Interpretationsansätzen entgegenkommt, weil er in einer Zeit, die Züge des Patriarchats und des Matriarchats trägt, diese unterschiedlichen Lebenshaltungen alle zum Ausdruck bringt.[7]

Die Erscheinung wechselnder Interpretation mit sogar einseitiger Schwerpunktsetzung oder mit Verdrehung des Textsinns liegt bei allen Werken, nicht nur den Gedichten Catulls, nah. Besonders eklatant sind zum Beispiel die wechselnden Interpretationen von Ciceros „De re publica" und Vergils „Aeneis", aber auch der Figur Alexanders des Großen oder Caesars. Je nach Regierungsform oder Staatsform sah man einmal mehr den genialen Eroberer, die Betonung des Führerprinzips oder des Gottkönigtums, ein andermal die Probleme absoluter Herrschaft und das Plädoyer für Kontrolle und Mäßigung.

Dem entging auch Catulls Werk nicht. Quintilian will ihn nicht unter den Schulautoren sehen, erwähnt ihn in seinem Lektürekatalog gar nicht (*Institutio oratoria* 1, 8), sondern scheint ihn wie andere mit dem Verdikt auszuschließen, „daß die zarten Gemüter, die alles tiefer in sich aufnehmen, was sich in ihren ungeformten und aller Dinge unkundigen Köpfen festsetzt, nicht nur lernen sollen, was zur Beredsamkeit führt, sondern mehr noch, was zum Ziel eines sittlich guten Lebens führt" *(ut tenerae mentes tracturaeque altius, quidquid rudibus et omnium ignaris insederit, non modo, quae diserta, sed vel magis, quae honesta sunt, discant (inst. or.* 1, 8, 4). In den

---

[6] Vgl. H.-J. Glücklich, Catulls Gedichte im Unterricht. Interpretationen und Unterrichtsvorschläge, Göttingen 1980, ²1990 (Consilia. Lehrerkommentare H. 1) und ders., Catull, Gedichte. Mit Erläuterungen, Arbeitsaufträgen und Begleittexten, Göttingen 1980 (Exempla, Lateinische Texte H. 1). Kultusministerium Rheinland-Pfalz (Hg.), Schulversuche und Bildungsforschung. Berichte und Materialien, Bd. 35: Lateinische Lektüre – Sekundarstufe I – Themen, Texte, Ziele, Mainz 1981, S. 68–80.

[7] H.-J. Glücklich, Zwischen Patriarchat und Matriarchat. Catull als Identifikations- und Kontrastperson, in: ders. (Hg.), Lateinische Literatur, heute wirkend, Bd. 1, Göttingen 1987 (Kleine Vandenhoeck-Reihe Bd. 1529), S. 65–80.

Lehrplänen des Dritten Reiches und des Beginns der Bundesrepublik Deutschland findet sich Catull überhaupt nicht.[8]

Wilfried Stroh hat diese meine Ausführungen kritisiert.[9] Er sieht sie als ein extremes Beispiel moderner Vereinnahmung Catulls, die er allgemein verbreitet sieht und folgendermaßen beschreibt: „ So stößt der moderne Mensch, der sich die eigene Faszination durch Catull mit Hilfe einer vermuteten Botschaft – denn von Metrik denkt er nicht so groß – erklären will, ins Leere. Und dann wirkt der *horror vacui* und: daß nicht sein kann, was nicht sein darf. Während der alte Quintilian Catull noch aus der Liste der Schulautoren strich – denn Dichtung für Kinder hat nach seiner Ansicht nicht nur sprachlich, sondern besonders auch sittlich zu bilden –, ist dieser heute dank philologischer Aufbereitung zu einem Liebling des Gymnasiums geworden, zu einem Dichter, den man nicht nur gern, sondern auch mit gutem Gewissen liest. Catull hat ja eine Botschaft bekommen, sogar mehrere. Er wendet sich, heißt es, voll Überdruß ab von der *res publica* mit ihren hohl gewordenen Scheinwerten; dagegen setzt er das Recht auf Entfaltung der Persönlichkeit im Privatleben und in der Liebe – welch ein Identifikationsangebot für unsere deutschen Gymnasiasten, wenn sie an Flick, Barschel und der naturzerstörenden Großindustrie zu verzweifeln drohen!" „Ein extremes Beispiel solcher Vereinnahmung ist die Abhandlung ..." „Zwischen Patriarchat und Matriarchat – Catull als Identifikations- und Kontrastperson" ... Trotz Catulls angeblicher „Zwischenstellung zwischen paternistischen und maternistischen Vorstellungen" – die einschlägigen Kategorien sind wie zeitlose Wahrheiten aus Taylors „Garten der Lüste" (deutsch 1970) übernommen – soll er der heutigen „von Politik und Politikern enttäuschten" Jugend in ihrer „Orientierungslosigkeit" nahestehen, ja sogar, wenn sich diese angesichts der Aids-Gefahr wieder einmal in Liebessachen ‚Treue und feste Verbindung wünscht', seelische Hilfe geben."

W. Stroh verändert und verkennt hier meine Ausführungen. Von seelischer Hilfe ist darin nicht die Rede. Es wurde nur dargestellt, daß sich mit der Zeit die Einstellungen der Jugend und mit ihnen die Bezugssetzungen zu Catulls Gedichten verändern. Wörtlich (S. 77 – 78): „So gewinnen der Inhalt und zum Teil auch die Sprache der Catullischen Gedichte innerhalb weniger Jahre mit der Veränderung der wirtschaftlichen Aussichten und der Einstellungen junger Menschen andere Bezugspunkte als in Zeiten politischen Aufbruchs oder in Zeiten einer Aufklärungseuphorie. Catulls Anzeichen (!) einer Orientierungslosigkeit können (!) auf Gründe, Erscheinungsformen und Folgen untersucht werden und den Leser so aus der eigenen Orientierungslosigkeit ein wenig (!) herausführen, indem die Erkenntnis von Ursachen und Folgen an den Willen zur Änderung appelliert. Und Catulls Drang zur Verarbeitung im poetischen Kunstwerk wird dabei zum Sinnbild menschlicher Aufgaben: Ereignisse nicht über sich ergehen zu lassen, sondern sie zu verarbeiten, in dieser oder jener Form bewußt für sich und andere zur Erfahrung zu machen und in einem individuellen Bereich dabei doch viel, Höchstes, von sich zu verlangen, um im Strom der Widersprüche nicht unterzugehen."

Ich wüßte nicht, was gegen diese Art der „Vereinnahmung" Catullischer Gedichte in die Erziehungsziele des Gymnasiums sprechen könnte. Die Orientierung besteht ja gerade nicht in

---

[8] Vgl. etwa A. Fritsch, Die altsprachlichen Fächer im nationalsozialistischen Schulsystem, in: R. Dithmar (Hg.), Schule und Unterricht im Dritten Reich, Neuwied 1989, S. 135 – 162 sowie die Lehrpläne der Bundesländer aus den 50er und 60er Jahren, etwa: Ministerium für Unterricht und Kultus Rheinland-Pfalz (Hg.), Lehrpläne für die höheren Schulen in Rheinland-Pfalz, Grünstadt 1960 und Nachträge 1966.

[9] W. Stroh, Lesbia und Juventius: Ein erotisches Liederbuch im Corpus Catullianum, in: P. Neukam (Hg.), Die Antike als Begleiterin, München 1990 (Dialog Schule – Wissenschaft. Klassische Sprachen und Literaturen, Bd. XXIV), S. 134 – 158, Zitate von S. 148 und 157 Anm. 92.

einer Parallelisierung zu den disparaten Eindrücken aus der Catull-Lektüre, so daß ihm eine Orientierungslosigkeit bescheinigt wird, die dann Trost für andere Orientierungslose sein sollte, sondern sie liegt in der geistigen Bewältigung, die Catull vollzieht und die seine Leser versuchen könnten. Und nicht zeitlose Wahrheiten, sondern sich immer wieder ändernde Bezugssetzungen zu den gelesenen Texten prägen die pädagogische Seite der literarischen Erziehung und machen auch die Arbeit des Lateinlehrers anstrengend, der nicht nur an anspruchsvoll formulierten Texten mit den Schülern arbeiten, sondern wie Lehrer anderer Sprachen und des Deutschen aus der Gegenwart Texte zu beurteilen bzw. die Gegenwart mit der Textwelt zu konfrontieren hat.

Zudem war die Einordnung verschiedener Äußerungen Catulls in das Schema paternistischer und maternistischer Erscheinungen nach Taylor ausdrücklich als „Begriffssystem" bezeichnet worden, „unter das ich die vielfältigen Auffassungen (!) zu Catulls Gedichten (!) einordnen und mit Sinn erfüllen kann. Mag es auch zu Catulls Zeit dieses Begriffssystem nicht gegeben haben, die Sache selbst gab es. Dies gibt mir das Recht, so zu verfahren." (S. 70). Und ausdrücklich war zuvor nach einer Besprechung verschiedener didaktischer Ansätze zur Catull-Lektüre gesagt worden: „All dies sind aber nur Aspekte, die man aus Catulls Gedichten herausziehen oder an sie herantragen kann. Sie machen zusammen nicht die reale Person Catull, sondern den Dichter Catull aus. Es sind Beispiele für die Rezeption der Gedichte Catulls. Der Widersprüchlichkeiten gibt es viele. Man soll sie feststellen. Und man soll sich klar darüber sein, daß man als Leser immer dabei Beziehungen zwischen Teilen seines Werkes und der eigenen Befindlichkeit herstellt und diese Beziehungen dann nur zu gern auf eine vergangene Zeit überträgt, Catull auch zur Projektionsfigur eigener Gedanken und Empfindungen macht. Offenbar liegt Catulls Wirkung zu einem großen Teil darin, daß er immer wieder solche Beziehungen und Projektionen ermöglicht."

Im übrigen bin ich aber mit Stroh einig darin, daß Catulls Werk nicht nur Lesbiadichtung ist und Lesbia nicht einmal das Zentrum seines Denkens ist.[10] Und ganz offenkundig genießt und rezipiert auch er das Werk Catulls aus seiner Sicht, die mit den Mitteln der Wissenschaft argumentiert.

So legt auch diese Rezeption didaktischer Ansätze und eines bestimmten Catullverständnisses nahe, erstens möglichst viel von Catull zu lesen und zweitens möglichst vielfältige Rezeptionen und Deutungen zu lesen, damit man die Bezugspunkte dieser Urteile über Catull und sein Werk herausarbeiten und die Einseitigkeit oder Interessegeleitetheit vieler Interpretationen und Urteile erkennen kann. Damit ist aber nicht ausgeschlossen, daß man trotz allen Erkennens selbst einseitige Urteile fällt oder einseitige Urteile akzeptiert, denn nicht nur kann Erkennen die eigene Werthaltung lenken, umgekehrt lenkt eben die eigene Werthaltung auch das Erkennen. Ziel kann nur sein, diese Gegebenheiten zu erkennen und daraus Toleranz für andere Beurteilungen und Einstellungen herzuleiten.

---

[10] H.-J. Glücklich, Catulls 60. Gedicht und die Gefahren biographischer Interpretation, in: Anregung 20 (1974), S. 378–381 sowie in: F. Hörmann (Hg.), Antike Texte – moderne Interpretationen, München 1975, S. 42–45. Ich versuchte zu zeigen, daß die biographische Deutung verständlich, aber gefährlich ist. Gerade in seinem genannten Aufsatz versucht aber Stroh eine biographische Deutung der Catullischen Gedichte, um mit deren Hilfe die Konzentration auf Lesbia zu widerlegen. Und gerade in meiner von Stroh inkriminierten Veröffentlichung „Zwischen Patriarchat und Matriarchat. Catull als Identifikations- und Kontrastfigur" sollte ja möglichst viel von seinem Werk berücksichtigt und gedeutet werden, im Sinne Strohs weg von einer einseitigen Ausrichtung auf Lesbia. S. auch F. Stoessl, Die biographische Methode in der Catullforschung, in: Grazer Beiträge 10 (1981) (erschienen 1983), S. 105–134; R. Biedermann, Iuvenum amor, in: Anregung 40 (1994), S. 230–238.

In diesem Zusammenhang ist die Berücksichtigung der Rezeption Catulls in der Antike, in der Literatur bis zur Gegenwart, in den Lehrplänen und in den eigenen Stellungnahmen seiner Leser in der Schule wichtig und soll oder kann im Unterricht berücksichtigt werden.

Daß ich mit meinem Suchschema des Patriarchats und des Matriarchats nicht allein stand, ist mir nachträglich bei der Lektüre eines Aufsatzes über Aleksandr Blok aufgegangen.[11]

Aleksandr Blok hatte in seinem ‚Katilina' von 1918 (wie ich auch bei meinen Ausführungen) an das Attisgedicht Catulls (c. 63) gedacht, das auch Stroh als Catulls Meisterwerk ansieht (S. 147). Zum Attisgedicht schreibt Blok u. a.: „Ich glaube, daß der Gegenstand dieses Gedichts nicht nur Catulls persönliche Leidenschaft war, wie man üblicherweise sagt, man muß umgekehrt erklären: Catulls persönliche Leidenschaft war, wie die Leidenschaft jedes Dichters, vom Geist der Epoche erfüllt; ihr Schicksal, ihr Rhythmus, ihre Maße, ebenso wie Rhythmus und Maße der Verse des Dichters, wurden ihm von seiner Zeit eingegeben; denn im poetischen Weltempfinden besteht keine Kluft zwischen Persönlichem und Allgemeinem; je feinfühliger der Dichter ist, desto stärker empfindet er, daß eigenes und fremdes Los unzertrennlich sind. Darum werden in Zeiten der Stürme und Unruhen die zartesten und intimsten Seelenregungen mit Sturm und Unruhe erfüllt."

Blok – so Michael von Albrecht – vergleicht die Erleichterung, die Attis empfindet, mit der Erleichterung Catilinas, der im Senat alle Brücken oder Bindungen hinter sich abbricht.

Blok kritisiert die Philologie und schreibt: „Dem Dichter Catull hat, so glaube ich, noch niemand Mangel an Feinfühligkeit vorgeworfen. Ich halte mich für berechtigt zu behaupten, daß Catull inmitten der übrigen römischen Dichter (die man übrigens damals ebensowenig las wie die zeitgenössischen Dichter) kein solcher Holzklotz und Prügel war, um irgendwelche entschlafenen Römertugenden, seien sie nun staatsbürgerlich oder religiös, Mäzenen und Imperatoren zuliebe zu besingen (wie die Philologen anzunehmen geneigt sind); wirklich, manchmal kann es erscheinen, als verfolge die gelehrten Philologen eine einzige Sorge: um jeden Preis das Wesen der Weltgeschichte zu verbergen, jede Verbindung zwischen Manifestationen der Kultur für verdächtig zu erklären, um dann zum gelegenen Zeitpunkt diese Verbindung zu zerreißen und ihre gehorsamen Schüler als arme Skeptiker im Stich zu lassen, denen es nie möglich sein wird, hinter den Bäumen den Wald zu sehen. Es ist die Aufgabe des Künstlers – des wahren Feindes einer solchen Philologie –, die Verbindung wieder herzustellen, die Horizonte von dem unordentlichen Wust nichtiger Fakten zu säubern, die alle historischen Perspektiven versperren wie vom Sturm geknicktes Gehölz. Ich glaube, daß wir nicht nur das Recht, sondern auch die Pflicht haben, den Dichter in Verbindung mit seiner Zeit zu sehen. Es ist uns gleichgültig, in welchem Jahr genau Catull seinen *Attis* geschrieben hat, ob damals, als Catilinas Verschwörung erst heranreifte oder als sie zum Ausbruch kam oder als sie soeben erstickt worden war. Darüber, daß dies gerade in diese Jahre fiel, gibt es keinen Zweifel, weil Catull in eben diesen Jahren schrieb. Der *Attis* ist die Schöpfung eines Bewohners von Rom, während es vom Bürgerkrieg zerrissen wurde. Hier liegt für mich die Erklärung für das Versmaß von Catulls Gedicht und sogar für sein Thema."

Ich möchte die Ablehnung Bloks gegenüber der philologischen Interpretation nicht mitmachen, denn die philologische Interpretation verhilft immerhin zu einigen textgebundenen und auch zeitgebundenen Erkenntnissen, die man für verschieden empfindende Leser verbindlich machen kann. Aber die philologische Interpretation ist nicht die einzige Art der Interpretation.

---

[11] Michael von Albrecht, Catilina nach 1848 und nach 1917: Sallust – Henrik Ibsen – Catull – Aleksandr Blok, in: M. von Albrecht, Rom – Spiegel Europas. Texte und Themen, Heidelberg 1988, S. 38–51 (Stroh berücksichtigt diesen Aufsatz nicht bzw. bezieht gegen diesen nicht Stellung).

Ich muß das trotz meines Berufs sagen. Und auch wenn Blok hier eine überholte Art der Philologie angreift, so ist seine Forderung an die Aufgaben des Künstlers auch eine an die Vermittler der antiken Literatur. Die beiden nächsten Abschnitte sollen dies zeigen, wobei die Kürze des Abschnitts zur sprachlichen Arbeit keine Geringschätzung ihrer Bedeutung ausdrückt, zumal sie allen bekannt und in anderen Abschnitten dieses Beitrags berücksichtigt ist.

4. Sprachliche Arbeit als Dienst an Catull und als Ermittlung des Gemeinsamen in verschiedenen Interpretationen

Friedrich Maier sagt zu Recht, daß die philologische Interpretation eine Basis bilden sollte.[12] Ich stimme sehr gerne mit ihm darin überein, nicht nur, weil sie immer die Grundlage weiterführender oder freier Interpretation sein kann, sondern noch mehr, weil sie die einzige Art der Interpretation ist, bei der man eine gemeinsame und zum Teil beweisbare Basis für Aussagen zum Werk finden kann.

„Gerade die vielfältigen, bisweilen unzureichenden oder unzulässigen Auslegungen verweisen auf die Notwendigkeit einer genauen sprachlich-literarischen Analyse des Textes. Sie kann erweisen, inwieweit eine bestimmte Auffassung vom Text allgemeine Anerkennung beanspruchen, gleichsam ‚bewiesen' werden kann oder inwieweit eine bestimmte Auffassung unhistorisch oder bloß individuell ist oder entstanden durch die Einbettung des Textes in eine neue Umwelt – so wie mittelalterliche Burgen und Schlösser, antike Tempel und Ruinen heute zu einer teils romantischen, teils ästhetischen Erlebnislandschaft werden können, weil sie ihrer ursprünglichen alltäglichen oder sakralen Funktion beraubt worden sind."[13]

5. Die Erlebnisqualität bei Catullgedichten und deren mannigfache Deutung (2)

Was aber an der Behandlung von Catulls Gedichten außer dem Inhalt so erlebnishaft war, das waren die vielfältigen Zugänge zu seiner Dichtung. Sie hingen erstens mit der wechselnden Bezugssetzung zusammen, die gezeigt wurde.

Sie hingen aber auch mit der Art der Arbeit zusammen. Und diese Arbeit erfolgte beim Erschließen, beim Übersetzen, beim werkgetreuen Interpretieren, beim Reproduzieren in Lesevortrag, eigener Übersetzung, Nachdichtung und Umschreibung.[14]

Wir wollen, wenn wir nicht beruflich dazu verpflichtet sind, Literatur lesen, weil wir Spaß, Erleuchtung, Rührung, Provokation, angenehme oder elektrisierende Denkanstöße gerne haben. Dies entspricht den Auffassungen berühmter Dichter, die durchaus ihre Normalabnehmer lieber haben als ihre literarischen Beurteiler oder aber an beide Gruppen denken.

---

[12] F. Maier, Lebendige Vermittlung lateinischer Texte. Neue Lektüre- und Interpretationsanstöße, Bamberg 1988 (Auxilia Bd. 18), S. 6 f.
[13] So habe ich einmal in meinem Aufsatz „Interpretation im Lateinunterricht", in: AU XXX/6 (1987), S. 43 – 59, Zitat von S. 49, geschrieben und verschiedene Interpretationen zu Catulls Gedichten 5 und 7 zusammengestellt und analysiert bzw. von Schülern analysieren lassen, die in den Urteilen zum Teil ihre eigenen Beurteilungskategorien und -gesichtspunkte erkennen konnten.
[14] Auf andere Formen wie die bildliche Vergegenwärtigung gehe ich hier nicht ein, man findet reichlich Anschauungsmaterial und Vorschläge bei F. Maier, Lateinunterricht zwischen Tradition und Fortschritt Bd. 3, Bamberg 1985, S. 217–267.

Ein Beispiel: Johann Wolfgang Goethe sagt zu Eckermann[15] anläßlich der Lektüre der „Promessi sposi" Manzonis: „Das Gefühl der Angst ist stoffartig und wird in jedem Leser entstehen, die Bewunderung aber entspringt aus der Einsicht, wie vortrefflich der Autor sich in jedem Fall benahm, und nur der Kenner wird mit dieser Empfindung beglückt werden."

An anderer Stelle äußert er[16]: „Ich ehre den Rhythmus wie den Reim, wodurch Poesie erst zur Poesie wird, aber das eigentlich tief und gründlich Wirksame, das wahrhaft Ausbildende und Fördernde ist dasjenige, was vom Dichter übrig bleibt, wenn er in Prose übersetzt wird."

Jederman weiß, daß sich Gedichte schlecht in Inhaltsangaben zusammenfassen lassen. Aber trotzdem sollte uns diese Meinung Goethes veranlassen, nicht die formale über die inhaltliche Interpretation zu stellen und den Effekt des Inhalts nicht unterzubewerten. Gerne möchten wir wahre Kenner sein und wahre Kenner ausbilden, aber wir selbst wie alle unsere Abnehmer sind auch – wenn überhaupt noch – erst einmal normale Leser. Wer als Lehrer die elementarsten Leserbedürfnisse mißachtet oder übersieht, wird seinen Erfolg blockieren.

Goethes Hinweis sollte uns auch davon abhalten, bei der Auswahl der Werke, die wir im Lateinunterricht lesen, nur auf die leichte Bewältigung zu sehen. Hat ein Text nichts Interessantes und Bedeutendes, Anrührendes oder Provokatives mitzuteilen, empfiehlt er sich nicht für den Unterricht. Ideal wäre die Kombination von schneller Lesbarkeit und inhaltlicher Bedeutung. Wenn Texte sich vom Inhalt her empfehlen, aber sprachlich schwierig sind – und das werden wohl mit der Zeit immer mehr lateinische Texte werden –, dann sollten sie dadurch nicht von der Lektüre ausgeschlossen sein. Vielmehr lassen sie sich ja lesen, auch auf Lateinisch, nur eben nicht so einfach übersetzen – und das bedeutet, daß Lernerfolgskontrollen bei ihnen nicht oder nur im Übersetzen bestehen dürfen.[17]

Auch im antiken Rom kann ich mir keinen Dichter vorstellen, der vor allem für Philologen und genaue Kenner der griechischen und lateinischen Literatur schrieb, zumindest nicht nur für sie. Ebensowenig kann ich mir vorstellen, daß die Rezeption Catulls überwiegend seinem artistischen Können galt. Cicero kritisiert ihn zwar wegen seiner Metrik, aber bezeugt so indirekt Catulls Popularität.[18] Caesar litt unter Catulls Spott. Die Form trug zur Wirksamkeit der Gedichte und zu ihrer Einprägsamkeit bei.[19]

Deswegen möchte ich nahelegen, immer die inhaltliche Bedeutung der Gedichte zu ihrer Zeit und zu unserer Zeit zu bedenken, aber auch die zu anderen Zeiten (weil man daraus etwas für den Inhalt der Gedichte und für Einstellungen und Lebensumstände der Menschen dieser anderen Zeiten lernen kann).

Ferner gebe ich zu bedenken, was für ein Interesse Schüler an diesen Gedichten haben könnten. Ich meine nicht: „haben sollten", sondern „haben" oder „haben können". Ich fordere also, von den Interessen der Schüler auszugehen – was nicht bedeutet, daß man ihr Interesse nicht umlenken oder weiterführen, jedenfalls ausnutzen soll für andere Ziele, soweit sich diese mit dem richtig verstandenen Interesse der Schüler und den richtig verstandenen Ausbildungszielen des Gymnasiums verbinden lassen.

---

[15] Artemis-Gedenkausgabe, Zürich 1948, Bd. 24, S. 264, zitiert bei G. Gerster, Die leidigen Dichter. Goethes Auseinandersetzung mit dem Künstler, Zürich 1954, S. 260.
[16] Weimarer oder Sophienausgabe Abteilung I, Band 28, S. 73, zitiert bei Gerster S. 260.
[17] Vgl. hierzu die vielfältigen Vorschläge zur Lernerfolgskontrolle in: Kultusministerium des Landes Nordrhein-Westfalen (Hg.), Richtlinien und Lehrpläne für das Gymnasium – Sekundarstufe I – in Nordrhein-Westfalen. Heft 3402: Latein, Frechen 1993, S. 205–223.
[18] So M. von Albrecht, Geschichte der römischen Literatur. Von Andronicus bis Boethius. Mit Berücksichtigung ihrer Bedeutung für die Neuzeit, Bd. I, Bern 1992, S. 285.
[19] Zu Caesar vgl. Sueton, *Iul.* 73, zu Cicero Cic. *ad Att.* 7, 2, 1 und Catull c. 49.

Ferner gebe ich zu bedenken, daß es tödlich für Literatur ist, wenn sie zur Pflichtübung wird, weil Literaten, Philologen, Pädagogen, Politiker Lehr(plan)ziele gefunden haben, um die Lektüre zu begründen, wenn aber diese Ziele und nicht einmal die Texte selbst die Schüler anziehen können. Eine Umfrage unter Schülern im Deutschunterricht hat erbracht, daß sie nichts so sehr verabscheuen wie eine stete Ausrichtung und Gängelung der Interpretation durch ein abstraktes Interpretationsschema, das keine Schülermeinungen zuläßt.[20]

6. Rezeption möglich machen

Oft ist das Ziel des Lehrers in Auseinandersetzung mit dem Werk ein anderes als das des Schülers. Der Schüler, der seine Empfindungen und Gedanken zu einem Werk hat, wird sie nicht immer zur Sprache bringen – und erst recht nicht oft gegen die Ziele des Lehrers. Aber weil das persönliche Engagement so entscheidend für das Interesse an Dichtung und Literatur und für den Fortbestand des Lateinunterrichts sind, sollten die Arbeitsformen darauf Rücksicht nehmen. Sie sollten nicht eine Rezeption verstellen, erschweren, verhindern.

Schüler sollen Eindrücke vom Gedicht und Thesen dazu formulieren und sie zu begründen versuchen. Der Lehrer kann mit historischen, literarischen und motivgeschichtlichen Beiträgen helfen, die Thesen zu untermauern oder zu widerlegen oder zu modifizieren. Nur in diesem Sinn sind auch die Begleittexte und Erläuterungen in Textausgaben einzusetzen, nicht als Lenkung und schon gar nicht als Ersatz für die Interpretation durch die Schüler.

Von besonderer Wichtigkeit sind für den Schüler:
– die Möglichkeit selbständiger Arbeit, insbesondere ungelenkter eigener Auseinandersetzung mit dem Text,
– das Gewinnen einer inneren Anschauung,
– die Möglichkeit der Auseinandersetzung mit dem Inhalt auch auf kritische Weise
– oder die Möglichkeit, den Inhalt für sich selbst zu aktivieren und fruchtbar zu machen.

(a) Erschließung

Zur unverstellten Auseinandersetzung mit dem Text gehört insbesondere ein ganzheitliches Erfassen des Textes. Damit die Erfassung eines Textes ganzheitlich erfolgen kann und nicht ständig vom Lehrer korrigiert und dabei unvermeidlich mit einer lenkenden Interpretation versehen wird, empfehle ich das Verfahren der Texterschließung.[21] Die Texterschließung kann der Textstruktur entsprechen. Ein Beispiel zu Catull c. 8:

Catull c. 8

1 Miser Catulle, desinas ineptire,
2 et, quod vides perisse, perditum ducas!
3 Fulsere quondam candidi tibi soles,
4 cum ventitabas, quo puella ducebat
5 amata nobis, quantum amabitur nulla.

---

[20] Vgl. H. Schiefele/K. Stocker, Literatur – Interesse. Ansatzpunkte einer Literaturdidaktik, Weinheim/Basel 1990, S. 167.
[21] Vgl. dazu Verf., Satz- und Texterschließung, AU XXX/1 (1987), S. 5–36 und W. Meincke, Handreichungen zur Satz- und Texterschließung im Lateinunterricht, in: AU XXXVI/4 – 5 (1993), S. 69–84.

6 Ibi illa multa cum iocosa fiebant,
7 quae tu volebas nec puella nolebat,
8 fulsere vere candidi tibi soles.
9 Nunc iam illa non vult: tu quoque, inpotens, noli
10 nec, quae fugit, sectare nec miser vive,
11 sed obstinata mente perfer, obdura!
12 Vale, puella, iam Catullus obdurat
13 nec te requiret nec rogabit invitam.
14 At tu dolebis, cum rogaberis nulla:
15 scelesta, vae te! Quae tibi manet vita?
16 Quis nunc te adibit? Cui videberis bella?
17 Quem nunc amabis? Cuius esse diceris?
18 Quem basiabis? Cui labella mordebis?
19 At tu, Catulle, destinatus obdura!

Das Gedicht ist charakterisiert durch den Wechsel der Zeitstufen, der Modi, der Personen und der Themenaspekte. Das Gedicht geht aus der Gegenwart (*vides*, 2) mit einer Feststellung für die Vergangenheit (*quod... perisse*, 2) und mit Wünschen aus der Gegenwart für die Zukunft (*desinas, ducas*; 1–2) zurück in die Vergangenheit mit Feststellungen für die Vergangenheit (*fulsere, ventitabas, ducebat, fiebant, volebas, nolebat*, 3–8), in die schon ein auktorialer Ausblick in die Zukunft (*amabitur*, 5) eingeblendet ist. Dann bringt es Feststellungen zur Gegenwart (*vult*, 9, *fugit*, 10, *obdurat*, 12) und Wünsche, die aus der Gegenwart in die Zukunft reichen (*noli*, 9, *vive*, 10, *perfer*, 11, *vale*, 12) und geht dann zu Feststellungen (Vor-Aussagen, *requiret, rogabit, dolebis*, 13–14) und Fragen für die semantisch (*manet*, 15) oder formal gekennzeichnete Zukunft über (*adibit, videberis, amabis, diceris, basiabis, mordebis*, 16–18), die mit einem Wunsch aus der Gegenwart für die Zukunft enden (*obdura*, 19). Der Wechsel erfolgt von einer Selbstanrede Catulls (1–2) zu Aussagen über die schöne Vergangenheit und die *puella* mit Selbstanreden Catulls (3–8), dann zu einer direkten Konfrontation Catulls und der *puella* in dem Gegensatz von Feststellung zur *puella* auf Wunsch an sich selbst (9–11), dann zum Gegenteil (Feststellung über sich selbst und Wunsch an die *puella*, 12–13) und zu den Fragen an die *puella*, die nun statt Catulls einen nicht näher bezeichneten anderen in den Fragepronomina nennen. Wer dieser Substitutus ist, wird durch die Schlußaufforderung Catulls an sich selbst unklar, denn sowohl Catull selbst als auch ein anderer scheinen nun in Frage zu kommen. An die Schlußaufforderung könnte zudem der Beginn des Gedichts wieder anschließen. Da Selbstaufforderungen und Schilderung vergangenen gemeinsamen Glücks und zukünftigen Glücks oder Unglücks des Mädchens wechseln, wird im Unklaren belassen, ob Catull dem Gedicht einen glücklichen oder unglücklichen Schluß, ein Ende des Leidens oder ein stets neues Aufflammen oder Schwanken, einen linearen oder einen *perpetuum mobile*-Charakter gegeben hat.

Die Texterschließung kann vielfältige Wege gehen. Eine Möglichkeit ist es, in den ersten zwei Zeilen die Mischung der Zeitstufen und den Wechsel von Aussagen und Wünschen festzustellen und dann diesen weiter im Text zu verfolgen und dabei eine Deutung des rätselhaften *quod vides perisse* und des *perditum ducas* zu finden. Dies bedeutet Lesen und Verstehen unter der Spannungsfrage bzw. dem Rätsel, das Catull selbst an den Anfang des Gedichtes gestellt hat.

Eine zweite Möglichkeit wäre es, nach der Feststellung der Struktur und der Rätsel der ersten beiden Zellen in einer Verbindung von Texterschließung und Übersetzung durch den weiteren Text zu gehen.

Eine dritte Möglichkeit wäre es, Schüler erst einmal das ganze Gedicht lesen zu lassen und dann von ihren Beobachtungen ausgehend den schwankenden Charakter des Gedichtes zu erarbeiten; sie werden entweder die Wiederholungen oder den Frageteil oder die Wechsel in Tempus und Modus finden oder mehrere dieser Erscheinungen. Jede kann zur nächsten Erscheinung und zur Erarbeitung des Gedichtes führen. Es lassen sich weitere Verfahren denken, aber es sollte sichergestellt sein, daß die Schüler das Gedicht in Ruhe und zunächst in eigener Verantwortung lesen oder erschließen oder übersetzen können und ihre eigenen Erfahrungen mit seinem Charakter machen.

(b) Anschauung und produktive Rezeption

Anschauung kann durch vielerlei Möglichkeiten gewonnen werden. Die äußeren erläutere ich hier nicht (etwa Bild, Strukturskizze u. a.). Wichtig ist die innere Anschauung, zu der bereits eine Texterschließung das Fundament legt, die den Schülern Freiheit läßt, sich Vorstellungen zu bilden und die einzelnen Ausdrücke zu untersuchen und zu genießen. Selbstverständlich kann auch eine philologische Interpretation dazu beitragen, insbesondere wenn die Arbeitsaufträge und Fragen nicht zu eng sind und nicht nur auf eine einzige Interpretation führen.

Von besonderem Wert sind für die Gewinnung von Anschauung und zur Bewußtwerdung dessen, was im Text gesagt ist und wie man dazu steht, sind aber alle Formen der produktiven Rezeption.

Es gibt viele Arten davon. Sie reichen von einer kreativen Übersetzung bis hin zu bildlichen und szenischen Dokumentationen in freier Verarbeitung des Gelesenen. Ich möchte zeigen, daß einfache produktive Rezeptionen den Zweck erfüllen, relativ leicht zu erstellen sind, weder zu viel Zeit des Schülers noch des Unterrichts beanspruchen und also nicht an der Bewahrung und Ausbildung der sprachlichen Kompetenz hindern. Ich gebe zwei Beispiele für Schülerarbeiten, die keinen künstlerischen Wert beanspruchen, aber Dokumentation der Vorstellungen des jeweiligen Verfassers und hervorragende Grundlage für eine Interpretation des Gedichts durch Vergleich des Gedichts mit der Bearbeitung sind. Dieser Vergleich ergibt sich zwanglos bei der Besprechung der Bearbeitung, er wird spielerisch vorgenommen und führt zu Einsichten in die Welt des Autors und seines Werkes ebenso wie in die Welt des Bearbeitens und derer, die das antike Werk und seine Bearbeitung vergleichen.

1 Drehbuch zu Catull, c. 8 (von M. Z., Kurs 13/5, Rabanus-Maurus-Gymnasium Mainz 1993)

Catulls innere Emigration (Filmische Umsetzung von c. 89)
Catull sitzt an seinem Schreibtisch, vor ihm liegt sein Tagebuch, er beginnt mit dem Schreiben, er ist sichtlich deprimiert.
Catull: *„Miser Catulle, desinas ineptire et, quod vides perisse, perditum ducas!"*
Catull macht eine kurze Pause, er seufzt, im Hintergrund erscheint verschwommen das Gesicht eines Mädchens, in einer Seifenblase, die relativ schnell zerplatzt.
Catull setzt das Schreiben fort, beim Schreiben wechseln sich freudige Gesichtsaudrücke und Tränen ab.
Catull: *„Fulsere quondam candidi tibi soles, …*
Catull verschwindet von der Bildfläche, nur seine Stimme ist noch zu hören. Man sieht Bilder, die Catull gemeinsam mit dem Mädchen zeigen. Auf Filmsequenzen folgen immer wieder Fotos.

Catull: *... cum ventitabas, quo puella ducebat...*
Es erscheinen weitere Filmszenen und Fotos.
Catull: *... amata nobis, quantum amabitur nulla."*
Ein Bild des Mädchens erscheint ganz klar. Catull erscheint wieder auf der Bildfläche.
Catull: „*Ibi illa multa ... cum iocosa fiebant* (seine Stimme wird viel entschiedener); *qua tu volebas nec puella nolebat, fulsere vere candidi tibi soles*" (seine Stimme wird immer entschiedener).
Catull: „*Nunc iam illa non vult*" (seine Stimme wird ruhiger, jedoch darauf äußerst entschieden). „*Tu quoque, impotens, noli, nec, quae fugit, sectare, nec miser vive, sed obstinata mente perfer, obdura."*
Seine Stimme wird relativ ruhig; aus ihr sprechen Entschlossenheit und Selbstbewußtsein.
Catull: „*Vale, puella, iam Catullus obdurat* (seine Stimme wird entschlossener) *nec te requiret nec rogabit invitam."*
Catull verschwindet von der Bildfläche. Auf ihr erscheint nun das Mädchen, das ziellos durch die Gegend zu laufen scheint. Nach einer kurzen Pause ist Catulls Stimme wieder zu hören.
Catull: „*At tu dolebis, cum rogaberis nulla."*
Catulls Stimme wird sehr laut, aus ihr spricht Verachtung.
Catull: „*Scelesta, vae te!"*
Catulls Stimme wird leiser, er ist wieder zu sehen, in seiner Hand hält er ein Bild des Mädchens.
Catull: „*Quae tibi manet vita? Quis nunc te adibit? Cui videberis bella? Quem nunc amabis? Cuius esse diceris? Quem basiabis? Cuius labella mordebis?"*
Während der Fragen ist auf Catulls Gesicht ein gewisses Lächeln erkennbar. Als er die Fragen geschrieben hat, laufen ihm einige Tränen übers Gesicht. Nach einer Pause beginnt Catull weiterzuschreiben, doch seine Stimme und sein Gesichtsausdruck sind wieder pessimistischer.
Catull: „*At tu, Catulle, destinatus obdura."*
Catull schließt sein Tagebuch. Nachdem er seine Zeilen noch einmal gelesen hat, laufen ihm wieder einige Tränen. Er sitzt geraume Zeit vor dem Tagebuch. Stellenweise sind wieder Filmsequenzen und Fotos zu sehen.

2 Kritik der Mitschüler:

– Es fehlt Action.
– Man sollte sie in den Filmsequenzen genauer schildern, z.B. was bei *cum ventitabas* gezeigt wird.
– Rückblenden sollten gekennzeichnet werden.
– Verschiedene Szenen sollten jeweils der Stimmung Catulls entsprechend mit verschiedenen Farben unterlegt werden.
– Man müßte etwas zur Filmmusik angeben.

3 Ergebnis der weiteren Diskussion:

– Der Maler hält einen fruchtbaren Moment fest (besser: ein fruchtbares Moment). Ähnlich ist es in diesem Drehbuch: Catull wird mit seiner Schreibtafel gesehen, nachdenklich.
– Könnten auch die Liebesgöttin oder Amor den Text zu Catull und zur *puella* sprechen?
– Man könnte sich auch Catull vor der Haustür Lesbias vorstellen (hier erfinden die Schüler das

Paraklausithyron bzw. erfinden, was Orff in seinem Catulli Carmina macht, wenn er Catull sein c. 60 vor Lesbias Haus sprechen läßt, in dem er Caelius und Lesbia zusammen sieht)[22].
– Schreiben ist das Produktivste, ist psychologisch richtig, dient der Aufarbeitung, Bewältigung, Kompensation. Dazu wurden verschiedene Buchveröffentlichungen und Ratgeber genannt.

(c) Neudichtung und produktive Rezeption

Die Nachdichtung ist eine Neudichtung. Sie eignet sich Gesichtspunkte des Originals an und überträgt sie in die Vorstellungswelt der Gegenwart und des Nachdichters. Man kann dies in strenger Wissenschaftlichkeit mit sehr eindrucksvollen Ergebnissen tun. Werner Suerbaum hat das Verfahren geschildert: Punkt für Punkt werden die Aussagen des Originals, d.h. des Ausgangstextes, geprüft und auf ihre Gültigkeit für die Gegenwart geprüft. Übernehmbares wird übernommen, Überholtes, d.h. im Augenblick oder grundsätzlich nicht mehr Gültiges und Vertretbares, wird umgeschrieben.[23]

Dabei kann die Neu- oder Nachdichtung mit einer produktiven Rezeption auch in der Weise verbunden sein, als neue Formen verwendet werden: Erzählungen werden zu Reportagen, Hörbildern, bildlichen Darstellungen, Comics. Dialoge werden zu Comics und Hörbildern. Es gibt bei weitem mehr Möglichkeiten, eine Reihe von ihnen sind in verschiedenen Veröffentlichungen geschildert.[24]

Bei lyrischen Gedichten wird man sicher vor Umschreibungen in andere Textformen meist zurückschrecken, wie überhaupt die produktive Rezeption in Form des Verfassens neuer Texte und der Herstellung anderer künstlerischer Produkte nicht die Regel ist, sondern an ausgewählten Beispielen die Anschauung und das Verstehen erhöhen kann.

Die freie Nach- oder Neudichtung führt aber ebenfalls zum Vergleichen mit dem Original und hat dieselben Wirkungen wie die Umformung in ein Drehbuch.[25]

Catull

Dann werden die Sonnen dir wieder scheinen.
Und wenn du kommst, wohin dich deine Mädchen bringen,
und wenn du etwas Lustiges machen willst,
wollen sie erst recht.
Und sie werden sich dir nicht entziehen.
Darum, Catull, bleib' hart.

Armes Mädchen, weil du Dinge verloren gehen ließ(es)t, die du für vergangen hieltest.
Einst strahlte die Sonne auf dich,
als du Catull führen durftest, wohin du wolltest.
Und wenn du etwas Scherzhaftes machen wolltest,
wollte ich erst recht.
Aber obwohl er dich liebte wie keine andere,
entzogst du dich ihm.

---

[22] Eine andere Deutung bei Glücklich, Catulls Gedichte im Unterricht (s. Anm. 3), S. 62 f.
[23] W. Suerbaum (s. Anm. 2), S. 99–103.
[24] S. Anm. 14.
[25] Zu Schülernachdichtungen vgl. auch: Schüler der Klasse 11a (1981/82) des Gymnasiums Wunsiedel, Catullgedichte im Dialekt, in: AU XXV/5 (1982), S. 95.

Doch Catull wurde hart.
Und nun gehen viele Mädchen mit ihm.
Armes Mädchen, wen willst du nun lieben,
wen küssen, wem die Lippen beißen?
Wem gehörst du? Armes, dummes Mädchen.

Der Verfasser des auf Catulls c. 8 basierenden Textes (J. A., Rabanus-Maurus-Gymnasium, Mainz) hat den Tempusgebrauch Catulls in seinem Gedicht 8 bei seiner Nachdichtung oder Neudichtung ebenso variiert wie die Bezugssetzung der Aussagen auf die beteiligten Personen. Zunächst scheint es, daß er auf diese Weise das Gedicht mißverstanden und aus der Catullischen Mehrdeutigkeit eine auf den Schreiber bezogene Eindeutigkeit und den Ausdruck eines Stolzes und Selbstwertgefühls gemacht hat. Aber durch die Teilung des Gedichtes in zwei Teile und durch das Offenhalten der Möglichkeit, ob das erste Gedicht nicht doch in das zweite eingefügt werden kann und wo dann, erreicht er, daß man trotzdem den Sprecher des Gedichts nicht als gefühllosen Macho, sondern als einen sich Rettenden erkennen kann. Die Teilung des Gedichtes verweist zudem auf das Original, ohne daß die beiden Teile nicht verstanden werden können, aber auch auf die mögliche innere Zerrissenheit, die Catull ausdrückt und die dem Verfasser der Nachahmung trotz aller Selbstbehauptung nicht ganz fremd zu sein scheint.

7. Noch eine poetische Rezeption

Von der Kunst eines Dichters ist die Schülerfassung des Werkes noch weit entfernt. Aber der Ansatz an das Werk von verschiedenen Seiten her, vom Lesen über das Erschließen zum Übersetzen, vom philologischen Interpretieren über freies Assoziieren und Umformen in vielerlei andere Medien oder literarische Formen, gerade er zeigt die Kunst des Dichters Catull und läßt seine höheren Rezeptionen verstehen. Man wird jetzt Günter Kunerts Catulldeutung schätzen können[26]:

Günter Kunert

‚*Shakehands, Catull*‘

Er nannte jedes Ding bei seinem Namen
und machte sich nicht viel aus dem Geschrei.
Und seine Kunst war hochbeliebt bei allen Damen
von Rom bis in die ferne Lombardei.

Der große Caesar war ein größres Luder
und bückte sich empor zu Macht und Ruhm.
Jedweder Reiche und jedweder warme Bruder
konnt Caesarn kaufen samt dem Heldentum.

Die Senatoren, reich durch ihre Huren,
die sie verkauften der antiken Welt,

---

[26] Günter Kunert, Shakehands Catull, in: Unschuld der Natur, Berlin 1966, vgl. dazu Seidensticker, a.O. (s. Anm. 1), S. 49: „In seiner Hommage an den römischen Dichter formuliert Kunert indirekt, aber unüberhörbar, eigene Vorstellungen von Wesen und Funktion der Kunst."

*und die von einem Freudenhaus zum andern fuhren
und abkassierten das noch warme Geld,*

*beherrschten Rom und seine Kolonien,
doch nicht Catull und dessen wilden Spott.
Er zeigte seine Zeitgenossen auf den Knien
mit Venus ringend statt mit ihrem Gott.*

*Catull wies auf sie mit dem Zeigefinger
(den man zu andern Zwecken damals nahm).
Denn er war mutig und war selbst ein guter Springer,
bevor er, fremd in fremder Stadt, verkam.*

RAINER NICKEL

Vom Nutzen der Zwei-Stimmen-Theorie für die Vergillektüre in der Schule

„Die Schlußszene der Aeneis ist provokativ; sie fordert den Leser auf, darüber nachzudenken, warum sie so gestaltet ist: Aeneas ersticht brutal den am Boden liegenden Turnus." Diese von Friedrich Maier empfundene Provokation[1] dürfte für die Aeneis-Lektüre ein wirksamer Impuls sein und den Lehrer dazu veranlassen, das in der Regel nur aus den Büchern 1–6 gewonnene Bild des Aeneas in Frage zu stellen. Kann der blutrünstige, grausame, erbarmungslos mordende Aeneas der Schlußszene[2], der kochend vor Wut einen wehrlos am Boden liegenden Gegner umbringt, als „Präfiguration des Augustus" (Werner Suerbaum), als Urbild oder Typos des Friedenskaisers gelten?

Friedrich Maier weist mit Recht darauf hin, daß sich der Leser, wenn er Aeneas als einen präfigurierten Augustus begreift, an Oktavians Taten in der Zeit nach Caesars Ermordung erinnert[3]. Denn obwohl Sueton in seiner Augustus-Biographie feststellt, Augustus habe nie ohne gerechte Ursache und ohne Not Krieg geführt (21,2) und sei von der Begierde, auf jede Weise das Reich und den Kriegsruhm zu vergrößern, weit entfernt gewesen, und obwohl der Biograph die *modestia* des Augustus rühmt (21,3), verschweigt er nicht dessen ganz andersartiges Verhalten nach der Schlacht bei Philippi (Sueton 13,1): „Den Erfolg seines Sieges nutzte er keinesfalls maßvoll: Das Haupt des Marcus Brutus schickte er nach Rom, um es vor die Statue Caesars werfen zu lassen. Gegen die bedeutendsten Gefangenen wütete er auch mit Worten auf beleidigende Weise. Einem, der ihn um eine würdige Bestattung anflehte (*uni suppliciter sepulturam precanti*, Sueton 13,2. Vgl. Turnus bei Vergil, Aen. 12, 930f., wo dieser als *supplex* seine „bittende" Rechte Aeneas entgegenstreckte), habe Oktavian geantwortet, dafür sorgten schon die Vögel. Anderen, Vater und Sohn, die um ihr Leben baten, habe er befohlen zu losen, damit es einem von beiden geschenkt werden könne; Oktavian habe es mit angesehen, daß beide starben, da sich der Sohn selbst umbrachte, als sich der Vater freiwillig dem Henker auslieferte. Nach seinem Sieg im Perusinischen Krieg habe Oktavian zahlreiche Todesstrafen verhängt (15,1), wobei er denen, die um Gnade zu bitten wagten, immer nur mit einer Formulierung antwortete: Man müsse sterben (*moriendum esse*). Einige berichteten, Oktavian habe von denen, die sich ihm ergeben hätten, dreihundert Personen aus dem Ritter- und Senatorenstand ausgewählt und sie am 15. März an einem dem Divus Iulius errichteten Altar wie Opfertiere schlachten lassen (15,1).

---

[1] Das Gesicht des Krieges in Vergils Aeneis. Bilder als Anstoß und Ergebnis der Interpretation, in: Anregung 35 (1990), S. 306–319.
[2] Vgl. dazu auch die anregenden Ausführungen von H.-J. Glücklich, Interpretation und Unterrichtsvorschläge zu Vergils ‚Aeneis', Göttingen 1984, bes. S. 116–118.
[3] Vgl. dazu die wichtigsten Hinweise von H. Funke: *parcere subiectis*, in: AU XXXIII/6 (1990), S. 53–64.

Unsere Schüler sollten diese Mitteilungen des Sueton kennen, wenn sie den von Vergil gestalteten Oktavian-Typos Aeneas in seinem Verhalten gegenüber Turnus zu verstehen versuchen. In diesem Zusammenhang wäre dann auch die Frage zu stellen, ob Vergil an exponierter Stelle seines Werkes mit der Tötung des Turnus durch Aeneas an die Unmenschlichkeit des späteren Friedenskaisers im Umgang mit Cäsars Gegnern erinnern wollte. Träfe dies zu, dann erwiese sich Vergil trotz Jupiters Verheißung (Aen. 1, 254–296) und trotz der Römerschau (6, 752–853) am Schluß seines Werkes nicht mehr nur als der augusteische Hofdichter, sondern als der kritische Intellektuelle, der die ambivalente Menschlichkeit des göttlichen Kaisers nicht aus den Augen verliert – wie der Sklave auf dem Wagen des Triumphators mit seiner Mahnung: *respice post te, hominem te esse memento.*

Unabhängig von der Frage, inwieweit Vergil anhand seines Aeneas den Kaiser kritisiert und diese Kritik vor allem in der Turnus-Szene akzentuiert, geht es ihm hier anscheinend auch um die Glaubwürdigkeit des epischen Helden: Ein in jeder Hinsicht vollkommener *pius Aeneas* hätte kaum eine Chance, den Leser zu überzeugen. Erst durch die dunkle und abstoßende Seite seines Charakters wird er zu einem vollen Menschen. In der Terminologie der aristotelischen Poetik wird Aeneas erst dadurch glaubhaft, daß er ein „mittlerer Charakter" ist, der sich weder durch sittliche Vollkommenheit auszeichnet, noch aufgrund von Schlechtigkeit und Schändlichkeit, sondern aufgrund seines Fehlverhaltens (δι' ἁμαρτίαν) ins Unglück gerät. Daß Aeneas glücklicherweise kein Paradigma menschlicher Vollkommenheit und kein ausschließlich pflichtbewußter stoischer Weiser ist[4], macht ihn sympathisch. Seine negativen Züge lassen ihn zu einem Menschen aus Fleisch und Blut werden.

Wenn aber Aeneas mit Hilfe des typologischen Ansatzes als „der Typos des Augustus"[5] oder als der präfigurierte Augustus gesehen werden sollte, dann entsprach dies der taktvoll realisierten Absicht des Dichters, trotz aller Verehrung für den Kaiser ein unretouschiertes und dadurch authentisches Bild des Kaisers zu zeichnen.

Die Auffassung von einem gegenüber Augustus kritisch-distanzierten Vergil wurde vor allem in der neueren englisch-amerikanischen Forschung vertreten[6]. So hatte z.B. A. Parry behauptet[7], die Aeneis diene nicht eigentlich der Verherrlichung des Augustus und der römischen Weltmacht, sondern sei in Wirklichkeit eine große Klage um den Verlust der Werte, die dem Aufstieg Roms zur Weltmacht zum Opfer gefallen seien. Was in der Aeneis thematisiert sei, *is not a sense of triumph, but a sense of loss.* Vergil betone zwar die Größe Roms, beschreibe aber auch den schrecklichen Preis dieses Ruhms. Der Dichter spreche in seinem Werk also mit zwei Stimmen *(two voices).* Das eine sei die offizielle Stimme *(the public voice)*, mit der Vergil den Aufstieg Roms preise, das andere die private und zugleich wahre Stimme des Dichters *(the personal voice)*: die Stimme des Mitgefühls für die Opfer, die die Durchsetzung der römischen Sendung mit sich gebracht hat, und des Zweifels an der Gerechtigkeit dieser Sendung selbst. Demnach

---

[4] C. M. Bowra, Aeneas and the Stoic Ideal, in: Greece and Rome 3 (1933/34), S. 8–21 interpretierte Aeneas als stoischen Helden.
[5] W. Suerbaum, Vergils Aeneis. Zur Problematik der Rezeption eines klassischen Werkes in der Forschung und im Gymnasialunterricht, in: P. Neukam (Hrsg.), Erbe, das nicht veraltet, München 1979, S. 97–141, bes. S. 115. – Grundsätzliches zum typologischen Aspekt: G. Binder, Aeneas und Augustus. Interpretationen zum 8. Buch der Aeneis, Meisenheim 1971. Vgl. auch V. Buchheit, Vergilische Geschichtsdeutung, in: Grazer Beiträge 1 (1973), S. 23–50.
[6] Eine neue Auseinandersetzung mit der Two-Voices-Theorie bietet M. Vielberg, Zur Schuldfrage in Vergils Aeneis, in: Gymnasium 101 (1994), S. 408–428.
[7] A. Parry, The two Voices of Vergil's Aeneid, in: Arion 2 (1963), S. 66–80.

zeige die Aeneis einen doppelten, einen gebrochenen Vergil, der zwar Rom in seiner Größe rühme, aber mit seiner zweiten wahren Stimme den Verlust des Humanen beklage.

Auch nach M. C. J. Putnam[8] stellt der Dichter den Sieg des Aeneas und seiner Sache in Frage. Für Putnam ist das Grundthema der Aeneis der Triumph der Gewalt und des *furor*, denen Aeneas am Ende unterliegt. In diesem Sinne stelle sich Aeneas letztlich als eine Verkörperung des *furor impius* dar. Er verfalle der Gewalttätigkeit, der Kampfes- und Zerstörungswut, der Rachsucht und dem blinden Zorn[9]. Folglich könne weder Aeneas der Typos für einen ausschließlich verehrungswürdigen Augustus noch die Aeneis ein Preislied auf das augusteische Rom sein. Putnams Hauptargument für diese These ist die Tötung des um Gnade flehenden Turnus.

Antonie Wlosok[10] hat Putnams These energisch widersprochen. Die Behauptung, Vergils politische Botschaft sei nicht mehr die Glorifizierung der römischen Macht und die Verkündigung der römischen Sendung, sondern die bittere Einsicht, daß Herrschaft und Reich nur im Verein mit *furor*, Rache und Tod voranschreite, beruht nach Wlosok auf Mißverständnissen und Fehldeutungen. Dennoch hat Putnams Interpretation weitergewirkt. Nach R. D. Williams[11] stellt Vergil Aeneas als einen Menschen dar, der das Ideal der Toleranz und Humanität nicht oder nur zeitweise erreiche. Gegen Ende – so Williams – versagt er moralisch und wird dadurch zum Verlierer gegenüber Turnus. Auch nach K. Quinn[12] dient die Aeneis nicht primär der Verherrlichung des Augustus. Sie ist vielmehr so etwas wie ein pazifistisches, antimilitaristisches, humanitäres Manifest. Indem Vergil immer wieder auf die Grausamkeit und die entmenschlichende Wirkung des Krieges hinweist, stellt er diesen und die sich in ihm bewährenden Tugenden in Frage. Wie schon für Putnam und Williams ist auch für Quinn die Tötung des Turnus eine Szene, die diese Tendenz der Aeneis besonders deutlich zum Ausdruck bringt. Quinn hält zwar an der Parallele zwischen Aeneas und Augustus fest. Aber mit Aeneas werde Augustus kritisiert und zugleich entschuldigt.[13]

Antonie Wlosoks Einwände gegen die Two-Voices-Theorie haben Gewicht: Die Verurteilung der Tötung des Turnus entspreche modernem Empfinden. Man müsse die Motivierung dieser Tat und die moderne Einstellung zur Tötung eines Besiegten auseinanderhalten: Turnus habe als vielfacher Kriegsverbrecher den Tod verdient. Er habe sich gegen *pietas* und *fides* versündigt (durch die Tötung des Pallas und den Vertragsbruch im 12. Buch). Aeneas hingegen führe im Auftrag der Götter Krieg. Zu diesem Auftrag gehöre das *debellare superbos*. „Aeneas führt, religiös gesprochen, einen heiligen Krieg im Namen Jupiters, und das ist im Namen der Ordnung und des Rechts, man kann auch sagen, im Dienste der römischen Befriedungsmission. Die Ahndung von Frevel und Gewalt gehört nach der Darstellung Vergils mit zur Sendung des Aeneas. Die Tötung des Turnus fällt unter sein Straf- und Vergeltungsamt ... Der Zorn des Aeneas über den Frevler ist sozusagen ein heiliger Zorn"[14].

Trotz der berechtigten Kritik an der Two-Voices-Theorie, die – wie Antonie Wlosok feststellt – aus Vergil hinweginterpretiere, was ihr nicht gefalle, und hineininterpretiere, was sie gern

---

[8] M. C. J. Putnam, The Poetry of the Aeneid, Cambridge (Mass.) 1965.
[9] So auch H.-J. Glücklich, a. a. O. (s. Anm. 2), S. 116.
[10] K. Quinn, Vergil in der neueren Forschung, in: Gymnasium 80 (1973), S. 129–151.
[11] R. D. Williams, Virgil, Oxford 1967.
[12] K. Quinn, Virgil's Aeneid. A Critical Description, London 1968.
[13] Zur englisch-amerikanischen Vergil-Forschung s. auch W. Suerbaum, Vergils Aeneis. Zur Problematik der Rezeption eines klassischen Werkes in der Forschung und im Gymnasialunterricht, in: P. Neukam (Hrsg.), Erbe, das nicht veraltet, München 1979, S. 97–141.
[14] Wlosok, a. a. O. (s. Anm. 10), S. 150.

hören möchte, darf man die didaktisch-pädagogische Fruchtbarkeit eines derartigen zeitgenössischen Interpretationsansatzes nicht übersehen. Die Herausforderung, die auch von wissenschaftlich fragwürdigen oder anstößigen Interpretationen ausgeht, im Schulunterricht nicht zu nutzen, wäre ein großer Fehler. Denn gerade die Interpretationsergebnisse, die den gewissenhaften Philologen beunruhigen, sind doch oft bedingt durch eine sehr aktuelle, gegenwartsbezogene und zugegebenermaßen auch unhistorische Sichtweise des Interpreten. Wer als Mensch des ausgehenden 20. Jahrhunderts Vergil liest und dabei manches hineinliest, was seiner zeitbedingten Sichtweise und seinem von den Gegenwartsproblemen erfüllten Horizont entspricht, liest ihn wenigstens und setzt sich mit ihm auseinander, um für sich selbst etwas zu gewinnen. Daß eine gegenwartsfixierte Vergil-Interpretation bei der Arbeit am Text zurechtgerückt, korrigiert oder relativiert werden muß, versteht sich von selbst. Allerdings muß dies in einer Weise geschehen, die der Schüler nachvollziehen kann. So lernt er, die gewagte Theorie als eine Hypothese zu betrachten, die es durch den Rückgriff auf den Text zu verifizieren oder zu falsifizieren gilt.

Aber auch wenn mit Hilfe der Zwei-Stimmen-Theorie und ihrer Unterscheidung einer *personal voice* von einer *public voice* der Dichter selbst in ein neues Licht gerückt wird und nicht mehr nur als der staatsbejahende, den römischen Imperialismus verherrlichende Literat, sondern als der Kritiker einer mörderischen Machtideologie erscheint, ist noch keine hinreichende Voraussetzung dafür geschaffen, daß der heutige Schüler an einem Werk wie der Aeneis ein vitales Interesse gewinnt. Denn es ist ihm zunächst gleichgültig, was ein Mensch vor 2000 Jahren geglaubt, gewollt oder kritisiert hat, zumal das Friedensreich des Augustus trotz aller *labores* und aller *virtus* längst untergegangen ist (wenn auch nicht ganz spurlos). Welchen Sinn hat es dann noch, von Schülern unserer Zeit zu verlangen, daß sie sich mit einem Autor beschäftigen, dessen Glaube von der Geschichte widerlegt zu sein scheint?

Die Gestalt des Aeneas, aber auch die des Dichters selbst, trägt menschlich-exemplarische Züge, die der Selbstfindung des jungen Menschen dienen können, ohne sich ihm als vorbildlich aufdrängen zu wollen. Aeneas ist das Exemplum eines Menschen, dem es versagt bleibt, ein Leben des Rückzugs und der Verweigerung zu führen. Sein Ziel ist die Erfüllung eines (göttlichen) Auftrags. Dabei weiß er um das Leid, das er anderen in der Erfüllung seiner Pflicht zufügt, und er leidet selbst an der Verantwortung für das Gelingen seiner Aufgabe. Er zweifelt am Sinn seines Handelns; er agiert und reagiert in vielen Situationen auf eine uns unverständliche, von uns nicht nachvollziehbare Weise; er bleibt uns in vielem fremd und unheimlich wie die Umstände, unter denen er zu handeln gezwungen ist. Sein Verhalten ist oft von einem „Helden-Reflex"[15], dem *heroic impulse*, dem bedingten Reflex der heroischen Tat bestimmt – vor allem im 2. Buch, wo er trotz Sinnlosigkeit des Kampfes im brennenden Troja „sinnlos die Waffen ergreift" (*arma amens capio* 2, 314), von rasendem Zorn (*furor iraque* 2, 316) gepackt wird und wo ihn „schön dünkt, zu sterben in Waffen" (*pulchrumque mori succurrit in armis* 2, 317)[16]. Aber daß Vergil Aeneas über dieses Handeln nachdenken läßt – Aeneas sagt selbst im nachhinein: Sinnlos ergreif' ich die Waffen: *arma amens capio; nec sat rationis in armis* 2, 314), stimmt uns versöhnlich, zumal der von Vergil gewollte Gleichklang von *arma* und *amens* für uns einen Wohlklang hat und wieder die Zwei-Stimmen-Theorie zu bestätigen scheint. Für unsere Schüler dürfte es interessant sein, daß Aeneas gerade in diesen „wahnsinnigen" Situatio-

---

[15] Suerbaum, a. a. O. (s. Anm. 5), S. 128. Vgl. auch K. Quinn, The Heroic Impulse, 1968.
[16] Vgl. auch Horaz, c. 3, 2, 13 und D. Lohmann, *„Dulce et decorum est pro patria mori"*. Zu Horaz c. III 2, in: Schola Anatolica. Freundesgabe für Hermann Steinthal, Tübingen 1989, S. 336–372.

nen eine Rolle zu spielen hat, die seinem ebenso aristokratischen wie archaischen Milieu entspricht, und daß sein Helden-Reflex ein durch sein Milieu und seine Erziehung bedingter Reflex ist, der natürlich auch heute noch in analogen Situationen seine (selbst-)zerstörerische Wirkung zeigen kann.

Es spricht vieles dafür, daß wir, die Menschen der Moderne, Aeneas viel enger verwandt sind, als wir es wahrhaben wollen. Es wäre ein schönes Ziel der Auseinandersetzung mit Aeneas, wenn wir in ihm Konturen unseres eigenen Spiegelbildes erkennen würden – im Sinne des apollinischen γνῶθι σεαυτὸν θνητὸν ὄντα καὶ ἁμαρτάνοντα. Das ist der „Appell", der von der grausamen Tötung des Turnus durch den „frommen" Aeneas ausgeht.

Gerhard Fink

Pfeile aus dem Exil

Ein spannendes Projekt bei der Ovidlektüre

Jämmerlich?

„Jammerlitaneien" heißen die Tristien bei Schanz-Hosius, und Eduard Norden zählte weite Teile der Epistulae ex Ponto „zu dem Inhaltsleersten der ganzen römischen Literatur". So harten Urteilen standen und stehen positive gegenüber, z.B. Goethes hohe Wertschätzung oder die überlegte Würdigung in Kindlers Literatur Lexikon, doch in einem herrscht Übereinstimmung zwischen Kritikern und Lobrednern der Exildichtung Ovids: Hier ist ein „schmerzlicher Grundton" angeschlagen, eine gewisse „Monotonie der Wiederholungen" nicht zu übersehen, hier kann man sich stören an „devoter Schmeichelei"[1]. Wenn dem so ist, muß man sich fragen, ob sich dergleichen für die Schullektüre eignet. Latein steht sowieso in dem Ruf, ein ziemlich tristes Fach zu sein; es sollte daher triste Gegenstände lieber meiden und auch darauf verzichten, den Ovid als charakterlosen Speichellecker vorzuführen.

Wie aber, wenn sich zeigte, daß die Tristien an zahlreichen Stellen kaum verhüllt boshaft sind, daß der Dichter eine regimekritische Haltung einnimmt, daß er möglicherweise einer in Rom vorhandenen Opposition durch seine subtilen Attacken und durch die bewußt übertriebene Schilderung eigenen Mißgeschicks Schützenhilfe leisten will und daß er, wenn er scheinbar vor Augustus katzbuckelt, dazu höhnisch grinst – wäre das nicht ein Gegenstand, der den detektivischen Spürsinn junger Menschen reizen und ihnen diesen ungebeugten Dissidenten sympathisch machen könnte?

Nebenher wird sich auch der Beweis führen lassen, daß Ovid in erster Linie als mißliebiger Literat verbannt wurde (wobei man die Ars als angeblich sittenloses Produkt nur vorgeschoben hat. Entsprechend eifrig widerlegt der Dichter in Tristien II den durchsichtigen Vorwand), und man wird Vermutungen anstellen können, womit er den Bannstrahl des Augustus auf sich zog.

Die Chance, den Schleier eines Geheimnisses ein wenig zu lüften und unter der dünnen Decke scheinbarer Zerknirschung und Devotion die Spitzen giftiger Pfeile zu entdecken, macht Schüler auf das im folgenden beschriebene Projekt zumindest neugierig. Schafft man es, jede Stunde etwas Überraschendes entdecken zu lassen, wird die Sache richtig spannend.

---

[1] Kindlers Literatur Lexikon s. v. Tristium libri Sp. 9574.

Geist und Macht

In den Tristien I 1, 103 f. ermahnt Ovid sein Büchlein, das er nach Rom sendet, es solle den Kaiser nicht erneut reizen und weitere Strafe auf ihn ziehen:

ne mota resaeviat ira / et poenae tu sis altera causa, cave!

Wie könnte das geschehen, wenn nicht entweder der Kaiser aus übergroßem Mißtrauen, wie es für Tyrannen typisch ist, in einer ganz unverdächtigen Sendschrift grundlos Gründe für weitere Maßnahmen gegen den Dichter fände oder wenn solche Gründe durchaus vorhanden wären?

Daß sie vorhanden sind, läßt sich nachweisen, und zwar in dem unmittelbar an Augustus gerichteten zweiten Buch der Tristien – das bedeutet, daß Ovid aus der relativen Sicherheit seines Exils heraus jenen Konflikt zwischen Geist und Macht weiterhin austrägt, in dem er auf der Seite des in seinen Augen zunehmend geknebelten Geistes steht:

Quid mihi vobiscum est, infelix cura, libelli,
 ingenio perii qui miser ipse meo?
Cur modo damnatas repeto, mea crimina, Musas, ...
Carmina fecerunt, ut me moresque notaret
 iam demum visa Caesar ab Arte meos.
Deme mihi studium, vitae quoque crimina[2] demes;
 acceptum refero versibus esse nocens.
Hoc pretium curae vigilatorumque laborum
 cepimus. Ingenio est poena reperta meo.
Si saperem, doctas odissem sorores (= Musas),
 numina cultori perniciosa suo. (Tristia II 1 ff).

Zwei Wortfelder beherrschen den Text und lassen sich, zusammengefaßt, auf eine knappe Formel bringen: Dichtkunst gilt in diesem Staat als Verbrechen. Natürlich liegt über dieser Botschaft als dünnes Netz der Tarnung die scheinbare Distanzierung: *Quid mihi vobiscum est? ... Si saperem, doctas odissem sorores ...*

Doch dieser Schleier zerreißt nur allzu schnell: Wieso sollte es „weise" sein, die Musen zu hassen? Wer darf sich überhaupt anmaßen, über Göttinnen ein Urteil zu fällen? Ovid weiß, daß er endlich schweigen sollte –

at nunc – tanta meo comes est insania morbo –
saxa malum refero rursus ad icta pedem. (II 15 f).

Es ist also irgendwie verrückt – sonst würde er nicht noch einmal gegen einen Felsen treten ...

Das ist ohne Zweifel ein seltsames Bild, doch vielleicht beschreibt es die Situation des Literaten, der gegen zunehmende Erstarrung und Verkrustung anzugehen versucht. Bezeichnenderweise vergleicht er sich im nächsten Vers mit einem besiegten Gladiator, der dessenungeachtet in die Arena zurückkehrt. Er gibt also nicht auf!

Angesichts so deutlicher Signale ungebrochenen Widerstandswillens wird man die Tristien nicht als mißglückte Versuche ansehen dürfen, Verzeihung von Augustus zu erlangen, sondern als literarische Ermunterung einer in Rom gewiß vorhandenen Opposition gegen ein tristes, erstarrtes Regime alter Männer.

---

[2] Vermutlich liegt hier ein Wortspiel vor: *carmina – crimina*.

Lang lebe der Kaiser!

So, wie sich eben herbe Kritik unter dem Deckmantel des reuigen Büßers verbarg, ist auch die folgende Passage doppelbödig:

> ... *Livia sic tecum sociales compleat annos,*
> *quae nisi te nullo coniuge digna fuit.*
> *Quae si non esset, caelebs te vita deceret*
> *nullaque, cui posses esse maritus, erat.*
> *Sospite sic te sit natus quoque sospes, et olim*
> *imperium regat hoc cum seniore senex.*
> *Ut faciuntque tui, sidus iuvenile, nepotes*
> *per tua perque sui facta parentis eant ...*
> (Tristia II 161 ff.)

Hier wird der ganzen Familie des Augustus Glück und Segen gewünscht, doch mit Untertönen, die dem allen einen sehr falschen Klang geben:

Livia, die einzige Frau für Augustus, er der einzige Mann für sie – aber beide waren doch schon ein- oder zweimal verheiratet!

Und wer ist der *natus*, dem da Gesundheit gewünscht wird? Augustus hatte doch gar keinen Sohn! Nun, das unpassende Wort meint den ungeliebten Adoptivsohn Tiberius, der *olim* Anteil an der Macht bekommen soll. Dann werden zwei sehr alte Männer das Reich regieren *(cum seniore senex)*, während die Enkel und potentiellen Nachfolger nichts weiter tun können als was sie schon immer tun, in Büchern die Taten der alten Herren „durchgehen".

Als Ovid das schrieb, war Augustus rund 70, Tiberius etwa 50 Jahre alt, und die unterschwellige Botschaft des scheinbar so vollmundigen Texts ist bitter genug: Sieh doch, wie es um dein Haus bestellt ist, und klammere dich nur an die Macht! Einmal wirst du sie doch teilen müssen – und dann macht nur schön weiter, ihr beiden, der Alte und der Uralte! Das kann ja heiter werden!

Mitissime Caesar! (Tristia II 27)

Wie ein Leitmotiv durchzieht das Lob der unendlichen Milde und Güte des Kaisers die Tristien, so penetrant, daß es der Leser als peinlich empfinden müßte, würde es nicht immer wieder durch den Kontext als falsch erwiesen oder sogar vom Dichter selbst *expressis verbis* korrigiert.

Seine Strafe sei – so versichert er beispielsweise – unerwartet milde ausgefallen:

> *Cuius in eventu poenae c l e m e n t i a tanta est,*
> *venerit ut nostro lenior illa metu.*
> *Vita data est, citraque n e c e m tua constitit i r a*[3]*,*
> *o p r i n c e p s , parce viribus use tuis!*[4]
> *Insuper accedunt te non adimente paternae,*
> *tamquam vita parum muneris esset, opes.*

---

[3] *principis ira* als Leitmotiv eines Teils des Tristien begegnet schon I 1, 33 und wiederholt sich oft, z. B. I 1, 95, 103 (*ne resaeviat ira*), 2, 3, 2, 10.
[4] Auch der Verbannte fürchtet allerdings *ensem haesurum iugulo* (I 43 f.).

> *Nec mea decreto damnasti facta senatus*
> *nec mea selecto iudice iussa fuga est.*
> *Tristibus ... principe dignum ultus es, ut decet, ipse ...*
>
> (Tristia II 125 ff.)

Wegen seiner Verfehlung hätte ihn der Kaiser ohne weiteres auch hinrichten lassen können. „Wäre das nicht eine unangemessen harte Strafe gewesen?" fragt der Leser, der an anderer Stelle erfährt, daß schwerere Schuld mit milderer Verbannung geahndet wurde:

> *Cumque alii causa tibi sint graviore fugati*
> *ulterior nulli, quam mihi, terra data est.*
>
> (Tristia II 193 f.)

Immerhin zügelte Augustus seinen Zorn:
Er ließ den Dichter nicht offiziell vom Senat verurteilen, seine Verbannung nicht durch ein Richtergremium (das er sich freilich entsprechend hätte aussuchen müssen) anordnen:
Höchstselbst hat sich der Prinzeps, wie es sich für einen Prinzeps gehört, gerächt ...
Oberflächlich betrachtet, liest sich die Passage wie ein Loblied auf die Milde des Kaisers. Sieht man näher hin, so enthält sie einen massiven Vorwurf: Ein rachsüchtiger Autokrat *(ipse!)* hat aus niedrigen Motiven *(ira, ulcisci)* unter Umgehung des Instanzenwegs einen mißliebigen Intellektuellen, von dem er sich gekränkt fühlte, außer Landes geschafft. Dabei hätte der Betroffene sogar liquidiert werden können, denn soweit ist es bereits gekommen: Systemkritiker müssen um ihren Kopf fürchten! Das war nicht immer so, und es gab einmal eine Zeit, da konnten sogar Staatsfeinde auf die Milde des Kaisers hoffen.

Causa melior

> *Causa mea est melior, qui nec contraria dicor*
> *arma nec hostiles esse secutus opes.*
>
> (Tristia II 51 f.)

Vermutlich spielt hier Ovid auf Horaz an, der bei Philippi auf der falschen Seite stand und zeitlebens nicht ganz über das traumatische Erlebnis von Niederlage und Flucht und späterer Anpassung hinwegkam. Diesen Horaz hat niemand verbannt, obwohl sich in seinem Werk viel Unangepaßtes und Kritisches findet:

> *Herculis ritu modo dictus, o plebs,*
> *morte venalem petiisse laurum*
> *Caesar Hispana repetit penatis*
>   *victor ab ora.*
>
> *Unico gaudens mulier marito*
>   *prodeat ...*
>
> *Dic et argutae properet Neaerae ...*
> ...
> *non ego hoc ferrem calidus iuventa*
>   *consule Planco.*   (c. III 14)

Wer den Wohllaut auch nur einiger Horazoden im Ohr hat, kann dieses *carmen* nicht ohne Irritation lesen: Zu garstig sind die beiden Monosyllaba am Schluß des ersten Verses. Daß *o plebs* eine ganz singuläre Fügung ist, vermerken auch die Kommentare, doch weder Kießling-Heinze noch Numberger nehmen Anstoß daran; sie rühmen im Gegenteil, wie diese zwei Wörter den Eingang des Gedichts beleben und wie sie „in glücklichster Kürze" die freudige Teilnahme der unteren Volksschichten an dem Feste" beschreiben – an einem Fest, dem sich der Dichter selbst entzieht. Er leert ganz privat eine gute Flasche, möglichst in Gesellschaft eines Mädchens, das sein Diener beim *leno* abholen soll (Was wird Augustus dazu dagen?). Wenn aber der Pförtner im *lupanar* Sperenzchen macht, ist's auch egal: Horaz ist kein solcher Hitzkopf mehr wie zu der Zeit, als Plancus Konsul war – also im Jahr der Schlacht von Philippi!

Daß er damals gegen Augustus war, hat Horaz offensichtlich noch nicht vergessen und bringt darum in dem *prima vista* vollmundigen Begrüßungsgedicht noch weitere verdeckte Spitzen gegen Augustus unter, z. B. den deplazierten Vergleich des kränklichen und schmächtigen Mannes mit Hercules, dem Riesenbezwinger, dazu die schon für Porphyrio erst unter Verrenkungen erklärbare Aussage, er habe um einen nur für den Preis des Lebens erhältlichen Lorbeer gerungen, die hintersinnige Chiffre für Livia – *unico gaudens marito* –, in der das Adjektiv changiert zwischen „einzig, einzig geliebt" (aber Livia hatte vor Augustus bereits einen Mann!) oder „einzigartig", und die merkwürdige Sache mit den Mädchen, die schon erste Sex-Erfahrungen gesammelt haben *(puellae iam virum expertae)*. Hier setzen manche Editoren eine *crux*.

Wer dieses Gedicht mit kritischer Aufmerksamkeit liest, findet hinreichend Anlässe für eine Verbannung. Aber Horaz wurde nicht verbannt – Ovid wurde es. Warum?

Späte Geburt

Ein ganz banaler Grund wird oft übersehen: Die älteren Dichter der augusteischen Klassik starben ziemlich früh, Vergil 19 v. Chr., Tibull ca. 18 v. Chr., Properz 15 v. Chr., Horaz 8 v. Chr.; sie alle hielten eine gewisse Distanz zu Augustus und waren nicht vorbehaltlos bereit, das zu schreiben, was seinen politischen Vorgaben am ehesten entsprochen hätte.

Ovid war unter ihnen vermutlich derjenige, der – im Vertrauen auf seinen Erfolg beim Publikum – den von Augustus kritischen Intellektuellen gewährten Freiraum und die von Sueton (Divus Augustus 54 f.) gerühmte Langmut des Kaisers am gründlichsten strapazierte. Sein Unglück war es, daß er zu einer Zeit das Faß zum Überlaufen bracht, als Augustus private Sorgen stark belasteten: seine Enkelin Iulia wurde im gleichen Jahr wie der Dichter verbannt. Vorangegangen waren Verschwörungsgerüchte und Skandale. Über Verwicklungen Ovids in die das Kaiserhaus erschütternden Affären weiß niemand Genaues; Sidonius Apollinaris glaubte immerhin an eine Liebschaft:

> *… et te carmina per libidinosa*
> *notum, Naso tener, Tomosque missum*
> *quondam Caesareae nimis puellae*
> *ficto nomine subditum Corinnnae.* (carm. XXIII 158 ff.)

Ein solcher Skandal, wenn es ihn gegeben hat, könnte Auslöser für die Relegation gewesen sein; als Anlaß mußte die acht Jahre früher erschienene *ars amandi* herhalten.

Ovid selbst beschränkt sich in seinen Epistulae ex Ponto und den Tristien, sicher absichtsvoll, auf bloße Andeutungen seiner Verfehlungen und setzt sich dafür ausführlich mit dem offiziellen Vorwurf der Sittenlosigkeit seiner Dichtungen auseinander (Tristien II 339 ff.), die ihm so lange keine Nachteile brachte:

> *Ergo quae iuveni mihi non nocitura putavi*
> *scripta parum prudens, nunc nocuere seni.* (Tristia II 543 f.)

In seiner selbstverfaßten Grabschrift aber ist es sein *ingenium*, das ihn zugrundegerichtet hat:

> *Hic ego qui iaceo tenerorum lusor amorum,*
> *ingenio[5] perii Naso poeta meo.* (Tristia III 3, 73 f).

Aus diesen Zeilen läßt sich gewiß kein Skandal herausdeuten, wohl aber das Eingeständnis, daß der Dichter die ihm verliehenen (sprachlichen) Möglichkeiten zu seinen Schaden genützt hat.

Tatsächlich scheint die besondere Kunst der Augusteer – das Horaz-Beispiel mag es gezeigt haben – im raffinierten Spiel mit der Sprache ihren Ausdruck gefunden zu haben. Die manchmal brutale Direktheit eines Catull war unter den neuen Verhältnissen unmöglich geworden, doch zwischen ihr und der reinen Panegyrik tat sich ein weites Feld auf, und die geistreiche Stichelei scheint in den kleinen Zirkeln der Hochgebildeten als eine Art von Sport betrieben worden zu sein: Man dichtete so, daß der Uneingeweihte nur die glatte Oberfläche wahrnahm, während der Kenner die verborgenen Widerhaken mit Augurenlächeln entdeckte.

Freilich wird man Augustus nicht unterstellen dürfen, er habe von alledem nichts gemerkt; jedoch „dürften seine beschränkte Zeit und sein politischer Werdegang es verhindert haben, daß (er) wirklich alles selbst gelesen und alle esoterischen Anspielungen verstanden und in ihrer etwaigen Brisanz recht einzuschätzen gewußt hätte[6]".

Außerdem konnte ihm zu einer Zeit, als seine Herrschaft noch jung war, nicht an einem Konflikt mit den geistig führenden Köpfen seiner Zeit gelegen sein.

Der „späte" Ovid war durch die Zeitumstände und, weil das Erotische in seinem Werk eine so herausragende Rolle spielte, weit eher zum Opfer einer exemplarischen Strafe prädestiniert als zum Beispiel Horaz, vor allem, wenn seine verdeckten Attacken eine besonders verletzbare Stelle des Prinzeps trafen oder wenn dieser fand, nun sei es endgültig genug damit.

Wenn Literaten unter Tiberius noch gefährlicher lebten als unter seinem Vorgänger, entsprach dies nur dem Wesen der sich herausbildenden Erbmonarchie.

Carmen et error

Ovid hat, das gesteht er selbst ein, den Kaiser persönlich verletzt, und zwar (auch) durch Worte:

> *… laesi … Caesaris ira …* (Tristia II 123 f.)
> *Tristibus invectus verbis, ita principe dignum,*
> *ultus es offensas, ut decet, ipse tuas.* (133 f.)

Diese *tristia verba* sind wohl Teil jener *culpa*, die Ovid nur andeutet:

> *Perdiderint cum me duo crimina, carmen et error,*
> *alterius facti culpa silenda mihi,*
> *nam non sum tanti, renovem ut tua vulnera, Caesar …* (207 ff.)

---

[5] Vgl. *ingenio sic fuga parta meo* (Tristien I 56).
[6] U. Schmitzer, Zeitgeschichte in Ovids Metamorphosen. Mythologische Dichtung unter politischem Anspruch (= Beiträge zur Altertumskunde Bd. 4), hrsg. von E. Heitsch u. a., (Teubner) Stuttgart 1990.

Breit ausgeführt ist anschließend die Apologie der *ars amandi*. Offenkundig verfolgt unser Dichter die Strategie, den tatsächlichen Anlaß seiner Verbannung, der nur Eingeweihten bekannt ist, nicht zu nennen, und gegen die offizielle Anschuldigung seine Eloquenz einzusetzen.

Weist man nun den beiden *crimina* die Begriffe *carmen et error* zu, dann scheint *carmen* zur Ars zu passen, während *error* für jenes rätselhafte erste Delikt steht. Die Begriffe werden jedoch austauschbar, sobald man den *tristia verba* das *carmen* zuweist und den *error* als „Mißverständnis, Mißdeutung" auffaßt.

Die breite Rechtfertigung wäre dann ein Versuch, diesen *error* aufzuklären.

Allerdings kreist, wenn man es aufmerksam liest, fast das ganze zweite Buch der Tristien um Literatur: *libelli, Musae, carmina, studium, ingenium* sind die Leitworte, die die ersten Verse beherrschen; betrachtet man unter diesem Aspekt Wendungen wie

si non extrema nocerent (97) und *ultima me perdunt* (99),

dann scheint Ovid seinen letzten Schriften und nicht der *Ars* die Schuld an seinem Schicksal zu geben. Sie enthält ja auch tausendfach *(mille locis)* den Namen des Kaisers – und ferner:

Inspice maius opus, quod adhuc sine fine reliqui,
in non credendos corpora versa modos:
Invenies vestri praeconia nominis illic ... (61 ff.)

Hier werden also die Metamorphosen in apologetischer Absicht zur Lektüre empfohlen – und hier können wir Ovid bei einem ziemlich plumpen Täuschungsversuch ertappen: Er will Augustus einreden, dieses Werk diene seinem Ruhm! Dabei verspüren selbst wir, im Abstand von fast zweitausend Jahren, noch die vielen kleinen und größeren gegen den Kaiser gerichteten Spitzen, die es enthält. Denn selbst wenn die Interpreten im einzelnen vielleicht zu viele kritische Untertöne herausgehört haben, bleibt doch in der Summe so viel kaum Bezweifelbares übrig, daß man den Zorn des Augustus begreifen kann.

Freilich, wie konnte er vom Inhalt eines noch unvollendeten Werks so genaue Kenntnis haben, daß er den Verfasser sogleich aus Rom entfernte? Wahrscheinlich waren aus den Vorlesungen, während deren der Dichter seine Verwandlungsgeschichten partienweise vorstellte, einige der Insider-Deutungen der oberflächlich harmlosen Göttersagen durchgesickert.

Tristia verba?

Es könnte zum Beispiel als empörend empfunden worden sein, daß der „unmoralische" Ovid durch die deutliche Gleichsetzung des Augustus mit Jupiter (Met. I 175 ff.) das Sexualleben des Kaisers und überhaupt dessen „Moral" anprangerte. Was ist das für ein Weltenherrscher, der ohne ganz überzeugenden Anlaß die Sintflut inszeniert – angeblich, um die Nymphen und anderen niederen Götter vor der menschlichen Unmoral zu schützen – und, kaum daß das Strafgericht vorüber ist, die arme Nymphe Io vergewaltigt. Was ist das für ein Trickbetrüger, der auf seiner Inspektionstour nach dem Weltenbrand auf wahrhaft perfide Weise Kallisto schwängert, indem er die Gestalt der jungfräulichen Diana annimmt, was ist das für ein perverser Typ, der, wo immer es ihm möglich ist, seinem fatalen Bedürfnis frönt, Jungfrauen zu verführen (wie es Sueton, Divus Augustus 71, dem Kaiser nachsagt: ... *ad vitiandas virgines promptior, quae sibi undique etiam ab uxore conquirerentur*)?

Den neun Musen will ein gewisser Pyreneus Gewalt antun, doch sie entkommen ihm auf Flügeln. Bei der Verfolgung wiegt er sich in der törichten Hoffnung, es ihnen gleichtun zu können, und stürzt sich zu Tode. Die seltsame Geschichte findet sich nur bei Ovid (Met. V 273 ff.) – soll man sie als eine Warnung an den Princeps deuten, die Autonomie der Literaten anzutasten?

Stellt etwa gar der Absturz des Pyreneus (dessen Name an die Pyrenäen und Augustus' spanischen Feldzug erinnern könnte) ein verschlüsseltes Urteil über die literarischen Versuche des Kaisers dar?

Ist etwa auch in der Arachne-Metamorphose der Konflikt zwischen Geist und Macht angesprochen?

Bemerkenswerterweise stürzt sich Arachne gerade mit solchen Geschichten ins Unglück, wie Ovid sie im Riesenteppich seiner Metamorphosen verwebt – göttliche Seitensprünge vorweg.

Und ist es nicht merkwürdig, daß der von Augustus besonders verehrte Gott Apollon als nicht erhörter Liebhaber der Daphne eine ziemlich traurige Figur macht?

Steckt in der Geschichte von Cipus, der ungeachtet eines Wunders und eines Orakels nicht Alleinherrscher in Rom werden will, eine Absage an die Monarchie?

Werden gar bestimmte Vorgänge im Kaiserhaus in den Metamorphosen verschlüsselt angesprochen, zum Beispiel die angeblichen Giftmorde der Livia, denen die beiden älteren Söhne der Iulia zum Opfer gefallen sein sollen?

Es gibt Interpreten, die den Vers

lurida terribiles miscent aconita novercae (Met. I 147)

entsprechend deuten.

Geht man von der Annahme aus, Ovid habe unterschiedliche Methoden der Verschlüsselung angewandt[7], dann lassen sich in den Metamorphosen Dutzende von Passagen finden, an denen ein vorgewarnter Leser Anstoß hätte nehmen können.

Und es gibt noch etwas anderes:

Cur aliquid vidi?

Nichtsahnend scheint Ovid irgendetwas gesehen zu haben und Mitwisser einer Verfehlung geworden sein:

Cur aliquid vidi? Cur noxia lumina feci?
   Cur imprudenti cognita culpa mihi? (Tristia II 103 f.)

Verbirgt sich hier etwa ein Skandal im Kaiserhaus, den der Dichter verständlicherweise nur andeutend in Erinnerung rufen kann?

Non equidem vidi ... versichert er in den Fasti VI 253 ff.

und fährt wenig später fort:

Sed quae nescieram quorumque errore tenebar
   cognita sunt nullo praecipiente mihi.

Die Ähnlichkeit der beiden Passagen ist so auffällig, daß man mit einem gewissen Recht das Distichon aus den Tristien als eine Art Selbstzitat des Dichters ansehen darf.

---

[7] Schmitzer a. O., S. 307 ff.

Tut man das, so wird man das *vidi* der Tristien nicht mehr als ein – unbeabsichtigtes – Zusehen bei irgendeinem kompromittierenden Vorgang deuten, sondern als ein Wahrnehmen anderer Art:

Ohne daß ihn jemand davon unterrichtete, so schreibt Ovid in den Fasti, habe er ihm bislang Unbekanntes und Dinge, von denen er eine falsche Vorstellung hatte, gewissermaßen auf den Weg der dichterischen Inspiration erfahren – und, das ergänzen die Tristien, sich dadurch schuldig gemacht.

Die Passage aus dem letzten Buch der Fasti steht in einem seltsamen Kontext:

Ovid beginnt mit einem Gebet an Vesta, erlebt eine Epiphanie der Göttin (ohne sie freilich anzusehen, was einem Mann ja nicht erlaubt ist) und erfährt, was er bislang nicht wußte. Die folgenden 212 Verse mischen Sagenhaftes mit historischen Ereignissen, zum Beispiel der Belagerung des Kapitols durch die Gallier, der Niederlage des Crassus bei Carrhae und dem Eingreifen des Pontifex L. Caecilius Metellus beim Brand des Vestatempels 241 v. Chr.; in diesem Zusammenhang wird zum zweiten Mal betont, daß ein Mann diesen heiligen Ort nicht betreten dürfe:

> „... *sacra vir intrabo non adeunda viro.*
> *Si scelus est, in me commissi poena redundet:*
> *Sit capitis damno Roma soluta mei."*
> *Dixit et irrupit. Factum dea rapta probavit*
> *pontificisque sui munere tuta fuit.* (Fasti VI 450 ff.)

Im Anschluß an diesen von der Göttin im nachhinein legitimierten Einbruch blendet der Dichter über zu Augustus:

> *Nunc bene lucetis sacrae sub Caesare flammae;*
> *ignis in Iliacis nunc erit estque focis.*
> *Nullaque dicetur vittas temerasse sacerdos*
> *hoc duce, nec viva defodietur humo.*
> *Sic incesta perit ...* (455 ff.)

Der Übergang ist reichlich hart, und der Leser sucht nach einem *tertium comparationis*; er findet es, wenn er sich erinnert, daß Octavian vor dem Endkampf mit Marcus Antonius diesen in Rom dadurch um alle Sympathien brachte, daß er sich sein bei den Vestalinnen hinterlegtes Testament verschaffte und öffentlich vorlesen ließ (Cassius Dio 50, 3, 4; Plutarch, Antonius 58, 4–7; Sueton, Divus Augustus 17, verschweigt bezeichnenderweise, wo dieses Testament aufbewahrt wurde).

Im Falle des Metellus wie des Octavianus mag man sagen „Der Zweck heiligt die Mittel.", doch ist wohl ein Unterschied zwischen der Rettung des Allerheiligsten und einem eklatanten Rechtsbruch und Religionsfrevel.

Daß danach Vestas Flamme besonders hell strahle und man von keiner der Jungfrauen sagen werde, sie habe ihr Gelübde gebrochen, fügt sich schlecht in diesen Zusammenhang, ebenso schlecht wie die exakt in die Mitte des langen Vesta-Exkurses gestellte Geschichte von der versuchten Vergewaltigung der jungfräulichen Göttin durch den Sexprotz Priapos. Ovid hat hier eine in den Metamorphosen (IX 347) angedeutete und in den Fasten (I 393 – 440) schon einmal erzählte Sage von einem Überfall des Priap auf die Nymphe Lotis, teilweise mit denselben Worten, auf Vesta übertragen. Man fragt sich, ob das die Folge von Schlamperei und Vergeßlichkeit oder beabsichtigt ist.

Eine Absicht hinter diesen und zahlreichen anderen mit Vesta zusammenhängenden Versen vermutet Christine Korten[8] und sieht den Grund für Ovids Verbannung in der verdeckten Erinnerung an „den einzigen Fall, wo er (Augustus) gegen religiöse Gebräuche verstieß."[9]

Die Tat selbst lag zwar zum Zeitpunkt der Verbannung des Dichters schon fast vierzig Jahre zurück, aber seltsam ist es auf jeden Fall, daß an sie zwischen den Zeilen des letzten Buchs der Fasti – und vielleicht nicht nur da – erinnert wird.

Pression und Reaktion

Wahrscheinlich wurde es Ovid hinterbracht, daß böse Anspielungen in seinen Metamorphosen das Mißfallen des Kaisers erregt hatten; die Passage in den Fasten kann darum als Warnung verstanden werden: Ich weiß allerhand von Dir, was ich noch auspacken könnte … Anscheinend erreichte der Dichter aber mit dieser Pression das Gegenteil von dem, was er beabsichtigte: Er wurde verbannt.

Die Selbstvorwürfe in den Tristien – *ingenio perii* (III 3, 74 u. ö.; *me meus abstulit error stultaque mens nobis, non scelerata fuit* I 2, 99 f.) – lassen sich durchaus so deuten, daß er den Einfall, der ihm einst schlau vorkam, nun verwünscht, weil er damit bei Augustus an eine besonders empfindliche Stelle rührte.

Es spricht im übrigen noch mehr dafür, daß Ovid das Verbannungsurteil nicht ganz unerwartet traf, daß er in seinen kurz vorher vollendeten Metamorphosen gedanklich mit dieser Möglichkeit spielte und daß er darauf in den Tristien gezielt rückverwies.

Jupiters Zorn

Die in den Metamorphosen angelegte Gleichsetzung des Kaisers mit Jupiter wird in den Tristien verstärkt und gewissermaßen unterstrichen: I 5, 62: *Caesaris ira*; 78: *Iovis ira*; 84: *ira dei*.

Ist das ein Zeichen von Zerknirschung und demütiger Reverenz vor der Göttlichkeit des Augustus? Wahrscheinlich nicht. Vielmehr scheint der Dichter auf das, was er, solange er noch in Rom war, nur andeutete, den Finger zu legen und sagen zu wollen: Ganz so ist es: Augustus ist ein launischer Tyrann, genau wie der Jupiter meiner Metamorphosen, er gehorcht seinen Emotionen, und er will mich vernichten – aber das gelingt ihm nicht ganz:

> *Iamque opus exegi, quod nec IOVIS IRA … poterit … abolere …* (Met. XV 871 f.)

Das Werk wird bestehen, auch wenn man den Dichter umbringt:

> *Cum volet, illa dies, quae nil nisi corporis huius*
> *ius habet, incerti spatium mihi finiat aevi.* (XV 873 f.)

Diese Verse mag er in Vorahnung kaiserlicher Ungnade geschrieben haben; daß er sich nun, in der Verbannung, auf sie bezieht, liegt nahe. Er leidet als Literat, der den allmächtigen Princeps herauszufordern wagte, und er läßt bei aller gespielten Zerknirschung erkennen, daß er den Kampf gegen diesen nicht aufgibt. Wenn sich – wofür, wie gezeigt wurde, einiges spricht – politische Spitzen in den Metamorphosen und in den Fasten finden und wenn ein Zusammenhang

---

[8] Ovid, Augustus und der Kult der Vestalinnen. Eine religionspolitische These zur Verbannung Ovids. Studien zur Klassischen Philologie, hrsg. v. M. v. Albrecht, Bd. 72, (Peter Lang-Verlag) Frankfurt/M. 1992.
[9] J. Buchan, Augustus. Erster römischer Kaiser. Eine Biographie, (Pawlak) Herrsching, 1988, S. 99.

zwischen ihnen und der Verbannung des Dichters besteht, dann wird dieser Zusammenhang bei allem oberflächlichen Vergeheimnissen des wahren Verbannungsgrunds aufmerksamen Lesern recht energisch nahegebracht.

Angesichts der wohldosierten Bosheiten, die sich an so vielen Stellen im Werk des Ovid finden, wirken die wiederholten Versicherungen, er habe damit an niemandem herbe Kritik üben wollen, sehr eigenartig: Glaubt er wirklich, dies Augustus nun einreden zu können, während er gleichzeitig neue Pfeile abschießt?

> *Non ego mordaci destrinxi carmine quemquam*
> *nec meus ullius crimina versus habet.*
> *Candidus a salibus suffusis felle refugi;*
> *nulla venenato littera mixta ioco est.*
> (Tristia II 563 ff.)

Wahr an dieser Apologie ist, daß unser Dichter alles Grobschlächtige meidet; seine Kritik ist subtiler. Daran will er sein Publikum wohl erinnern, das wir uns als wirklichen Adressaten auch des zweiten Tristienbuchs denken müssen.

Tristes Land

Auf der Klaviatur der Gefühle dieses Publikums spielt Ovid ganz meisterlich, zumal er davon ausgehen kann, daß niemand seiner Leser auch nur eine ungefähre Vorstellung vom Leben an der Schwarzmeerküste hat. So macht er aus einer griechischen Kolonie einen barbarischen Außenposten des Imperiums, in dem er – welche Paradoxie! – zum Barbaren wird, weil ihn keiner versteht:

> *Barbarus hic ego sum, quia non intellegor ulli.* (Tristia V 10, 37)

Fast das ganze Jahr über liegt hier Schnee, die Donau und sogar das Meer friert zu, und den Wein kann man einfach ins Eck stellen, auch wenn die Amphore zerbrochen ist:

> *nudaque consistunt formam servantia testae*
> *vina, nec hausta meri, sed data frusta bibunt.* (Tristia III 10 23 f.)

Die Vorstellung, daß man dort den Wein lutschen muß, ist irgendwie komisch (so geht es oft mit Münchhausenhaften Übertreibungen), und zugleich entlarvt die Stelle den Schwindel mit der Kulturferne des Ortes: Wein kommt immerhin noch hin!

Sieht man von solchen Ausrutschern ab, schafft Ovid einen Dreiklang von Aussagen, der sich durch ständige Wiederholung ins Bewußtsein des Lesers einprägen soll:

„Vater des Vaterlands" und „mildester Kaiser" (Tristien II 39 bzw. 27) will dieser Augustus sein – trotzdem schickt er einen loyalen Staatsbürger (*Hunc animum favisse tibi:* II 55) ans Ende der Welt und läßt ihn dort ungerührt das Schlimmste erdulden, obwohl seine ganz Schuld in einem *error* besteht:

> *Adice servatis unum, pater optime, civem,*
> *qui procul extremo pulsus in orbe latet,*
> *in quo poenarum, quas se meruisse fatetur,*
> *non facinus causam, sed suus error habet.*
> (Tristia III 1, 49 ff.)

Diese Sätze läßt der Dichter sein Buch sprechen, das bis an die lorbeergeschmückte Haustür des Augustus gelangt ist und dort unter der *corona civica* die Inschrift vorfindet „*Ob servatos cives*".

Ein Retter, ein Heiland will er sein, dieser Princeps – doch was er wirklich ist, zeigt die Realität.

Aufs ganze gesehen, entwirft Ovid anhand seines persönlichen Schicksals ein höchst negatives Bild des Prinzipats als einer menschenverachtenden, unerbittlichen Willkürherrschaft, der an einem bedeutenden Mann, ihrem einzigen noch lebenden großen Dichter, offensichtlich überhaupt nichts gelegen ist.

Die gedankliche Nähe zur vernichtenden Prinzipatskritik des viel jüngeren Tacitus ist auffällig – doch warum? Auch Tacitus ist, genau wie Ovid, ein Sprecher der antikaiserlichen Opposition, der unser Dichter auch im Exil seine spitze Feder lieh.

Ovids besonderes Raffinement – wenn man von der Raffinesse seiner verdeckten Pfeilspitzen einmal absieht – besteht darin, daß er die anscheinend doch viel zu harte Strafe ohne Murren trägt und nur bescheiden um ein wenig Milderung, um ein bißchen mehr Menschennähe bittet. Was kann er auch sonst tun in einem Staat, in dem der Wille eines einzelnen Gesetz ist, eines Mannes, der Milde im Munde führt und vor dessen Zorn alle zittern?

Gerade dadurch, daß er so oft die Sprache der offiziellen Panegyrik spricht, entlarvt er deren ganze Verlogenheit.

Daß sich sogar der Tempel der Libertas seinem Buch verschließt – das ist der Gipfel!

> *Nec me, quae doctis patuerunt prima libellis,*
> *atria Libertas tangere passa sua est.* (Tristia III 1 71 f.)

An wen kann sich der noch wenden, den die Götter abweisen?

> *„Caesar, ades voto, maxime dive, meo!"* (ebd. 78)

Doch der Kaiser und die Götter, *participes irae, quos deus unus habet* (III 2, 28) haben sich gegen ihn verschworen; von „denen da oben" braucht er nichts Gutes mehr zu erhoffen. So mag denn das Buch Unterschlupf suchen bei „denen da unten":

> *Interea, quoniam statio mihi publica clausa est,*
> *privato liceat delituisse loco.*
> *Vos quoque, si fas est, confusa pudore repulsae*
> *sumite plebeiae carmina nostra manus.* (Tristia III 1, 79 ff.)

Allerdings dürfte den Dichter die Hoffnung, bei den kleinen Leuten Anteilnahme für sein Schicksal zu wecken, getrogen haben. Er kommt jedenfalls auf sie im späteren nicht mehr zurück. Die Epistulae ex Ponto appellieren an nunmehr namentlich genannte Angehörige der Oberschicht – doch die waren, ganz wie Tacitus es ihnen unterstellt, zu sehr auf die eigene Sicherheit bedacht, als daß sie sich offen und wirksam für den lästigen Dissidenten eingesetzt hätten.

Man spürt es bei der Lektüre der Epistulae auch immer deutlicher: Hier schreibt ein Hoffnungsloser, der weiß, daß die Öffentlichkeit in Rom ihn längst abgeschrieben hat und sich mit dem Gedanken tröstet: „Es wird schon nicht so schlimm sein in Tomi …"

Ein gewisser Vestalis, der in staatlichem Auftrag ans Schwarze Meer reisen soll, wird darum in den Epistulae IV 7 aufgerufen, sich selbst davon zu überzeugen, daß die Donau wirklich zufriert, genau wie das Meer, daß Lastwagen sie überqueren, daß der Wein *rigido gelu stat*, daß der Feind mit vergifteten Pfeilen schießt – undsoweiter. Das sind alles Zitate aus den Tristien, und die Wiederaufnahme läßt erkennen, was man in Rom davon dachte: Alles hemmungslos übertrieben!

Wahrscheinlich trifft dieses Urteil sogar zu, doch wir sollten Ovid deswegen nicht verachten: Einem Menschen, der verzweifelt dagegen ankämpft, vergessen zu werden, ist jedes Mittel recht, sein Schicksal in Erinnerung zu bringen.

Für die schließliche Resignation des Verbannten bezeichnend ist es, daß die letzte Epistula ex Ponto (IV 16) nicht, wie die meisten vorangehenden, einen namentlich genannten Adressaten hat, sondern einen anonymen literarischen Gegner attackiert, dessen Kritik trotzig die Gewißheit des Nachruhms entgegengestellt wird:

> *Non solet ingeniis summa nocere dies,*
> *Famaque post cineres maior venit ...* (2 f.)

– Und wenigstens in diesem Punkt hat Ovid seine Hoffnung nicht getrogen.

GÜNTER PHILIPP

Gedanken zum Prooemium und zur Charakterisierung Catilinas in Sallusts „Coniuratio Catilinae"

Mein bescheidener Beitrag zur „Festschrift" wird sich mit den Anfangskapiteln der C.C. des Sallust beschäftigen, weil dieses Werk bei der Lektüre immer wieder von neuem fasziniert und meiner Meinung nach nicht zu Unrecht einen Stammplatz im Lektürekanon für die Jahrgangsstufe 11 hat. Dabei möchte ich gleich den kritischen Leser – das ist ja bekanntlich ein Markenzeichen der Altphilologen – um Nachsicht bitten, wenn ich nicht, wie es in einer Fachzeitschrift sonst mit Recht erwartet wird, die gewiß reichliche Literatur zu Sallust mit einarbeite, sondern mich auf die Darstellung der persönlichen Gedanken beschränke, die sich aus der Unterrichtspraxis im Lauf der Jahre entwickelten. Außerdem muß ich all diejenigen enttäuschen, die vielleicht neue Erkenntnisse erwarten. Für diese Aufgabe wäre ja gerade der Jubilar der geeignete Mann.

Da ja eine für den Menschen typische Eigenschaft, nämlich die Neugierde, viel beitragen kann zur fruchtbaren Beschäftigung mit der Literatur, lasse ich zwei konträre Stimmen zu Sallust zu Wort kommen[1]: Ernst HOWALD, Vom Geist antiker Geschichtsschreibung, München 1944, S. 146, hat einerseits nicht gänzlich Unrecht, wenn er behauptet: „Was Sallust an Ideen zu bieten hat, ist an der Grenze der Primitivität und Banalität." Wenn andererseits Karl BÜCHNER, Sallust, Heidelberg 1960, S. 297–387, Sallust zu einem den Thukydides überragenden (S. 355 f.), von einer tiefen Erkenntnis des Wesens der Geschichte ausgehenden Denker macht (vgl. z. B. S. 342), so ist das auch nicht ganz zu verwerfen. Denn die Werke Sallusts besitzen so viel dichterische Größe und Tiefe, daß sie, wie alle bedeutenden Werke der Weltliteratur, durch Interpretation niemals ganz ausgeschöpft werden können.

Ein gegensätzlicheres Urteil kann man sich kaum vorstellen! Dies sollte aufgeschlossene Schüler doch neugierig machen und zu einer eigenen Erkenntnis motivieren.

Doch nun zum Test! Es geht zunächst um das Prooemium zur C.C. 1–4. Wenn es ein wesentliches Anliegen des Gymnasiums ist, nicht nur Allgemeinbildung zu vermitteln, bei der oft die Gefahr besteht, daß sie zu sehr ins Theoretische abgleitet und punktuell Einzelwissen anhäuft, sondern existentielle Fähigkeiten für die Bewältigung der sicher nicht immer leichten zukünftigen Aufgaben, dann kann dieses Prooemium meiner Meinung nach seinen Beitrag dazu leisten. Gleich in 1,1 häufen sich Ausdrücke römischer Willenshaltung, die durch die Fremdheit des lateinischen Textes und durch die Notwendigeit, sie angemessen im Deutschen wiederzugeben, ihre Wirkung auf positiv eingestellte Schüler nicht verfehlen können, z. B. *student*, davon abhängig *praestare*: wörtlich ‚voranstehen', also nicht ‚bequem herumlungern' (d. h. auch bewußte körperliche Anstrengung) sowie *niti*: ‚sich dagegen stemmen, sich stützen' – dabei läßt sich der

---

[1] Zitiert in: B. Harms, C. Sallustius Crispus, Catilinae Coniuratio. Lehrerkommentar, Frankfurt 1962, S. 42.

Schritt von der körperlichen Tätigkeit zu einem geistigen Vorgang ohne weiteres vollziehen. Die Wirkung wird noch vergrößert durch den ausdrucksstarken Abl. modi *summa ope;* diese Begriffe geben meiner Meinung nach die Einstellung wieder, die der junge Mensch für die Bewältigung der Zukunftsaufgaben braucht. Dabei erscheint mir psychologisch besonders geschickt, daß Sallust das Verbum *decet* wählt, das zwar nicht so eindringlich wirkt wie *opus est* bzw. *necesse est,* das aber eine moralische, dem Humanum des Menschen entsprechende Verpflichtung ausdrückt. Auch der Gedanke der Polarität des Menschen in 1,2 (Spannungsfeld Geist – Körper)[2] – eindrucksvoll formuliert durch die Brevitas der lateinischen Sprache in kurzen, asyndetischen Sätzen – sollte den jungen Menschen aufrütteln und zur Besinnung auf seine eigene Lebensgestaltung drängen. Kann man die Rollenverteilung der beiden Wesensbereiche des Menschen eindrucksvoller formulieren als in jenem Satz: *Animi imperio, corporis servitio utimur?* Beide Bereiche stehen uns zur Verfügung *(utimur),* aber in konträrer Rollenverteilung *(imperio – servitio).* Drängt sich da nicht ein einfaches, täglich wiederkehrendes Beispiel aus dem Leben des Schülers (aber auch des Lehrers) auf, wenn es um das tägliche frühe Aufstehen geht? Die Folgerung, die Sallust daraus in 1,3 – 1,4 zieht, bietet zunächst Gelegenheit, auf die Andersartigkeit und somit die Fremdartigkeit der Antike hinzuweisen, die darin besteht, daß das einzige Ziel für den Römer *gloriam quaerere* ist, und somit eine oberflächliche Identifizierung nach dem Motto „Schon die alten Römer ..." zu vermeiden. Die Begründung dieser Folgerung könnte doch auch der christlichen Ethiklehre entnommen sein; denn wenn hier Reichtum und andere materielle Werte als *fluxae atque fragiles* dargestellt werden, dann kann das doch gerade in unserer so materialistisch orientierten Zeit ein Signal sein, das die Schüler sich auf andere Werte besinnen läßt. Natürlich ist es in diesem Zusammenhang wichtig, *virtus* nicht nur oberflächlich mit „Tapferkeit" oder „Tüchtigkeit" zu übersetzen, sondern dieses „Herzwort" der lateinischen Sprache als ein „Sich-Bewähren" zu interpretieren. Noch deutlicher wird die Nähe zum Christentum, bzw. (für Nichtchristen) zu einer humanen (dem Menschen gemäßen) Haltung in 2, 7 – 2,9, wo die beiden konträren Lebensformen: eine materialistisch-egoistische, am Genuß orientierte Haltung („Fun-Generation") einerseits und engagierte Lebensweise andererseits drastisch aufeinanderprallen. Die *dediti ventri atque somno* werden nicht nur als *indocti* und *inculti* bezeichnet, sondern mit einem entlarvenden Ausdruck *peregrinantes* genannt. Sie haben also keinen Halt und sind Fremdlinge in einem humanen Leben. Das negative Urteil steigert sich über den Ausdruck *contra naturam* – ein schwerer Vorwurf – bis hin zu einer Gleichsetzung von Leben und Tod. Man erinnert sich an ähnlich harte Aussagen im N.T. Worauf kommt es also an? *Vivere* wird gleichgesetzt mit *frui anima* und findet seine Erfüllung in der Formulierung: *aliquo negotio intentus.* Wieder ein Ausdruck römischer Willenshaltung! Also eingespannt bzw. angespannt, d. h. nicht lasch und vor jeder Schwierigkeit kapitulierend. Ich meine, hier wird die Frage, ob dies primitive Gedanken sind oder nicht, unwichtig in Anbetracht dieser Aussagen als eines wichtigen Beitrags für die Orientierungshilfe des jungen Menschen. Diese Stelle sollte Schüler herausfordern zu der Kernfrage: Wo stehe ich? Welchem dieser beiden konträren Lebensprinzipien will ich mich anschließen?

Diese Polarität (Geist – Körper) darf aber nicht zu einem „entweder – oder" werden; denn dann würde die Gefahr bestehen, daß die dünkelhafte Arroganz einer gebildeten Schicht in diesen Gedanken ihre Begründung finden würde. In 1,7 wird auf das gegenseitige Angewiesensein beider Bereiche hingewiesen. Somit könnte in gewissem Sinn auch der Toleranzgedanke gefördert werden, der sich darin äußert, daß die Leistung handwerklicher Berufe in der Gesellschaft

---

[2] Vielleicht hatte Howald auch diese Stelle vor Augen, als er von der Primitivität und Banalität sprach.

genau so geachtet wird wie rein spekulative Leistung (Philosophie ...) oder konkret und vereinfacht ausgedrückt: Ein Abiturient ist nicht von vornherein mehr wert als ein Lehrling, nur weil er das Abitur hat[3]. Daß die Waage auch anders ausschlagen kann, läßt sich in 3,1 – 3,2 erkennen, wo Sallust sich fast verzweifelt bemüht, die geistige Tätigkeit gegenüber der praktischen Tätigkeit aufzuwerten (wieder eine typisch römische Situation, bedingt durch das praktische Denken der Römer). Dabei kann man die Wichtigkeit der so unscheinbaren parataktischen Konjunktion – *et* – verdeutlichen. Beide Stellen zeigen, daß die Polarität Körper – Geist erst dann zur Vollendung kommt, wenn jeder Bereich in seiner Zielsetzung anerkannt ist und beide miteinander harmonieren.

Der Gedankengang in Abschnitt 3,3 – 3,5 erscheint mir ebenfalls nachdenkenswert. Da ist die Rede von einem jungen Menschen *(adulescentulus)*, der voller Ideale *(studio ... latus sum)* sich einer Aufgabe widmen will, hier der Politik *(ad rem publicam)*, und dann an der brutalen Realität scheitert *(mihi multa advorsa fuere)*.

Welche Formulierung könnte besser in ihrer Prägnanz den auch heute so oft beklagten Werteverfall verdeutlichen als der folgende Satz: *Nam pro pudore, pro abstinentia, pro virtute audacia, largitio, avaritia vigebant.* Elf Wörter, davon sechs inhaltsschwere Begriffe werden durch sieben verschiedene Stilfiguren, zu einem desillusionierenden und erschütternden Statement. Nun könnte man einwenden, daß Sallust hier eine doppelgesichtige Moral vertritt, vor allem wenn man manche Ungereimtheiten in seinem Leben betrachtet. Doch in den Paragraphen 4 und 5 gibt er durchaus zu, daß er von der negativen Entwicklung des Zeitgeistes nicht unberührt blieb *(imbecilla aetas ambitione corrupta ... eadem honoris cupido)*. Durch diese Ehrlichkeit wird er, so meine ich, zu einer moralischen Autorität, die durchaus auch bei der modernen, kritischen und von der Skepsis geplagten Jugend ankommen kann. Modellartig – und ohne die Antike nachahmen zu wollen – ist hier der innere Kampf eines jungen Menschen gegen den schlimmen Zeitgeist abgebildet.

Auch in den §§ 4,1 und 4,2, wo Sallust mit „Riesenschritten" auf sein eigentliches Thema zusteuert, nämlich die C.C., „fällt etwas ab" für den, der – leicht wirtschaftlichkeitsorientiert ausgedrückt – nach etwas „Verwertbarem" sucht: Sallust zieht sich von der aktuellen Politik zurück (wobei natürlich der hier nicht erwähnte Tod seines Gönners Caesar eine große Rolle spielt), aber er resigniert nicht, sondern wendet sich mit Elan einer neuen Aufgabe zu, nämlich der Geschichtsschreibung.

Die Schule soll dem jungen Menschen Qualifikationen für das spätere Leben bieten. Bietet Sallust – zumindestens im Ansatz – hier nicht ein Beispiel dafür, nicht zu resignieren, wenn man in der heutigen immer schwieriger werdenden Berufswelt und Arbeitsmarktlage entweder den gewünschten Beruf nicht erreichen kann oder nach längerer Tätigkeit in einem gewählten Beruf aus wirtschaftlichen oder persönlichen Gründen davon Abschied nehmen muß? Gelegenheiten zu einer sinnvollen Tätigkeit werden sich immer bieten. Man denke nur an das immer größer werdende Aufgabenfeld im sozialen Bereich.

Zwei „Lesefrüchte" sollen am Ende des Prooemiums stehen. In 3,1 enthält ein kurzer, nicht einmal eine Zeile langer Satz eine (im Sinne Howalds) „banale" Feststellung, die durch die Wegmetapher geprägt ist: *Sed in magna copia rerum aliud alii natura iter ostendit.* Die Verschiedenheit der Berufe (und der ihnen zugrunde liegenden Begabungen) ist naturbedingt, die „Gleich-

---

[3] Auch an dieser Stelle (1,5 – 1,7) kann wieder auf die Andersartigkeit der römischen Antike hingewiesen werden; denn die Wirkung wird nur am militärischen Bereich untersucht.

macherei" also unnatürlich. Ist dieser Satz nicht auch ein treffendes Plädoyer für die verschiedenen Wege der Schulbildung bzw. Berufsausbildung?

An den Schluß setzen möchte ich die nicht nur stilistisch glanzvoll formulierte, sondern auch inhaltsträchtige Äußerung in 1,6: *Nam et priusquam incipias, consulto et, ubi consulueris, mature facto opus est.* Nicht nur der parallele Satzbau, sondern auch die durch die Partizipien (statt des geläufigen Infinitivs) gewonnene Verdichtung zwingen den Leser förmlich dazu, diesen Gedankengang zu seiner Lebensmaxime zu machen. Sorgfältige Überlegung und entschlossenes Handeln sind nicht nur nicht von einander zu trennen, sondern sie müssen Hand in Hand gehen. Der Begriff „Schlüsselqualifikationen" bietet sich hier an.

Ein Glanzpunkt in der literarischen Gestaltung der C.C. ist die sog. Charakteristik Catilinas (Kap. 5), umrahmt vom Prooemium und der Archäologie. Es handelt sich also um eine Trias großartiger Textpassagen. Der „Hauptdarsteller" wird gleich am Anfang knapp genannt, er verfügt über eine hervorragende soziale Stellung *(nobili genere)* und läßt den Leser zunächst Großes hoffen; denn Catilina verfügt über starke geistige und körperliche Kräfte, wobei die unscheinbare Folge *et – et,* die man gewöhnlich leicht übersieht, eine wichtige Funktion hat; sie betont die Ausgewogenheit der körperlichen und geistigen Anlagen, kurzum ein „Superman" kündigt sich an; doch das einschränkende *sed* läßt Schlimmes ahnen, aber noch nicht die Dramatik des folgenden Ausdrucks; denn die hervorragenden Anlagen werden durch *ingenio malo pravoque* total entwertet. Wichtig ist hier die Wortstellung und Wortwahl; denn meiner Meinung nach hätte *ingenio malo* schon genügt, er sattelt jedoch noch einen gewaltigen Abschluß darauf in Form des *pravoque.* Nicht nur die Wahl des Wortes *pravus*[4], sondern auch das so einfache Mittel des angehängten *-que* erzielen eine verblüffende Wirkung. Statt der üblichen Satzstellung mit dem Prädikat *fuit* am Ende schließt er den Satz ab mit dem Paukenschlag *pravoque*[5]. Eine schärfere Antithese zur ersten Hälfte des Satzes kann man sich kaum vorstellen. Nebenbei kann man an diesem überschaubaren Beispiel dem Schüler die Notwendigkeit bzw. den Vorzug der Originallektüre verdeutlichen; denn keine noch so gute Übersetzung kann diesen markanten Ausdruck am Ende nachahmen. Wenn man den folgenden Satz (5,2) – wie es allgemein üblich ist – vom Schlußteil her analysiert, dann gewinnt man zunächst einen positiven Eindruck: *iuventutem suam exercuit.* Das ist ja zunächst einmal ein im römischen Sinne äußerst positiver Vorgang: ein junger Mann trainiert, er plagt sich. Doch die Perversion von Catilinas Wesen wird deutlich, wenn das farblose *ibi* der zweiten Satzhälfte gleichgesetzt werden muß mit den brutalen Verstößen gegen die menschliche Gemeinschaft in der ersten Satzhälfte (*caedes, rapinae*).

Nach diesen Negativa folgt eine durchaus nachahmenswerte Fähigkeit mit Vorbildcharakter, nämlich seine unglaubliche (wortwörtlich) Ausdauer bei allen erdenklichen Strapazen, besonders prägnant und eindrucksvoll wiedergegeben durch eine Ellipse und asyndetische Anreihung. Nebenbei bemerkt läßt sich in den §§ 1 – 3 eine chiastische Abfolge von positiven und negativen Merkmalen feststellen.

Wenn man nach einer geeigneten Stelle sucht, um dem Schüler die Eigenartigkeit der lateinischen Sprache bzw. die totale Andersartigkeit gegenüber der Muttersprache zu verdeutlichen sowie die Rolle von Stilmitteln, dann muß man nicht immer bei Dichtern nachforschen, sondern

---

[4]) Vgl. die Grundbedeutung von *pravus*: ‚krumm, schief, unregelmäßig gewachsen, mißgestaltet'. Allein schon die Grundbedeutung drückt einen Verstoß gegen das Natürliche aus, erst recht dann auf der moralischen Ebene.
[5]) Die Verteilung der Längen und Kürzen verstärkt meiner Meinung nach noch die Intensität des Ausdrucks: *malo pravoque* (Häufung der Längen im Mittelteil).

es bietet sich gerade der anschließende Paragraph 4 an. Es empfiehlt sich, die Abfolge der 21 Wörter (nach den Gesetzen der deutschen Sprache überhaupt kein Satz) in sinnbezogenen Abschnitten dem Schüler vorzulegen bzw. es ihn selbst versuchen zu lassen:

Animus audax, subdolus, varius,	a b c
quoius rei lubet simulator ac dissimulator,	-tor – tor
alieni appetens, sui profusus, ardens in cupiditatibus;	a a1 b b1 c c1
satis eloquentiae,	1 2
sapientiae parum.	2 1

Dem Auftaktwort *animus* folgt ein Trikolon von drei Adjektiven, wobei das zunächst ambivalente *audax* durch seine Begleiter eine negative Färbung bekommt, zumal diese Adjektive einen Verstoß gegen eine römische Grundtugend, die *fides*, ausdrücken. Daran schließt sich eine archaische Wortfolge *quoius rei lubet* an, die wieder abhängt von zwei Wörtern, die zwar eine typisch lateinische Endung haben *(-tor)*, im üblichen Sprachgebrauch aber doch nicht so häufig vorkommen. Durch den Gleichklang *(simulator, dissimulator)* erzielen sie eine besonders starke Wirkung, d. h. Catilina betreibt die Zerstörung der *fides* berufsmäßig. Allein schon die optische Anordnung läßt die besondere Rolle dieser Wortfolge deutlich werden; man könnte sie als „Achse" bezeichnen. Daran schließt sich wieder ein Trikolon an, doch diesmal erweitert – dem Prinzip der Variatio entsprechend – nicht in Form von einfachen Adjektiven, sondern von Partizipien, wobei hier zusätzlich noch eine Klimax zu erkennen ist (von dem etwas farblosen *alieni appetens* bis zu *ardens in cupiditatibus* – das sechssilbige Wort steht am Schluß). Auch diese drei Eigenschaften benennen Verhaltensweisen, die vom Egoismus geprägt sind und damit die Basis eines Gemeinschaftslebens zerstören. Da diese Reihe über mehr Wörter verfügt, bietet sie dem Autor auch die Möglichkeit zu zusätzlicher stilistischer Gestaltung: *alieni appetens, sui profusus*: parallele Anordnung, aber inhaltliche *(alieni – sui)* und formale Antithese (Partizip Präsens – Partizip Perfekt) und in Verbindung mit dem dritten Ausdruck chiastische Anordnung. Damit rücken *profusus* und *ardens* eng zusammen und verstärken den negativen Eindruck. Um den Schülern die Möglichkeiten zu verdeutlichen, die für die lateinische Sprache in ihrer Prägnanz stecken, bieten sich die vier letzten Wörter an: *satis eloquentiae, sapientiae parum*. Durch die formale Verdichtung (Ellipse, Asyndeton) wird das inhaltliche Gewicht der Aussage verstärkt. Die zunächst positive und vor allem in Rom durchaus erstrebenswerte Eigenschaft *satis eloquentiae* erscheint durch das unmittelbar folgende *sapientiae* noch wertvoller; doch dann folgt in chiastischer Stellung ernüchternd das *parum* und macht die zunächst wertvolle Eigenschaft zu einem gefährlichen Potential. Denn durch die fehlende *sapientia* ist der Demagogie – oder modern ausgedrückt – der Manipulation Tür und Tor geöffnet. Auf diese Gefahr kann man die Schüler angesichts der heutigen technischen Möglichkeiten der Meinungsbeeinflussung nicht oft genug hinweisen.

Es empfiehlt sich, die Charakteristik Catilinas erst dann abschließend zu interpretieren, wenn man bei der Lektüre das Kapitel 15 übersetzt hat, in dem bekanntlich im Verhalten des Catilina sich menschliche Abgründe auftun. Auch hier nützt Sallust die Freiheit der lateinischen Wortstellung aus, wenn er den ersten Satz abschließt mit dem prägnanten und damit um so aussagekräftigeren *contra ius fasque*. Catilina hat sich somit außerhalb jeder menschlichen Gemeinschaft gestellt. Hier ist auch die Reihenfolge zu beachten; denn der Verstoß gegen das menschliche Recht und damit die menschliche Gemeinschaft steigert sich bis zum Verstoß gegen das göttliche Recht, wobei das einsilbige *fas* noch größeres Gewicht erhält durch das angehängte *-que* als Abschluß des Satzes. Im zweiten Teil von Kapitel 15 (ab §4) verdichten sich die Aussagen, wobei Sallust die Beziehung zwischen äußerem Aussehen und innerem Zustand besonders verdeutlicht. Nach der mehr abstrakten Formulierung *conscientia mentem excitam vastabat,* die seine innere Zerrissenheit und Zerrüttung sichtbar werden läßt, wird die Auswirkung auf das Äußere in elliptischer und asyndetischer Form sowie mit ausdrucksstarken Wörtern deutlich. Dabei scheint man formal in der Abfolge: *citus modo, modo tardus incessus* das unkontrollierte, fast stakkatoartige Gehen zu spüren, verstärkt durch das Substantiv statt der üblichen Verbform und durch die Stellung am Schluß. Durch die chiastische Stellung kommt noch zusätzlich Bewegung in die Wortfolge. Für den römischen Leser war dies um so beeindruckender, als ihm die Vorstellung von der römischen *gravitas* vertraut war, die sich nach außen in einem würdevollen Gang manifestierte.

Als Fazit läßt sich an dieser Stelle zeigen, daß Catilina zwar ausgeprägte Führungsqualitäten hatte (hervorragende körperliche und geistige Verfassung, Vorbildcharakter durch seine Bereitschaft, Strapazen zu ertragen, Überzeugungskraft, Ehrgeiz, zielstrebiges Verhalten), die aber durch ein *malum ingenium* auf eine schlechte Bahn gelenkt wurden. Das vorher schon im Detail entwickelte negative Bild wird in den §§ 5,5 – 5,7 noch negativer, wenn die Rede ist von seinem maßlosen Ehrgeiz, seiner Skrupellosigkeit *(neque quicquam pensi habebat)*, gesteigert durch das Verhältnis mit einer Vestalin bzw. durch die Ermordung seines eigenen Sohnes (15,1 – 15,2). Für die Schüler ist es in diesem Zusammenhang nicht schwer, das Fehlen vor allem einer Eigenschaft zu erkennen, ohne die man nicht von einer führenden Persönlichkeit sprechen kann. Ich meine das Fehlen des Veranwortungsbewußtseins für die Gemeinschaft, das durch das egoistische Verhalten Catilinas nicht nur an den Rand gedrückt, sondern völlig ausgeschaltet wird. Daß sich hier Möglichkeiten ergeben, den Schüler zum Nachdenken über die eigene Position zu bringen, kann man wohl annehmen.

In einer anderen Richtung aber verdient Kapitel fünf noch Beachtung. Wenn man sich vor Augen hält, daß die Beurteilung einer geschichtlichen Persönlichkeit aus sich selbst heraus die Gefahr der Einseitigkeit bzw. der Verfälschung in sich birgt, dann gibt Sallust an dieser Stelle modellartig noch weitere Kriterien an, die wichtig sind, um eine Persönlichkeit einigermaßen objektiv und richtig zu beurteilen. So wird Catilina in 5,6 in eine geschichtliche Situation eingeordnet *(post dominationem Sullae).* Die von Sulla eingeführte Proskription führte zweifellos zu einer weiteren Verrohung und Eskalation im Bürgerkrieg. Dazu kommt in 5,7 das persönliche Umfeld *(inopia rei familiaris).*

Schließlich ist auch das Kriterium des Zeitgeistes, der jeweiligen Einstellung der Gesellschaft für die Beurteilung heranzuziehen, das Sallust durch den Hinweis auf die *corrupti civitatis mores* (5,8) in Betracht zieht. Catilina ist also durchaus ein Kind seiner Zeit, was natürlich keine Entschuldigung für sein zutiefst amoralisches Verhalten sein kann.

Der vorliegende Beitrag erhebt keinen Anspruch auf Originalität und neue Erkenntnisse, sondern es wurde versucht, mit Hilfe der Methode des „mikroskopischen Lesens" – ein Ausdruck, der von dem Jubilar häufig verwendet bzw. vielleicht sogar von ihm geprägt wurde – zu zeigen, daß Schüler – ihre Aufgeschlossenheit vorausgesetzt – auch mit antiken Texten in eine vielleicht sogar existentielle Auseinandersetzung treten können.

> *Carissime Friderice, spero has cogitationes te non dolore affecturas esse, etiamsi hae tibi fortasse iam multos annos notae sunt. Deus pergat te quam plurimos annos valetudine bona summoque studio afficere, ut linguarum antiquarum, imprimis Latinae scientia tua floreat!*

KURT SELLE

Amüsieren wir uns zu Tode?

Eine Unterrichtseinheit über Seneca, Epistulae morales 7

Seit einer Reihe von Jahren wird die Öffentlichkeit durch die Zunahme von Gewalttätigkeit und Gewaltbereitschaft der Menschen beunruhigt. Insbesondere werden diese Erscheinungen auch bei Jugendlichen beklagt. Enquete-Kommissionen sind den Ursachen nachgegangen und haben u. a. herausgefunden, daß Lebensleere, fehlender Gemeinsinn, Defizite an positiven Identifikationsmöglichkeiten, Minderwertigkeitsgefühle, die Reduzierung sprachlicher Fähigkeiten sowie die Erschütterung des Unrechtsbewußtseins individuelles und gesellschaftliches Fehlverhalten hervorrufen können. So berichtete Heike Schmoll in der FAZ vom 30.01.1995 von einer Studie über Gewalt in der Schule, die die Kultusministerin des Landes Baden-Württemberg jüngst vorgestellt hatte. Als Auslöser von Gewalttätigkeiten gelten in diesem Zusammenhang u. a. Fußballspiele, Rock-Konzerte und der Konsum von Gewaltdarstellungen in den Medien.

Gewalt und Brutalität sind nicht neu. Angesichts solcher Feststellungen erscheint es mir daher angebracht und wünschenswert, Texte auch im altsprachlichen Unterricht zu wählen, die ihrem Inhalt nach geeignet sind, zeitlose Grundphänomene der menschlichen Gesellschaft bewußt zu machen, ihren Wert oder Unwert zu untersuchen und junge Menschen dazu anzuregen, sich mit ihrer persönlichen und gesellschaftlichen Situation auseinanderzusetzen.

Gewalttätigkeit und Verrohung des Menschen sind Thema des 7. von Senecas Briefen an Lucilius. Seine Behandlung im Rahmen eines Oberstufenkurses „Philosophie als Lebenshilfe" bietet vor dem Hintergrund des humanistischen Ansatzes des Lateinunterrichts[1] die Möglichkeit, die von Seneca thematisierte Attraktivität der Gewalt zu aktualisieren. Aus mehrfacher Erfahrung teile ich das Urteil über die besondere Eignung der Lucilius-Briefe für den Oberstufenunterricht, wie es u. a. von G. Reinhart und E. Schirok abgegeben wird[2]: „Die Art der Themen ... trifft im allgemeinen auf das Interesse des Oberstufenschülers und macht ihn von daher bereit, sich mit z. T. andersartigen, ungewohnten Antworten auf diese Fragen auseinanderzusetzen. Die Ablehnung der rigorosen und kompromißlosen Ausrichtung der Stoa und die Bereitschaft Senecas, gerade in den Epistulae morales Zugeständnisse an die eigene Unzulänglichkeit und damit die des Menschen überhaupt zu machen, erleichtert wesentlich den Zugang zu einer zunächst fremden Gedankenwelt und Denkart, die trotz aller Abweichungen von der strengen Form der Stoa dem heutigen Menschen dennoch als unerbittliche und unerreichbare Forderung an die eigene Lebensgestaltung vorkommen muß."

---

[1] Vgl. H. Blankerts, Humanität-Humanismus-Neuhumanismus. In Chr. Wulf, Wörterbuch der Erziehung, München 1980, S. 297: „Humanismus ... als Bildungsidee und schulpädagogisch-didaktisches Programm, als politisch-gesellschaftlicher Begriff ist trotz erheblicher Spannbreite von Bedeutungsmöglichkeiten doch übereinstimmend definierbar als eine Ethik, die die Würde des Menschen thematisiert."

[2] G. Reinhart, E. Schirok, Senecas Epistulae morales. Zwei Wege ihrer Vermittlung, Bamberg 1992, S. 5.

Im Zusammenhang mit der Vermittlung einer kritischen Distanz zur eigenen Gegenwart führt H.-P. Bütler die Verwendbarkeit des 7. Briefes an Lucilius an[3]: „Die Philosophie ... zwingt dazu, Begriffe und Wertungen neu zu überdenken. Ist die Lehre dabei so wirklichkeitsnahe und praxisbezogen wie diejenige Senecas, so muß sie zu einer detaillierten Kritik auch der alltäglichen Lebensgewohnheiten führen. Weil aber die römische Prinzipatsepoche als hochzivilisierte Spätzeit auffallende Übereinstimmungen mit unserer Gegenwart aufweist, führt die Seneca-Lektüre den Schüler wie von selbst zu einer skeptischen Durchleuchtung heutiger Lebensformen und unterstützt ihn in dem gerade bei der jungen Generation wachsenden Widerstand gegen eine Gesellschaft, die einerseits auf materiellen Wohlstand und verfeinerten Genuß ausgerichtet ist, andererseits geistlosem Körperkult und rohem Massenspektakel huldigt."

Entsprechend solcher Zielsetzung der Unterrichtseinheit sollte der philosophisch-anthropologische Aspekt im Mittelpunkt stehen, ohne daß die sprachliche Textarbeit oder die Vermittlung von Kenntnissen über die Art und Bedeutung der circensischen Unterhaltung in Rom übergangen werden. Bei der folgenden Beschreibung bleiben diese Bereiche aber absichtlich außer Betracht.

Seneca warnt Lucilius davor, sich in Massenveranstaltungen zu begeben, indem er sich auf die schlechten Erfahrungen beruft, die er als Besucher mit der Gefährdung seines moralischen Verhaltens gemacht habe. Einen besonders negativen Einfluß meint er als Zuschauer von Gladiatorenspielen erlebt zu haben, deren abscheuliche und menschenverachtende Rohheit er wirkungsvoll beschreibt: Schon in seinen Erwartungen, in der Mittagsvorstellung ein harmlos-heiteres Zwischenspiel sehen zu können (7,3: *lusus exspectans et sales et aliquid laxamenti ... Contra est ...*), wurde er getäuscht. Sie entpuppte sich als besonders brutaler Gladiatorenkampf. In scharfer Antithese stellt der Autor gegenüber: *Misericordia fuit, quidquid ante pugnatum est – nunc mera homicidia sunt.* Die regelrechten Kämpfe, die ja für den „normalen" Betrachter schon grausam genug waren, stellen sich als vergleichsweise barmherzig dar. In knappen Sätzen reiht dann Seneca die Elemente der brutalen Szenerie aneinander: jeglichen Verzicht auf ästhetische Bestandteile, auf Deckungsmittel und auf Kampfregeln (*Nunc omissis nugis ... Nihil habent, quo tegantur ... numquam frustra manum mittunt. Hoc plerique ordinariis paribus ... praeferunt.* Hervorhebung noch durch Alliteration). In einer ironisch gefärbten rhetorischen Frage wird das Verb *praeferre* wiederaufgenommen. In asyndetisch aufeinanderfolgenden, durch anaphorisches *non* negierten instrumentalen Ablativen *(non galea, non scuto)* wird noch einmal der Verzicht auf Schutz, durch elliptische Fragen *(Quo munimenta? Quo artes?)* mit ihrer Beschränkung der Ausdrucksmittel und deshalb einer um so eindrucksvolleren Knappheit die Zuspitzung der Kämpfe auf reines Morden verdeutlicht (7,4: *Omnia ista mortis morae sunt* : Alliteration).

Die Gladiatoren sind schon keine kämpfenden Subjekte mehr, sondern sie stellen eine Art Schlachtvieh dar, das den Zuschauern „zum Fraß" vorgeworfen wird *(Homines meridie spectatoribus suis obiciuntur.).* Es handelt sich nur noch um ein gegenseitiges Abschlachten *(Interfectores interfecturis iubent obici et victorem in aliam detinent caedem; exitus pugnantium mors est).* Die zögernden Kämpfer werden durch Diener mit glühenden Eisenstangen zur Fortsetzung des Kampfes getrieben *(Ferro et igne res agitur*[4]*).*

Der verrohte Zuschauer, den Seneca jetzt zu Worte kommen läßt, rechtfertigt mit der vermeintlichen Minderwertigkeit des „Menschenmaterials" die Tötung der Gladiatoren: *Sed latrocinium fecit aliquis, occidit hominem* (7,5). Als der Autor ihm die Frage stellt, mit welchem Recht

---

[3] H.-P. Bütler, H. J. Schweizer, Seneca im Unterricht, Heidelberg 1974, S. 43.
[4] J. Bast, L. Annaeus Seneca Morales. Auswahl, Paderborn 1964, Erläuterungen, S. 45.

der Zuschauer sich dies gegenseitige Umbringen anschauen darf, gibt dieser keine Antwort. Er ist schon vom Massenrausch der Brutalität hingerissen. Seneca läßt den Leser unmittelbar an der Realität teilhaben, indem er die das Geschehen in der Arena begleitenden Rufe der Zuschauer zitiert, die in ihrer Rohheit kaum zu überbieten sind (Imperative: *occide, verbera, ure;* jussive Konjunktive: *plagis agatur in vulnera, mutuos ictus nudis et obviis pectoribus excipiant;* als Fragen verkappte Aufforderungen: *Quare tam timide incurrit in ferrum? quare parum audacter occidit? Quare parum libenter moritur?*).

Bei einer Aktualisierung des Themas „Gewalt" drängt sich der Vergleich des Zuschauens bei den Gladiatorenkämpfen mit dem Konsum von Fernseh- und Video-Programmen in unserer Zeit auf. Er ähnelt im Hinblick auf die Gewaltdarstellungen den Massenunterhaltungen, mit denen sich, wie Juvenal in seiner 10. Satire schreibt, das römische Volk die Macht hat abkaufen lassen. Die Kaiser benutzten die Spiele, um mit ihnen die innenpolitische Ruhe und Stabilität sicherzustellen und die eigene Macht zu festigen[5]: *Idem populus ... iam pridem, ex quo suffragia nulli vendimus, effudit curas; nam qui dabat olim imperium fasces legiones omnia, nunc se continet atque duas tantum res anxius optat, panem et circenses ...* (10, 74 – 81).

In unserer Zeit hat u.a. Neil Postman[6] auf vergleichbare gesellschaftliche Fehlentwicklungen unter dem Einfluß des Mediums Fernsehen aufmerksam gemacht: „An die Stelle der Erkenntnis und Wahrnehmungsanstrengung tritt das Zerstreuungsgeschäft. Die Folge davon ist ein rapider Verfall der menschlichen Urteilskraft. In ihm steckt eine unmißverständliche Bedrohung: Er macht unmündig oder hält in der Unmündigkeit fest." (Klappentext).

Den Konsum von Fernseh- und Videofilmen muß man wohl die quantitativ bedeutendste Freizeitaktivität der Bundesbürger nennen. Das Fernsehgerät ist aufgrund seiner technischen Ausstattung sehr gut geeignet, physisch und psychisch Abstand vom Arbeitsalltag herzustellen. Es ist ständig verfügbar und bietet so neben der Entspannung Zerstreuung, Unterhaltung und Amüsement. Die Verführung des audio-visuellen Mediums besteht darin, daß es zu jeder Zeit schnell, relativ billig elementare psychische Bedürfnisse vieler Menschen befriedigt. Auch das einmalige Erlebnis des Amphitheater-Besuchers bestand darin, sich nach Belieben abzureagieren, den Gefühlen freien Lauf zu lassen, sich spontan und ohne jede Rücksichtnahme niederen Instinkten hinzugeben[7].

Neben vielen anderen bedenklichen Auswirkungen, wie sie u.a. Neil Postman drastisch vermittelt hat, zeigen sich im Zusammenhang mit den Gewaltdarstellungen in Fernsehen und Videofilmen Entwicklungen, die die eingangs erwähnten großen Besorgnisse ausgelöst haben.

In ihnen wird vielfach mit die Ursache für die Zunahme der Gewalttätigkeit und der Gewaltbereitschaft in der heutigen Gesellschaft gesehen. Begründet wird dies mit der quantitativen Zunahme von Gewaltdarstellungen und mit der Steigerung der Brutalität in den Darstellungen selbst[8]. Die Spannungselemente von Filmen sind Ursachen für einen Gewöhnungsprozeß. Die Folgt ist: Je mehr filmische Brutalität konsumiert wird, desto stärkere Reize brauchen Filme –

---

[5] Vgl. C. W. Weber, Panem et Circenses. Massenunterhaltung als Politik im antiken Rom, Düsseldorf/Wien 1983, S. 11.

[6] N. Postman, Wir amüsieren uns zu Tode. Urteilsbildung im Zeitalter der Unterhaltungsindustrie, Frankfurt 1985.

[7] C. W. Weber, a. a. O., S. 19.

[8] H. Beddig, J. Braun, H. Lutter, A. Urban, Vom Fernsehen zum Video. Bildschirmgewohnheiten Jugendlicher und Folgen für die pädagogische Praxis, Hannover 1983/84 (hrsg.: Landesarbeitsgemeinschaft der Freien Wohlfahrtspflege in Niedersachsen), S. 27.

ähnlich wie die Gladiatorenkämpfe in der Antike –, um wieder neue Spannung zu bewirken: *Hoc plerique odinariis paribus et postulaticiis praeferunt. Quidni praeferant? ... Omnia ista mortis morae sunt.* (7,4).

Diese Inflation der Reize läßt sich unschwer bei der Herstellung von Filmen in der Gegenwart nachweisen, teilweise bei den jeweils neueren Produktionen derselben Filmemacher. Die Spannung verschiebt sich immer mehr – wie es auch Seneca beschreibt – von der Handlung in szenische Spannung. Die Gewalt wird immer direkter dargestellt, subtile Spannungselemente nehmen ab.

Den Schülerinnen und Schülern wird es leicht fallen, aus ihrem eigenen Erlebnisbereich diese Feststellungen mit den Kriminal-, Zombie- und Kannibalismusfilmen, mit Horror- und Actionfilmen, Kriegs- und Kung-Fu-Filmen zu bestätigen.

Aus der Fülle der Reaktionen auf die heutigen Programmangebote der westlichen Welt empfehle ich, zum Vergleich mit Seneca eine Satire des amerikanischen Publizisten Art Buchwald heranzuziehen: Der bittere Sarkasmus und die Entsetzen auslösende, kaum noch als Satire empfundene realistische Beschreibung, wie Jugendliche lernen, eine Zeitbombe zu basteln, einen Safe zu sprengen oder in eine Bank einzubrechen, hat große Ähnlichkeiten mit der wirklichkeitsgetreuen Darstellung des römischen Philosophen.[9]

Educational television

The three major networks have announced that they're eliminating sex and violence on television from seven until nine o'clock every evening starting in September and will devote these hours to "family programs."

This means we're going to get all our violence between nine o'clock and eleven on the assumption that people who stay up past nine o'clock are not affected by the mayhem that the networks put on our screens every evening.

I don't know about you, but I'm much more concerned about the teenagers who watch television than the litte tykes who have been shunted off to bed.

Last week I was at a friend's house watching a show with his son. The villain was making a time bomb out of four sticks of dynamite and an alarm clock. The bomber was meticulous in assembling the pieces, and the young man said, "Hmm. So that's how it's done."

"What do you mean?" I asked him.

"I never knew how to make a time bomb before. It's a snap."

"Why would you want to make a bomb?"

"To blow up a safe. Last night I saw a program about a bank, and they showed how you could break into it through the roof. But they couldn't get the safe open. I'll bet you with this bomb they could have done it."

"Didn't the bank have a night watchman?"

"Yeah, but they demonstrated how you could knock him out with one karate blow to the throat. You see, you take the palm of your hand and you got chop like this."

"Never mind," I said.

---

[9] A. Buchwald, Washington is Leaking, reprinted by permission of G. P. Putnam's Sons, Copyright 1974/1975, 1976 by Art Buchwald, entnommen aus: People: Human Dimensions in Britain and America. Ein landeskundliches Lesebuch für die Sekundarstufe II, hrsg. G. Ulmer und V. Rieger, Diesterweg Verlag, Frankfurt 1979, S. 150f.

"Of course, if you don't want to use karate, there's a weapon now with two sticks and a piece of wire, and you throw it around the guy's neck and squeeze, and it's 'Good-bye, Charley.'"

"Where did you see that?"

"On some police show. This guy was really crazy. He killed about six people before they got him. They probably wouldn't have ever found him except for this girl he raped."

"They showed a man raping a girl on television?"

"Sure," my friend's son said with no surprise. "When you rape a girl, you should always grab her from the back and put your hand over her mouth so she doesn't scream. But you have to be careful she doesn't bite you, because later on her teeth marks could be used to identify you."

"Those are some shows you watch."

"What can I do? That's all there is. Do you know you can open anyone's lock with a piece of stiff cellophane? I saw it last Sunday. Look, let me show you."

"I believe you."

"Hey," he said, "if you ever go broke, I know how to burn down your house and collect the insurance without anyone finding out about it. I saw it Wednesday. You have to use cleaning fluid because it doesn't smell and …"

"I don't want to know how to burn down my house."

"Okay. Last week I found out how you tap a telephone without anyone knowing it. It's really simple. All you have to do is find the panel box in an apartment cellar and adjust a few wires. You want me to demonstrate?"

"No, I don't want you to show me. Don't you learn anything from television except how to commit a crime?"

"I saw a girl shooting up heroin two nights ago, but it turned me off."

"That's nice."

"Look! There's a chase. If you ever need anyone to drive a getaway car, I could do it with my eyes closed. Of course, If I had a motorcycle, they'd never catch me."

"I don't know why they call this entertainment, and the stuff on public television educational," I said. "You learn more in one week watching this claptrap, than you do all year on educational TV."

"Wait until you see the movie coming up. It was made especially for television, and it shows you how to hijack a Boeing 747. I wonder if those things are hard to fly."

Senecas Urteil über die Wirkungen, die derartige Gewaltdarstellungen beim Zuschauer auslösen, ist eindeutig: Sie stimulieren zur Umsetzung in reale Gewalt, sie führen zur Verrohung im Umgang mit den Mitmenschen. Der einzelne kann sich dem Massenrausch der Brutalität nicht entziehen: *Ego certe confitebor imbecillitatem meam: numquam mores, quos extuli, refero; aliquid ex eo, quod composui, turbatur; aliquid ex iis, quae fugavi, redit* (7,1).

Es ist nun interessant, Senecas Erfahrungen mit den Analysen der modernen Psychologie zu vergleichen. Die Psychologie versucht, die Ursachen für aggressives Verhalten von zwei unterschiedlichen Forschungsansätzen zu erklären: Ist die menschliche Aggression auf den Menschen angeborene Triebe (vgl. Freud, Lorenz)[10] zurückzuführen oder ist sie eine Folge von Lernpro-

---

[10] K. Lorenz, Das sogenannte Böse. Zur Naturgeschichte der Aggression, (dtv) München 1974.

zessen? Der letztere Ansatz, der in unserem Zusammenhang von Belang ist, arbeitet mit verschiedenen Wirkungshypothesen.[11]

Senecas Auffassung muß man innerhalb des sogenannten lerntheoretischen Denkansatzes wohl der Habitualisierungsthese, die von einem Gewöhnungseffekt durch regelmäßigen Konsum von Gewalt ausgeht, zuordnen oder der Abstumpfungstheorie, die eine Zunahme an Desensibilisierung gegenüber Gewalt annimmt. Die Ablehnung von Gewalt läßt nach, immer mehr Gewaltanwendung wird ertragen: *Quid me existimas dicere? Avarior redeo, ambitiosior, luxuriosior, immo vero crudelior et inhumanior, quia inter homines fui* (7,3). Das Oxymoron verschärft den Sarkasmus!

Für die Diskussion über die Wirkungen sollten aber auch andere Deutungsansätze herangezogen werden: So steht den genannten die Katharsistheorie gegenüber, die von einer sozial erwünschten Wirkung der massenmedialen Gewaltdarstellung spricht: Der durch alltägliche Aggressionen in Beruf und Gesellschaft aufgeladene Betrachter erhält durch die Beobachtung gewalttätig handelnder Personen die Möglichkeit, seine eigene Aggressivität in die Akteure hineinzuprojizieren und sich so in der Phantasie zu entladen. Die Gewaltdarstellungen hätten dann eine läuternde Wirkung.

Die Verstärkungstheorie („Lernen am Erfolg") geht von einer Verstärkung vorhandener Prädispositionen und Einstellungen aus. Bei diesem Deutungsansatz kann man die Wirksamkeit von Gewaltdarstellungen besonders dann annehmen, wenn der Zuschauer bereits vorher aggressives Verhalten gelernt hat.

Einer weiteren Denktheorie liegt die Überlegung zugrunde, daß es die Menschen über verschiedene Techniken immer wieder schaffen, Informationen und Beobachtungen, die ihren bisherigen Einstellungen widersprechen, die daher als dissonant empfunden werden, abzuwehren. Nach dieser Theorie der kognitiven Dissonanz holt sich der Rezipient also mit verschiedenen psychischen Auswahlmechanismen nur das aus den Beobachtungen heraus, was seine bisherigen Auffassungen und Verhaltensweisen unterstützt. Bei anderem wird die Wahrnehmung verweigert: Der Zuschauer blendet selektiv aus, oder er „schaltet ab", oder er interpretiert das Dargebotene um.

Die Psychologen werden, wenn sie der Frage nach der Wirksamkeit von Gewaltdarstellungen nachgehen, auf die Variablen hinweisen, die zu berücksichtigen sind:
– die Qualität der gebotenen Darstellung
– das Ausmaß des Konsums
– die Persönlichkeitsstruktur des Zuschauers
– das soziokulturelle Umfeld des Rezipienten
– der situative Kontext.
Derartige Differenzierungen nimmt Seneca nicht vor.

Über die Beziehungen zwischen Gewaltrezeption und Gewaltausübung gibt es wohl immer noch keine eindeutigen Forschungsergebnisse. Aber von der modernen Psychologie wird eher von einem Wirkungszusammenhang zwischen Gewaltkonsum und realer Gewalt, also von einem entsittlichendem Einfluß ausgegangen. Seneca würde sich also bestätigt sehen.

Aber Gewalt ist nicht das zentrale Anliegen des 7. Briefes. Die Massenunterhaltung der Gladiatorenspiele sind für Seneca nur ein besonders beeindruckendes und überzeugendes Beispiel für die Verführbarkeit des einzelnen, der sich der Masse und dem Massenverhalten aussetzt: *Quid tibi vitandum praecipue existimes, quaeris? Turbam* (7,1).

---

[11] H. Beddig, J. Braun, H. Lutter, A. Urban, a. a. O., S. 40 ff. Dort findet sich weitere Literatur.

Das unkontrollierte Zusammensein mit den Menschen als Masse, die ihre Fehler nicht bekämpft, reißt den einzelnen mit zu Affekten und Leidenschaften: *Unum exemplum luxuriae aut avaritiae multum mali facit: Convictor delicatus paulatim enervat et mollit, vicinus dives cupiditatem irritat, malignus comes quamvis candido et simplici rubiginem suam adfricuit: quid tu accidere his moribus credis, in quos publice factus est impetus? Necesse est aut imiteris aut oderis.* „Die Massenseele ist stärker als individueller Heilswille"[12].

Das Verhalten der Masse bei den Gladiatorenkämpfen mit ihrer ansteckenden Atmosphäre ist für Seneca also ein abschreckendes Exemplum, das zur Besinnung auf eine vernunftgemäße Wertorientierung anregen soll. Diese Besinnung findet aber nur im Innern des einzelnen Menschen statt: *Recede in te ipsum, quantum potes* (7,8) … *Non est, quod timeas, ne operam perdideris, si tibi didicisti* (7,9). Der Mensch entwickelt sich nach Seneca am besten, er fördert sich am wirksamsten in der Auseinandersetzung mit seinem Selbst, bei der er sich, unangefochten von den Gefährdungen in der Öffentlichkeit, an vernunftbezogenen Werten orientiert. Die Gemeinschaft mit anderen soll er suchen, wenn diese ihn auf dem Wege zu einem wertbestimmten Leben fördert oder er sie: *Cum his versare, qui te meliorem facturi sunt, illos admitte, quos tu potes facere meliores. Mutuo ista fiunt, et homines, dum docent, discunt.* (7,8).

Die Erfahrungen und Befürchtungen des römischen Philosophen finden ihre Bestätigung in den Beobachtungen massenhaften Fehlverhaltens bei Zuschauern moderner Sportveranstaltungen. So faßt u. a. A. Krüger[13] die aktuelle Kritik an den Besuchern sportlicher Großveranstaltungen zusammen:

„1. Sportzuschauer sind im wesentlichen passiv. Sie nehmen nicht am Sport teil. Sie sind Konsumenten und keine Erzeuger von sportlichen Leistungen. Sie lassen sich gesellschaftlich verplanen, manipulieren und verdummen.
2. Sportzuschauer sind aktiv, aber ihre Aktivität ist destruktiv und nicht konstruktiv. Indem sie ganz in der Masse aufgehen, schreien sie Obszönitäten, die jeder Einzelne für sich weit von sich weisen würde, werden die gewalttätig, richten sie Zerstörungen an im Stadion, aber auch auf den Wegen zum oder vom sportlichen Spektakel. Im übertragenen Sinne – wenn nicht sogar wirklich – berauschen sie sich und reagieren sie ihre Aggressionen ab.

Brot und Spiele stellt die Zuschauer zufrieden. Ihre gesellschaftlich oder persönlich bedingte Frustration schlägt im Stadion in Aggression um. Fußball wurde damit als ein gesellschaftliches Sicherheitsventil zum Ausleben von Aggressionen bezeichnet."

Die heutige Psychologie und Anthropologie stützt mit ihren wissenschaftlichen Erkenntnissen das schon von Seneca beobachtete Massenverhalten[14]: „Was Masse ist, wird am deutlichsten, wenn man diesen Begriff dem der Menge gegenüberstellt: unter Menge versteht man eine Ansammlung von Menschen, die – außer ihrem Menschsein – nichts miteinander verbindet; Masse wird eine größere Zahl von Menschen genannt, die, wenn auch nur vorübergehend und unter bestimmten, zeitlich bedingten gefühlsmäßig gebundenen Voraussetzungen, durch ein Gemeinsames – eine Leidenschaft, eine Erregung, eine Hoffnung, ein Augenblicksziel – zu einer Einheit zusammengeschlossen werden. Während Menge also ein rein quantitativer Begriff ist, verbindet sich mit dem wesentlich inhaltsreicheren der Masse die Vorstellung von einer Anzahl

---

[12] *philosophandum* est. Seneca ad Lucilium – Selbstzeugnisse eines philosophischen Lebens, für den Unterricht bearbeitet von K. H. Eller, Frankfurt 1978, S. 26.
[13] A. Krüger, Sport und Gesellschaft, Hannover 1980, S. 55.
[14] J. Ortega y Gasset, Der Aufstand der Massen, rde Hamburg 1956, Enzyklopädisches Stichwort „Masse", S. 142 u. 144. Die Stellen aus dem 7. Brief an Lucilius sind von mir hinzugefügt.

von Menschen, die unter bestimmten psychologischen Voraussetzungen zu plötzlichen Affekthandlungen verführt werden können. ...
   Typische Merkmale des Massenmenschen sind:
1. Anonymität. Die individuelle Verhaltensweise verflüchtigt sich unter dem Bann der Leidenschaften, die alle ergreifen, und wird durch nur triebhaftes, instinktmäßiges Reagieren ersetzt (*Facile transitur ad plures:* 7,6).
2. Gefühlsbestimmtheit. An die Stelle der Vernunft treten Gefühl und Trieb. Daher die große Beeinflußbarkeit der Massen, die nicht aus Überlegung und Einsicht handeln, sondern allein durch Emotion gelenkt werden (*Unum exemplum luxuriae aut avaritiae multum mali facit: convictor delicatus paulatim enervat et mollit, vicinus dives cupiditatem inritat ...:* 7,7).
3. Schwinden der Intelligenz. Die Intelligenz der Masse sinkt unter das Niveau der einzelnen, die sie bilden. Wer sich den Beifall der Masse sichern will, wird sich an der unteren Intelligenzgrenze orientieren und auf logisches Argumentieren verzichten. Ein Erlebnis mit anderen zu teilen, steigert die Erregung ... (*Nemo nostrum, qui cum maxime concinnamus ingenium, ferre impetum vitiorum tam magno comitatu venientium potest:* 7,6).
4. Schwinden der persönlichen Verantwortung. In dem Maß, in dem der einzelne die Kontrolle über die eigenen Leidenschaften aufgibt, verliert er sein Verantwortungsgefühl und kann zu Taten hingerissen werden, die er, allein im Blickpunkt der Öffentlichkeit stehend, nie begehen würde" (*Necesse est aut imiteris aut oderis:* 7,8).

Kann die rigorose Abwendung von den Menschen als Masse und die Aufforderung zur Besinnung auf ein wertbezogenes individuelles Selbstverständnis in unserer Zeit von Bedeutung sein?

Daß Senecas pädagogisches Anliegen auch uns Heutige existentiell betrifft, kann den Schülerinnen und Schülern leicht an den Grundwerten unserer Verfassung klargemacht werden: Art. 1 GG postuliert die Unantastbarkeit der Menschenwürde. Dieser Begriff steht in der Kontinuität der philosophischen Überlieferung der Stoa und des Christentums und ist zugleich unmittelbare Reaktion auf die Zeit der nationalsozialistischen Diktatur. Der Forderung nach der Achtung der Menschenwürde liegt ein Menschenbild zugrunde, nach der das Wesen des Menschen in der inneren Freiheit der Entscheidung und in seinem Geöffnetsein, in seinem Organ für das Reich der sittlichen, geistigen und ästhetischen Werte besteht. In der Tradition der Stoa sieht das Grundgesetz die Basis für die einzigartige Stellung des Menschen in seinem ethischen Streben, in seiner Fähigkeit, sich frei für sittliche Werte zu entscheiden. „Menschenwürde ist Ausdruck des personalen Selbstseins des Menschen und seiner Eigenwertigkeit."[15] Dazu gehört aber auch das individuelle Bekenntnis zu einer Wertordnung, das Streben danach und das Einstehen für eine Wertordnung, in der der Mensch einen geachteten und geschützten Platz hat. Menschenwürde ist gebunden an selbständiges, individuelles und verantwortliches rationales Verhalten.

Der Gedanke der Autarkie der Einzelpersönlichkeit findet sich als zentrales Anliegen an vielen Stellen in den Lucilius-Briefen. So auch z.B. am Anfang des 41. Briefes, in dem Seneca den Leser wissen läßt, daß der Weg zur sittlichen Vervollkommnung in der Hinwendung zur eigenen göttlichen Seele und in der Anerkennung ihrer Führerschaft liegt: *Facis rem optimam et tibi salutarem, si ... perseveras ire ad bonam mentem, quam stultum est optare, cum possis a te impetrare... Prope est a te deus, tecum est, intus est.*

---

[15] K. Stern, Das Staatsrecht der Bundesrepublik Deutschland, Bd. III, 1. Halbband, München 1988, S. 58.

Günter Wojaczek

Philosophen, Menschen, Tiere[1]
Überlegungen zu einem Laktanz-Text (De ira Dei 7, 1 – 15)

Im Wintersemester 1994/95 fand an der Universität Bamberg ein Seminar zum Thema „Theorie und Praxis des Übersetzens" statt. In dieser Lehrveranstaltung habe ich verschiedene Prosatexte aus der römischen Literatur behandelt, darunter auch, als Beispiel für die Literatur der späteren Kaiserzeit, eine Probe aus Laktanz. Der lateinische Kirchenvater Laktanz ist für die frühe Cicero-Rezeption von großem Interesse: er ist nicht nur seinem stilistischen Vorbild Cicero verpflichtet, sondern er versucht auch, wie Minucius Felix, als christlicher Autor das in den klassischen Texten enthaltene heidnische Gedankengut, soweit er es für wahr und nützlich hält, mit dem neuen Glauben zur Übereinstimmung zu bringen. Als Beispiel wurde, mehr vom Zufall bestimmt als aus einer didaktischen Zielsetzung heraus, ein Kapitel aus der Schrift „Vom Zorne Gottes" ausgewählt, das in komprimierter Form Sprache und Denken des Autors deutlich macht. Der Einfluß der klassischen Muster ist auf jeder Seite zu fassen, vor allem der bewunderte Meister Cicero hat seine Spuren dem Werk des Kirchenvaters aufgeprägt. Bei der Analyse des ausgewählten Kapitels wurde deutlich, daß der Text, der zunächst einfach strukturiert, leicht übersetzbar und damit sehr verständlich erscheint, eine Reihe von Fragen zum Inhalt aufwirft. In den folgenden Ausführungen wird der Versuch unternommen, einen Weg zu ihrer Beantwortung aufzuzeigen.

Text und Übersetzung nach der Ausgabe von Kraft-Wlosok[2]:
Laktanz, Vom Zorne Gottes/*De ira dei* 7,1 – 7,15

7. 1. Cum saepe philosophi per ignorantiam veritatis a ratione desciverint atque in errores inciderint inextricabiles – id enim solet his evenire quod viatori viam nescienti et non fatenti se ignorare, ut vagetur, dum percontari obvios erubescit –, illud tamen nullus philosophus adseruit umquam, nihil inter hominem et pecudes interesse.

7. 2. nec omnino quisquam, qui modo vel leviter sapiens videri vellet, rationale animal cum mutis et inrationabilibus coaequavit: quod faciunt quidam inperiti atque ipsis pecudibus similes, qui cum ventri ac voluptati se velint tradere, aiunt eadem ratione se natos qua universa quae spirant; quod dici ab homine fas non est.

---

[1] Die Überschrift der Arbeit ist gewählt nach der Abfolge des Vorkommens der drei Gruppen im Text. Daß sich in der Formulierung des Trikolons eine scheinbare Antiklimax ergibt, ist Zufall. Dem antiken Denken entsprechend müßte die Sequenz „Götter, Menschen, Tiere" heißen. Philosophen sind nach Laktanz, wenn sie nicht den rechten, d.h. christlichen Glauben haben, nicht die Krone der die Erde bevölkernden Lebewesen, sie stehen vielmehr auf der Stufe von Tieren.

[2] Laktanz: Vom Zorne Gottes. Eingeleitet, herausgegeben, übertragen und erläutert von H. Kraft und A. Wlosok, Texte zur Forschung Band 4, Darmstadt 1971.

7. 3. quis enim tam indoctus ut nesciat, quis tam inprudens ut non sentiat inesse aliquid in homine divini?

7. 4. nondum venio ad virtutes animi et ingenii, quibus homini cum deo manifesta cognatio est; nonne ipsius corporis status et oris figura declarat non esse nos cum mutis pecudibus aequales? illarum natura in humum pabulumque prostrata est nec habet quicquam commune cum caelo, quod non intuetur.

7. 5. homo autem recto statu, ore sublimi ad contemplationem mundi excitatus confert cum deo vultum et rationem ratio cognoscit.

7. 6. propterea nullum est animal, ut ait Cicero, praeter hominem quod habeat notitiam aliquam dei. solus enim sapientia instructus est, ut religionem solus intellegat, et haec est hominis atque mutorum vel praecipua vel sola distantia.

7. 7. nam cetera quae videntur esse homini propria, etsi non sunt talia in mutis, tamen similia videri possunt. proprius est homini sermo, est tamen et in illis quaedam similitudo sermonis. nam et dinoscunt invicem se vocibus et cum irascuntur, edunt sonum iurgio similem et cum se ex intervallo vident, gratulandi officium voce declarant.

7. 8. nobis quidem voces eorum videntur inconditae sicut et illis fortasse nostrae, sed ipsis qui se intellegunt, verba sunt. denique in omni adfectu certas vocis notas exprimunt quibus habitum mentis ostendant.

7. 9. risus quoque est homini proprius et tamen videmus in aliis animalibus quaedam signa laetitiae, cum ad lusum gestiunt, aures demulcent, rictum contrahunt, frontem serenant, oculos in lasciviam resolvunt.

7. 10. quid tam homini proprium quam ratio et providentia futuri? atquin sunt animalia quae latibulis suis diversos et plures exitus pandant, ut si quod periculum inciderit, fuga pateat obsessis; quod non facerent, nisi inesset illis intelligentia et cogitatio.

7. 11. alia provident in futurum, ut
>   ingentem formicae farris acervum
>   cum populant hiemis memores tectoque reponunt,   (Verg. Aen. 4, 402 f.)

ut apes,
>   quae patriam solae et certos novere penates
>   venturaeque hiemis memores aestate laborem
>   experiuntur et in medium quaesita reponunt.   (Verg. Georg. 4, 155–157).

7. 12. longum est si exsequi velim quae a singulis generibus animalium fieri soleant humanae sollertiae simillima. quod si horum omnium quae adscribi homini solent, in mutis quoque deprehenditur similitudo, apparet solam esse religionem cuius in mutis nec vestigium aliquod nec ulla suspicio inveniri potest.

7. 13. religionis est propria iustitia, quae nullum aliud animal attingit. homo enim solus inpertit, cetera sibi conciliata sunt. iustitiae autem dei cultus adscribitur: quem qui non suscipit, hic a natura hominis alienus vitam pecudum sub humana specie vivet.

7. 14. cum vero a ceteris animalibus hoc paene solo differamus, quod soli omnium divinam vim potestatemque sentimus, in illis autem nullus sit intellectus dei, certe illud fieri non potest, ut in hoc vel muta plus sapiant vel humana natura desipiat, cum homini ob sapientiam et cuncta quae spirant et omnis rerum natura subiecta sit.

7. 15. quare si ratio, si vis hominis hoc praecellit et superat ceteras animantes, quod solus notitiam dei capit, apparet religionem nullo modo posse dissolvi.

Für das rasche Verständnis sei die Übersetzung der beiden Herausgeber beigefügt:

7. 1. Obwohl die Philosophen sich oft aus Unkenntnis der Wahrheit von der Vernunft entfernt haben und in unentwirrbare Irrtümer geraten sind – es geht ihnen nämlich gewöhnlich so wie dem Wanderer, der den Weg nicht kennt und seine Unwissenheit nicht zugeben will, so daß er umherirrt, weil er sich schämt, die zu fragen, die ihm entgegenkommen –, so hat eines doch noch kein Philosoph behauptet: daß zwischen Mensch und Tier kein Unterschied sei.

7. 2. Und überhaupt hat kein einziger Mensch, der nur den leisesten Anschein von Geistigkeit erwecken wollte, das vernünftige Lebewesen mit den stummen und vernunftlosen gleichgestellt. Das tun nur gewisse ungebildete und eben dem Vieh ähnliche Menschen, die sich dem Bauch und der Wollust hingeben wollen; die sagen deshalb, sie seien mit derselben Bestimmung geboren wie alle anderen atmenden Lebewesen. Es ist frevelhaft, wenn ein Mensch das sagt.

7. 3. Wer ist denn so ungebildet, nicht zu wissen, wer so unweise, nicht zu fühlen, daß dem Menschen etwas Göttliches innewohnt. (Punkt statt Fragezeichen am Satzende. Verf.)

7. 4. Dabei rede ich noch nicht von den Kräften der Seele und des Geistes, hinsichtlich derer die Verwandtschaft des Menschen mit Gott offenbar ist. Erklärt nicht bereits die Körperhaltung und die Gestalt des Gesichts, daß wir nicht dem stummen Vieh gleichen? Denn dessen Wesensart ist niedergerichtet zum Boden und zur Weide und hat keine Gemeinschaft mit dem Himmel, den sie nicht schaut.

7. 5. Der Mensch wird dagegen durch seine gerade Haltung und sein hochgerichtetes Gesicht zur Betrachtung der Welt veranlaßt. Er tauscht mit Gott den Blick, und Vernunft erkennt Vernunft.

7. 6. Daher gibt es, wie Cicero sagt, kein Lebewesen außer dem Menschen, das irgend eine Gotteserkenntnis besitzt. Er ist allein mit Weisheit ausgestattet, um allein Kenntnis von Religion zu besitzen. Darin besteht der wichtigste oder vielmehr einzige Unterschied zwischen dem Menschen und dem stummen Tier.

7. 7. Denn die übrigen scheinbaren Eigentümlichkeiten des Menschen können bei den Tieren, selbst wenn sie nicht gleicher Art sind, doch als Ähnlichkeiten erscheinen. Dem Menschen ist die Sprache eigentümlich; dennoch gibt es auch bei jenen etwas, was sich vergleichen läßt. Denn sie erkennen einander an den Stimmen; werden sie wütend, so geben sie einen Laut von sich, der dem Schimpfen ähnlich ist, und wenn sie sich von weitem sehen, dann geben sie mit der Stimme ihren höflichen Grüßen Ausdruck.

7. 8. Uns erscheinen wohl ihre Stimmen unartikuliert, wie ihnen vielleicht auch die unsrigen, aber für sie selbst, die sie sich erkennen, sind es Worte. Schließlich drücken sie bei jeder Gemütsbewegung charakteristische Lautzeichen aus, um damit den Stand ihrer Gesinnung anzuzeigen.

7. 9. Auch das Lachen ist dem Menschen eigentümlich; dennoch sehen wir bei anderen Tieren gewisse Zeichen der Freude, wenn sie sich zum Spielen drängen, sich die Ohren streicheln, das Maul vorziehen, die Stirn glätten und die Augen fröhlich öffnen.

7. 10. Was ist dem Menschen so eigentümlich wie Planung und Vorsorge für die Zukunft? Und doch gibt es Tiere, die ihrem Bau nach verschiedenen Seiten mehrere Ausgänge eröffnen, damit im Falle der Gefahr die Flucht für die Belagerten offen bleibe. Das würden sie nicht tun, wenn sie nicht Einsicht und Überlegung besäßen.

7. 11. Andere sorgen für die Zukunft, wie

„... die Ameise, die einen mächtigen Haufen von Spelzkorn

raubt, weil sie stets des Winters gedenkt und bringt ihn zur Scheuer",

oder wie die Bienen,

>„denn die bilden allein ein Volk mit bestimmter Behausung,
>denken des künftigen Winters und mühn sich darum schon im Sommer,
>tragen fleißig zusammen, was alles sie draußen gefunden".

7. 12. Es dauerte lang, wenn ich ausführen sollte, was es bei den einzelnen Tierarten für Tätigkeiten gibt, die menschlicher Geschicklichkeit ganz ähnlich sind. Wenn sich nun zu alle dem, was man dem Menschen gewöhnlich zuschreibt, auch bei den Tieren etwas ähnliches antreffen läßt, dann bleibt offenbar die Religion das einzige, wovon man bei den Tieren keine Spur oder Ahnung finden kann.

7. 13. Zur Religion gehört die Gerechtigkeit, die kein anderes Lebewesen angeht. Der Mensch allein nämlich teilt mit; die übrigen Wesen sind sich selbst zugewandt. Zur Gerechtigkeit zählt aber der Gottesdienst; wer ihn nicht auf sich nimmt, der ist fern von Menschenart und lebt in Menschengestalt das Leben von Tieren.

7. 14. Wenn wir uns aber von den übrigen Wesen fast nur dadurch unterscheiden, daß wir allein die göttliche Kraft und Macht fühlen, während jene keine Gotteskenntnis besitzen, dann kann in dieser Hinsicht bestimmt das Wissen der Tiere unmöglich größer sein oder die menschliche Natur unwissend; denn wegen seiner Weisheit ist dem Menschen alles, was atmet, und die ganze Welt untertan.

7. 15. Wenn daher Vernunft und Macht des Menschen hierin die übrigen Lebewesen überragt und übertrifft, daß er allein zur Gotteserkenntnis fähig ist, dann kann offensichtlich die Religion auf keine Weise aufgelöst werden.

1. Textlinguistische Analyse

Der Text bietet sprachlich keine größeren Schwierigkeiten. Auf Fragen der Übersetzung soll jedoch nicht eingegangen werden. Begriffe, deren Übersetzung von der obigen abweichen sollte, werden bei der Analyse des Inhalts behandelt werden. Unsere Betrachtung wird sich also vor allem auf die Textpragmatik konzentrieren.

2. Textpragmatische Interpretation

Da Laktanz nicht zu den allgemein bekannten Autoren gehört, sollen zunächst einige Informationen zu seiner Person und seinem Werk gegeben werden.

2. 1. Der Autor[3] und sein Werk

Lucius Caecilius Firmianus Lactantius stammt aus Nordafrika, geboren etwa 260, seine Eltern waren Heiden. Bevor er Christ wurde, war er von Kaiser Diokletian als Lehrer der Rhetorik in dessen neue Hauptstadt Nikomedeia geholt worden. Nach seiner Bekehrung zum Christentum wurde er von Kaiser Konstantin nach Trier berufen, um dort dessen Sohn Crispus zu erziehen. Über das Lebensende läßt sich kaum etwas Genaues sagen: wahrscheinlich starb er um das Jahr 330 n. Chr. Laktanz wird zu den Kirchenvätern gerechnet. Seine Werke führt Hieronymus auf[4]:
– *Symposium,* ein Jugendwerk noch aus der Zeit in Afrika, das verloren ist.

---

[3] Die folgenden Ausführungen über den Autor fußen vor allem auf der Ausgabe von H. Kraft – A.Wlosok, S. VII – XXV und M. v. Albrecht, Geschichte der römischen Literatur, München, New Providence, London ²1994, S. 1263 ff.

[4] Hieronymus, *De viris illustribus* LXXX, abgedruckt bei Kraft-Wlosok S. VII.

- *Hodoeporicum*, ein Gedicht in Hexametern, das seine Reise von Afrika nach Nikomedeia beschrieb, gleichfalls verloren.
- Ein *Liber grammaticus*, zwei Bücher *An Asclepiades*, vier Bücher *An Probus*, zwei Bücher Briefe *An Severus*, zwei Bücher Briefe *An Demetrianus*, seinen Schüler: alle diese Schriften sind verloren. Erhalten sind, und unser Wissen über Sprache und Gedankenwelt des Laktanz beziehen wir aus den erhaltenen Schriften, die folgenden Werke:
- *Divinae institutiones/Göttliche Unterweisungen:* in dem umfangreichen Hauptwerk wird in 7 Büchern zum ersten Mal der christliche Glaube in lateinischer Sprache umfassend und systematisch dargestellt. Es richtet sich an die gebildeten römischen Zeitgenossen.
- *Epitome divinarum institutionum:* ein komprimierter Abriß des Hauptwerkes.
- *De opificio Dei/Über das Kunstwerk Gottes:* Laktanz behandelt in dieser Schrift die Zweckmäßigkeit und Schönheit des menschlichen Organismus.
- *De ira Dei/Über den Zorn Gottes:* Kann Gott Affekte haben? Das Werk verteidigt das Richteramt Gottes gegen den philosophischen Gottesbegriff. Das Problem haben schon Epikureer und Stoiker behandelt. Das Kapitel 7 dieser Schrift liegt der vorstehenden Betrachtung zugrunde.
- *De mortibus persecutorum/Über die Todesarten der Verfolger:* eine Geschichte der Verfolgungen im Stil der Invektiven. Das Werk ist wichtig für das Verständnis der christlichen Kaisertheologie.

2. 2. Sprachliche Gestaltung des Werkes

Laktanz schreibt einen klaren, abwechslungsreichen, eleganten, klassischen Stil; er hat sein Vorbild Cicero nicht nur sprachlich so internalisiert, daß er den Stil seines Meisters souverän beherrscht, sondern er sieht in Cicero auch den vollendeten Philosophen, der zwar kein Christ ist, aber doch in seinen Erkenntnissen der Wahrheit sehr nahe gekommen ist[5]. Die Tatsache der geistigen Affinität zwischen Laktanz und Cicero hat schon Hieronymus erkannt, der Laktanz dem Cicero gleichsetzt[6]; die späteren Humanisten nannten Laktanz den *Cicero Christianus*.

2. 3. Geistiger Hintergrund des Werkes

Laktanz ist nicht nur durch Cicero, sondern auch durch die stoische Philosophie stark beeinflußt; vor allem Seneca gilt ihm als der scharfsinnigste Stoiker unter den Römern[7], was A. Wlosok zu der Feststellung veranlaßt: „Der Einfluß Senecas auf Laktanz ist weit größer, als aus Zitaten und Entlehnungen zu ersehen ist. Laktanz mag viele Gedanken aus stilistischen Gründen bewußt umformuliert haben, häufig hat er sie sich aber auch derart angeeignet, daß er die Entlehnung nicht mehr empfand."[8] Die Grundgedanken im Werk des Laktanz, die er seinen Quellen entnommen hat – hier sind besonders Platon, die Stoiker (Seneca!) und Cicero zu nennen – könnte man so zusammenfassen: Der Mensch, im Gegensatz zum Tier mit aufrechter Haltung ausgestattet,

---

[5] An vielen Stellen seines Werkes äußert sich Laktanz begeistert über Cicero; ich wähle einige aus den *Institutiones* aus: 1, 15, 16: *M. Tullius, qui non tantum perfectus orator, sed etiam philosophus fuit;* 3, 13, 10: *Ille ipse Romanae linguae summus auctor;* 3, 14, 7: *At ille quidem perfectus orator, idem summus philosophus;* 6, 8, 6: *Suscipienda igitur Dei lex est ... quam Marcus Tullius in libro de re publica tertio paene divina voce depinxit.*
[6] Hieronymus *epist.* 58, 10: Laktanz sei *quasi quidam fluvius eloquentiae Tullianae;* in *Eph.* 2, 4: die Schrift *De ira* sei geschrieben *docto pariter et eloquenti sermone.*
[7] *inst.* 1, 5, 28: *Annaeus quoque Seneca, qui ex Romanis vel acerrimus Stoicus fuit ...*
[8] A. Wlosok, *De ira* 98.

hat die Vernunft *(ratio)* als göttliche Gabe erhalten, damit er sich schützen kann; durch sie kann er seine Unterlegenheit gegenüber den Tieren und deren natürlichen Waffen kompensieren.[9] Er ist zur Erkenntnis der Wahrheit und zur Verehrung Gottes berufen, die aufrechte Haltung ermöglicht ihm den Blick zum Himmel und dadurch die Schau des Kosmos: so erfährt er seine Heilsbestimmung.[10] Mit seiner religiösen Grundorientierung sieht Laktanz im Christentum die wahre Philosophie;[11] daher irren alle heidnischen Philosophen, nur Cicero ist davon ausgenommen: er ist nicht nur das größte Sprachgenie, sondern auch der größte Philosoph.[12]

3. Interpretation des Textes

Der Text spricht von drei Gruppen, die vom Autor mit unterschiedlicher Sympathie dargestellt werden; der Gedankengang läßt sich in drei Thesen fassen:
1. Die heidnischen Philosophen haben keine Ratio und keine Religion.
2. Die Menschen allgemein haben von Natur aus Ratio und Religion.
3. Die Tiere haben eine Ähnlichkeit mit den Menschen und auch ähnliche Eigenschaften wie diese, aber sie haben keine Ratio, daher auch keine Religion.

3.1. Die Philosophen

Die Vorwürfe an ihre Adresse sind massiv und haben Signalcharakter: *per ignorantiam veritatis a ratione desciverunt, in errores inciderunt inextricabiles,* sie sind *imperiti, ipsis pecudibus similes, ventri ac voluptati se ‹volunt› tradere,* sie sind *indocti* und *imprudentes.*[13] Es gibt nur wenige Philosophen, die vor dem strengen Urteil des Laktanz bestehen: Platon, Aristoteles, von den Vorsokratikern Thales, Pythagoras, Anaximenes, natürlich die ganze stoische Schule: Kleanthes, Chrysippos, Zenon, von den Römern Seneca.[14]

Dieses Urteil überrascht zunächst bei einem Mann, der sich selbst als Philosophen bezeichnet. Man wird es verstehen, wenn man bedenkt, daß für Laktanz nur die christlichen Dogmen Inhalt philosophischen Reflektierens sind, und daß nur der ein wahrer Philosoph ist, der die

---

[9] Der Gedanke ist platonisch: *Protagoras* 320ff.: Im Kulturentstehungsmythos wird die Minderausstattung des Menschen dadurch kompensiert, daß der Mensch von Prometheus das Feuer und die Fähigkeit, es zu gebrauchen, erhält; so wird er der göttlichen Moira teilhaftig und dadurch mit den Göttern verwandt (συγγένεια), er entwickelt Religion und Verehrung der Götter, schafft Kultur und Grundlagen für das menschliche Zusammenleben, er lernt, im Gegensatz zum Tier, das nur zu Lautäußerungen fähig ist, „gegliedert sprechen" und schafft sich die Begriffe (ὀνόματα) für die Interpretation der Welt. Der Mensch hat Teil am göttlichen Logos, nach den Bedeutungen des Wortes an Vernunft und Sprache. Das eine griechische Wort λόγος, das zwei Bedeutungen hat, heißt bei Laktanz *ratio* und *sermo*.

[10] Lact. *epit.* 20, 10: *sursum autem spectat qui deum verum et vivum, qui est in caelo, suspicit, qui artificem, qui parentem animae suae non modo sensu ac mente, verum etiam vultu et oculis sublimibus quaerit.*

[11] *epit.* 35, 5 … *sequamur ergo divinam <sapientiam> deoque gratias agamus, qui eam nobis et revelavit et tradidit, ac nobis gratulemur, quod veritatem et sapientiam caelesti beneficio tenemus, quam tot ingeniis, tot aetatibus requisitam philosophia[m] num<quam> potuit invenire.*

[12] Die lobenden Worte über Cicero sind zahlreich, z.B. *inst.* 1, 15, 16: *perfectus summus philosophus; inst.* 3, 14, 7: *at ille quidem perfectus orator, idem summus philosophus* u. a. m.

[13] Was in 7, 2 über den *sapiens* gesagt ist, bezieht sich auf die Philosophen. Laktanz arbeitet mit einem Negativkatalog.

[14] In *epit.* 4, 1 – 3 wird ein kurzer Überblick über die Philosophen gegeben, *epit.* 35, 1–4 stehen die Vorwürfe an die Philosophen: *insipientia; neque iustitiae quam ignorant neque virtutis quam mentiuntur esse doctores; ignorantia.* Hierher gehören Anaxagoras, Empedokles und Demokritos.

christliche Offenbarung und ihre Inhalte anerkennt und verkündigt.[15] Philosophie und Religion gehören für Laktanz zusammen, nur wo beide praktiziert werden, ist die Wahrheit notwendigerweise gegenwärtig, ihre Definition läßt sich in die Formel fassen: „Wenn man fragt, was die Wahrheit selbst ist, so kann man völlig zu Recht sagen: sie ist entweder eine weise (d. h. philosophische) Religion, oder eine religiöse Weisheit (d. h. Philosophie)".[16] Man kann aus den Worten des Laktanz also folgendes Fazit ziehen: Philosophen, die nicht die wahre Weisheit des Christentums zum Gegenstand ihres Denkens machen, sind heruntergekommene Existenzen, sie sind eine Depravation des Bildes vom Menschen, der Gottes Ebenbild ist.[17]

3. 2. Die Menschen

Was der Mensch seinem Wesen nach ist, wird in *De ira 7* in variantenreichen Formulierungen zum Ausdruck gebracht, die zum Überblick zusammengestellt seien: der Mensch ist ein *animal rationale*[18], ein vernunftbegabtes Lebewesen, in dem etwas Göttliches steckt *(inest aliquid in homine divini)*. Durch seine geistigen Eigenschaften ist er mit Gott verwandt *(virtutes animi et ingenii, quibus homini cum deo manifesta cognatio est)*.[19] Sein aufrechter Gang und sein zum Himmel gerichtetes Gesicht lassen ihn Gott erkennen *(ipsius corporis status et oris figura; homo*

---

[15] *epit.* 36,1: *Nunc, quoniam falsam religionem, quae est in deorum cultibus, et falsam sapientiam, quae est in philosophis, refutavimus, ad veram religionem sapientiamque veniamus; ... nam deum verum colere, id est nec aliud quidquam [quam] sapientia[m];*
epit. 36,4: *neque in philosophia sacra celebrantur neque in sacris philosophia tractatur, et ideo falsa religio est, quia non habet sapientiam, ideo falsa sapientia, quia non habet religionem;*
epit. 36,5: *... ibi esse veritatem necesse est, ut, si quaeratur ipsa veritas quid sit, recte dici potest aut sapiens religio aut religiosa sapientia.*
[16] *epit.* 36,5 (siehe vorige Anmerkung).
[17] *de ira* 7,13; *epit.* 36,3: *ille enim summus et conditor rerum deus, qui hominem velut simulacrum suum fecit.*
[18] Der Gedanke, daß der Mensch seine Ratio von Gott hat, ist an vielen Stellen des gesamten Werkes zu finden; eine eindrucksvolle Zusammenfassung dieses Gedankens findet sich in *De opificio* 2,1: *Dedit enim homini artifex ille noster ac parens Deus sensum atque rationem; ut ex eo appareret nos ab eo esse generatos, quia ipse intelligentia, ipse sensus ac ratio est. Ceteris animantibus quoniam rationalem istam vim non attribuit, quemadmodum tamen vita eorum tutior esset, ante providit.* Laktanz folgt hier Cicero *de leg.* 1, 24 – 25: *... animum esse ingeneratum a deo. Ex quo vere vel agnatio nobis cum caelestibus vel genus vel stirps appellari potest* (1,24); *... est igitur homini cum deo similitudo. Quod cum ita sit, quae tandem esse potest propior certiorve cognatio?* (1,25). Laktanz bringt einzelne Beispiele für die Ausstattung der Tiere, über die auch bei anderen Autoren berichtet wird, z. B. Aristot. *de generat. anim.* IV, 763 b 20 ff. passim; Lucret. *de rerum natura* V, 1 ff.; Plinius *nat. hist.* 7, 1, 2; die Quelle für alle diese Autoren ist u. a. Platon *Protag.* 320 d – 322 d (Kulturentstehungsmythos), wo eingehend die Ausstattung der Tiere beschrieben wird. Hier auch 322 d das Wort συγγένεια = *cognatio, agnatio.*
[19] Siehe Anm. 17.
[20] Vgl. hierzu Cic. *de nat. deor.* 2, 140: die Menschen sind hochaufgerichtet und gerade gewachsen *(celsi et erecti)*, damit sie die Götter erkennen können, wenn sie zum Himmel aufblicken. Die Tiere dagegen blicken zu Boden und suchen ihre Nahrung eben da; vgl. Sall. *Cat.* 1,1; Cic. *de leg.* 1,26; Cic. *de nat. deor.* 2,140; Ovid *Met.* 1,84 ff.; Minucius Felix *Octav.* 17,2: *... praecipue cum a feris beluis hoc differamus, quod illa prona in terramque vergentia nihil nata sint prospicere nisi pabulum, nos, quibus vultus erectus, quibus suspectus in caelum datus est, sermo et ratio, per quae deum adgnoscimus sentimus imitamur, ignorare nec fas nec licet;* Lact. *inst.* 7,5,22: *Cetera namque animalia in humum vergunt, quia terrena sunt; nec capiunt immortalitatem, quae de caelo est. Homo autem rectus in caelum spectat, quia proposita est illi immortalitas; nec tamen venit, nisi tribuatur homini a Deo;* Lact. *inst.* 7,9,10/11: *An aliquis, cum ceterarum animantium naturam consideravit, quas pronis corporibus abiectas in terramque prostratas summi Dei providentia effecit; ut ex hoc intelligi, nihil eas rationis habere cum caelo, potest non intellegere, solum ex omnibus*

recto statu, ore sublimi; ad contemplationem mundi excitatus confert cum deo vultum).[20] Er erkennt als vernunftbegabtes Wesen in Gott seinesgleichen *(ratio rationem cognoscit; habet notitiam aliquam dei; sapientia instructus est; religionem solus intellegit).* Auch ist der Mensch vom Tier unterschieden *(hominis atque mutorum distantia),* er kann sprechen *(proprius est homini sermo),* er kann lachen *(risus quoque est homini proprius),* er besitzt Vernunft (dies wird immer betont) und damit die Fähigkeit, die Zukunft vorausschauend und planend zu erfassen *(quid tam homini proprium quam ratio et providentia futuri).* Im Gegensatz zum Tier besitzt der Mensch Religion *(solam esse religionem cuius in mutis nec vestigium aliquod nec suspicio inveniri potest)* und kann so als einziges Lebewesen Gott erfassen *(soli omnium divinam vim potestatemque sentimus; ratio et vis hominis hoc praecellit et superat ceteras animantes, quod solus notitiam dei capit).* In seiner Darstellung der Eigenschaften des Menschen folgt Laktanz zahlreichen Quellen; diese hat er so in sich aufgenommen, ja seinem eigenen Denken so eingeschmolzen, daß für seine Gedanken meist nicht nur eine Quelle zu suchen ist, sondern häufig mehrere. Entscheidend ist die Denkrichtung, die ihn geprägt hat: er ist Platon, Aristoteles, den Stoikern (vor allem Seneca) und natürlich Cicero verpflichtet, sie sind seine geistigen Ahnen. Schon Minucius Felix, der Laktanz beeinflußt hat, sieht die Unterschiede zwischen Mensch und Tier vor allem in der Sprache und der Vernunft: *sermo et ratio* (die Stelle in Anm. 21). Mit diesen beiden Begriffen geben die lateinischen Autoren das griechische λόγος wieder, das „Vernunft" (= *ratio*) und „Sprache, Fähigkeit zu sprechen" (= *sermo*) bedeutet. Vernunft und Sprache besitzt der Mensch allein[21], sie sind die Voraussetzungen dafür, das Nützliche und Schädliche, damit auch das Gerechte und Ungerechte unterscheiden zu können, das Tier besitzt diese Fähigkeit nicht. So heißen alle Lebewesen außer dem Menschen ἄ-λογα, weil sie keinen λόγος besitzen.[22] Weil aber die Tiere keinen λόγος haben, d. h. keine Vernunft und Sprache, können sie auch keine Religion haben, die die Voraussetzung einer Kommunikation mit Gott und damit der Unsterblichkeit ist.

3.3. Die Tiere

Sie sind stumm und ohne Vernunft *(muta et inrationabilia),* ihre Natur ist auf den Boden und das Futter gerichtet und hat keine Beziehung zum Himmel *(mutae pecudes; illarum natura in humum pabulumque prostrata est nec habet quicquam commune cum caelo);* dennoch haben sie, wenn sie auch „stumm" sind, eine Form der Lautäußerung, die eine Art „Sprache" darstellt *(in illis quaedam similitudo sermonis);* mit dieser Art Sprache erkennen sie einander, geben sie ihre

---

caeleste ac divinum animal esse hominem, cuius corpus ab humo excitatum, vultus sublimis, status rectus originem suam quaerit, et quasi contempta humilitate terrae, ad altum nititur, quia sentit summum bonum in summo sibi esse quaerendum, memorque condicionis suae, qua Deus illum fecit eximium, ad artificem suum spectat?

[21] Aristot. *Polit.* 1253 a 9 λόγον δὲ μόνον ἄνθρωπος ἔχει τῶν ζῴων und ebd. 14ff. ὁ δὲ λόγος ἐπὶ τῷ δηλοῦν ἐστι τὸ συμφέρον καὶ τὸ βλαβερόν, ὥστε καὶ τὸ δίκαιον καὶ τὸ ἄδικον. Die Aufspaltung des Begriffes λόγος in zwei Begriffe, *ratio* und *sermo,* ist notwendig, weil das Lateinische keinen dem λόγος analogen Terminus besitzt. Λέγειν heißt „sprechen", aber auch „eine Vorstellung vom Gesprochenen haben, meinen, denken": s. hierzu LSJ p. 1034 s. v. λέγω III; in gleicher Bedeutungsbreite auch das Substantiv λόγος.

[22] So schon bei Plat. *Prot.* 321 b: ἄλογα für alle nichtmenschlichen Lebewesen bei der Verteilung der spezifischen Gaben im Kulturentstehungsmythos. In diesem Mythos wird auch erzählt, daß der Mensch von Prometheus das den Göttern gestohlene Feuer als Grundlage der Entwicklung zu höheren Kulturformen erhält (321 d): ... ὁ Προμηθεύς ... κλέπτει ... Ἡφαίστου καὶ Ἀθηνᾶς τὴν ἔντεχνον σοφίαν ... καὶ οὕτω δὴ δωρεῖται ἀνθρώπῳ. Vgl. hierzu Lact. *inst.* 7,9,14: *homo solus ignem in usu habet.*

inneren Stimmungen kund und begrüßen sich, wenn auch ihre Stimmen für menschliche Ohren unartikuliert klingen (*dinoscunt invicem se vocibus, cum irascuntur, edunt sonum iurgio similem, cum se ex intervallo vident, gratulandi officium voce declarant; voces eorum nobis inconditae videntur; in omni adfectu certas vocis notas exprimunt, quibus habitum mentis ostendant, videmus in aliis animalibus quaedam signa laetitiae*). Tiere haben auch eine gewisse „Intelligenz" und eine Form logischen Denkens (*nisi inesset illis intelligentia et cogitatio*)[23]. Überhaupt können Tiere Dinge tun, die der menschlichen Geschicklichkeit nahekommen (*<faciunt> humanae sollertiae simillima; horum omnium quae adscribi homini solent, in mutis quoque deprehenditur similitudo*). Religion aber haben sie nicht, nicht einmal andeutungsweise (*<solam esse religionem> cuius in mutis nec vestigium aliquod nec ulla suspicio inveniri potest*). Daher kennen sie auch nicht die „Gerechtigkeit", die für die Religion eigentümlich ist (*<religionis est propria iustitia>, quae nullum aliud animal attingit*) und können Gott nicht erkennen (*in illis autem nullus sit intellectus dei*).

Es ist nicht zu übersehen, daß Laktanz über die Tiere mit größerer Sympathie spricht als über die Philosophen, die er in 7,2 den *pecudes* gleichsetzt. Er mißt also mit zwei Maßstäben: wenn Menschen *ipsis pecudibus similes* sind, ist dies negativ, die *mutae pecudes* aber werden mit „jovialem Verständnis" beurteilt, da der Autor, eben als Mensch, doch über ihnen steht und großzügig über ihre natürlichen Unzulänglichkeiten hinwegsehen kann.

Tiere haben, im Gegensatz zu den Menschen, keine *ratio*, sie sind also *inrationabilia <animalia>*. Dieses Manko hat zur Folge, daß die Tiere auch keine Erkenntnis ihres göttlichen Schöpfers haben (*nullus intellectus dei*). Sie stehen damit unter den Menschen.[24] Tiere sind auch stumm, eben *mutae pecudes;* dies wird häufiger vermerkt als das Fehlen der *ratio. Mutae pecudes* ist im Lateinischen, wie der sprichwörtliche Ausdruck „stumm wie das Vieh" im Deutschen, ein Topos, der vielfach bezeugt ist, so bei Lukrez, Cicero und anderen Autoren.[25] Zwar sind die Stimmen der Tiere nicht „artikuliert" (*voces ... inconditae*)[26], aber trotzdem sind sie zu

---

[23] Die von H. Kraft und A. Wlosok für *intelligentia et cogitatio* gewählte Übersetzung „Einsicht und Überlegung" ist nicht präzis genug: „Einsicht" ist ein menschliches Verhalten, „Überlegung" entsteht, wenn *ratio* vorhanden ist. Beides gilt für Tiere eben nicht. Laktanz meint doch wohl, daß Tiere in der Lage sind, intelligent und planvoll zu reagieren und zu handeln, so daß ihr Verhalten dem des Menschen ähnlich erscheint.

[24] Tiere stehen deutlich unter den Menschen; auf die rhetorische Frage, wozu die ganze Welt geschaffen worden sei, sagt Cicero *de nat. deor.* 2,133: *An bestiarum? Nihilo probabilius deos mutarum et nihil intellegentium causa tantum laborasse. Quorum igitur causa quis dixerit effectum esse mundum? Eorum scilicet animantium quae ratione utuntur; hi sunt di et homines; quibus profecto nihil est melius, ratio est enim quae praestat omnibus. Ita fit credibile deorum et hominum causa factum esse mundum quaeque in eo mundo sint omnia.* Vgl. auch die Kommentierung und Beziehung griechischer Autoren zur Cicero-Stelle bei A. S. Pease, *De nat. deor.* vol. II p. 894 ff., bes. auch Cic. *de fin.* 2,45 und *de leg.* 1,30. Aus Platzgründen verzichten wir auf die ausführliche Zitierung.

[25] Lucret. 5, 1059–1061: *cum pecudes mutae, cum denique saecla ferarum/ dissimilis soleant voces variasque ciere,/ cum metus aut dolor est et cum iam gaudia gliscunt;* Lucret. 5, 1087 f.: *ergo si varii sensus animalia cogunt/ muta tamen cum sint, varias emittere voces;* Cic. *ad Quint. fratr.* 1,1,24: *... qui mutis pecudibus praesit;* Cic. *de fin.* 1,71: *si infantes pueri, mutae etiam bestiae paene loquuntur,* Cic. *de nat. deor.* 2, 133: *mutarum <bestiarum> et nihil intellegentium causa;* ferner Hor. *sat.* 2,3,219; Iuv. *sat.* 8,56 und 15,143; Liv. 7,4,6: *mutas ... bestias;* Tac. *hist.* 4,17: *libertatem natura etiam mutis animalibus datam;* Sen. *epist.* 47,19: *verberibus muta admonentur* etc.

[26] Im Kulturentstehungsmythos Plat. *Prot.* 322 a schafft der Mensch Sprache und differenzierte Begriffe durch das „gegliederte Sprechen", das dem Tier versagt ist: ἔπειτα φωνὴν καὶ ὀνόματα ταχὺ διηρθρώσατο τῇ τέχνῃ. Nach Aristot. *Polit.* 1253 a 10 können die Tiere mit Hilfe ihrer Stimme Schmerz und Freude einander mitteilen, die Sprache des Menschen (λόγος) aber kann mehr, sie artikuliert die moralischen Kategorien.

Lautäußerungen fähig, mit denen sie in ihrem Lebensbereich sich verständigen und ihre Stimmungen ausdrücken können. Eine solche Auffassung ist erstaunlich modern und entspricht heutigen Lehren der Tierpsychologie. In dieser Richtung muß auch in 7,10 das Begriffspaar *intelligentia et cogitatio* verstanden werden: *intelligentia* ist nicht „Einsicht" (so Kraft-Wlosok, s. Anm. 23), sondern bezeichnet „geistiges Auffassungsvermögen", die „Intelligenz", die auch dem Tier zuerkannt wird.[27] Im gleichen Sinn ist auch *cogitatio* zu verstehen, das Wort heißt: „Fähigkeit zielgerichtet zu denken, planvolle Denkakte vorzunehmen"; freilich ist eine solche Fähigkeit eine Form von *ratio,* die allerdings nach Ansicht der ganzen Antike den Tieren völlig abgeht. Weil aber die Tiere Intelligenz und Denkvermögen haben, sind sie in der Lage, etwas zu tun, was dem menschlichen Tun ähnlich ist: <*faciunt*> *humanae sollertiae simillima,* man entdeckt auch die *similitudo* zum menschlichen Tun in ihnen. Zu weitergehenden Schlußfolgerungen ist die Antike nicht vorgestoßen, weil sie aufgrund ihrer philosophischen Determinationen eine vorurteilsfreie Erforschung der Tiere nicht leisten konnte. Diese blieb der Neuzeit vorbehalten.[28]

[27)] Siehe hierzu die Anm. 28.
[28)] Einige Angaben zur antiken Zoologie mögen das Problem verdeutlichen; wir folgen hierbei D. M. Balmes Artikel im LAW Sp. 3341 – 3345 s. v. Zoologie. Eine zoologische Literatur läßt sich erst seit Aristoteles fassen, aber ein Interesse an den Tieren ist schon viel früher vorhanden, theoretisch und praktisch, wie Notizen bei Herodot, Ktesias, Xenophon und den Vorsokratikern zeigen. Gewisse richtige Erkenntnisse sind also vorhanden, wobei Lehrmeinungen bereits auseinandergehen. So lehrt z. B. Alkmeon (Alkmaion) von Kroton (570–500 v. Chr.), daß das Gehirn das Zentrum der Sinneswahrnehmungen sei und daß der Mensch wahrnehme und begreife, das Tier aber nur wahrnehme, während Empedokles und Aristoteles das Herz als Zentrum ansehen. Demokrits Werk „Über die Ursachen", das drei Bücher über Zoologie enthielt, ist leider verloren. Platon (*Timaios* 91 D) lehrt, daß die Tiergattungen vom Menschen aus eine fortschreitende Degeneration darstellten, während die Evolutionslehre Darwins, der sich auf Demokrit beruft, gerade die umgekehrte Vorstellung herausgebildet hat. Die zentrale Bedeutung in der antiken Zoologie hat Aristoteles, wie zahlreiche unter seinem Namen erhaltene Werke bezeugen. Die Forschungen, die er und seine Schüler betrieben, waren umfangreich und hochorganisiert, auch Spezialthemen wurden abgehandelt; die Schrift *De anima* und die *Parva naturalia* befassen sich auch mit Tierpsychologie. Aristoteles selbst liefert noch keine beschreibende Zoologie, er übernimmt auch Fremdbeobachtungen, hat aber vielfach Autopsie, die ihn bisweilen in die Irre führt (z. B. in der Beschreibung der Raubtiere und Insekten), sein wissenschaftliches Ethos ist jedoch eindrucksvoll und hochentwickelt. Seine Schüler Eudemos von Rhodos und Theophrastos befaßten sich u. a. mit der Intelligenz der Tiere. Straton von Lampsakos, Nachfolger des Theophrastos als peripatetisches Schulhaupt 287–269 v. Chr., hält die Intelligenz von Menschen und Tieren für gleich, weil sie auf Sinneswahrnehmungen beruhe, die Stoiker dagegen heben die Unterschiede zwischen Mensch und Tier hervor. Erst Plutarch wendet sich wieder gegen stoische Lehren. Die wissenschaftliche Zoologie der arabischen Renaissance des 9. Jh.s fußt auf Aristoteles und führt in der Fortentwicklung zum lateinischen Aristotelismus des 13. Jh.s im westlichen Europa.

REINHOLD KOLLER

Latein – Kommunikationsmittel im 17. Jahrhundert

Eine Italienreise im Jahre 1652

Benedikt, der Abt des erst neu gegründeten etwa 40 Kilometer nördlich von Klagenfurt liegenden Benediktinerstiftes St. Lambrecht stritt mit dem Bischof von Salzburg um das Recht, die umliegenden Pfarreien betreuen zu dürfen. Kaiser Ferdinand III. (1637 – 1657) erlaubte dem Abt, 1652 nach Rom zu reisen und bei Papst Innozenz X (1644 – 1655) unter anderem auch in dieser Frage eine Klärung herbeizuführen. Der eben erst zum Professor für Kirchenrecht in Salzburg avancierte Scheyerer Pater Aegidius Rambeck begleitete den Abt und hielt wesentliche Einzelheiten der Reise in einem lateinisch verfaßten Tagebuch fest. Der erste Eintrag datiert vom 2. Januar 1652, dem Beginn der Reise, der letzte Eintrag stammt vom 10. Mai aus der Gegend von Neapel. Zur Reisegesellschaft gehörten noch ein weiterer Pater sowie sieben *famuli;* der Abt und Pater Aegidius fuhren meist im Wagen, die übrigen Teilnehmer ritten hoch zu Roß.

Der hier vorgelegte Ausschnitt, welcher 8 der insgesamt 94 Doppelseiten des Originals umfaßt, beginnt am Samstag, dem 27. April, mit der Ankunft in Frascati und endet am Donnerstag, dem 3. Mai, mit der Ankunft in Neapel.

Neben der überaus wertvollen inhaltlichen Dokumentation eines derartigen Abenteuers, und das war eine Italienreise damals noch, wie eine Reihe von Einträgen nachhaltig demonstriert – und sei es auch nur, daß man, obwohl eine Rast dringend nötig wäre, eilends aufbricht, weil der Wirt an einer ekelhaften Krankheit leidet (12. Januar in Cordenons: *Toti madidi ad focum consedimus; caupo, quia morbo Gallico laborabat, nauseam pernoctandi fecit*) – ist für uns natürlich das damalige „Gebrauchslatein" von ganz besonderem Interesse. Wie aus dem Tagebuch hervorgeht, unterhielt sich die Reisegesellschaft in Italien meist auf lateinisch, und die *Germani* können ihre Freude nicht verhehlen, wenn sie einen italienischen Geistlichen dabei ertappen, daß er nicht richtig Latein kann (z. B. im Eintrag vom 10. Januar in Venzone: ... *huius loci parochus, nobiscum conviva, linguae Latinae prorsus expers fuit*). Erstaunlich ist nur, daß der Tagebuchschreiber innerhalb des lateinischen Textes unvermittelt einen Ausdruck oder auch einen ganzen Satz auf deutsch bringt, obwohl er das Ganze auch auf lateinisch hätte ausdrücken können.

Johann Caspar Goethe, der Vater des Dichters, hatte im Jahre 1740 eine Italienreise unternommen und seine Eindrücke in Briefform auf italienisch[1] niedergeschrieben. Da dort zum großen Teil die gleichen Orte beschrieben sind wie bei Pater Aegidius, wurden einige Stellen daraus in den Anhang übernommen; dabei zeigt sich nicht nur, daß J. C. Goethes Darstellung meist ausführlicher ist, sondern auch, daß sich in den rund 80 Jahren, die zwischen beiden Dar-

---

[1] J. C. Goethe, Reise durch Italien. Ins Deutsche übersetzt und kommentiert von A. Meier unter Mitarbeit von H. Hollmer, München 1986.

stellungen liegen, so gut wie nichts geändert hat. Es muß wohl nicht eigens betont werden, daß die Lektüre der entsprechenden Stellen aus J. W. v. Goethes „Italienischer Reise" dazu besonders reizvoll ist.

27. April – 2. Mai 1652

27. Sabbatho:[1]

Ivimus in Frescata[2] *duobus Germanicis milliaribus*[3] *Roma distantem. Paradisum diceres terrestrem. Aura optima et elegantissimi ac spatiosissimi horti. Vidimus bellissimos aquarum saltus, gyrandolas*[4] *ut vocant, cum stupore Centaurum maxima contentione ex aquarum per occultos siphones*[5] *impulsu inflantem cornu, Satyrum ludentem pari artificio fistula*[6].
Organum hydromusicum[7] *novem Musarum concentum ad Parnassum artificioso aquarum ac aeris ductu pulcherrime ludentem*[8]. *Nulla non parte erumpebant fistulae plumbeae*[9] *aquam ubertim*[10] *compluentes*[11]. *Tres erant villae celeberrimae, ubi haec, quae narrata sunt, passim vidimus; una spatiosissima Elyseos poetarum campos referebat. Credo nil simile in orbe cerni. Unum mirabile fuit, quod quodam in triclinio*[12] *aerem velut aquam inclusum tanto impetu sursum*[13] *per fistulam egerint, ut pilas duas more aquae salientis in altum levaverint ac luserint: imo passim per illud triclinium tanta vehementia aer per plumbeos siphones foras trudebatur, ut inter vehementissimos calores abunde refrigeraverit*[14].
NB: Dem Koch, wie er hat wollen die Wasser Orgl und die Kunst derselben besehen *ingenti effusione aquarum adversum sparsa, totum madefactum. Lassi denique et bene madidi domum repedavimus*[15].

28. Dominica:[16]

Summo mane evecti venimus in Vall' Monton. Sacrum fecimus[17] *apud Franciscanos, pauperrimum monasterium et miserrimum templum. NB: Erravimus a directo itinere versus Neapolim. Hinc duce in iter conducto perreximus per devia et avia, difficillima via. Continuus imber. Ego cum archetecto et viae duce, Vittorino vocant, incidi in terribilem foveam cum praesentissimo vitae et submersionis periculo. Per montem enitendum fuit, ut extrema fata declinaremus. Reverendissimus*[18] *cum reliquo famulitio*[19] *ruptis saepibus*[20] *per vineam evasit. Actis in latus alterum equis transivimus per occasionem itineris civitatem sua in ruina sepultam, noctu conscensam a banditis, spoliatam et vastatam. Sera nocte venimus Sermonetam; civitas ex altissimo monte conspicua est. Divertimus in caupona ad pedem montis structa; hospitium oppido miserum, tanto foetore*[21], *ut nares obstipandae saepiuscule fuerint. Altero mane deprehendimus causam graveolentiae*[22] *praebuisse venas sulphureas ex vicinis montibus ubertim scaturientes*[23]. *Homines ibi pallidi mortuorum spectra*[24] *referebant. Triclinium et cubile unum erat. Apud focum siccavimus vestium madorem. Ibidem coenati super assere*[25] *palis*[26] *infixo; vinum tali hospitio dignum, sed fessis modicum ferens solamen. Verbo in Acherontem divertisse videri poteramus, ita omnia cruciatu plena. Decerpsi inter itinerandum ex frutice*[27] *penes viam enato*[28] ein Gallandt Apfl. *Tota nocte focum instruximus.*

29. Feria secunda:[29]

Summo mane abivimus per aliquot quasi caldaria[30] *sulphurea aquis e montibus ad haec ubertim scaturientibus. Tam abundanter sulphur vehunt, ut passim lapides ex eo candeant, non sine magno narium tormento. Equis toto tempore, quo hic divertimus, sitiendum fuit, nam aqua dulcis deficiebat. Vidimus in via ficus inter dumeta ad commune iter fructus ferre. Poma, citrina et ranza, ut vocant, more nostrorum malorum succrescere; narcissos, hyacinthos, lilia hinc inde florere per campos. Ad prandium venimus all'Abbadia, spatiosum hospitium; bonum vinum, famuli praeter morem obsequiosi. Iam pransis occurrit praefectus dominus de Dietrichstain mox cum iisdem dominus Kazianer; aliquantulum compotati valediximus comitante in aliquod iter domino Herbach. Noctu venimus Terracinam, civitas maritima est. Olim celeberrimus Romanorum portus et transitus. Deprehendimus in monte, qua mare spectat, aliquot numeros annorum a pede montis successive*[31] *insculptos; ad speluncam nisi per cavernam*[32] *et scalas ascensus non erat alius. Spatiatus cum Reverendissimo in litore maris; legimus conchas*[33]*, et quod mireris, inter alias unam* voller Meer Wanzen, *altera similis;* so vill hundt Krebsen in sich gehalten. *Hospitium fuit miserum,* mehr einem Stall als Haus gleich, *est posta. Vidimus hanc civitatem transeuntes plenas arbores* mit Pomeranzen.

30. Feria tertia

Abivimus mane semper legentes montis latus; a parte dextra passim occurrerunt turres sua in ruina depressae. Via multum scabrosa[34] *et aspera. Venimus denique ad fauces*[35] *regni Neapolitani; aliquot marmora nomine Philippi II., regis Hispaniarum, inscripta. Omnia aperta et sine excubiis militum. Ad prandium pervenimus ad Fundi; civitas prima regni, pessimi incolae et plerumque insolentes in advenas.* Da haben wir, wegen der Pferdt, ob sie schon unser aigen waren, ein gewisse Mauth geben müssen, als von einem fünfer Julier. *Omnes equi singulatim sunt descripti: Caput, nasus, pectus, tergum a praefectis ad hanc operam. Bonum vinum, hospitium est domus postae. Hic, si qui redeunt Neapoli, ex officio excutiuntur*[36] *illorum sacci, perones*[37] *et valisiae*[38] wegen der Waren, *quae exportari non possunt sine iactura, nisi vectigal inde pendatur. NB: Famulum cauponis, hominem integris iuribus et piloso pectore, interrogatus, cuius esset, Florentinum se respondit; immigrasse in has partes propter lene aliquod peccatillum. Interrogatus, quale, rettulit, quia unum occidisset.*

Noctu venimus ad Molam civitatem aliquot interim transeuntes castella, pleraque multum obsoleta; est urbs maritima. Hospitium mare spectat; nondum erat noctis crepusculum. Toto pomeridiano tempore usurpanda fuit via. Appia equitantibus instrata magnis lapidibus usque Neapolim, etsi multis in locis praerupta illa et cavata. Equus cum Reverendissimo cecidit in hoc itinere. Dum appararetur coena, conscendimus navem; ego cum Patre Rudolpho villam Ciceronis visimus sambt seiner Grooten und Piscinam[39].

Est prope mare. Docere nos ruina potuit praesentem quondam aedificii amoenitatem. Visimus per omnia cubicula. Piscationem[40] *postea instituit Reverendissimus bina vice*[41]*. Reverti ad eum ex illa Ciceronis villa appulsa navi. Cuius rector nobiscum excenderat plurimis comminationibus*[42] *detonans*[43] *in famulum, cum quo Reverendissimus in mare velificaverat*[44]*, ut eam in praedictam villam reduceret. Cepimus 4 sepias*[45]*. Hic piscis, quando prehenditur, nigerrimo humore prensantem aspergit, ut et mihi hoc factum; vocant communiter calamari. Momordit Reverendissimum et Iohannem Andream tam fortiter suo rostello*[46]*, ut eidem clamorem expresserit. Et nota petulantiam regnicolarum*[47]*! Passim civitates scortis infames sunt; hospitiorum parietes foedi imaginibus ubique inscripti.*

Maius

1. Feria quarta

Conscensa navi mane Gaietam transfretavimus[48]. *Situs huius urbis pulcherrimus. A Mola olim Gaietam versus una quasi civitas erat, apparent adhuc rudera. Est Gaieta portus celeberrimus totius regni, urbs munitissima, mille tormenta semper in promptu contra hostem per muros prostant. Appulsis exspectandum fuit, donec miles, quem Mola nobiscum duximus, nos urbis praefecto commendasset. Recta postmodum*[49] *arcem ascendimus, olim ordinis nostri monasterium; est ea munitissima, saxa quasi in ferrum induravere*[50]. *Spectavimus Borbonium, nominatissimum illum Caroli V. generalem, vestitum prostantem et baculo innixum.* Hat ein sfanisch Kragen auf. *Aromatibus*[51] *ad arcendam putridinem*[52] *imbutus. Ortus regio genere Gallorum est, in obsidione Romana occubuit. Palpavimus*[53] *globi vestigium, quo letaliter in pectore illa in obsidione transverberatus est. Concessimus inde ad monasterium nostri ordinis, ubi facto sacro uno nos patrum comitante visimus mirabilem illum locum, ubi occumbente Salvatore nostro in cruce fixo mons petrosus in radices usque fissus est. Scalae per rupturam montis quotidie flexis genibus teruntur. Miraculo plenam hanc petrae ruptionem nulli terraemotui imputari posse monet, quod super extet*[54] *mari ac eidem impendeat et scissura quidem ita miraculose divaricata*[55] *est, ut porrectis eminentium saxorum frustis*[56] *sui quasi foruli*[57] *ac cavernae respondeant. Vidimus vestigia manus Iudaei in durissimam petram, velut in ceram impressisset, composita.*

NB: *Miraculum rupti mali fulmine caelesti ob non explosa tormenta, etiam a Turcis alias in transitu fieri solita propter venerationem loci.*

Sacellum[58], *ubi ruptura montis mare recta aspicit, per miraculum basim accepit; praecipitata enim rupes ex alto futurae aedi sacrae se supposuit. Et licet frequentetur hic locus certatim*[59] *toto anno, tamen Christiana in paupertate devotus conquiescit. Haec scissura montis dicitur recta et ad perpendiculum*[60] *aequari rupturae petrarum Hierosolimis factae sub mortem Christi. Est hic locus sub cura Benedictinorum Gaietae. Redivimus navi Molam, ubi sumpto prandio et instituta denuo piscatione a Reverendissimo abivimus. Sero satis ad Sant Agatha (ita enim dicitur hospitium) appulsi. Est id vicinum civitati Sessae. Vidimus in itinere ad flumen aliquod rudera et aquaeductus et Collosaei antiqui non longe ab illo versus sinistrum latus. Parietinae*[61] *spectantur Tusculi Ciceroniani.*

NB: Die Zigainerin in Mola, wie sie uns nacheinander wahrgesagt *et aliquot banditas prope illud flumen sub ponticello*[62] *splendentibus bombardis*[63] *insidiantes.*

2. Feria quinta:

Summo mane profecti intravimus Campaniam felicem; terra Cerere, Baccho et iumentis fecundissima. Cui Hannibal suorum ibi castra metantium[64] *enervationem*[65] *imputaverit. Ad prandium venimus Capuam, ubi Archiepiscopum agit Nuntius Viennensis. Visimus post prandium templum cathedrale vetustum et ignobile. Abivimus inde Neapolim. Iter Capua Neapolim versus hinc segete, illinc vitibus utroque ex latere consitum. Venimus sero in urbem.* NB: *Meditabamur divertere al Sant Severino, Ordinis nostri monasterio; excusatione relata per Hilarium et Iohannem Andream (quos eo praevios direxeramus) concessimus all' Aquila negra; ingens aestus, et maxima siti torrebamur.*

Anmerkungen

[1] *sabbathum:* Samstag [2] *Frescata,- orum:* Frascati [3] *mil(l)iare:* Meile; Wegstunde [4] *gyrandolae:* eigtl.: mehrarmige Leuchter; hier: Wasserspiele [5] *sipho:* Saugröhre [6] *fistula:* Hirtenflöte, -pfeife [7] *organum hydromusicum:* Wasserorgel [8] Erg.: *vidimus* [9] *plumbeus:* bleiern [10] *ubertim:* reichlich [11] *compluere:* einregnen; hier: zusammenströmen lassen [12] *triclinium:* Speisesofa, Speisezimmer [13] *sursum:* aufwärts; oben [14] *refrigerare:* wieder erkalten [15] *repedare:* zurückgehen, zurückkehren [16] *dominica:* Sonntag [17] *sacrum facere:* die hl. Messe feiern [18] *Reverendissimus:* der hochwürdigste Herr Abt [19] *famulitium:* Gefolgschaft [20] *saepes:* Zaun, Gehege [21] *foetor:* Gestank [22] *graveolentia:* übler Geruch [23] *scaturire:* sprudeln [24] *spectrum:* Bild [25] *asser:* Stange, Latte [26] *palus:* Pfahl [27] *frutex:* Zweig, Strauch [28] *enasci:* herauswachsen [29] *feria secunda:* Montag (*feria tertia:* Dienstag usw.) [30] *caldarium:* Kochkessel [31] *successive:* aufeinanderfolgend [32] *caverna:* Höhle, Grotte, Loch [33] *concha:* Muschel [34] *scabrosus:* rauh [35] *fauces:* hier: Eingang [36] *excutere:* hier: durchsuchen, visitieren [37] *pero:* (Soldaten-)Stiefel [38] *valisia:* Satteltasche [39] *piscina:* Fischteich [40] *piscatio:* Fischen; Fischerei [41] *bina vice:* zweimal; nach zwei Seiten [42] *comminatio:* Drohung [43] *detonare:* losdonnern [44] *velificare:* segeln [45] *sepia:* Tintenfisch [46] *rostellum:* kleiner Schnabel [47] *regnicola:* = *incola regni* [48] *transfretare:* über das Meer fahren [49] *postmodum:* bald darauf [50] *indurare:* hart werden [51] *aroma:* Gewürz, Spezerei, Wohlgeruch [52] *putrido:* Fäulnis [53] *palpare:* antasten [54] *extare:* hervorstehen [55] *divaricare:* auseinanderspreizen; auseinanderstehen [56] *frustum:* Brocken, Stück [57] *forulus:* hier: kleines Loch, Gang [58] *sacellum:* Heiligtum, Kapelle [59] *certatim:* wetteifernd, eifrig [60] *ad perpendiculum:* senkrecht [61] *parietinae:* altes Gemäuer [62] *ponticellus:* Diminutiv zu *pons* [63] *bombarda:* Bombarde (= spätma. Belagerungsgeschütz) [64] *castra metari:* ein Lager aufschlagen [65] *enervatio:* Schwächung

Anhang:

Zum Eintrag vom 27. April: J.C. Goethe, a.O. S. 297

> Eine weitere Villa, die ebenfalls der Familie Aldobrandini gehört, heißt Belvedere. In ihr findet man zahlreiche Wasserspiele, insbesondere eine sehr reizvolle Wasserorgel, wo ein Kentaur und ein Faun ein treffliches Wasserduett hören lassen; der wunderschöne Kentaur bläst prächtig das Jagdhorn und der Faun die Flöte. Überaus kunstvoll ist der Parnaß, auf dem Apoll im Kreis der neun Musen thront und mit ihnen ein köstliches Konzert veranstaltet. Diese Wasserorgel ist nirgendwo beschädigt, da sie sich in einem Saal befindet; in der Mitte schwebt beständig eine Kugel in der Luft, die von einem gleichmäßigen Wasserstrahl getragen wird. Die beiden Statuen der Corinna und der Sappho mitsamt den zugehörigen Inschriften stehen zu beiden Seiten des Parnaß; an den Wandfresken sind die Taten Apolls dargestellt,

Zum Eintrag vom 28. April: a.O. S. 144f.

> Dann kamen wir nach Sermoneta, das gewissermaßen die Schwester der Stadt Sora ist, weil es dem Zeugnis des Tom. Valle zufolge auf deren Ruinen erbaut wurde. Bis dorthin war die Straße noch gut, denn man reist bequem durch weite Wiesen und Wälder. Unweit von Sermoneta liegen aber einige übelriechende Seen; ihr Wasser ist grünlich, was durch die schwefeligen Eingeweide der nahegelegenen Berge verursacht wird, aus denen das Wasser kommt. Der Geruch dieser Seen ist höchst unangenehm,

Zum Eintrag vom 29. April: a.O. S. 146

> Unweit von Terracina ragt ein hoher Fels ins Meer hinein, den man teilweise abgetragen hat, um die Straße zwischen dem Meer und den Bergen vorbeiführen zu können; ganz unten ist die Zahl CXX in den Fels gehauen, ungefähr vier Fuß

darüber heißt es CX, dann kommt C, und so geht es weiter bis X. Die Bedeutung dieser Zahlen, soweit man sie überhaupt erschließen kann, ist bei Misson angegeben.

Zum Eintrag vom 30. April: a. O. S. 146

Ein paar Meilen weiter trafen wir auf einige Sbirren. Diese lästigen Leute forderten uns neben unseren Pässen auch ein Trinkgeld ab, woraus wir schlossen, daß wir das Königreich Neapel erreicht hatten; in der Tat kennzeichnet dort eine alte Mauer die Grenze zwischen dem Kirchenstaat und dem besagten Königreich.

Zum Eintrag vom 30. April: a. O. S. 148

Ich will daher zunächst von einer schönen Lumperei erzählen, die uns die Sbirren an der Stadtgrenze gespielt haben. Diese Straßenräuber, ich meine die Zöllner, stellten sich uns mit ihrer üblichen Litanei in den Weg, daß sie eigentlich unser Gepäck untersuchen müßten, dies aber in Ansehung unseres vornehmen Standes nie und nimmer tun würden; dann wollten sie uns davon überzeugen, daß ein derartiges Entgegenkommen eine angemessene Belohnung verdiene. Der stolze Redner hatte sich dabei vor der ersten Sedia aufgestellt, während andere unsere Pferde festhielten und die übrigen sich an die Deichseln der Sedien lehnten. Um das Treffen zu beenden und diesen Abschaum an Schurken loszuwerden, boten wir ihnen zuerst sechs und schließlich zwölf Carlini an, die sie mit gleichmütiger Miene annahmen und uns dann den Weg freigaben. Ungefähr hundert Schritte weiter tauchte erneut solches Ungeziefer auf, das sich diesmal mit zwei Carlini zufriedengab, da wir schon Lehrgeld bezahlt hatten. Dann erschienen noch einmal welche, die aber nichts mehr bekamen, weil wir die Gaunerei bereits begriffen hatten. Ich muß hier wohl den tatsächlichen Wert des Geldes erklären: 26 1/2 Carlini machen eine Zechine, und ein Testone vier Carlini; ein Carlino ergibt zwölf Grani, was eine Kupfermünze ist. Die ganze Betrügerei kam uns also auf ungefähr zwei deutsche Gulden zu stehen.

Mola liegt an einer Krümmung der Küste und bietet deshalb einen sehr gefälligen Anblick. Nahe beim Meer gibt es überaus schöne Gärten, einer davon soll Cicero gehört haben. Es befanden sich darin ein Teich und eine Grotte, die ebenso wie das danebenstehende Haus, in dem Cicero seine Akademie abzuhalten pflegte, nun vom Meer überschwemmt sind und zusehends verfallen. Zahlreiche Bruchstücke von Mosaiken deuten in der Tat darauf hin, daß dort ein ansehnliches Haus gestanden haben muß, und man will anhand einiger dort aufgefundener Inschriften beweisen, daß es sich um das Haus Ciceros handelt,

Zum Eintrag vom 1. Mai: a. O. S. 151

Nicht übergehen darf ich das Grab des Kriegshelden Karl von Bourbon, des Connetable von Frankreich, der im Jahre 1527 beim Sacco di Roma getötet worden ist.

a. O. S. 150 f.

Wir stiegen dann noch weiter den Berg hinauf, um die einzige Sehenswürdigkeit zu besichtigen, die dort die fremden Reisenden anzieht und die auch tatsächlich etwas ganz Besonderes darstellt. Es handelt sich um eine von oben nach unten gespaltene Klippe, die „Spaccata" heißt; wer mehr darüber lesen will, kann die in Nürnberg gedruckten ‚Italienisch-deutschen Gespräche' von Ant. Muratori zu

Rate ziehen. Wenn man den Erläuterungen unseres Führers Glauben schenken darf, dann geht der Riß auf ein Wunder beim Tod Jesu Christi zurück; außerdem erzählte uns der Führer, daß einmal ein Ungläubiger bestraft worden sei, der die Vermessenheit hatte, eine solche Überlieferung abzuleugnen: als er seine Hand auf den Felsen gelegt habe, sei dieser ganz weich geworden, so daß der Abdruck seiner Hand darauf zurückgeblieben sei. An dieser Stelle hat man deshalb folgendes Distichon angebracht:

Improba mens …

Man hat dafür Sorge getragen, den Felsspalt durch eine Treppe zugänglich zu machen, da kein vorbeifahrendes Boot, nicht einmal der kleinste Kahn, es versäumt, diesen heiligen Berg zu besuchen. An der tiefsten Stelle hat man eine Kapelle errichtet, die der Hl. Dreifaltigkeit geweiht ist und als wichtiger Wallfahrtsort gilt. An der Tür dieser Kapelle stehen jene Verse zu lesen, die Misson bereits kopiert hat.

Zum Eintrag vom 2. Mai: a. O. S. 152 f.

Die Felder um Capua sind fruchtbar und werden ziemlich gut bestellt, gut ist auch die 16 Meilen lange Straße nach Neapel.

Dieses vollkommen flache Land ist, wie Sie wissen, ein Teil der Terra di Lavoro und wird schon von Vergil im 2. Buch der Georgika sehr anmutig beschrieben. Nachdem er die Vorzüge eines ertragreichen Bodens geschildert hat, endet er folgendermaßen: „Talem arat dives Capua, et vicine Ves. …". Auch heute noch glaubt man, daß es nirgendwo unter dem ganzen Himmelszelt einen fruchtbareren Boden gibt, weshalb man auch von der „Campagna stellata" spricht, womit man sowohl den segensreichen Einfluß der Gestirne als auch die beste Lage auf der ganzen Welt meint.

WILFRIED STROH

O Latinitas!

Erfahrungen mit lebendigem Latein und ein Rückblick auf zehn Jahre Sodalitas

Über Erfahrungen mit lebendigem Latein soll ich berichten. Manche meinen, daß sei eine *contradictio in adiecto,* denn Latein sei nun einmal leider, sagt man, zum Glück, denkt man, eine tote Sprache. Wenn es tot ist, wann ist es dann eigentlich gestorben? Etwa vor knapp dreißig Jahren, als man aufhörte, die Messen auf lateinisch zu zelebrieren?[1] Oder schon vor gut hundert Jahren, als man, dem Mahnruf S. M. Wilhelms II. folgend, den lateinischen Aufsatz, den Karl Marx noch schrieb, aus den Schulen verbannte?[2] Oder vor dreihundert Jahren, als man aufhörte, lateinische Romane zu verfassen? Oder vor sechshundert Jahren, als cicerosüchtige Humanisten dem lebendigen Latein des Mittelalters „den Todesstoß gaben"?[3] Oder, noch einmal tausend Jahre früher, als man z. Zt. des alten Donat in den Schulen ein Latein konservierte, das schon nicht mehr ganz mit dem gesprochenen übereinstimmte? Wahrscheinlich kann man noch weiter zurückgehen.[4]

Latein, so zeigt sich, ist nicht einfach so tot, wie Cicero und Vergil tot sind, denn es ist nicht, wie diese beiden, einen, sondern viele, sukzessive Tode gestorben.[5] Und es hat in gewisser Weise alle sieghaft überlebt. Nicht so sehr weil es, wie die altphilologische Reklame verkündet, in den Fremdwörtern der modernen Sprachen, in Scheußlichkeiten wie Computer und Sexshop fortlebt – mit dem sehr übertreibenden Goethe zu reden:

---

[1] Dies war freilich nicht die Absicht der Erfinder (schon gar nicht des lateinbegeisterten Johannes XXIII.); aber sie ermöglichten die spätere Entwicklung. Vgl. J. Ijsewijn, Companion to Neo-Latin studies, part I, Leuven 1990, S. 43.

[2] Seine Rede mit der beklatschten Forderung, man sollte „nicht junge Griechen und Römer" erziehen, findet sich in: Verhandlungen über Fragen des höheren Unterrichts, Berlin 4. – 17. 12. 1890, Berlin 1891, S. 70–76. Vgl. zum ganzen Zusammenhang bes. A. Messer, Die Reformbewegung auf dem Gebiet des preußischen Gymnasialwesens von 1882–1901, Leipzig 1901 und jetzt das vorzügliche Buch von M. Landfester, Humanismus und Gesellschaft im 19. Jahrhundert, Darmstadt 1989 (bes. S. 149 ff.).

[3] Die antike Kunstprosa, ^{3}1915 (^{5}1958), S. 767; mit Verweis schon auf Friedrich Haase, 1856. Diesem romantischen Klischee widersprach z. B. Harry C. Schnur (Hg.), Lateinische Gedichte deutscher Humanisten, Stuttgart 1967, S. 485; vgl. auch bes. J. Ijsewijn (wie Anm. 1) S. 41 f.

[4] Ich gedenke, die Frage demnächst in einem größeren Zusammenhang zu behandeln; eine vorläufige Stellungnahme in meinem Vortrag: Vom Zauber des Lateinischen, Freihof-Mitteilungen (Berichte und Informationen des Freihof-Gymnasiums Göppingen) Nr. 41, Nov. 1984, S. 28 – 35. Der früheste mir bis jetzt bekannt gewordene ausdrückliche Beleg für Latein als ‚lingua demortua' stammt aus dem Jahr 1743 (zurückgehend wohl auf 1719).

[5] Formulierung nach dem (nicht durchweg überzeugenden) Aufsatz von M. van Uytfanghe, Après les ‚morts' successive du latin: quelques réflexions sur son auvenir, in: Hommages à J. Veremans, Brüssel 1986, S. 928 – 954.

> Tote Sprachen nennt ihr die Sprachen des Flaccus und Pindar;
> und von beiden nur kommt, was in der unsrigen lebt –,

sondern weil kein Tod der Sprache einen daran hindert, sich der Nekrophilie zu befleißigen und die schöne Leiche kräftiglich zu poussieren. Man glaubt gar nicht, wie ihr das auf die Sprünge hilft – der lateinische Poet Josef Eberle aus Rottweil wußte es noch besser als der allzu deutsche Johann Wolfgang von Weimar:

> *O quotiens obitum linguae statuere Latinae:*
> *tot tamen exequiis salva superstes erat.*

Spaß beiseite! *(quamquam ridentem dicere verum quid vetat?)* Den letztlich vielleicht fatalsten Tod, jedenfalls was die Arbeitsplatzbeschaffung für Philologen angeht, starb die lateinische Sprache im 18. Jahrhundert. Damals nämlich, als sie aufhörte die international verbindliche und verbindende Sprache der Wissenschaft zu sein,[6] verlor sie auch ihren bis dato wichtigsten Sitz im Leben;[7] und es fehlte schon damals nicht an Stimmen, die sie als überflüssigen Ballast aus der allgemeinen Schule vertreiben oder doch stark reduzieren wollten.[8] In der Abwehr dieser so naheliegenden Reform entstand nun die Theorie der formalen Bildung, die seitdem von Friedrich Gedike[9] bis zum verdienten Jubilar Friedrich Maier[10] – die Didaktik, jedenfalls was den Sprachunterricht angeht, beherrscht: Danach kommt es weniger darauf an, Latein um seiner selbst willen zu lernen, als vielmehr, um an ihm die geistigen Kräfte zu schulen, d. h., wenn man hoch pokert, das ‚logische Denken' zu lernen, wenn man vorsichtiger ist, Einblick in die Struktur von Sprache und allerlei Verstandeskategorien zu gewinnen …

Aber auch diese höchst gefährliche Theorie war für das lebendig geübte Latein noch längst nicht sofort verhängnisvoll. Zumindest noch in den Gymnasien der ersten Hälfte des 19. Jahrhunderts wird Latein exzessiv betrieben, im Schreiben und Sprechen, lange Zeit sogar noch im

---

[6] Die Entwicklung begann in Deutschland mit Leibniz und Thomasius, der 1688 zu muttersprachlichen Vorlesungen einlud (F. Paulsen, Geschichte des gelehrten Unterrichts […], Leipzig 1885, S. 347 – 349). Vgl. als beliebiges Zeugnis für den Abschluß der Entwicklung etwa die Verteidigung des Lateinschreibens bei Immanuel J. G. Scheller, Ausführliches […] deutsch-lateinisches Lexicon […], Leipzig ³1805, XVII – XIX (nach Vorrede zu ²1789).

[7] In den Folgen richtig beurteilt von W. Schibel, in: Lateinsprechen (hg. v. W. Stroh), AU XXXVI/5 (1994), S. 28; vgl. auch Landfester (wie Anm. 2), S. 70 – 72.

[8] So etwa in der Schrift des Aufklärungspädagogen Ernst Christian Trapp; vgl. zu ihm Paulsen (wie Anm. 6) S. 486 – 490. Der bildungspolitische Einschnitt am Ende der 60er Jahre wird, was Lateinfeindlichkeit angeht (Robinsohn usw.), heute m. E. in der Regel etwas überschätzt, wie auch die auf ihn reagierende „kopernikanische Wende" der altsprachlichen Didaktik (vgl. W. Stroh, Text oder Lernziel?, Anregung 32 (1986) S. 15 – 17; mit der Entgegnung von F. Maier, Ziellose Lektüre in den alten Sprachen? a. O. S. 82 – 85; eine weitere Stellungnahme von mir wurde damals zwar noch geschrieben, durfte aber im Zusammenhang der Erregungen des Jahres 1986 [s. unten S. 176 mit Anm. 45] nicht mehr gedruckt werden).

[9] Paulsen (wie Anm. 6) S. 459 ff., bes. S. 462; neben ihm war vor allem Friedrich A. Wolf ein wichtiger Theoretiker (Paulsen a. O. S. 533 ff.). Vgl. W. Luther, Die neuhumanistische Theorie der ‚formalen Bildung' […], AU V/2 (1961), S. 5 – 31 und (zu Gedike) A. Fritsch, Lateinsprechen im Unterricht, Bamberg 1990, S. 32 – 34.

[10] Vgl. F. Maier, Lateinunterricht zwischen Tradition und Fortschritt, Bd. 1, Bamberg 1979, bes. S. 41 ff („Sprache unter dem Mikroskop") und 50 ff. („Latein und Mathematik – ein unpassender Vergleich?"). – Bekannt ist die vor allem seit E. L. Thorndikes Untersuchungen (1924) sich äußernde Skepsis der Gegner des altsprachlichen Unterrichts mit seinen angeblich „exklusive(n) Transfer-Behauptungen" (S. B. Robinsohn, Bildungsreform als Revision des Curriculum [..], Neuwied a. Rh./Berlin ³1971, S. XVIII).

Versemachen:[11] Das Latein dieses sog. Neuhumanismus, das in der Mitte des Jahrhunderts von Stilkoryphäen wie Krebs, Nägelsbach,[12] Seyffert betreut wird, ist schöner, reiner und schwungvoller noch als das manchmal etwas verknöcherte Wissenschaftslatein des vorausgehenden Jahrhunderts.[13] Erst dann, als unter dem Druck der Realfächer die Lateinstunden reduziert werden, gibt die Doktrin der formalen Bildung dem Verzicht auf den lebendigen Sprachgebrauch seine theoretische Rechtfertigung. Mentale Kräfte schulen, grammatische Strukturen analysieren kann man auch in gedrungener Zeit. Und Anatomie lernt man wohl überhaupt zweckmäßigerweise am Leichnam: Gerade weil Latein eine tote Sprache sei, so verläuft eine sehr beliebte Überlegung, könne man an ihr das Wesen von Sprache am besten erkennen.[14] Und wenn dann nach einem so betriebenen Sprachunterricht der formal prächtig geschulte Schülergeist später mit der Lektüre von Cicero und Seneca nicht so recht vorankommt, dann läßt sich vielleicht auch dem ein allgemeinbildender Sinn abgewinnen: Das notwendig statarische oder gar mikroskopische Lesen könnte ja wohl gar ein wohltätiges Gegengewicht bilden gegen das oberflächliche Textverschlingen, wie es unsere gehetzten Zeitgenossen außerhalb des Lateinunterrichts zu praktizieren pflegen.[15] Aber wirklich befriedigen kann diese Auskunft auf die Dauer auch wohl den progressivsten Didaktiker nicht.

So bleibt die grob skizzierte Entwicklung der Lateindidaktik, die schon in der Zeit nach dem ersten Weltkrieg einen gewissen Abschluß erreicht, nie ohne protestierende Gegenstimmen. Während der die Mehrheit vertretende Lateindidaktiker Max Krüger konstatiert: „Die Zeit des *Latine loqui et scribere* [...] ist vorbei" (1930),[16] fordert ein anderer (der Reformpädagoge Georg Rosenthal) „lebendiges" und das heißt vor allem: gesprochenes „Latein" im Klassenzimmer; und die „Kurse für Lateinsprechen", die er an den Universitäten postuliert,[17] werden von keinem Geringeren als dem großen Gräzisten Werner Jaeger sogar in homerischem Tone geweissagt (1920): „Es wird der Tag kommen, wo wir Universitätsprofessoren von unseren Kathedern hintersteigen und mit den Studenten wieder lateinisch und griechisch sprechen und schreiben werden, weil ohne diese Voraussetzungen alle unsere höhere Wissenschaft ins Bodenlose gesäet wird".[18] Ein gutes Stück weiter noch geht der in den Dreißigerjahren in München entstandene

---

[11]) Vgl. A. Fritsch (wie Anm. 9) S. 38 – 49; aufschlußreich ist noch (das postum herausgegebene Werk von) F. A. Eckstein, Lateinischer und griechischer Unterricht, Leipzig 1887, S. 304 ff. (S. 349: „Lateinische Versification").

[12]) J. Ph. Krebs, Antibarbarus der lat. Sprache (zuerst 1832), bearb. v. J. H. Schmalz, Basel [7]1905 = Darmstadt [8]1970; K. F. v. Nägelsbach, Lateinische Stilistik (zuerst 1846), hg. v . I. Müller, Nürnberg [9]1905 (Ndr. Darmstadt 1967); M. Seyffert, Scholae Latinae, 2 Bde., Leipzig 1855/1857.

[13]) Man vergleiche nur etwa eine lateinische Schrift wie Schopenhauers „Theoria colorum physiologica" (1830; in: Sämtliche Werke, hg. v. A. Hübscher, Bd. 1, Leipzig 1937) mit einem vergleichbaren Werk von Kant (wie „Nova dilucidatio", 1755; in: Werke, hg. v. W. Weischedel, Bd. 1, Darmstadt 1960, [3]1968, S. 401 ff.).

[14]) So bekanntlich Th. Wilhelm, Theorie der Schule, Stuttgart [2]1969, S. 392. Dasselbe denkt z. B. der sonst reformistisch gesonnene Manfred Fuhrmann: „da es – anders als etwa bei den modernen Fremdsprachen – auf den Erwerb von Fertigkeiten nicht ankommt, kann sich der Unterricht umso mehr auf die Denktätigkeit des Schülers konzentrieren" (Alte Sprachen in der Krise?, Stuttgart 1976, S. 11).

[15]) So F. Maier (wie Anm. 10) S. 177 f. gegen den Protest etwa Manfred Fuhrmanns.

[16]) M. Krüger, Methodik des altsprachlichen Unterrichts, Frankfurt/M. 1930, S. 29; zitiert nach A. Fritsch (wie Anm. 9) S. 59.

[17]) G. Rosenthal, Lebendiges Latein! (Neue Wege im Lateinunterricht), Leipzig 1924; vgl. zu ihm A. Fritsch (wie Anm. 9) S. 53 – 55.

[18]) So in einem Vortrag, wiedergegeben in: W. Jaeger, Humanistische Reden und Vorträge, Berlin/Leipzig 1937, S. 54 f. (ausführlicher zitiert bei A. Fritsch, in: Lateinsprechen [wie Anm. 7] S. 26 f.) Dies war ein Lieblingswort meines verehrten Lehrers Ernst Zinn, der aber selber nicht zu oft vom Katheder hinuntergestiegen ist.

Verein Societas Latina – nicht der einzige seiner Art –, der sich vor allem mit seiner gleichnamigen lateinischen Zeitschrift das Ziel setzt, „durch fortgesetzte Erörterung aller einschlägiger Fragen, das Weltsprachenproblem allmählich zu klären und durch praktische Beispiele die Anpassungsfähigkeit des Lateinischen zu beweisen",[19] mit anderen Worten Latein wieder, wie im ancien régime, zur führenden internationalen Kommunikationssprache zu machen – eine Absicht, die immerhin auch schon vom Gräzisten Hermann Diels und von Ludwig Traube, dem Begründer der Mittellateinischen Philologie, vertreten wurde.

Die damit beginnende Bewegung des sogenannten ‚Latin vivant',[20] die heute vor allem etwa in der Saarbrückener ‚Societas Latina' des P. Dr. Caelestis Eichenseer praktiziert wird, bleibt nicht ohne Einfluß auch auf Schule und Universität. Das geistsprühende Büchlein „Sprechen Sie lateinisch?" von Capellanus[21] wird, bis heute immer wieder neu aufgelegt und bearbeitet (1890 – [15]1979), ein geheimer Bestseller bei Lateinlehrern. Bei einem großen, auch in der Presse viel beachteten, internationalen lateinischen Kongreß in Avignon fordern 1956 Vertreter vor allem der Universitätslatinistik eine Neuorientierung des Lateinunterrichts unter Einbeziehung der „méthode directe".[22] In Deutschland sind es in dieser Zeit renommierte Latinisten wie Karl Büchner, Erich Burck und Ernst Zinn, die zum Lateinschreiben und -sprechen ermuntern[23] (und die da und dort sogar einmal mit gutem Beispiel vorangehen). Als Vertreter der Pädagogik setzt sich der gewiß nicht minder angesehene und jedenfalls höchst lebensnahe Hartmut von Hentig für Lateinsprechen im Unterricht ein.[24] Und so geben die seit den Fünfzigerjahren vor allem an deutschen Universitäten entstandenen *Colloquia Latina* (durchaus im Sinn von Georg Rosenthal) bis heute vielfach den angehenden Lehrern Hilfestellung für einen, den aktiven Sprachgebrauch mit einbeziehenden Lateinunterricht.[25]

Wenn das sich damals, Ende der Fünfzigerjahre, abzeichnende Bündnis von ‚Latin vivant' und zünftiger Latinistik später wieder vielfach zerbröckelt ist (und so auch keinen wirklichen Einfluß auf die gängige Theorie der lateinischen Fachdidaktik genommen hat), so liegt das an bedauerlichen, aber doch nicht unbegreiflichen Bedenklichkeiten auf beiden Seiten.[26] Der von der Universität kommende Lateinspezialist kann es nur schwer verstehen, wie man etwa seinen

---

[19] So regelmäßig auf der Umschlagseite der von 1932–1955 sonst fast durchweg in lateinischer Sprache erscheinenden Zeitschrift, die auch zu ihrer Zeit nicht die einzige ihrer Art war (vgl. den regelmäßigen „Periodicorum conspectus"). Einen vergleichbaren Lateinverein gab es etwa unter Führung von Thaddaeus Zielinski in Warschau (mehr bei J. Jimenez Delgado, Latine scripta, Madrid 1978, S. 143 f., S. 147).

[20] Vgl. auch A. Fritsch (wie Anm. 9) S. 65 ff. (die Einordnung der LVDI LATINI unter ‚Latin vivant' entspricht nicht völlig unserem Selbstverständnis).

[21] Zu Traube vgl. dessen Vorlesungen und Abhandlungen, Bd. 2, München 1911, S. 32 f. (mit wichtigen Hinweisen in den Anmerkungen). Vgl. zu ihm W. Stroh, in: Lateinsprechen (wie Anm. 7) S. 83 f. und A. Fritsch (wie Anm. 9) S. 49–51.

[22] Congrès international pour le Latin vivant, Avignon 1956; dort etwa J. J. Delgado, S. 112–116: „Lingua Latina iterum universalis deveniat oportet", abgedr. in: Latine scripta (wie Anm. 20) 143 ff.

[23] E. Burck, in: Congrès international (wie Anm. 22) S. 61: „Latine loqui, latine loqui, iterum iterumque latine loqui", zitiert nach Delgado (wie Anm. 20) S. 161; E. Zinn, Viva vox, AU IV/1 (1959), S. 5 – 15; K. Büchner, Vom Bildungswert lateinischer Texte (zuerst 1963), in: K. Büchner, Studien zur römischen Literatur, Bd. 5, dort S. 20 f. (mit einem kleinen Rückzieher auf S. 155).

[24] H. v. Hentig, Platonisches Lehren, Stuttgart 1966; zur didaktischen Diskussion: A. Fritsch (wie Anm. 9) S. 621.

[25] Zusammenstellung in: Latein sprechen (wie Anm. 7) S. 97; hinzugekommen ist mittlerweile ein Colloquium Latinum an der Universität Rostock unter Leitung von Prof. Dr. Jürgen Leonhardt. Zu Szeged siehe unten im Text S. 180. Über Entsprechendes in Budapest oder Warschau (wo St. Borzsák bzw. J. Axer das lebendige Latein vertreten) ist mir im Augenblick nichts bekannt.

[26] Zu den Verständigungsschwierigkeiten treffend D. Sacré, in: Latein sprechen (wie Anm. 7) S. 72.

Ehrgeiz darein setzen kann, die ganze moderne Welt, bis in die Details von Wissenschaft und Technik in lateinische Begrifflichkeit bringen zu wollen (so als würde man, um das mündliche Dictum eines Kritikers zu referieren „ein Telefonbuch auf römische Ziffern umschreiben"). Umgekehrt sind dem Mann des ‚Latin vivant' die Hemmungen schlechtweg unbegreiflich, die den Fachmann (der aber doch die Tücken des Lateinischen kennt!) daran hindern, sich unbekümmert in der von ihm betreuten und beherrschten Sprache auszudrücken. Er sieht darin nur geistige Bequemlichkeit (und damit hat er z. T. natürlich auch Recht). Was Wunder, wenn manches hoffnungsvoll begonnene Unternehmen des lebendigen Latein ins Konventionelle zurücksinkt? Die im Zug von Avignon begründete, von Pierre Grimal betreute Zeitschrift ‚Vita Latina' hat heute nur noch Spurenelemente lebendigen Sprachgebrauchs. Und die ebenfalls das Erbe von Avignon aufgreifende römische Academia Latinitati Fovendae[27] (deren Mitglied zu sein ich die große Ehre habe) hält nicht nur ihre Sitzungen auf italienisch ab, sondern beginnt sogar, bei ihren lateinischen Weltkongressen[28] auch neuere Sprachen als fast gleichberechtigt zuzulassen. Wären wir mit unserem lebendigen Latein schon wieder einmal am Ende?

Es sind die großen Humanisten unseres Jahrhunderts, die durch Beispiel gezeigt haben, wie es möglich ist, auch heute lebendiges Latein, beflügelt vom Zauber der Sprache und doch auch gezügelt vom Ernst der Wissenschaft, fruchtbar und schöpferisch zu betreiben. Drei von ihnen, die ich noch persönlich habe kennenlernen dürfen – ich spreche mit Absicht jetzt nur von den Toten – möchte ich nennen: Der schon erwähnte Schwabe Josef Eberle, *poeta laureatus* der Universität Tübingen, nutzte als jahrzehntelanger Chefredakteur der Stuttgarter Zeitung die Chance, eigene und fremde lateinische Gedichte mit viel Humor unters Volk zu bringen.[29] Der deutsch-amerikanische Jurist Harry C. Schnur hielt als Professor C. Arrius Nurus Vorlesungen in lateinischer Sprache, die Hörer aller Fakultäten hinrissen, und er schrieb vor allem Satiren und Epigramme, die zum Amüsantesten in der neulateinischen Poesie gehören.[30] Am meisten bewegt aber hat mich persönlich die Begegnung mit Jan Novák, dem tschechischen Musiker und Humanisten:[31] In seinem Werk – nicht bei den zu Recht Berühmten, Orff, Strawinsky – hat die tiefste Begegnung von moderner Musik und klassischem Latein stattgefunden; er hat wie kein anderer den Rhythmus der antiken Poesie wiederbelebt und sogar kreativ, auch als Dichter, bereichert. Er beschämte mich, indem er nur Latein mit mir sprach und sich verwundert darüber gab, wie gerade ich, bei meinem Beruf, je freiwillig eine andere Sprache verwenden könnte. *Pater, peccavi:* Ich habe versucht, mich zu bessern.

Der Begegnung mit Jan Novák entstammten unsere ersten gemeinsamen lateinischen Festspiele, die LVDI LATINI 1983 auf Schloß Ellwangen. Hier gelang es uns, die sonst oft fast

---

[27] Zu ihrer Tätigkeit D. Sacré, in: Latein sprechen (wie Anm. 7) S. 74.
[28] Der nächste Kongreß wird 1997 in Juväskylä (Finnland) stattfinden: Die Vorträge werden dabei durchweg lateinisch sein – anders beim letzten Kongreß in Löwen (1991) –; in der Diskussion und in den Kongreßakten sollen auch moderne Sprachen zugelassen werden.
[29] Die klassischen Philologen haben ihm (der z. B. auch Herausgeber der vorzüglichen Anthologie ‚Viva Camena, Latina huius aetatis carmina', Zürich 1961 war) m. W. keinen Nachruf gewidmet; vgl. also nur Th. Löffelholz, Josef Eberle zum Gedächtnis, Stuttgarter Zeitung 22.9.1986, S. 3, wo aber nicht einmal die Dichterkrönung erwähnt wird (zu ihr Ijsewijn [wie Anm. 1] S. 33). Wünschenswert wäre eine Bibliographie seiner Werke.
[30] Vgl. zu ihm G. Tournoy/Th. Sacré (Hg.), Pegasus devocatus – Studia in honorem C. Arri Nuri sive Harry C. Schnur, Leuven 1992 (mit ausführlicher Bibliographie). Meine persönliche Begegnung schildere ich in: Eikasmos 4, 1993 (Festschrift Ernst Vogt), S. 337 – 339.
[31] Vgl. zuletzt bes. W. Stroh, Jan Novák – Lateiner aus Mähren, Neue Zeitschrift für Musik 152 (1991), S. 30 – 31 (mit Literaturhinweisen)

unverträglichen Lateiner der verschiedenen Couleur, vom klassisch-philologischen Professor (z. B. Hildebrecht Hommel) bis zum Latin-vivant-Radiologen Guy Licoppe, aber auch Pfarrer, Juristen, Hausfrauen und natürlich vor allem viele Lehrer, Studenten und Schülern an drei Tagen zu lateinischem Vortrag und Film, zu Gespräch und Gesang zu vereinen. Vor allem zu Gesang – denn es sind Musen und Musik, die dem modernen Menschen den Königsweg zur lateinischen Sprache eröffnen. Sogar im Ulmer Sendestudio des Süddeutschen Rundfunks trällerte man, wie ich zu meiner Freude hörte, den Refrain des Lieds, das seitdem – trotz oder wegen seiner Banalität – ein kleines Markenzeichen des lebendigen Lateins geworden ist.[32]

> *O Latinitas!*
> *quot et quanta das*
> *gaudia et carmina*
> *cum fidi- fidibus*

Wichtig war besonders die zweite, antiphilologische Strophe, in der wir in der Pose eines rabiat gewordenen ‚Latin vivant' uns von der Schulwissenschaft verabschiedeten:

> *Dicimus magistris, magistris*
> *grammaticis ut vale- valeant,*
> *duris qui capistris, capistris*
> *et os et fauces colli- colligant.*

Den Ersatz für diesen Ausfall bot uns ein unerwarteter Schutzpatron, den wir in der dritten, der theologischen Strophe präsentierten: Gott Amor.

> *Amor nos docebit, docebit,*
> *qui regnat inter numi- numina,*
> *illi qui studebit, studebit,*
> *et discet styli lumi- lumina.*

AMOR DOCET MUSICAM war das auch auf einem Button mit entsprechendem Emblem verbreitete Motto unserer Festspiele[33] und damit soll nicht nur unser vielfacher Dilettantismus entschuldigt, sondern vor allem auch ausdrücklich gesagt sein, daß eine schiere Liebe zur lateinischen Sprache und ihrer Schönheit alle Nöte der didaktischen Rechfertigung selbstbewußt und siegessicher überleben kann. Die vierte, die sadistische Strophe wurde leider ein kleiner Bumerang:

> *Studia Latina, Latina,*
> *qui colit non fideli- deliter,*
> *ima in latrina, latrina,*
> *dispereat crudeli- deliter.*

Unsere Pointe wurde nämlich von der GEW unlängst zu dem abscheulichen Slogan "Latinum in latrinam" verballhornt. Schon das schlechte Homoioteleuton zeigt, daß wir, nicht sie, Recht haben.

---

[32] Später veröffentlicht in: J. Novák, Cantica latina, München/Zürich 1985.
[33] Entnommen einem Emblembuch von Gabriel Rollenhagen (1611); der Gedanke, dessen Geschichte noch zu schreiben wäre, stammt von Euripides fr. 663 N.²

Der schwer zu beschreibende Erfolg unserer LVDI LATINI, die ich, zum ersten Mal gehüllt in den Namen Valahfrid, dann Valahfridus, leitete, war für viele Teilnehmer so überraschend und überwältigend, daß sofort der Wunsch laut wurde, nun doch auch gleich mit einem neuen Programm vor allem zur Reform des Lateinunterrichts an die Öffentlichkeit zu gehen. Ich habe dem widerraten, gewarnt vor allem durch das Beispiel Manfred Fuhrmanns, der mit seinem zehn, fünfzehn Jahre zuvor vielfach beifällig aufgenommenen, bis heute wichtigen Programm zur Erneuerung der Latinistik insgesamt doch so wenigen praktischen Einfluß gehabt hatte.[34] Rätlicher schien es mir, ganz auf die Kraft des Beispiels zu setzen, auf die Ausstrahlung und Überzeugung der Sache selber: Die trefflichsten Grundsätze kann man ja widerlegen und zerreden, gegen ein gutes lateinisches Lied ist der Widersacher machtlos. So begnügte ich mich damit, in meinem Bericht über die ersten LVDI LATINI festzustellen, daß diese ein doppeltes Ziel gehabt hätten: *extra muros* der Öffentlichkeit zu demonstrieren, welche Schätze in der lateinischen Literatur und Sprache liegen, *intra muros* die Lateinlehrer zu einem unbekümmerten und lebendigeren Einsatz ihrer Sprache im Unterricht zu ermuntern.[35] Von diesen Zielen war das erste zunächst leichter zu erreichen: Die Öffentlichkeitsresonanz[36] dieser und der folgenden LVDI LATINI war lebhaft, und immer wieder hörte ich, man habe ja gar nicht gewußt, daß Latein überhaupt eine so schöne und klingende Sprache sei, habe sie immer mehr für eine Art Mathematik und Denksport gehalten. Dem Mißbehagen *intra muros* gab dagegen ein Studiosus anonymen Ausdruck, der unter meine Ankündigung der LVDI LATINI am Schwarzen Brett des Instituts schrieb: *„Ineptissime rerum, ineptissima pro arte tractans, utinam domi delirasses, uxorem tractasses, sobrioribus nobis ridiculissimis nugis taedium non exhibens amicissimus silentio fuisses – ne dicam philosophissimus – Valahfride, oh, imbecilissime omnium, oh, si tacuisses …"* und auch manche andere mahnten mich ernstlich, diesen Irrweg doch rasch wieder zu verlassen. Aber nie in meinem Leben hatte ich so entschieden das Gefühl gehabt, das Richtige zu tun.

Auch Jan Novák! Er trieb geradezu fieberhaft die Veranstaltung neuer LVDI LATINI voran, wollte sie schon ein dreiviertel Jahr später in (seiner früheren Wahlheimat) Rovereto wiederholen. Darüber wäre es, da ich meine Kräfte einer Dauerbelastung als Professor und Festspielleiter nicht gewachsen glaubte, schon fast zu einem Zerwürfnis gekommen – hätte sich nicht der Konflikt auf die freilich traurigste und schrecklichste Weise gelöst. Jan Novák erkrankte schwer. Schon im Sommer 1994 war mir klar, daß ich auf seine beflügelnde Mitarbeit nicht mehr würde rechnen können. Um Kräfte zur Unterstützung der Arbeit mobil zu machen, gründete ich also im Oktober 1994, kurz vor Nováks Tod, den Verein Sodalitas LVDIS LATINIS faciundis e.V.,[37] beraten von einem Juristen und Römischrechtler unserer Universität, dem unvergeßlichen, im vergangenen Jahr plötzlich an schierer Überarbeitung verstorbenen Dr. Diederich Behrend.[38] Der Verein bemühte sich vor allem um die Geldbeschaffung. Es gelang, für die kommenden LVDI LATINI im Frühjahr 1985 in Augsburg zur 200-Jahr-Feier immerhin über 70.000 DM an

---

[34]) Zuerst M. Fuhrmann, Die Antike und ihre Vermittler, Konstanz 1969 (wo er auf S. 33 schon richtig ahnt, daß sich auf seinem Weg nichts werde ausrichten lassen, die Schuld aber gleich anderen Kräften zuschiebt).
[35]) Der auch sonst versandte (maschinenschriftliche) Bericht datiert vom 1.10.1993 und war gerichtet an die Baden-Württembergische Stiftung ‚Humanismus heute', die uns unterstützt hatte.
[36]) Einen Pressespiegel zu diesen wie den späteren LVDI bzw. ‚Scholae' erhält man bei der Sodalitas, c/o Institut für Klassische Philologie, Geschwister-Scholl-Platz 1, D-80539 München.
[37]) Die Tätigkeit des Vereins ist bis 1987 in einer Liste zusammengefaßt; seit 1988 erscheint unter dem Titel ‚Fasti' jährlich ein Bericht von je etwa vier Seiten (Adresse wie oben Anm. 36).
[38]) Gewürdigt von Franziska Müller-Härlin in: Münchner Uni Magazin Nov. 1994.

Spenden und Zuschüssen aufzutreiben[39] – schon für 100 DM gab es ein lateinisches Diplom, für 500 DM die literarische Verewigung im lateinischen Gedicht –, um ein umfangreiches, sieben Tage dauerndes Programm zu finanzieren. Geboten wurde, ausschließlich in lateinischer Sprache, unterstützt allenfalls durch zweisprachige Handzettel, fast alles nur Denkbare: Vorträge, Theater- und Pantomimenaufführung, Stadt- und Museumsbesichtigung, Konzerte bis zum abendfüllenden Oratorium (Philidors *Carmen Saeculare*, die größte neuzeitliche Vertonung eines antiken Textes wurde dazu förmlich ausgegraben und von meinem Assistenten, dem Philologen und Musiker Dr. Jürgen Leonhardt, aufbereitet)[40] und vor allem auch einen großen, revueartigen, Musik, Tanz und Rede vereinenden Eröffnungsabend, in dem, neben viel anderer geistlicher und weltlicher Prominenz, unser Schutzgott Amor persönlich auftrat, aber auch z. B. ein Dichter aus Japan oder sieben Lateinschüler aus dem zentralafrikanischen Malawi, die der lateinbegeisterte Staatschef Dr. Kamuzu Banda, „from his own pocket", wie der Botschafter sagte, auf unsere Einladung hin zu uns gesandt hatte. In der begründeten Annahme, daß man mir eine falsche Bescheidenheit ohnehin nicht mehr glauben würde, hatte ich die Augsburger LVDI sogleich als „das größte Lateinereignis seit Ende des Imperium Romanum" angekündigt, und zumindest der Medienerfolg überbot auch kühnere Erwartungen: Besonders durch einen einfühlsamen Artikel des Time Magazine („Call this a dead language?") fand unser Unternehmen eine geradezu weltweite, auch durch viele, viele Briefe dokumentierte Resonanz. Noch wichtiger als dieses war mir aber ein anderes. Um die Eigentätigkeit der LVDI-Teilnehmer zu steigern, hatten wir Kurse zu einzelnen Themen, sog. *Scholae* eingerichtet, in denen alle ohne Scheu in kleinerem Kreis lateinisch sprechen konnten. Besonders von den Lateinlehrern, auf die ja doch das meiste ankommt, wurde diese Möglichkeit dankbar als Fortbildungschance genutzt. Im übrigen war ich aber mit der Qualität unserer Darbietungen nicht durchweg zufrieden; da ich, völlig überfordert, mich um die Vorbereitung des einzelnen kaum mehr hatte kümmern können, geriet manches allzu flau und konventionell. Die nächsten LVDI LATINI würden kürzer und niveauvoller sein müssen.

Trotz wohlgemeinter und berechtigter Warnung durch Peter Neukam vom Kultusministerium, veranstalteten wir, nun schon wie in einem lateinischen Festrausch, viel zu bald zu nächsten LVDI LATINI im Herbst 1986. Dem Charakter der alten Bischofsstadt Freising entsprechend, sollten sie diesmal die bisher eher vernachlässigte christliche Latinität zur Sprache bringen. Sanctus Corbinianus selber erstand aus seinem Grab bei der Eröffnungsfeier, um gegen heidnischen Lärm und unbayerische Lateinaussprache auf seinem Domberg zu wettern.[41] Er ließ sich aber von mir und meiner – immer unentbehrlicher werdenden Partnerin Bernadilla (inzwischen Dr. Bernadette Schnyder, Basel) besänftigen, zumal als wir uns zur christlichen Taufe des lausbübischen Amor und zur Aufführung einer kleinen geistlichen Oper verpflichteten. Mehr als bisher gelang es uns diesmal, unsere Vorstellungen zu verwirklichen und eigenen Ansprüchen zu genügen. In den Scholae war bereits jetzt ein spürbarer Zuwachs an Lateinkönnerschaft gegen-

---

[39] Daß die Summe angesichts der Größe unserer Unternehmungen lächerlich gering ist, kommt daher, daß fast alle Mitarbeiter auf Honorare und Gagen verzichtet haben. Die verbleibenden Finanzierungsnöte sind (z. T. allegorisch) behandelt in dem Kleinepos ‚Erotomachia' (Die Liebesschlacht), München 1985, erhältlich über die Sodalitas (wie Anm. 36).

[40] Der größte Teil der Aufführung wurde auch im Rundfunk gesendet. Leider ist die Gesamtaufnahme nicht mehr greifbar, doch gibt es mittlerweile eine französische CD von dem herrlichen Werk.

[41] Das Eröffnungsspiel ist (mit Bildern und Noten) dokumentiert in: Amor in Monte Docto – Gott Amor auf dem Domberg, Freising 1987 (vgl. W. Olbrich, Die alten Sprachen im Unterricht 35, 1 (1988), 35 f.); leider nicht die Jesuitenoper ‚Porta Aeternitatis' von Franz Lang und Rupert Mayer, die Diethard Lehrmann, recht aktualisierend, inszeniert hatte.

über Ellwangen und Augsburg zu notieren; geradezu glanzvoll verlief unser Novák-Konzert und der von Bernadilla ausgerichtete Schlußball (*saltatio publica*) mit Talentschuppen der Teilnehmer (*deliciae Latinae*). Der Auftritt des leibhaftigen, im Fernsehen[42] sogar frei lateinisch agierenden Kultusminister gab uns auch das Gefühl der Anerkennung an der strategisch wichtigsten Stelle (denn daß Franz Josef Strauß seine *benevolentia* sichtbarlich über uns strahlen ließ, war doch mehr für das äußere Gepränge wichtig).[43] Entscheidend war, mehr noch als bei früheren LVDI, das Gefühl einer renaissancehaften Aufbruchstimmung bei den zahlreich teilnehmenden Lateinlehrern: Es war eine Lust, Latein zu treiben und nichts schien mehr unmöglich ... *o saeculum! o litterae!*[44]

Dem süßen Wahn folgte die kalte Dusche. In den beschwingten Tagen direkt vor den LVDI hatte der Bayerische Rundfunk ein etwa halbstündiges Gespräch mit mir aufgenommen, in dem ich, neben vielem anderen, auch einige etwas unbedachte Kritik an Latein und Lateinunterricht in der heutigen Welt losgeworden war (unter anderem: Falsch betriebenes Latein sei das Fach, „wo die Schule am meisten Schule ist"). Ein fatal geschickter Journalist schnitt die Sache auf wenige Minuten polemischer Highlights (meist ohne die nötigen Begründungen) zusammen, und schon am Tag der LVDI-Eröffnung war der nestbeschmutzende Valahfridus in Bayern I zur Zeit der höchsten Einschaltquote, d. h. morgens während des Zähneputzens, zu hören. Da schrillte denn doch im Ministerium und beim DAV die Alarmglocke; und Friedrich Maier, überzeugt davon, daß ich nunmehr dem Lateinunterricht an bayerischen Gymnasien endgültig den Garaus machen nicht wollte, aber würde, erteilte mir in seinem Mitteilungsblatt die verdiente Abreibung,[45] ich fürchte: aus dem Herzen einer schweigenden Mehrheit. Ich schwieg nun auch stille und lernte meine Lektion,[46] froh vor allem darüber, daß sich an dem persönlich guten, mitunter geradezu herzlichen Einvernehmen mit unserem Landesvorsitzenden Maier nichts änderte (inzwischen ist er längst Mitglied der Sodalitas). Erfreulich blieb zum Glück auch unser Verhältnis zur Schule[47] an ihrer Basis: Regelmäßig wurde ich weiterhin mit Tänzerin Bernadilla und

---

[42] Als wir die Sendung sahen, war sofort unsere Meinung: „Das verzeiht ihm der Strauß nie." In der Tat mußte Prof. Hans Maier, wenn auch wohl vorwiegend aus anderen Gründen, zwei Wochen später aus seinem Amt scheiden, um wieder (was er gerne tat) seine Arbeit als Universitätsprofessor aufzunehmen. Da sein Nachfolger ein studierter und erfahrener Altphilologe mit großer Sympathie für das lebendige Latein war, hat die Entwicklung uns nicht geschadet.

[43] Auszüge aus dem lateinischen Briefwechsel mit Strauß wurden vielfach veröffentlicht, z. B. in: Die Alten Sprachen im Unterricht 32, 3 (1985) 10; 15–16. Er war ein problematischer Politiker, aber ein wundervoller Lateiner, der uns in einzigartiger Weise selbstlos unterstützt hat (nur sein letzter Brief, kurz vor seinem mich tief erschütternden Tod war auf deutsch). Zu den LVDI Frisingenses stiftete er immerhin ein langes, imperial stilisiertes Grußwort.

[44] Die Stimmung ist treffend geschildert von W. Pfaffel, in: Die Alten Sprachen im Unterricht 24, 1 (1987) S. 3–5.

[45] Macht der Lateinunterricht an Bayerns Schulen die Schüler krank?, Die Alten Sprachen im Unterricht 23, 4 (1986) S. 5 f. Darin wurde eine „schockartige Erregung" in „allen Teilen Bayerns" konstatiert. Auf den Gedanken, daß jemand meine, aus leidenschaftlichem Herzen kommende Polemik speziell auf das zeitgenössische Bayern beziehen könnte, wäre ich nie gekommen; ich hatte von einem Verhängnis des Weltgeists im allgemeinen gesprochen (und an die letzten 200 Jahre in internationalen Dimensionen gedacht).

[46] Ein Kenner der Szene riet mir, mich an das Vorbild des Heilands (Matth. 26, 63) zu halten, was ich in dieser Hinsicht sonst nicht immer zu tun pflege.

[47] Zu Unrecht äußerte ein Vertreter des Ministeriums bei den LVDI Frisingenses die Vermutung, ich würde ohnehin bald die Bildungsinstitutionen verlassen und zum Fernsehen überlaufen (vielleicht als ein Gottschalk togatus). Ich sagte ihm, daß ich dazu erst nach einem Disziplinarverfahren bereit sei. Und dachte daran, daß Friedrich Nietzsche, mit dem ich mich sonst in keiner Weise vergleichen will, den schweren Fehler gemacht hatte, sich von Kollegen aus seinem Amt und seiner Wissenschaft drängen zu lassen.

Pianist Georgius (Leonhardt) zu Werbevorträgen für den lateinischen Unterricht an diverse Gymnasien eingeladen. So blieb wenigstens ein gewisser Erfolg mehr *extra* als *intra muros*, auch wenn in solchen Vorträgen unser Eigenstes und Eigentliches, das gesprochene Latein, nicht so sehr dominieren konnte.

Klar war inzwischen auch geworden, daß wir unsere Kräfte übernommen hatten und daß es so schnell nicht mehr LVDI LATINI geben solle. Von 1988–1990 veranstalteten wir nun in Freising, mit Unterstützung des trefflichen Domgymnasiums, alljährlich bloße *Scholae Frisingenses*, eine Art Kongreß, bei dem das bisher integrierte Kursprogramm der LVDI LATINI selbständig gemacht und ausgebaut wurde. Insgesamt 20 bis 25 Scholarchen aus ganz Europa, darunter auch renommierte Professoren, waren in diesen drei Jahren bereit, nicht nur ohne Honorar lateinisch zu unterrichten, sondern auch Reise, Kost und Logis vom eigenen Konto zu begleichen: Sonst schien die Mühe der Geldbeschaffung und -bedankung nicht mehr zu bewältigen. Freilich, die Güte unserer Spender bedachte uns weiter, und so kam die Versuchung, doch wieder auch mit aufwendigen Konzerten und Abendveranstaltungen ein breiteres Publikum anzulocken. Nur 1988 hielten wir das geplante, kräfteschonende Konzept einigermaßen durch,[48] die Scholae von 1989 und 1990 wuchsen schon wieder zu förmlichen LVDI LATINI aus – 1989 gab es vor allem auch einen gesamtbayerischen *Dies Latinus* – und zwar solche, die mich jeweils an den Rand meiner physischen und psychischen Kräfte brachten (natürlich auch wegen der unermüdlichen Tätigkeit des *livor edax*). Als dann auch noch die beiden wichtigsten *socii* Bernadilla und Georgius berufsbedingt auszufallen begannen, beschloß ich, auch die *Scholae* wieder einzustellen und die Arbeit unserer Sodalitas einstweilen auf kleinere Unternehmungen zu beschränken. An unserer Stelle veranstaltete der mittlerweile entstandene Schwester- bzw. Tochterverein L.V.P.A. (*Latinitati Vivae Provehendae Associatio*), mehrfach, vor allem in Prag, ähnlich angelegte ‚Seminaria'.

Erst 1993, zum 2000. Todestag des Dichters Horaz, gab es wieder ganz große Spiele, angekündigt als *Ludi Horatiani*, nicht als eigentliche LVDI LATINI, denn im Gegensatz zu den früheren war diesmal auch, in allerdings sehr beschränktem Umfang, der Gebrauch der deutschen Sprache als Stütze und Verständnishilfe für ein breiteres Publikum, besonders für jüngere Gymnasiasten, zugelassen. In deutscher Sprache gingen auch zum ersten Mal, um keinen Schulleiter zu verschrecken, unsere Einladungsschreiben an die bayerischen Gymnasien. Der Erfolg rechtfertigt wohl diese kleine, mittelfristige Konzession: Tausend Hörer kamen allein zu meinem rein lateinischen Eröffnungsvortrag ‚De Horati vita et operibus'; anderthalbtausend Besucher sahen an drei Abenden die ebenfalls nur lateinische Tragödie ‚Troas' von Seneca, den wir als einen fast vergessenen Meister des lateinischen Theaters nach wohl über vierhundert Jahren zum ersten Mal wieder in lateinischer Sprache auf die Bühne brachten, bejubelt vor allem wegen der wirkungsvollen Chormusik von Martin Keeser, der sich als jugendverbundener Rockmusiker doch auch allen Feinheiten der lateinischen Metrik gewachsen zeigte und – *vim temperatam di quoque provehunt* – sogar auf die Hilfe des Lautsprechers verzichtete.[49] Überraschenderweise war diesmal die Wirkung *extra muros* gering. Kein nennenswerter Pressejournalist kam zu unseren Veranstaltungen; nur das Bayerische Fernsehen brachte einen allerdings sehr lebendigen und verständnisvollen Bericht. Offenbar haben wir mittlerweile den Reiz der Novität und des Sensa-

---

[48]) Zum Besten, was über unsere Arbeit geschrieben wurde, gehört m. E. ein Artikel von Hermann Unterstöger, der an den ganzen Scholae sehr aktiv teilgenommen hat: Claudia immitte tenebras! Latein als lebendige Sprache – und die Leute, die es sprechen, Süddeutsche Zeitung 20./21. 8. 1988.

[49]) Eine mittlerweile technisch verbessserte Videokassette ist von der Sodalitas (wie Anm. 36) erhältlich.

tionellen, der von 1982 bis 1986 so groß war, verloren, sind fast schon ein bißchen normal geworden. *Deo gratias!* Gerade die fast übertriebene Präsenz in den Medien konnte ja am Anfang bei Kollegen in Universität und Schule den Verdacht entstehen lassen, als sei uns überhaupt nur an öffentlichem Spektakel, nicht an der Sache des Lateinischen gelegen.

So ist es mir auch außerordentlich wichtig, daß ich seit 1989 in zunehmendem Maß erst außerhalb, dann aber auch innerhalb von Bayern mit lateinischem Unterricht zu Veranstaltungen der offiziellen Lehrerfortbildung eingeladen werde. Vielleicht können sogar bald die ‚Scholae', deren Organisation über unsere Kräfte geht, in dieser Form erneuert und fest etabliert werden. In diesen Zusammenhang gehört es, daß 1994 endlich auch ein ganzes großes Faszikel des ‚Altsprachlichen Unterrichts' dem Problem des Lateinsprechens im Unterricht gewidmet worden ist. Zur Zeit unserer Vereinsgründung hätte so etwas noch als hoffnungslos unaktuell gegolten; nun müssen die Ziele, für die unsere Sodalitas seit zehn Jahren kämpft immerhin diskutiert werden – was freilich nie zu weit getrieben werden sollte: Auch in Zukunft gilt: *verba docent, exempla trahunt*; the proof of the pudding is in the eating. Hätte der intelligenteste und kundigste Kritiker des Lateinsprechens, Hans Joachim Glücklich, je Gelegenheit gehabt, zu unseren Ludi oder Scholae zu kommen, würde er sicherlich manches anders beurteilen.[50] Auch in der Fachdidaktik hat ja inzwischen ein Prozeß des Umdenkens begonnen, der nicht nach seinem Niederschlag in gedruckten Didaktiken beurteilt werden darf. Seit 1990 haben die Kongresse des DAV eine *officina Latina*, die sich mit dem gesprochenen Latein befaßt. In Bayern sind bereits heute fast alle führenden Fachdidaktiker an den Universitäten[51] praktizierende Sympathisanten der *loquela Latina*. Und von Mund zu Mund spricht es sich weiter: Über den Erfolg im Klassenzimmer entscheidet, gegen alle Theorie der formalen Bildung, mehr die Kompetenz der *lingua* als die der Linguistik.

Damit wäre das Wichtigste eigentlich gesagt; aber wenigstens in Stichworten sei doch noch einiges aus diversen Arbeitsgebieten der Sodalitas in den vergangenen Jahren zusammengefaßt. Außerordentlich fruchtbar war die Zusammenarbeit mit Dr. Markus Junkelmann, der als römischer Legionär und Ritter auf dem Gebiet der experimentellen Archäologie (wie ich es getauft habe) etwas ähnliches versucht wie wir im Bereich der Sprache: Erkenntnis zu gewinnen, nicht nur durch Forschen, sondern vor allem auch durch Ausprobieren, Nachmachen, Erleben. Er hat uns durch seine mit beispiellosem Einsatz betriebenen Unternehmungen einzigartige, auch medienwirksame Bühnen für die Vorführung der lateinischen Sprache geschaffen. Mit ihm habe

---

[50]) Vgl. seinen Beitrag in: Das gegenwärtige Begründungsdefizit der Lateinsprechmethode, in: Latein sprechen (wie Anm. 7), S. 16 – 21. Seine Kritik betrifft fast nur Veranstaltungen des ‚Latin vivant': Wenn er abschließend feststellt, daß niemand in der Welt, jedenfalls außerhalb von Lateinkongressen, statt ‚ich liebe dich' zu seinem Schätzchen sage ‚te amo', so empfehle ich aus Erfahrung eher ‚tu mihi sola places' (Prop. 2, 7, 19; Corp. Tib. 3, 19, 3; Ov. ars 1, 42), was sich schon in der Praxis sehr bewährt hat. – Den derzeitigen Stimmungsumschwung beleuchtet das köstliche Vorwort von G. Veit, Fabula agitur!, Gedanken und Hilfen zum lateinischen Schultheater, Stuttgart usw. 1992.

[51]) Dem gerne kolportierten und oft geglaubten Verdacht, ich sei ein Gegner der lateinischen Fachdidaktik – und das Gegenteil davon ist wahr –, widerspricht schon die Tatsache, daß ich in Heidelberg von 1970 – 1975 viele fachdidaktische Lehrveranstaltungen abgehalten habe, teils in eigener Regie, teils mit Spezialisten wie Hans-Joachim Glücklich und Egon Römisch. Gerne würde ich dies wieder aufnehmen, und falls sich die Möglichkeit böte, auch eine Schulklasse (wie Friedrich Nietzsche in Basel) unterrichten.

ich z. B. in Rom als Fetiale einen Krieg eröffnet,⁵² in Aschaffenburg als der Asche entstiegener *grammaticus* das Pompeianum⁵³ und in Rottweil als opfernder Priester – zum Entsetzen der Geistlichkeit – ein Römermuseum eingeweiht;⁵⁴ mit ihm haben wir auch unser bislang größtes Debakel bei einer mißlungenen römischen Reiternacht in Aalen erlebt.⁵⁵ Sein legionärmäßiges Durchhaltevermögen und seine Lebensfreude in tausend Nöten und Schulden sind ein begeisterndes Vorbild.

Leidenschaftliche Zustimmung, aber z. T. auch völliges Befremden erregte mein (auf eigene Faust, ohne die Sodalitas) unternommener Versuch, Latein auch in die Politik zu bringen mit der Aktion ‚*Aeris vindices*' (Lateiner gegen Flughafen). Die Aktivitäten gingen von einem 1990 in zehntausend Exemplaren verbreiteten Flugblatt⁵⁶ bis hin zu einer Demonstration in Toga vor dem Münchner Maximilianeum (wegen der ich mit Gefängnis bedacht wurde) und zur altrömischen Verfluchung (*devotio*) des Flughafens München II, bei dem immerhin 500 Menschen ein deutsch-lateinisches Lied über die Geschicke der Vögel im Erdinger Moos sangen.⁵⁷ In der Tat meine ich, daß die Freude an der Schönheit der *regina linguarum* wesenhaft zusammengehört mit dem Kampf gegen Häßlichkeit und Zerstörung unserer Welt. Andere freilich sind der Ansicht, Lateiner müßten, als wesenhaft konservativ, für alles sein, was Industrie und Wirtschaft sich so wünschen, da diese ja auch mit ihrer bekannten Generosität die Geisteswissenschaften sponsern (ich selber bin vor allem das Opfer ihrer Spitzeltätigkeit geworden). *Viderint posteri* (sofern diese unsere Flughäfen und Atomeier überleben).⁵⁸

Zum letzten Mal bestieg ich selber i. J. 1988 ein Flugzeug, um einen größeren Besuch in Malawi zu machen, der schon erwähnten *civitas Latinissima* im heißen Herzen von Afrika.⁵⁹ Aus der geplanten Zusammenarbeit mit dem dortigen humanistischem Mustergymnasium Kamuzu Academy⁶⁰ wo ich einige Stunden in lateinischer Sprache unterrichtete, und dem Aufbau lateinischer Studiengänge an der Universität Zomba ist trotz großem Einsatz leider noch nicht viel geworden: Die Entfernung ist wohl einfach zu groß. Heute muß sich der greise frühere Staatschef, dem ich seinerzeit bescheinigte, daß er mehr für das lebendige Latein getan habe als

---

⁵²) Die kompetente Schelte wegen historischer Schludrigkeit (J. Rüpke, AU XXX/3 (1987) S. 105 – 107; dazu meine Stellungnahme a. O. 31, H. 4, 1988, 82 – 84) habe ich mir hinter die Ohren geschrieben und bemühe mich seitdem um größerer Authentizität bei entsprechenden, vor allem sakralen, Veranstaltungen.
⁵³) Vgl. Vox Latina 31 (1995) S. 115 – 117.
⁵⁴) „Heidenspektakel um Museum bahnt sich an: Beide Kirchen verwahren sich gegen ‚Weihe'" (Schwäbische Zeitung, 23. 1. 1992).
⁵⁵) Schwäbische Post., 9. 9. 1989 (unter Titel: „Römer erobern Aalen"): „Der Versuch, römische Lieder mit dem Volk zu singen, scheitert. Wem ist die lateinische Sprache schon geläufig?"
⁵⁶) ‚*Quorum est caelum?*' (Freising 1990) war meine bisher erfolgreichste Publikation überhaupt, die vor allem auch von Schulklassen als Unterrichtslektüre bestellt wurden.
⁵⁷) Der Versuch, dieses Lied in einer literarischen Zeitung zu veröffentlichen, ist im demokratischen Bayern bisher gescheitert; erhältlich ist es über die Sodalitas (wie Anm. 36) nebst einem Pressespiegel.
⁵⁸) Zu meinen einschlägigen Publikationen gehört auch das Flugblatt ‚Horaz für Fricke' zur OB-Wahl in München 1993.
⁵⁹) Ein dort gehaltener zweisprachiger Vortrag (*De litteris Latinis hodie docendis* – The importance of Latin studies for the present age) ist als Sonderdruck veröffentlicht (1988) von der Sodalitas (wie Anm. 36).
⁶⁰) Vgl. S. Klein, Eton im afrikanischen Busch, Süddeutsche Zeitung 21. – 23. 4. 1984, S. 3; ausführlichst: C. Alexander, Personal history, The New Yorker, 16. 12. 1991, S. 53 – 87. Über meine dortigen Erfahrungen und Erlebnisse habe ich bisher nur in mündlichen Vorträgen berichtet.

irgendein anderer Politiker auf der Welt, vor Gericht verantworten.[61] Die Zukunft von Kamazu Academy dürfte ungewiß sein. Und Afrika als neues Bollwerk eines lebendigen Latein wird noch ein etwas fernerer Traum sein müssen.

Freude und Befriedigung brachte dagegen die Entwicklung im europäischen Osten seit der großen Wende: Latein, eben noch Sprache des Klassenfeinds, lebt wieder auf in Polen und Slowenien; vor allem natürlich in Prag[62] und Brünn wird auch das lebendige Latein kompetent gepflegt; an der Universität von Szeged in Ungarn, wo ich 1993 (ausschließlich lateinsprechender) Gastprofessor war, wurde soeben auf Initiative der Studenten ein Colloquium Latinum gegründet.[63] Zu unseren Ludi Horatiani kamen von dort fünfzehn Studenten im eigenen Bus. Im übrigen wird man in nächster Zeit einiges auch noch aus Moskau hören.

In Brünn, der Heimat Jan Nováks, ist, mit partieller Hilfe auch von uns, seine Oper ‚Dulcitius‘ uraufgeführt worden.[64] In Prag durfte ich schon im Frühjahr 1988 zur Einleitung seiner Kantate ‚Ignis pro Ioanne Palach‘ vor zweitausend Menschen im Smetanasaal lateinisch sprechen. Sonst ist die Verbreitung von Nováks lateinischem Werk auch dort eigentlich eher wieder etwas stagnierend.[65] Dem großen Erfolg, den wir mit dem postum herausgegebenen Liederbuch ‚Cantica Latina‘ (1985 zu den Augsburger LVDI LATINI) hatten – es ist längst vergriffen –, konnten wir keinen zweiten, vergleichbaren an die Seite stellen. Die Schallplatte mit seiner ‚Dido‘ wurde trotz dem großen Namen Kubelik nur mäßig verkauft, zunehmend gut allerdings die leichter gestrickte Kassette ‚Schola cantans‘.[66] Auf den weltweiten Durchbruch mit dem einen, großen Werk (vielleicht den ‚Aesopia‘?) warten wir noch geduldig und legen inzwischen immerhin ein Ton- und Notenarchiv an, aus dem sich einmal eine kleine Forschungsstelle über unseren geistigen Vater und fortwirkenden *spiritus rector* entwickeln soll.

Latein ist, wie wir sagten, viele Tode gestorben und einige davon scheinen unwiderruflich (obwohl es natürlich nichts gibt, was es nicht gäbe). Wie tot aber das Lateinische ist, darüber entscheiden nicht die Kräfte von Industrie und Politik, ja nicht einmal ein unaufhaltsamer Weltgeist, sondern nur wir selber, die Lateiner. Darum wünschen wir unserem Vorsitzenden zum 60. Geburtstag, daß er darin fortfahren möge, sich von einem einseitigen, einengenden Dogma der formalen Bildung zu befreien und als auch praktizierendes Mitglied unserer Sodalitas

---

[61] So nach einer ausführlichen Meldung aus Nairobi vom 16. 1. 1995 in der Südd. Zeitung: Banda, den ich (auch nach persönlichem Kennenlernen) trotz seiner unrechtstaatlichen Diktatur für einen Christen und Ehrenmann halte (und der unbestreitbare Verdienste für sein Land hat), wird immerhin die Ermordung von vier Ministern vorgeworfen. Wegen der mir (von amnesty international längst bekannten) Beschuldigungen habe ich es vermieden, mit Banda, wie von manchen gewünscht, öffentlich aufzutreten. Mit ihm in ein längeres, notwendiges Gespräch einzutreten, wurde leider von anderen unmöglich gemacht.

[62] Vgl. W. Stroh, Latein und Freiheit: Ein Erlebnisbericht aus Prag, Mitteilungsblatt des DAV 30 (1990) H. 2, S. 33 – 36; P. Mouchová, De litteris Latinis in Bohemia et Moravia renascentibus, in: Latein sprechen (wie Anm. 7) S. 58 f.

[63] Nach Briefen von Prof. Dr. Ibolya Tar (April 1995).

[64] W. Stroh, in: Oper und Konzert 28, H. 12, Dez. 1990, S. 12 f.; sonst waren die Besprechungen dieser mit köstlicher, nicht immer verstandener, Naivität inszenierten Märtyrerkomödien (nach Text von Hrosvitha von Gandersheim) eher flau.

[65] Immerhin gab es in Brünn im Januar 1995 ein nachträgliches Gedächtniskonzert zum 10. Todestag; das Programmheft zu unseren eigenen Gedächtniskonzerten (am 16./17. Nov. 1994) ist über die Sodalitas (wie Anm. 36) erhältlich.

[66] Jetzt erhältlich (wie andere Produkte der Sodalitas) über E. Bozorgmehri & R. Spann, Panoramastr. 23, 82211 Herrsching, Tel.: 08152-8376, FAX: 08152-40485.

LVDIS LATINIS faciundis e. V. dazu beizutragen, Latein fest im kommenden Jahrtausend zu etablieren.[67] Wir bitten ihn, einzustimmen in unseren Ruf:

    O Latinitas!

---

[67] Weit größere Sorgen macht z. Zt., wie jeder weiß, das Griechische. Es ist schwer, darüber zu sprechen, ohne bitter zu werden. Darum: *tacui*.

Peter Lohe

Dem unermüdlichen Sendboten des Lateinischen und Griechischen,
dem erfindungsreichen Anreger in Didaktik und Methodik,
dem einsatzfreudigen Verfechter bei Debatten und Behörden,
dem Freund und Mitstreiter, Friedrich Maier zum 60. Geburtstag.

Nunc demum redit animus

Skizze der Entwicklung des DAV und des Latein- und Griechischunterrichts in den neuen Bundesländern und Berlin

Als im Februar 1989 Kurt Selle, Oberstudiendirektor an dem Gymnasium ‚Große Schule' in Wolfenbüttel, das Amt des Vorsitzenden des Deutschen Altphilologenverbands von dem verdienstvollen Dr. Hans Werner Schmidt, dem Leiter des ‚Gymnasiums am Ostring' in Bochum übernahm, ahnte er noch nicht, daß er auf dem Bundeskongreß in Hamburg vom 17.–21. 4. 1990 eine beachtliche Zahl von Kollegen und Kolleginnen aus verschiedenen Städten der – inzwischen ehemaligen – DDR werde begrüßen können. Der 9. November 1989 hatte es möglich gemacht. Etwa vierzig Altsprachler von Schule und Universität waren der ermunternden Einladung des DAV und der Hamburger Kollegenschaft gefolgt. Es war ein erster Schritt, die über lange Jahre und teilweise in entlegene Winkel versprengte Fachschaft zu sammeln.

Vorangegangen waren bereits vielerorts einzelne Begegnungen, vor allem in Berlin, wo die Ereignisse so unmittelbar und dicht sich vollzogen wie nirgendwo sonst in Deutschland. An der Jahreshauptversammlung des Landesverbandes am 14. 2. 1990 nahmen vier Kollegen aus dem Osten Berlins teil, und Dr. Dummer, der an der – ehemals Preußischen – Akademie der Wissenschaften arbeitete, sprach ein Grußwort.

Als die Berliner Fachschaft sich einen Monat später am 19. 3. 1990 anläßlich ihres 40jährigen Bestehens seit der Wiederbegründung im Jahr 1950 zu einer Veranstaltung im Vortragssaal des Ägyptischen Museums in Berlin Charlottenburg traf, hatte der Kreis sich bereits auf zwölf erweitert, darunter Kollegen aus Potsdam und Frau Kristine Schulz vom Robertinum aus Halle an der Saale.[1] Durch viele private Kontakte wuchs die Adressenliste der interessierten Altsprachler beim Schriftführer des Landesverbandes Prof. Andreas Fritsch.

Dabei war es hilfreich zu erfahren, daß neun Gymnasien teilweise mit altehrwürdiger Tradition als sogenannte ‚Erweiterte Oberschulen' (EOS) einen vierjährigen Latein- und zweijährigen Griechischunterricht über die 40jährige Durststrecke hin bewahren konnten: die Schliemann-Schule in Berlin, die Humboldt-Schule in Potsdam, die Kreuz-Schule in Dresden, die Thomas-Schule in Leipzig, die Ernst-Abbé-Schule in Eisenach, die Gerhart-Hauptmann-Schule in

---

[1] Vgl. den Bericht von A. Fritsch in MDAV 2 (1990), S. 37.

Zwickau, die Hermann-Francke-Schule in Halle, die Humboldt-Schule in Magdeburg, die Herder-Schule in Rostock.

Neben diesen altsprachlichen Spezialklassen gab es an vielen der über 100 erweiterten Oberschulen der DDR einen fakultativen zweijährigen Lateinkurs in der 11. und 12. Klasse. Während in den 60er Jahren noch an den Universitäten Berlin, Halle, Jena, Leipzig und Rostock Lateinlehrer in fünfjährigem Studium ausgebildet wurden, fand in den letzten Jahren der DDR die Ausbildung nur noch am Robertinum der Martin-Luther-Universität in Halle statt, da die langjährige Unterdrückung und Behinderung dieses Unterrichts den Lehrerbedarf sehr eingeschränkt hatte.[2]

Der Kongreß in Hamburg stand unter dem Motto „Die Antike – Prägende Kraft Europas". Das Thema hatte man im Februar 1989 in Fulda ausgerichtet nach den stärker werdenden Europabestrebungen im Rahmen der EU, um die Antike und den Unterricht in den alten Sprachen als gemeinsames Fundament europäischen Geistes in den Blick zu rücken und bei dem verständlichen Vordrängen der modernen Kommunikationssprachen die Kenntnis des bereits vorhandenen gemeinsamen Kulturgutes und seiner verbindenden Kraft aus falscher Aktualität nicht ungenutzt zu lassen. Durch die Novemberereignisse erfuhr diese Entscheidung eine ungeahnte Erweiterung des Horizonts, der Möglichkeiten und der Aufgaben. Unter diesem Eindruck beschloß die Vertreterversammlung vor der Eröffnung des Kongresses am 17.4.1990, das nächste Jahrestreffen nicht wie üblich im zentralgelegenen Fulda, sondern in Halle an der Saale abzuhalten. Es herrschte der einmütige Wille, einerseits durch die Anwesenheit „Flagge zu zeigen", durch Unterstützung Mut zu machen und bei der Neuordnung des Bildungswesens Ansprüche anzumelden, andererseits sich selbst ein Bild zu machen von der Lage und den Bedürfnissen. Als man ferner daranging, eine Option für den nächsten Bundeskongreß 1992 ins Auge zu fassen, gab es nur einen vielstimmigen Vorschlag: Berlin. Es erschien wie eine Selbstverständlichkeit, obwohl man doch gerade in der Großstadt Hamburg tagte und der Wechsel zwischen einem großen und einem kleinen Tagungsort zum gewünschten Usus geworden war. Eine einstündige Sonderveranstaltung zum Zweck der Aussprache mit den Kolleginnen und Kollegen aus dem Osten Deutschlands wurde spontan ins Programm genommen und vom stellvertretenden Vorsitzenden Dr. Lohe geleitet: eine willkommene Möglichkeit, wiederum Adressen zu sammeln, Kontakte zu knüpfen, Probleme aufzunehmen und Hilfe zu verabreden. Viele Verbindungen zu einzelnen und zu Landesverbänden, die in den nächsten Jahren verstärkt und ausgebaut werden sollten, wurden hier bereits geknüpft.

Das folgende Jahr bis zum Treffen in Halle war außerordentlich fruchtbar, da in allen neuen Landesteilen die Arbeit des DAV sich konstituierte.

Als erste nahmen die Brandenburger das Berliner Angebot an, die vorhandene Organisationsstruktur zu einem gemeinsamen LV Berlin und Brandenburg auszuweiten. So wurde anläßlich einer Vortragsveranstaltung im Rahmen einer Verbandssondersitzung am 24. Oktober 1990 der erweiterte Landesverband proklamiert, für den Ostteil Berlins drei Beisitzer kooptiert: Frau Bruß, Frau Findeis und Herr Dr. Helms, sowie für eine wirksame Arbeit und Erfassung der Probleme im Flächenstaat Brandenburg vier Arbeitskreise (AK) gegründet, die wegen des schnelleren Kontaktes unter der Federführung Potsdams arbeiten: AK Potsdam (Leitung: Frau Tschaepe und Herr Gerhardt), AK Eberswalde (Leitung: Frau Jahn), AK Cottbus (Leitung: Frau Sasse), AK Perleberg (Leitung: Herr Schneider). Am 3. November 1990 gründete sich in Gotha

---

[2] Vgl. den ausführlichen Lagebericht von K. Schulz in ‚Symposium Latein 2000', Akademiebericht Nr. 226, Dillingen 1992, S. 19–23.

unter dem Vorsitz von Herrn Dr. Köhler der LV Thüringen, am 1. Dezember 1990 in Halle unter der Vorsitzenden Frau Schulz der LV Sachsen-Anhalt, am 19. Januar 1991 in Schwerin unter dem Vorsitz von Herrn Kunack der LV Mecklenburg-Vorpommern und schließlich am 26. Januar 1991 in Dresden der LV Sachsen unter dem Vorsitzenden Herrn Witzmann. Diese bemerkenswert zügige Handlungsweise verdeutlichte eindrucksvoll die überall herrschende Aufbruchstimmung. Als man sich einen Monat später vom 22.–24. 2. 1991 zur jährlichen Versammlung der Landesvertreter im Robertinum in Halle traf, konnte der Bundesvorsitzende Kurt Selle die Vertreter aller 15 Landesverbände begrüßen: der DAV war wenig mehr als ein Jahr nach dem Fall der Mauer als Fachverband und wirksames Sprachrohr der Fachinteressen bundesweit konstituiert und ist bis heute mit über 6000 Mitgliedern europaweit – wahrscheinlich sogar darüber hinaus – der größte Fachverband der Altsprachler.

Selle begann seinen Bericht über die Hallenser Tagung mit dem hier als Überschrift gewählten Tacitus-Zitat[3]: „‚Nunc demum redit animus': Dieser Satz am Anfang des 3. Kapitels von Tacitus' *Agricola* könnte auch zur Charakterisierung der geistigen Situation der Lehrer/innen für alte Sprachen in den neuen Bundesländern dienen. Aber auch für die Probleme, vor denen sie heute stehen, kann die Beschreibung der Zeit nach Domitian herhalten: ‚... *ingenia studiaque oppresseris facilius quam revocaveris*'". Die Analyse der Lage in den neuen Bundesländern nahm einen großen Teil der Zeit in Anspruch; aus der Fülle der Schwierigkeiten nannte Selle u. a. (S. 28): „Vor allem ist die Personaldecke zu knapp. Es fehlen überall Lehrkräfte. Es fehlt auch aufgrund des viel zu knappen Erfahrungshorizonts an praktischen Kenntnissen in der Didaktik und Methodik der alten Sprachen für alle Altersjahrgänge eines Gymnasiums." Welche Aufgaben sich für das Zusammenwachsen beider Teile, für die seitdem immer wichtiger werdende „innere Einheit" ergaben und ergeben, läßt sich aus folgenden Sätzen erahnen (S. 28): „Dem Verband muß daran gelegen sein, die Gleichheit der Lebensbedingungen auch in der Gleichheit der Bildungschancen verwirklicht zu sehen. Latein und Griechisch müssen als Grundlagenfächer im Bildungskanon des Schulwesens einen den alten Bundesländern vergleichbaren Platz erhalten. Initiativen zur Beeinflussung der Schulgesetzgebung sind unternommen. Dem Verband ist daran gelegen, die Schulzeitdauer bis zum Abitur dem Standard der alten Bundesländer anzupassen. Wir haben in Halle eine Resolution verabschiedet, in der eindeutig ausgesagt wird, daß auf das 13. Schuljahr nicht verzichtet werden kann. Unsere Hoffnung geht dahin, daß auch in den alten Bundesländern sich die Erkenntnis durchsetzt, daß das Niveau der Abituranforderungen nicht durch Herabsetzung der Schulzeitdauer verschlechtert werden darf." Um die Bedeutung und Leistung der Antike für die gemeinsamen europäischen Herausforderungen zu formulieren und bewußt zu machen, wurde eine Strukturkommission eingesetzt, an der sich neben Frau Schulz die Herren Klowski, Lohe, Maier und Petersen beteiligten; nach einer längeren verbandsinternen Diskussionsphase waren die Ausarbeitungen der Kommission unter dem Titel ‚Latein 2000' die Grundlage des späteren Bamberger Kongresses. Der erste Kongreß nach der Wiederherstellung der deutschen Einheit und Höhepunkt der Aufbruchstimmung und des Aufeinanderzugehens war dann vom 6.–10. April 1992 der Bundeskongreß in Berlin, mit knapp 700 Teilnehmern der bislang größte. Die Tagungsstätte hatte man bewußt ausgewählt: die Kongreßhalle am Alexanderplatz, im ehemaligen Ostteil der Stadt, im alten und neuen Bezirk Mitte, „im Herzen der alten und neuen deutschen Hauptstadt", wie Kurt Selle in seiner Eröffnungsansprache formulierte.[4]

---

[3] Vgl. MDAV 2 (1991), S. 27–29.
[4] Abgedruckt in MDAV 2 (1992), S. 45–51.

Mit dem Treffen an der Schnitt- und Nahtstelle von Ost und West sollte auch eine Brücke geschlagen werden über die historische Zäsur hinweg zu den heutigen Aufgaben, wenn er fortfuhr: „Mit der Entscheidung für Berlin sind wir damit auch an den Ort zurückgekehrt, von dem aus bei der Erneuerung des preußischen Staates vor 180 Jahren Wilhelm von Humboldt mit der Akzentuierung der alten Sprachen das Gymnasium reformierte und so erkennen ließ, wie wichtig für die Heranbildung eines selbständig und verantwortlich handelnden Menschen die Begegnung mit der Antike war. Vielleicht kann uns der genius loci einen Impuls geben, darüber nachzudenken, ob nicht das Humboldtsche Bildungsideal vom „innengeleiteten Menschen" gerade heute eine neue Bedeutung gewinnen kann."

Diesem Geiste trug auch das Kongreßmotto Rechnung: ‚Europa im Aufbruch – Die Zukunft der Antike: Neue Aufgaben für Latein und Griechisch'. Hatte das noch vor der Wende konzipierte Hamburger Europathema verständlicherweise auf die nicht zu vergessende, prägende Kraft der Antike im westlichen Europa gezielt, so wurde in dem Berliner Leitspruch durch die Horizonterweiterung nach Osten der gesamteuropäische Rahmen und Auftrag sichtbar, wie er bereits in der Renaissance wirksam und lebendig gewesen war und sich nun widerspiegeln konnte in der Anwesenheit von Referenten aus Krakau, Prag, Budapest und Rom.

Auf dem turnusmäßigen Jahrestreffen in Fulda am 13./14. Februar 1993 wurde Kurt Selle nach vierjähriger Amtszeit mit großem Dank verabschiedet und Prof. Dr. Friedrich Maier, der von München an die Humboldt-Universität zu Berlin gewechselt war, zum neuen Vorsitzenden gewählt. Um dem vergrößerten Aufgabengebiet und der heterogenen Problemlage mehr Aufmerksamkeit zu schenken, setzte die Vertreterversammlung weitere Zeichen der veränderten Arbeit: Frau Schulz aus Halle wurde zu einer der beiden stellvertretenden Vorsitzenden und nach Erweiterung der Zahl der Beisitzer auf Grund einer entsprechenden Satzungsänderung Herr Dr. Simon aus Jena zum Beisitzer gewählt.

Der Bundeskongreß vom 5.–9. April 1994 in Bamberg, das mit seiner kulturhistorisch bedeutenden, zum Weltkulturerbe erhobenen Kulisse und der fränkischen Gastlichkeit über 600 Teilnehmer anlockte, stand ganz im Zeichen gemeinsamer Bemühungen um eine moderne Schule für die spürbaren Herausforderungen am Ende des 20. Jahrhunderts. Das Motto ‚Latein 2000 – Schlüsselqualifikationen durch die alten Sprachen' verfolgte unterschiedliche Ziele. Die in einem erstmalig herausgegebenen Kongreßbegleiter abgedruckten Anregungen und Thesen der Strukturkommission sollten eine Selbstbesinnung und Breitendiskussion hervorrufen, gleichzeitig aber auch nach außen hin Bedeutung und Anspruch altsprachlicher Schulbildung bewußt machen. In seiner Eröffnungsansprache sagte Prof. Maier programmatisch[5]: „Im Grunde ist dies wohl die drängendste politische, im engeren Sinne bildungspolitische Aufgabe unserer Zeit, die ihrem großen Wendepunkt zueilt: der Kompromiß, die Balance zwischen Tradition und Fortschritt." Und in Anlehnung an den Philosophen Hans Jonas fuhr er fort: „Wie die Versuche, gymnasiale Bildung zu definieren, zeigen, ist in der Tat das Prinzip Verantwortung zu einer Art von fachübergreifendem Lehrziel avanciert ... Unsere Zeit ist europa- und weltweit von einer Reihe von Problemen beherrscht, deren Lösung nicht allein im Politischen und Wirtschaftlichen liegt, vielmehr, wie man allseits zugibt, auch im Intellektuellen und Moralischen. Sie verlangen nach Wissenseinsatz und Wertentscheidungen, eben nach der Verantwortlichkeit eines jeden einzelnen. Bildung soll die Menschen dazu instand setzen. Die moderne Pädagogik hat diese Probleme ‚Schlüsselprobleme' genannt und zu ihrer, wenn auch nur ersatzweise, erfolgreichen

---

[5] Leicht gekürzt veröffentlicht unter dem Titel: ‚Zukunft nicht ohne die Antike' in: Profil, Magazin für Gymnasium und Gesellschaft 3 (1995), S. 16–22.

Bewältigung ‚Schlüsselqualifikationen' gefordert." Welche diese Schlüsselprobleme der Zukunft sind, zu denen der Unterricht in Latein und Griechisch in besonderer Weise Schlüsselqualifikationen, d. h. grundlegende Qualifikationen vermittelt, beschreibt der Kongreßbegleiter (S. 17–20) unter folgenden sechs Überschriften:

1. Natur und Umwelt, 2. Friedliches Zusammenleben der Menschen, 3. Kultur und Tradition, 4. Wissenschaft und Beruf, 5. Wort und Bild, 6. Wertbewußtsein und Sinnfindung.

Da diese nicht nur gemeinsame Zukunftsaufgaben von herkulischem Ausmaß sind, sondern mittelfristig noch in Ost und West von sehr unterschiedlichen Möglichkeiten und Voraussetzungen ausgehen, setzte der DAV zwei getrennte Kommissionen unter der Leitung von Herrn Dr. Köhler (Gotha) und Herrn Petersen (Kiel) ein, um die jeweiligen Arbeitsbedingungen und Vorgehensweisen auszuloten.

Auf der diesjährigen Vertreterversammlung in Fulda am 11. und 12. Februar 1995 begann Dr. Köhler den Bericht seiner Kommission mit den Worten[6]: *„Latinitas est restituta in gymnasiis* – So könnte man nach vierjähriger Arbeit der Kollegen vor Ort den gegenwärtigen Zustand in Neufünfland allgemein beschreiben, aber man muß diese Aussage sofort für jedes Land quantifizieren und relativieren." Einige Zahlen und Angaben aus seinem Bericht können in Tabellenform die respektable und teils unter widrigen politischen Bedingungen durchgesetzte Aufbauleistung dokumentieren:

Bundesland	Gymnasien insges.	davon Lat./ (Griech.)	Schulj./ Abitur	DAV-Mitgl.	Zusammenarbeit mit
Brandenburg	99	81 (2)	13 J. dezentral	36	gemeinsamer LV u. Mitt.- Bl. mit Berlin (dienstl. mit NRW), einziges Land ohne Lat. als 1. Fs. 2 x in Potsdam
Mecklenburg-Vorpommern	98	66 (1)	12 J. zentral	61	gemeinsames Mitt.-Bl. mit Schleswig-Holstein in Rostock
Sachsen	185	164 (4)	12 J. zentral	86	einzelnen Kollegen in Baden-Württemberg Dresden (2), Leipzig, Zwickau
Sachsen-Anhalt	148	83 (2)	13 J. zentral	73	Niedersachsen Halle, Schulpforta
Thüringen	108	87 (3)	12 J. zentral	87	einzelnen Kollegen in Bayern u. Rh.-Pfalz Eisenach, Jena, Apolda

---

[6] Zitiert nach einem unveröffentlichten Manuskript.

Doch der Bericht verschweigt auch nicht die noch bestehenden großen teils generellen, teils regionalen Schwierigkeiten und Hindernisse:
1. Brandenburg ist das einzige von allen 16 Bundesländern, in dem Latein als 1. Fremdsprache vom Ministerium nicht zugelassen ist.
2. Vielerorts liegt die Lehrerausbildung noch sehr im argen, und die Möglichkeiten zur Nachqualifikation werden von den Behörden gar nicht oder zu wenig unterstützt.
3. Die jungen Schulstrukturen unterliegen bereits massiven Veränderungen unter den Zwängen des drastischen Rückgangs der Schülerzahlen und der Sparpolitik in den nächsten Jahren.
4. Vakante oder vakant werdende Stellen werden nicht besetzt.
5. Die meist naturwissenschaftlich ausgerichteten Direktoren der Gymnasien lassen ein spürbares Desinteresse an den geisteswissenschaftlich-historischen Fächern erkennen.
6. Daraus ergibt sich in weiten Teilen ein Festhalten an der dominant naturwissenschaftlich-technisch ausgerichteten Bildung der früheren DDR.
7. Die unzureichende Werbung führt zu mangelnder positiver Publizität.

Wenn auch einige dieser Gründe gleichermaßen für die Lage in den alten Bundesländern zutreffen, wird doch jeder erkennen, wie wichtig und folgerichtig der Beschluß der Vertreterversammlung war, den nächsten Bundeskongreß zu Ostern 1996 nach Jena einzuberufen. Er wird unter dem Motto stehen:

,Zukunft braucht Herkunft'

Schriftenverzeichnis von Friedrich Maier von 1966 – 1994

1. Didaktik

1.01 Entwürfe zu einer Fachdidaktik des altsprachlichen Unterrichts (in Zusammenarbeit mit Happ/Westphalen/Bayer). In: Anregung 18 (1972), 386 ff.

1.02 Fachdidaktik – auch bei den klassischen Philologen im Zentrum der Diskussion. In: Die Alten Sprachen im Unterricht XX (1972), Heft 3, 1 ff. auch: Mitteilungsblatt des Deutschen Altphilologenverbandes 16 (1977), Heft 2, 6 ff.

1.03 Begegnung von Schule und Universität. In: Die Alten Sprachen im Unterricht XX (1973), Heft 1, 12 ff.

1.04 Fachdidaktik in der Berufsausbildung für die Lehrer der Alten Sprachen. Analysen und Perspektiven. In: Zur Didaktik der Alten Sprachen in Universität und Schule (hrsg. von Gruber, F./Maier, F.), München 1973, 9 ff.

1.05 Fachdidaktik im Studienseminar an der Universität – Zum Problem der gegenseitigen Zuordnung und Kompetenzverteilung, ebenda 80 ff.

1.06 Zur Didaktik der Alten Sprachen in Unterricht und Schule (hrsg. zusammen mit Joachim Gruber), München 1973, 176 S.

1.07 Autoren und Werklektüre auch im curricularen System. In: Anregung 20 (1974), 23 ff.

1.08 Interpretationsebenen im Lektüreunterricht. Grundlinien einer altsprachlichen Lektüredidaktik. In: Anregung 20 (1974), 365 ff.

1.09 Paßt Horaz in ein modernes Curriculum? Zu Problemen der Dichterlektüre im curricularen System. In: Dialog Schule und Wissenschaft. Klassische Sprachen und Literaturen, Bd. IX, (hrsg. von Neukam, P.), München 1975, 134 – 160.

1.10 Zur Didaktik des Lektüreunterrichts in der Sekundarstufe I. In: Staatsinstitut für Schulpädagogik: Plädoyer für Erziehung, Donauwörth 1975, 203 ff.

1.11 Didaktik der Alten Sprachen am Staatsinstitut für Schulpädagogik (ISP) München. In: Mitteilungsblatt des Deutschen Altphilologen-Verbandes 18 (1975), Heft 2, 9 ff.

1.12 Die Curricularen Lehrpläne für den Lateinunterricht der Kollegstufe. Wann und inwieweit werden sie revidiert? In: Die Alten Sprachen im Unterricht XXIV(1977), Heft 2, 18 ff.

1.13 Lehrplan Latein – Direktive oder Unterrichtshilfe? in: Anregung 23 (1977), 367 ff. und 24 (1987), 18 ff.

1.14 Neue didaktische Konzeptionen in den Alten Sprachen. In: Die Alten Sprachen im Unterricht XXV (1978), Heft 3, 13 ff.

1.15 Latein – ein Fach ohne Profil in der gymnasialen Mittelstufe? In: Der altsprachliche Unterricht im heutigen Gymnasium (hrsg. von Glücklich, H.-J.), Mainz 1978, 170 ff.

1.16 Latein als erste, zweite, dritte und vierte Fremdsprache. In: Handbuch der Fachdidaktik. Alte Sprachen 1, München 1979, 163 – 178.

1.17 Latein und Griechisch als Wahlfach mit Fortsetzung als spätbeginnende Fremdsprache (zus. mit Hermann Reuter). In: Handbuch für Fachdidaktik. Alte Sprachen 1, München 1979, 187–192.

1.18 Statistische Untersuchung zur lateinischen Syntax (Kurzfassung). In: Der altsprachliche Unterricht XXII (1979), Heft 1, 63 ff.

1.19 Zum Verhältnis von Fachdidaktik und Fachwissenschaft. In: Der altsprachliche Unterricht XXII (1979), Heft 2, 72 ff.

1.20 Die Probleme des Anfangsunterrichts. Eine Standortbestimmung in der Didaktik und Methodik des sprachlichen Elementarunterrichts. In: Mitteilungsblatt für Lehrer der Alten Sprachen in Schleswig-Holstein 11, 3.4. (1979), 3 ff.

1.21 Auch Caesar ein Schriftsteller der Anfangslektüre – Zu den Problemen des lateinischen Lektürebeginns. In: Erbe, das nicht veraltet. Schule und Wissenschaft, Klass. Sprachen und Literaturen (hrsg. v. Neukam, P.), Bd. XI, München 1979, 142 ff.

1.22 Klassische Philologie und altsprachlicher Unterricht: Gemeinsame Aufgaben von Universität und Schule. In: Der altsprachliche Unterricht XXIV (1981), Heft 6, S. 26 ff.

1.23 Politische Bildung in den Alten Sprachen: Problemlage. In: Informationen zum altsprachlichen Unterricht. 3. Jg. (1981), H. 1, 12 ff.

1.24 Die „Germania" in einer kreativen Rezeption. Von Schülern einer 11. Jahrgangsstufe verfaßt und aufgenommen. In: AUXILIA 2, Bamberg 1981, 114–130.

1.25 Ziellose Lektüre in den Alten Sprachen? Eine Replik auf Wilfried Strohs Sondervotum (Anregung 32, 1986, 15 ff.). In: Anregung 32 (1986), 82 ff.

1.26 Aktualität und Aktualisierung lateinischer Texte. Ein altes Unterrichtsprinzip neu durchdacht. In: Anregung 33 (1987), 321–329 und in: Gymnasium 95 (1988), 5 ff., 414–424.

1.27 2000 Jahre ARA PACIS. Cicero, Horaz, Velleius, Tacitus im Gespräch über Augustus. In: AUXILIA 18, Bamberg 1988, 105–116.

1.28 Griechisch heute. Ein Schulfach für Gegenwart und Zukunft. Deutscher Altphilologenverband. Husum 1989. Beiträge darin: „Stimmen zur Bedeutung des Griechischunterrichts" und CERTAMEN BAVARICUM „Griechisch heute", 10–21 und 35–38.

1.29 Kreativität im lateinischen Lektüreunterricht. Schüler arbeiten an kleinen und großen Projekten. In: Anregung 35 (1989), 376–389.

1.30 Kreative Arbeit im griechischen Lektüreunterricht. In: Die Alten Sprachen im Unterricht XXXVII (1990), Heft 2, 21–25.

1.31 Stichwörter der europäischen Kultur. Plädoyer für ein neubetontes Bildungsanliegen. In: DASIU 3/90, 15–21, und in: Die Schulfamilie 40. Jg. 1/91, 47–51, und in: FORUM, Innsbruck 1991.

1.32 Lateinischer Sprachunterricht im Konzept einer zukunftsorientierten Pädagogik. In: Bildung durch Sprache: AUXILIA 24 (hrsg. von Westphalen, K.), Bamberg 1990, 7–14.

1.33 Zur bildenden Wirkung antiker Literatur. Planung und kreative Phantasie im Lektüreunterricht. In: Gymnasium 97 (1990), 549–565.

1.34 Kreative Arbeit im griechischen Lektüreunterricht. In: Symposion zum Griechischunterricht heute. Akademie-Berichte Nr. 170, Dillingen 1990, 181–183.

2. Fachwissenschaftlich orientierte Beiträge

2.01 Stilübungen und Interpretation im Griechischen. Zum Problem des Übersetzens an Universität und Gymnasium, München 1967, 95 S.

2.02 Der Sophos-Begriff. Zur Bedeutung, Rolle und Wertung des Begriffes von Homer bis Euripides, Diss. München 1970, 370 S.

2.03 Augustus – Idee und Ideologie des Prinzipats im Spiegel der Literatur. In: AUXILIA 2, Bamberg ²1982, 47–144.

2.04 Die Aeneis in Hermann Brochs „Der Tod des Vergil". Ein rezeptionsgeschichtlicher Exkurs. In: Et scholae et vitae. Festschrift für Karl Bayer, München 1985, 41–48.

2.05 Griechische „Freiheit" – nicht nur ein philologisches Problem. Zu einer Zentralstelle in Herodots Demaratos-Gespräch. In: Festschrift für Franz Egermann, München: Institut für Klassische Philologie (1985), 9 ff. und in: Anregung 31 (1986), 223–228.

2.06 Die Geburt eines traditionellen Wertekanons. Eine Hypothese zu den sogenannten Kardinaltugenden. In: Anregung 32 (1986), 157–161.

2.07 Roms Weltherrschaft im Spiegel der Meinungen, Calacus-Rede und Cerialis-Rede im Vergleich. In: AUXILIA 21, Bamberg 1989, 34–44.

2.08 Die Redekunst auf dem Prüfstand. Der „Dialogus de oratoribus" als Lektüregegenstand. In: AUXILIA 21, Bamberg 1989, 58–80.

2.09 Unterrichtsprotokolle zur Tacitus-Lektüre. Zur Information und Anregung. In: AUXILIA 21, Bamberg 1989, 110–114.

2.10 Das Gesicht des Krieges in Vergils Aeneis. Bilder als Anstoß und Ergebnis der Interpretation. In: Anregung 36 (1990), 306–309, und in: Würzburger Jahrbücher für die Altertumswissenschaften. Neue Folge. Bd. 16, (1990), 101–116.

2.11 Quo vadis, Europa? Mythos – Begriff – Idee, Bamberg 1990, 40 S.

2.12 Wie fremd ist uns die Antike? Zur Aktualität der Alten Sprachen, Bamberg 1990, 36 S.

2.13 Die Metapher des „Staatsschiffes". Elemente der Tradition in der Sprache des Alltags. Zu Alkaios 46a D, Horaz c. I 14 u. a. In: AUXILIA 27, Bamberg 1991, 78–94.

2.14 Römischer Imperialismus im Pro und Contra antiker Texte. In: Tradition und Rezeption. Dialog Schule und Wissenschaft. Klassische Sprachen und Literaturen. Band XVIII, München 1984, 134–168.

2.15 Augustus – Idee und Ideologie des Prinzipats im Spiegel der Literatur. In: AUXILIA 2, Bamberg 1982, 47–143.

2.16 Herrschaft durch Sprache. Erzähltechnik und politische Rechtfertigung bei Caesar (BG. IV 24–31)

2.17 Römer und Britannen – oder: Caesar, ein Meister der Erzähltechnik. In: Lateinunterricht zwischen Tradition und Fortschritt, Bd. 3, Bamberg ²1988, 38–48.

2.18 Caesar und Ariovist oder Politik ein Absolutum? Ebenda, 48–66.

2.19 FUROR TEUTONICUS in Caesars Bellum Gallicum. Zu Caesars Politik und Erzählstrategie. Demnächst in Würzburger Jahrbücher.

2.20 Politik und Erzählstrategie. In: Motiv und Motivation. Dialog Schule und Wissenschaft. Klassische Sprachen und Literaturen (hrsg. von Neukam, P.), Bd. XXVII, München 1993, 47–71.

2.21 Die Nervierschlacht als Gestaltungsobjekt. Ein Beitrag zu Caesars Erzählstrategie. Demnächst in: Festschrift für Willibald Heilmann, Universität Frankfurt.

2.22 Die Redekunst auf dem Prüfstand. Zu Tacitus „dialogus de oratoribus". In: AUXILIA 21, Bamberg 1989, 58–80.
2.23 Denkmodelle in Sallusts Catilinarischer Verschwörung. In: Lateinunterricht, Bd. 3, 13–31.
2.24 Ikarus – ein Symbol für Träume des Menschen. Anstöße zu rezeptionsgeschichtlichen Exkursen. In: Lateinunterricht, Bd. 3, 194–213.
2.25 Orpheus und Eurydike – ein unüberwindlicher Mythos. In: Lateinunterricht, Bd. 3, 166–188.
2.26 Der Gott des antiken Mythos. Zu Ovids Hybris-Zyklus in den Metamorphosen. VI 1–400. In: Dialog Schule und Wissenschaft. Klassische Sprachen und Literaturen. Bd. XX, 78–99.
2.27 „Bruder Feuer" – Franz von Assisis „Sonnengesang" und seine moderne Rezeption. In: AUXILIA 18, Bamberg 1988, 117–140.
2.28 Der Staat als Ungeheuer – Hobbes' Leviathan im Vergleich mit Ciceros „De re publica". In: AUXILIA 18, Bamberg 1988, 141–173.
2.29 Stichwörter der europäischen Kultur. Von der Antike bis zur Gegenwart. Textsammlung und Kommentar, Bamberg 1992.
2.30 Bacon und die Bibel oder: „Wissen ist Macht" – „Macht Euch die Erde untertan!". Eine vergleichende Interpretation. Demnächst in: Anregung 1992, Heft 6.
2.31 Die Kopernikanische Wende und die Sokratische Wende im Vergleich. Demnächst in: Grundtexte Europas, Bamberg 1993.
2.32 Krieg und Frieden: Cicero, Augustinus und Erasmus im Vergleich. Demnächst in: Grundtexte Europas, Bamberg 1993.
2.33 Denkmodelle in Tacitus' Annalen: Die Gestalt des Paetus Thrasea als Denkmodell. Demnächst in: Anregung
2.34 Kulturkriminalität in der Antike oder: Redekunst als Waffe. Cicero „in Verrem" II 4. Textauswahl und Kommentar, Bamberg 1992.
2.35 Kritik aus dem Osten. Zum Mithridates-Brief des Sallust. Demnächst in: Gymnasium.

Werke für die Arbeit der Studenten:

2.36 Die Version aus dem Griechischen, München 1969, Bamberg 1972 ff., 167 S.
2.37 Die Version aus dem Lateinischen, Bamberg 1974 ff., 205 S.
2.38 Subsidia Latina. Eine autorenbezogene Begleitgrammatik, Bamberg 1992, 136 S.

3. Summen:

Lateinunterricht zwischen Tradition und Fortschritt.
3.01 Bd. 1: Zur Theorie und Praxis des lateinischen Sprachunterrichts, Bamberg 1979, 324 S.
3.02 Bd. 2: Zur Theorie des lateinischen Lektüreunterrichts, Bamberg 1984, 302 S.
3.03 Bd. 3: Zur Praxis des lateinischen Lektürenunterrichts, Bamberg 1986, 411 S.
3.04 Unterricht: Alte Sprachen. In: Enzyklopädie Erziehungswissenschaft, Bd. 8: Erziehung im Jugendalter, Sekundarstufe I, Stuttgart 1983, 585 ff.

4. Rezensionen:

4.01 M. Fuhrmann: Alte Sprachen in der Krise. Stuttgart 1976. In: Gymnasium 86 (1979), 197.
4.02 Michael von Albrecht, Der Mensch in der Krise. Unterrichtliche Aspekte augusteischer Dichtung. Freiburg/Würzburg 1981. In: Didaktische Informationen. Anzeiger für die Altertumswissenschaft (hrsg. von der Österreichischen Humanistischen Gesellschaft), Nr. 3, 1982, 34 ff.
4.03 H.-J. Glücklich (hrsg.): Lateinische Lektüre – Sekundarstufe I – Themen – Texte – Ziele, Mainz 1982. In: Gymnasium 89 (1982), 523 ff.
4.04 R. Nickel: Einführung in die Didaktik der Alten Sprachen, Darmstadt 1982. In: Die Alten Sprachen im Unterricht XXX (1983), Heft 2, 29 ff. und in: Anzeiger für die Altertumswissenschaft. Didaktische Informationen Nr. 5 (1983), 58 ff.
4.05 W. Burnikel u. a.: Latinum – Latein in der Schule und für das Studium. In: MDAV 3/90, 75 ff.
4.06 Das Neue Testament in interlinearer Übersetzung. Rezension von Dietzfelbinger, E.: Das Neue Testament. Interlinearübersetzung Griechisch-Deutsch 1990, 4. Aufl.. In: Das Gymnasium in Bayern 7/93, 35.

5. Humanismus:

5.01 Das Humanistische Gymnasium – eine moderne Schule. In: Die Alten Sprachen im Unterricht XV (1967), H. 1/2, 11.
5.02 Demokratie und Humanistische Bildung. In: Festschrift Privatgymnasium Dr. Chmiel, München 1971; abgedruckt auch in: Die Alten Sprachen im Unterricht XX (1972), Heft 1, 2 ff.
5.03 Das Humanistische Gymnasium aus dem Blickwinkel der Studienstiftung. In: Die Alten Sprachen im Unterricht XX (1972), Heft 2, 4 ff.
5.04 Sprach- und kulturhistorische Fächer ohne Zukunftschancen? Analyse der geistigen Situation: Sehnsucht nach einem „neuen" Humanismus. In: Anregung 28 (1982), 143 ff. und in: Gymnasium 91 (1984), 177–201.
5.05 Humanistische Bildung – eine Forderung der modernen Zeit. – In: Festschrift zur Förderung der humanistischen Bildung in Bayern, München (Elisabeth J. Saal-Stiftung), 1983, 23 ff.
5.06 Die Bedeutung der Sprache in zeitkritischer und zukunftsorientierter Literatur. – In: Die Alten Sprachen im Unterricht XXX (1983), Heft 2, 13 ff; auch: Mitteilungsblatt des Deutschen Altphilologenverbandes 27 (1984), Heft 3, 9 ff.
5.07 Die Herausforderung des Gymnasiums – Eine neue Chance für die Alten Sprachen? In: MDAV 2/86, 33 ff.
5.08 Technologische Herausforderung und Humanistische Bildung. Die Verantwortung des Menschen, Bamberg 1986, 32 S.
5.09 Technologische Herausforderung und Humanistische Bildung, In: Die Höhere Schule, Heft 12 (1987), 371–377.

5.10 Wozu Kulturfächer in einer von Technologien beherrschten Welt? In: Die Schulfamilie 36. Jg. (1987), Heft 12, 323–330.
5.11 Hätten Sie's gewußt? Schüler testeten ihr Wissen über die griechische Antike im CERTAMEN BAVARICUM. In: Die Schulfamilie 37. Jg. (1988), Heft 6, 172–178.
5.12 Schüler auf der Suche nach der „lebendigen Antike". Ergebnis einer kleinen empirischen Untersuchung. In: Anregung 34 (1988), 146–155.
5.13 CERTAMEN BAVARICUM. In: Anregung 34 (1988), 395–400.
5.14 Die Antike – prägende Kraft Europas. In: Schulreport 1/90, 11–13 und in: Die Alten Sprachen im Unterricht XXXVII (1990), Heft 1, 29–32.
5.15 Freiheit und Weisheit: Griechenlands Mitgift für Europa? Vorträge und Schriftenreihe der Elisabeth J. Saal-Stiftung München, Heft 6, München 1991.

6. Schul- und Bildungspolitik

6.01 Englisch, Französisch oder Griechisch? In: Die Schulfamilie 16. Jg. (1967), Heft 12, 12 ff.
6.02 Zur Lage der Alten Sprachen im Rahmen des bayerischen Kollegstufenmodells. In: Die Alten Sprachen im Unterricht XXI (1974), Heft 3, 11 ff.
6.03 Griechischunterricht in der 11. Klasse. Zur Ausrichtung des Faches auf die Kollegstufe. In: Anregung 21 (1975), 168 ff.
6.04 Die 11. Jahrgangsstufe im Lateinischen. In: Anregung 22 (1976), 96 ff.
6.05 Griechisch und Latein in der Kollegstufe. In: Das Gymnasium in Bayern 4/76, 23 ff.
6.06 Latein als spätbeginnende Fremdsprache. Eine neue Erscheinungsform des Faches. In: Anregung 24 (1978), 360 ff.
6.07 Neusprachliche Fremdsprachenpolitik – eine Herausforderung an die alten Sprachen. In: Die Alten Sprachen im Unterricht XXX (1983), Heft 3, 7 ff.
6.08 Die Herausforderung des Gymnasiums – eine neue Chance für die alten Sprachen? In: Informationen zum altsprachlichen Unterricht, Graz 1986, 8, 31 ff.
6.09 Lehrerfortbildung in Bayern. In: Die Alten Sprachen im Unterricht XXXIV (1987), Heft 2, 8–10.
6.10 Die Chance des Gymnasiums. Gymnasialbildung in einer von Naturwissenschaft und Technik geprägten Welt, Bamberg 1988, 28 S.
6.11 Griechisch heute. Ein Schulfach für Gegenwart und Zukunft. (hrsg. vom Deutschen Altphilologenverband). Husum 1989; darin: Stimmen zur Bedeutung des Griechischunterrichts, 10–21.
6.12 Die Alten Sprachen im „Gymnasium 2000"? Gedanken zum 31. Kongreß des Deutschen Philologenverbandes am 23. November 1989 in Stuttgart. In: MDAV 1/90, 7–10. Auch in: Gymnasium in Bayern 1990, H. 1, 29–31 und in: Die Schulfamilie 39. Jg. (1990), Heft 4, 114–117.
6.13 Das Fach Griechisch aus der Sicht der Fach- und Bildungspolitik. In: Symposion zum Griechischunterricht heute. In: Akademie-Bericht Nr. 170, Dillingen 1990, 8–20.
6.14 Eine Offensive für das Fach Griechisch in Bayern. In: Die Alten Sprachen im Unterricht XXVII (1990), Heft 1, 14–21.
6.15 Latein und Griechisch – Schlüsselfächer für Europa. Zur Bedeutung der Alten Sprachen im modernen Gymnasium. In: Die Schulfamilie 39. Jg. (1990), Heft 12, 330–333.

6.16 Die Chance des Gymnasiums. Gymnasialbildung in einer von Naturwissenschaft und Technik geprägten Welt. In: Die Höhere Schule 1/91, 23–28 und 2/91, 49–51.
6.17 Der altsprachliche Unterricht in den alten Bundesländern. In: MDAV 2/91, 30–35.
6.18 Die Zukunft nicht ohne die Antike. Eine Rechtfertigung des altsprachlichen Unterrichts ex eventu. In: MDAV 3/91, 65–70.
6.19 Die Zukunft nicht ohne das Gymnasium. Die Lehre aus den Erfahrungen der ehemaligen DDR. In: Die Schulfamilie 40. Jg. (1991), Heft 9, 231–235.
6.20 Verantwortung für das kulturelle Erbe. In: Die Höhere Schule 8/91, 240–242.
6.21 „Weltszenarien 2000" – Keine Chance für die Antike. In: MDAV 1/93.
6.22 „Weltszenarien 2000" – Das Gymnasium auf falschem Wege? In: Die Höhere Schule 3/93.
6.23 Die technologische Revolution als neue Herausforderung. „Weltszenarien 2000" – Das Gymnasium auf falschem Kurs? In: Die Schulfamilie, 42. Jg. (1993), Heft 7/8, 197–200.
6.24 Zukunft nicht ohne Antike. Perspektiven des altsprachlichen Unterrichts. Zur Eröffnung des DAV-Kongresses in Bamberg 1994. In: MDAV 2/94, 41–47.
6.25 Klassischer Philologe/Klassische Philologin. Blätter für Berufskunde, Bielefeld 1994.

7. Denkmodelle:

7.01 Antike Texte als „Denkmodelle". Zum Modellbegriff in der Didaktik der Alten Sprachen. In: Anregung 25 (1979), 364–378.
7.02 Sallusts ‚Catilinarische Verschwörung' als Denkmodell. In: Anregung 26 (1980), 81–91.
7.03 Gesetze des Staates – „Gewissen des Bürgers. Ein Denkmodell für politische Bildung im Griechischunterricht. In: Anregung 27 (1981), 371 ff.
7.04 Römisches Weltreich im Für und Wider antiker Texte. Beispiel einer modellorientierten Interpretation. In: Tradition und Rezeption. Reihe Dialog Schule und Wissenschaft (hrsg. v. Neukam, P.), Bd. XVIII, München 1984, 134 ff.
7.05 „Wissen ist Macht" – „Macht Euch die Erde untertan!" Zwei epochale Sätze, die die Welt veränderten. In: Anregung 38 (1992), 367–374.

8. Methodik:

8.01 Zur Methodik des Übersetzens. Über die Kästchenmethode. In: Anregung 14 (1968), 368 ff.
8.02 Griechisch auf der Unterstufe. Eine Vertretungsstunde. In: Die Alten Sprachen im Unterricht XVI (1968), Heft 1/2, 14 ff.
8.03 Die Stellung schriftlich fixierter Fragen im Lektüreunterricht der Kollegstufe. In: Kollegstufenarbeit in den Alten Sprachen, Bd. 1, München 1971, 99 ff.
8.04 Das wandernde Interpretationsheft. Ein methodischer Vorschlag zum altsprachlichen Lektüreunterricht. In: Anregung 16 (1971), 145 ff.
8.05 Das Übersetzen – Ein zentrales Thema der altsprachlichen Fachdidaktik. In: Zur Didaktik der Alten Sprachen in Unterricht und Schule, München 1973, 121 ff.

8.06	Der Übersetzungsvergleich. Ein Unterrichtsverfahren im Lektüreunterricht der Kollegstufe. In: Kollegstufenarbeit in den Alten Sprachen 2, München 1976, 78 ff.
8.07	Spracharbeit an Einzelsätzen – Relikt einer veralteten Methodik? In: Die Alten Sprachen im Unterricht XXV (1978), Heft 2, 25 ff.; auch in: Latein und Griechisch in Berlin. Mitteilungsblatt des Landesverbandes Berlin im DAV. 24.1.1980, 8 – 10.
8.08	Texte als Lerninhalte. In: Handbuch für Fachdidaktik 2, München 1982, 9 – 20.
8.09	Der lateinische Lektüreunterricht auf der Sekundarstufe 1/Mittelstufe. In: Handbuch für Fachdidaktik 2, München 1982, 63 – 86.
8.10	Politische Bildung in den Alten Sprachen: Problemlage. In: Handbuch der Fachdidaktik 2, München 1982, 220 – 221.
8.11	Z. B.: Der Kulturräuber Verres. Projektorientiertes Arbeiten im lateinischen Lektüreunterricht. In: Pädagogik, Heft 7 – 8 (1989), 34 – 38.
8.12	Z. B.: Kulturräuber Verres: Projektorientiertes Arbeiten im lateinischen Lektüreunterricht. In: Das Projektbuch II: Über die Projektwoche hinaus – Projektlernen im Fachunterricht. (hrsg. von Bastian, J./Gudjons, M.), Hamburg 1990, 195 – 208.
8.13	FUROR: Kreative Rezeption im lateinischen Lektüreunterricht. In: Der altsprachliche Unterricht XXXVI (1994), Heft 3 + 4, 92 – 102.

9. Unterrichtswerke

9.01	Die Version aus dem Griechischen. Schwerpunkte der Syntax. Ein grammatisches Begleitbuch für den Lektüreunterricht, Bamberg 1969, ^{2}1969, ^{3}1984, 167 S.
9.02	CURSUS LATINUS, Unterrichtswerk für Latein als zweite Fremdsprache. Grammatische Beihefte I, II, III (zusammen mit R. Bauer und H. Grosser), München, Bamberg 1973 ff.
9.03	ORGANON, Unterrichtswerk für Griechisch. Grammatik, 2. Teil (zusammen mit E. Happ und A. Zeller), München 1972 ff.
9.04	Die Version aus dem Lateinischen. Schwerpunkte der Syntax mit Anhängen zur Stilistik und Übersetzungstechnik. Ein grammatisches Begleitbuch für den Lektüreunterricht, Bamberg ^{1}1977, ^{4}1985, 205 S.
9.05	CURSUS NOVUS, Unterrichtswerk für Latein als zweite Fremdsprache, Grammatische Beihefte 1 und 2, München, Bamberg 1978 ff.
9.06	ORGANON, Griechisches Unterrichtswerk. Grammatik. Neubearbeitung, Bamberg 1982 ff. (Verfasser des Syntaxteiles).
9.07	CURSUS NOVUS, Lateinisches Unterrichtswerk, Bd. 2, München, Bamberg 1982 (verantwortlich für die Grammatikkonzeption).
9.08	Ovid, Metamorphosen und andere Dichtungen mit Begleittexten. Reihe Ratio, Bd. 15 (zusammen mit K. Benedicter und E. Rieger), Bamberg 1987.
9.09	CURSUS LATINUS COMPACTUS, Lateinisches Unterrichtswerk, Bd. 1, München, Bamberg 1987 (verantwortlich für Grammatikkonzeption), Bd. 2, 1988.
9.10	CURSUS LATINUS COMPACTUS, Unterrichtswerk für Latein als zweite Fremdsprache. Grammatisches Beiheft 1, München, Bamberg 1987, Bd. 2, 1988, 1994 (verb. Aufl.).
9.11	CURSUS NOVUS COMPACTUS. Unterrichtswerk für Latein als zweite Fremdsprache. Einbändig, München, Bamberg 1989 f. (verantwortlich für Grammatikkonzeption)

9.12 CURSUS NOVUS COMPACTUS. Unterrichtswerk für Latein als 2. Fremdsprache. Grammatisches Beiheft 1 und 2, München, Bamberg 1989.
9.13 Caesar. Der Gallische Krieg. Reihe Ratio, Bd. 14, Bamberg 1990, 188 S. (zusammen mit H. Voit).
9.14 Cicero in Verrem. Kulturkriminalität oder: Redekunst als Waffe. In Reihe: Antike und Gegenwart, Band 2: Textsammlung, Bamberg 1993.
9.15 Cicero in Verrem. Kulturkriminalität oder: Redekunst als Waffe. In Reihe: Antike und Gegenwart, Bd. 2: Lehrerkommentar, Bamberg 1993.
9.16 System-Grammatik Latein, München, Bamberg 1994.

10. Interpretationsvorschläge:

10.01 Politik – ein Absolutum? Ein Vorschlag zur Caesarlektüre. In: Anregung 12 (1966), 386 ff.
10.02 Die Wahrheit im Mythos von Dädalus und Ikarus. Ein Deutungsversuch von Ovid. Metamorphosen VIII, 183–235. In: Anregung 13 (1967), 391 ff.
10.03 Solons Eunomie im Leistungskurs der Kollegstufe. In: Anregung 22 (1976), 307 ff.
10.04 Latein in der Mittelstufe (Sekundarstufe I) – Ein Fach ohne Profil und ohne Prestige? Beispiel: Ovid, Metamorphosen VIII, 183–235. In: Widerspiegelungen der Antike. Dialog Schule und Wissenschaft. Klassische Sprachen und Literaturen, (hrsg. von Neukam, P.), Bd. XIV, München 1981, 104 ff.
10.05 Ovid, Dädalus und Ikarus – Der Prinzipat des Augustus. Interpretationsmodelle. AUXILIA 2, Bamberg 1981.
10.06 Caesar redivivus. Politische Bildung am Zentralautor der Mittelstufe. In: Informationen aus der Vergangenheit. Dialog Schule und Wissenschaft. Klassische Sprachen und Literaturen (hrsg. von Neukam, P.), Bd. XVI, München 1982, 168 ff.
10.07 Der Gott des antiken Mythos – eine Herausforderung für den aufgeklärten Menschen? Anstöße zur Ovid-Interpretation in der Mittelstufe. In: Reflexionen antiker Kulturen. Dialog Schule & Wissenschaft. Klassische Sprachen und Literaturen (hrsg. von Neukam, P.), Bd. XX, München 1986, 78–99.
10.08 Herrschaft durch Sprache. Caesars Erzähltechnik im Dienste der politischen Rechtfertigung (BG IV 24–31). In: Anregung 33 (1987), 146–154.
10.09 Der „Leviathan" oder das „Staatsungeheuer". Thomas Hobbes' politische Philosophie im Lateinunterricht. In: Der altsprachliche Unterricht XXXI (1988), Heft 3, 24–48.
10.10 Lebendige Vermittlung lateinischer Texte. Neue Lektüre- und Interpretationsanstöße. AUXILIA 18, Bamberg 1988, darin u. a:
10.11 „Bruder Feuer" – Franz von Assisis „Sonnengesang" und seine Rezeption. Ein Vorschlag zur Zwischenlektüre, 117–140.
10.12 Eine Szene mit weltgeschichtlichen Folgen. Hannibals Eid auf die ewige Feindschaft mit Rom, 18–38.
10.13 Hommage an einen geliebten Ort. Gedichte im Vergleich. – Ein Beitrag zur Antike-Rezeption, 86–104.
10.14 Tacitus in der Schule. Bd. 1: Germania; Bd. 2: Historische Schriften, AUXILIA 20 und 21, Bamberg 1989 (mit anderen).
10.15 Die Nacht vor Didos Tod. Natur und Mensch im Widerstreit: Eine Szene der Aeneis in kreativer Aneignung. In: Anregung 37 (1991), 146–149.

10.16 Kulturkriminalität in der Antike oder: Redekunst als Waffe. Cicero gegen Verres – Ein Unterrichtsmodell, besonders für Latein als 2. Fremdsprache. In: Die Alten Sprachen im Unterricht XXXIX (1992), Heft 1, 13–30 und Heft 2 (Fortsetzung).

10.17 Bacon und die Bibel. Zwei Grundtexte Europas im Vergleich. In: Anstöße zum altsprachlichen Unterricht (hrsg. von Friedrich Maier), München 1993, 63–72.

10.18 Furor impius belli – No war! Bilder zu einem „Bild" der Aeneis. In: Ut poesis pictura I. Antike Texte in Bildern. Band 1: Essays, Interpretationen, Projekte (hrsg. von Holzberg, N./Maier, F.), Bamberg 1993, 29–34.

10.19 Die Nervierschlacht als Gestaltungsobjekt. Ein Beitrag zu Caesars Erzählstrategie im Bellum Gallicum. In: Antike Texte in Forschung und Lehre. Festschrift für Willibald Heilmann zum 65. Geburtstag). (hrsg. von Neumeister, Chr.), Frankfurt 1993, 173–180.

10.20 Kritik am Imperium Romanum: Die Stimme des Ostens, Überlegungen zum Mithridates-Brief des Sallust (Hist. 4, 69). In: Anregung 40 (1994), 82–88.

11. Herausgebertätigkeit

11.01 Handreichungen für den Griechischunterricht in der Kollegstufe, 3. Folge (Redaktion und vielfach Verfasser), Donauwörth 1974, 232 S.

11.02 Zur Didaktik der Alten Sprachen in Universität und Schule (Hrsg. zus. mit J. Gruber), München 1975, 176 S.

11.03 Antike Texte – moderne Interpretation. Beiheft zur „Anregung" (Hrsg.), München 1975, 94 S.

11.04 Kollegstufenarbeit in den Alten Sprachen, Bd. 2 (hrsg. zus. mit Erich Happ), München 1976, 150 S.

11.05 Unterrichtsmodelle: Griechisch in der Kollegstufe. Aus der Praxis für die Praxis (Hrsg.), München o. J.

11.06 Handreichungen für den Lateinunterricht in der Kollegstufe, 3. Folge (Redaktion und vielfach Verfasser).
Bd. 1, Donauwörth 1976, 246 S.
Bd. 2, Donauwörth 1977, 241 S.

11.07 Fachdidaktisches Studium in der Lehrerbildung. Alte Sprachen 1 (hrsg. zus. mit J. Gruber), München, 1979, 302 S., mit folgenden eigenen Beiträgen:
– Latein als erste, zweite, dritte und vierte Fremdsprache, 163 ff.;
– Latein und Griechisch als Wahlfach mit Fortsetzung als spätbeginnende Fremdsprache, 187 ff.

11.08 Die Alten Sprachen im Unterricht. Mitteilungsblatt des Deutschen Altphilologenverbandes Landesverband Bayern (zugleich Fachgruppe des Bayerischen Philologenverbandes), Herausgeber (zus. mit G. Wojaczek), seit 1980.

11.09 Fachdidaktisches Studium in der Lehrerbildung. Alte Sprachen 2 (hrsg. zus. mit J. Gruber), München 1982, mit folgenden eigenen Beiträgen:
– Texte als Lerninhalte 9 ff.
– Leitfragen im altsprachlichen Lektüreunterricht 37 ff.
– Der lateinische Lektüreunterricht auf der Sekundarstufe I (Mittelstufe), 63 ff.
– Politische Bildung in den Alten Sprachen, Problemlage 210 ff.

11.10 Reihe: AUXILIA. Unterrichtshilfen für den Lateinunterricht. Herausgeber, bisher Bände 1–36.

11.11 Caesar im Unterricht. AUXILIA 7, Zusammenstellung der Beiträge, Bamberg 1983.
11.12 Festschrift für Franz Egermann zu seinem 80. Geburtstag (zus. mit Werner Suerbaum), München 1985 (darin 2.04)
11.13 Et scholae et vitae. Festschrift für Karl Bayer (zus. mit Werner Suerbaum), München 1985 (darin 2.05)
11.14 Karl Bayer: Das Angebot der Antike. Humanistische Aufsätze zum altsprachlichen Unterricht. Für Karl Bayer zu seinem 70. Geburtstag ausgewählt und herausgegeben zusammen mit Klaus Westphalen, München 1990, 202 S.
11.15 Symposion zum Griechischunterricht heute. Akademie-Berichte Nr. 170, Dillingen 1990, 202 S.
11.16 Humanismus und Bildung. Zukunftschancen der Tradition. Festschrift für Klaus Westphalen (zus. mit Joachim Gruber). AUXILIA 27), darin 2.13 und 28, Bamberg 1991.
11.17 Symposion Latein 2000. Akademie-Bericht der Akademie für Lehrerfortbildung in Dillingen, Dillingen 1993.
11.18 Anstöße zum altsprachlichen Unterricht. Für Hans Schober zum 70. Geburtstag, München 1993, 96 S.
11.19 Ut poesis pictura I. Antike Texte in Bildern. Band 1: Essays, Interpretationen, Projekte. (hrsg. zus. mit Holzberg, N.), Bamberg 1993 = AUXILIA 32 (für Werner Suerbaum zum 60. Geburtstag).
11.20 Ut poesis pictura II. Antike Texte in Bildern. Band 2: Untersuchungen (hrsg. zus. mit Holzberg, N.), Bamberg 1993 = AUXILIA 33 (für Werner Suerbaum zum 60. Geburtstag).
11.21 Bibliographie für den Lateinunterricht. Clavis Didactica Latina, verfaßt von Andreas Müller und Markus Schauer, Bamberg 1994.

12. Neuere Veröffentlichungen

12.01 Zukunft nicht ohne die Antike. Perspektiven des altsprachlichen Unterrichts. In: Profil, Das Magazin für Gymnasium und Öffentlichkeit 3 (1995), 16–22.
12.02 „Kapitolinische Gänse schnattern nicht". Eine antike Episode als Bild der Sprache von heute. In: Anregung 40 (1994), 361–364.
12.03 Zum Ziel-Profil eines zeitgemäßen L2-Unterrichts. In: MDAV 1/95, 1–9.
12.04 Latein liegt im Trend der Zeit. Ein Plädoyer für den Lateinunterricht. In: Forschung und Lehre Heft 9/1994, 398–402 und in: MDAV 4/94, 123–126.
12.05 Kritik am Imperium Romanum: Die Stimme des Ostens. Überlegungen zum Mithridates-Brief des Sallust (Hist. 4, 69). In: Anregung 40 (1994), 82–88.
12.06 FUROR. Kreative Rezeption im lateinischen Lektüreunterricht. In: Der altsprachliche Unterricht XXXVI (1994), Heft 3 + 4, 92–102.
12.07 Grundtexte Europas. Epochale Ereignisse und Existenzprobleme der Menschheit. Projekte zum fächerübergreifenden Unterricht. Textband und Lehrerkommentar, Bamberg 1995.
12.08 Caesar im Visier. Neue Anstöße zu Interpretation und Spracharbeit. AUXILIA 37, Bamberg 1995 (160 Seiten).
12.09 CURSUS CONTINUUS, Lehrwerk für Latein als 2. Fremdsprache. Textband, Grammatischer Begleitband, Arbeitsheft 1 und 2, Lehrerband, München, Bamberg 1995 (zusammen mit G. Fink herausgegeben).

Textquellenverzeichnis

S. 10: Homer, Ilias, Griech.-Dt., Nachwort und Literaturhinweise von L. Voit, hrsg. von H. Rupé und V. Stegemann, bearb. von H. Höhe. Aus dem Griech. von H. Rupé, © ^{9}1989 Artemis Verlag Zürich und München; Homer, Odyssee, Griech.-Dt., hrsg. von A. Weiher, Einf. von A. Heubeck, © ^{9}1990 Artemis Verlag Zürich und München; S. 22: Sueton, De grammaticis et rhetoribus, ed. G. Bungnoli, Stuttgart 1963; S. 46–57: Ausschnitte aus Praktikumsberichten von Studierenden des Fachs Latein an der Freien Universität Berlin; S. 73: Seneca, Epistulae morales, hrsg. F. Préchac, Paris: Collection Budé 1963 f.; S. 73: Reiseprospekt der Griechischen Zentrale für Fremdenverkehr, Frankfurt a. M. 1994; S. 75: F. Hölderlin, in: Treue Begleiter, hrsg. I. Reichert, Wiesbaden 1995; S. 82: W. von Humboldt, Werke in 5 Bänden, Studienausgabe, hrsg. von A. Flitner und K. Giel, Darmstadt: Wissenschaftliche Buchgesellschaft ^{3}1979, Bd. 2, S. 120 f., 65, 118; S. 83 f.: J. Burckhardt, Griechische Kulturgeschichte, hrsg. von R. Marx, Leipzig 1920, Bd. 1; S. 84 f.: J. Bleicken, Die athenische Demokratie, Paderborn/München/Wien/Zürich: Schöningh Verlag ^{2}1994, S. 411, 412, 413 f., 414, 411; S. 86: Chr. Meier, Athen. Ein Neubeginn der Weltgeschichte, München: Siedler Verlag o. J., S. 682, 206, 199, 691; S. 92: Psalm 8, in: Die Psalmen: Ökumenische Übersetzung der Bibel, Stuttgart: Katholische Bibelanstalt und Deutsche Bibelstiftung 1977, S. 17 f.; S. 92 f.: Leo der Große: Sermo XII De ieiunio decimi mensis 1, in: Migne, Patrologiae Latinae cursus completus: Leo Magnus, Bd. 1, Sp. 168 f., Paris 1846; S. 93 f.: Hans Magnus Enzensberger, aus: verteidigung der wölfe. Gedichte. © Suhrkamp Verlag Frankfurt am Main 1959 „candide"; S. 94: Homer, Die Odyssee. Übersetzt in deutsche Prosa von W. Schadewaldt, Copyright © 1956 by Rowohlt Taschenbuch Verlag, Hamburg, S. 238; S. 94: F. von Schiller, Die Jungfrau von Orleans, Stuttgart/Tübingen 1847, S. 304 f.; S. 95: Bertolt Brecht, aus: Ausgewählte Gedichte. © Suhrkamp Verlag Frankfurt am Main 1970 „Von der Freundlichkeit der Welt"; S. 95 f.: Matthias Claudius, Der Mensch, in: Das deutsche Gedicht. Auswahl und Einleitung von E. Hederer, Frankfurt a. M.: Fischer Taschenbuch Verlag 1957, S. 113; S. 96: Eugen Roth, Unter Aufsicht, in: Eugen Roth, Sämtliche Werke. 8 Bde., © 1977 Carl Hanser Verlag, München; S. 96 f.: Kurt Tucholsky, „Der Mensch", aus: Kurt Tucholsky, Gesammelte Werke, Copyright © 1960 by Rowohlt Verlag, Reinbek; S. 103 f.: U. Flügler, Erstes Lateinbuch, in: H. Bender (Hg.), Deutsche Gedichte der Gegenwart. Eine Anthologie in zehn Kapiteln, München 1978, Frankfurt a. M. 1980, S. 16; S. 112 f.: C. Valerii Catulli carmina, rec. R. A. B. Mynors, Oxford: © Oxford University Press 1958, S. 6 f.; S. 114 f.: Drehbuch zu Catull c. 8, M. Z., Kurs 13/5, Rabanus-Maurus-Gymnasium Mainz 1993; S. 116 f.: „Catull", J. A., Rabanus-Maurus-Gymnasium Mainz; S. 117 f.: Günter Kunert, „Shakehands, Catull", in: Günter Kunert, Erinnerung an einen Planeten. Gedichte aus fünfzehn Jahren mit 10 Zeichnungen des Dichters, München 1980 (Wilhelm Heyne Verlag), Copyright © 1963 by Carl Hanser Verlag, Müchen; S. 125, 126, 127, 129, 130, 131, 134, 135, 136: P. Ovidii Nasonis tristium libri quinque, Ibis, ex Ponto libri quattuor, Halieutica fragmenta, rec. S. G. Owen, Oxford: © Oxford University Press 1925; S. 127: Horatius. opera, ed. F. Klingner, Stuttgart: B. G. Teubner Stuttgart und Leipzig, Bibliotheca Teubneriana ^{6}1982; S. 128: Sidonius Apollinaris, ed. P. Mohr, Leipzig: B. G. Teubner Stuttgart und Leipzig, Bibliotheca Teubneriana 1895; S. 131, 132: P. Ovidius Naso ex recognitione Rudolphi Merkelii, tomus III, Tristia, Ibis, ex Ponto libri, Fasti, Halieutica, Leipzig: B. G. Teubner Stuttgart und Leipzig, Bibliotheca Teubneriana 1851; S. 131, 133: P. Ovidius Naso, Metamorphosen, hrsg. M. Haupt, Zürich 1853, ^{10}1966; S. 146 f.: Art Buchwald, Educational television, in: Washington is Leaking, reprinted by permission of G. P. Putnam's Son, © 1974/1975/1976 by Art Buchwald; S. 151–154: Laktanz. Vom Zorne Gottes. Lateinisch und deutsch. Eingeleitet, herausgegeben, übertragen und erläutert von H. Kraft und A. Wlosok, Texte zur Forschung Bd. 4, Darmstadt: Wissenschaftliche Buchgesellschaft 1971, ^{4}1983; S. 162–164: bisher unveröffentlichtes handschriftliches Tagebuch des Pater Aegidius Rambeck; S. 165–167: J. C. Goethe, Reise durch Italien im Jahre 1740 (Viaggio per l'Italia). Hrsg. von der Deutsch-Italienischen Vereinigung, Frankfurt a, M. Übersetzt und kommentiert von A. Meier unter Mitarbeit von H. Hollmer, München 1988 (C. H. Beck Verlag), © 1986 Deutscher Taschenbuch Verlag, S. 297, 144 f., 146, 148, 150 f., 152 f.; S. 173: J. Novák, Cantica latina, München/Zürich 1987.

Trotz entsprechender Bemühungen ist es nicht in allen Fällen gelungen, den Rechtsinhaber ausfindig zu machen. Gegen Nachweis der Rechte zahlt der Verlag für die Abdruckerlaubnis die gesetzlich geschuldete Vergütung.